學前心理學

胥興春、朱德全 編

崧燁文化

學前心理學
目錄

目錄

第一章 緒論
  第一節 學前兒童發展心理學的研究對象 12
    一、心理的發展實質 12
    二、什麼是發展心理學 15
    三、什麼是學前兒童發展心理學 17
    四、學前兒童發展心理學的研究內容 21
  第二節 學前兒童發展心理學的研究任務與意義 25
    一、學前兒童發展心理學的基本任務 25
    二、學前兒童發展心理學的研究意義 28
  第三節 學前兒童發展心理學的研究方法 30
    一、學前兒童發展心理學研究的基本原則 31
    二、學前兒童發展心理學的研究方法 33

第二章 學前兒童心理發展的理論流派
  第一節 成熟勢力說 42
    一、基本觀點 42
    二、成熟勢力說的評價 44
  第二節 行為主義發展觀 45
    一、華生的經典行為主義 45
    二、斯金納的操作行為主義 48
    三、班杜拉的社會學習理論 51
  第三節 精神分析發展理論 56
    一、佛洛伊德的發展理論 56
    二、艾瑞克森的心理社會發展觀 61
  第四節 皮亞傑的心理發展觀 66
    一、皮亞傑心理發展的基本思想 66

學前心理學
目錄

　　二、皮亞傑認知發展觀的評價 ·· 69
　第五節　維果茨基的心理發展理論 ·· 70
　　一、文化——歷史理論的創立 ·· 71
　　二、心理發展的實質 ·· 72
　　三、心理機能的社會起源與發展 ·· 72
　　四、教學與發展的關係 ·· 73
　　五、維果茨基心理發展觀的評價 ·· 75

第三章　學前兒童心理發展的基本理論問題
　第一節　學前兒童心理發展的基本概念 ·· 80
　　一、轉折期與危機期 ·· 80
　　二、敏感期 ·· 83
　　三、最近發展區 ·· 84
　第二節　學前兒童心理發展的一般規律 ·· 85
　　一、學前兒童心理發展的基本趨勢 ·· 85
　　二、學前兒童心理發展的基本特點 ·· 87
　第三節　學前兒童心理發展的年齡特徵 ·· 92
　　一、兒童心理發展的年齡階段劃分 ·· 92
　　二、兒童年齡特徵的穩定性與可變性 ·· 95
　　三、中國現行的劃分階段及主要特徵 ·· 97
　第四節　學前兒童心理發展的影響因素 ·· 99
　　一、遺傳決定論 ·· 99
　　二、環境決定論 ··· 100
　　三、二因素論 ··· 101
　　四、生態系統論 ··· 102

第四章　學前兒童認知的發展
　第一節　學前兒童感知覺的發展 ·· 112
　　一、感知覺的含義 ··· 112

        二、學前兒童感覺的發展..114
        三、學前兒童知覺的發展..120
        四、學前兒童感知覺的培養..126
    第二節 學前兒童注意的發展..127
        一、注意的含義..127
        二、學前兒童注意的發生與發展..................................128
        三、學前兒童注意品質的培養......................................135
    第三節 學前兒童記憶的發展..137
        一、記憶的含義與分類..137
        二、學前兒童記憶的發展..138
        三、學前兒童記憶的培養..143
    第四節 學前兒童想像的發展..144
        一、想像的含義與種類..145
        二、學前兒童想像的發生發展......................................146
        三、學前兒童想像的培養..151
    第五節 學前兒童思維的發展..152
        一、思維的特點..153
        二、學前兒童思維的發生..154
        三、兒童的思維形式及特點..155
        四、學前兒童思維發展的理論......................................160
        五、學前兒童思維的培養..165

第五章 學前兒童語言的發展

    第一節 語言獲得的基本理論..170
        一、兒童語言獲得的傳統理論......................................170
        二、讀寫萌發理論..174
        三、全語言教學理論..175
    第二節 學前兒童語言的發生..176

一、語言發生的準備 176
　　二、語言的發生——第一批詞的產生 179
　第三節 學前兒童口語的發展 180
　　一、語音的發展 180
　　二、詞彙的發展 182
　　三、句子的發展 186
　　四、語言理解的發展 189
　　五、語言交流的發展 192
　第四節 學前兒童書面語言的發展 196
　　一、早期閱讀能力的發展 196
　　二、前書寫能力的發展 199

第六章 學前兒童情緒情感的發展

　第一節 學前兒童情緒的產生 206
　　一、情緒的起源 206
　　二、學前兒童的基本情緒 209
　第二節 學前兒童情緒的發展 213
　　一、複合情緒的發展 213
　　二、高級情緒的發展 217
　第三節 學前兒童情緒表達與識別 219
　　一、學前兒童情緒表達 220
　　二、學前兒童情緒理解 229
　第四節 學前兒童情緒的調控 231
　　一、學前兒童情緒調控的作用 231
　　二、學前兒童情緒調控的發展 232
　　三、學前兒童情緒調控的影響因素 233
　　四、學前兒童情緒調控能力的培養 235

第七章 學前兒童個性的發展

第一節 學前兒童的氣質ㅤ242
　　一、學前兒童氣質的類型ㅤ242
　　二、學前兒童氣質的影響因素ㅤ246
　　三、學前兒童氣質的教育意義ㅤ247
第二節 學前兒童的性格ㅤ248
　　一、學前兒童性格的特點ㅤ249
　　二、學前兒童性格形成的影響因素ㅤ250
　　三、學前兒童良好性格的養成ㅤ252
第三節 學前兒童的能力ㅤ255
　　一、學前兒童的智力ㅤ255
　　二、學前兒童能力的差異ㅤ257
　　三、學前兒童能力的培養ㅤ259
第四節 學前兒童的自我意識ㅤ262
　　一、學前兒童自我意識的特點ㅤ262
　　二、學前兒童自我意識的發展階段ㅤ265
　　三、學前兒童自我意識發展的影響因素ㅤ267
　　四、學前兒童自我意識的培養ㅤ268
第五節 學前兒童的性別角色ㅤ270
　　一、學前兒童的性別角色發展ㅤ270
　　二、學前兒童性別角色的教育ㅤ273

第八章 學前兒童社會性的發展

第一節 學前兒童的親子依戀ㅤ278
　　一、依戀的含義與特點ㅤ278
　　二、依戀的形成與發展ㅤ280
　　三、依戀的類型及影響因素ㅤ283
　　四、依戀對學前兒童心理發展的影響ㅤ286
第二節 學前兒童的同伴關係ㅤ288

一、同伴關係的性質及功能 ... 288
　　二、同伴關係發展的趨勢 ... 291
　　三、同伴關係的測量及類型 ... 293
　　四、教師對幼兒同伴關係的指導 ... 296
第三節 學前兒童的師幼關係 ... 297
　　一、師幼關係的特點 ... 297
　　二、師幼關係對幼兒發展的影響 ... 298
　　三、師幼關係的類型 ... 300
　　四、新型師幼關係的建立 ... 301
第四節 學前兒童的社會行為 ... 302
　　一、兒童的親社會行為 ... 303
　　二、兒童的攻擊行為 ... 305
　　三、社會行為的培養和訓練 ... 307
第五節 學前兒童的道德 ... 309
　　一、皮亞傑的道德發展理論 ... 309
　　二、科爾伯格的道德發展理論 ... 311
　　三、影響兒童道德發展的因素 ... 313

第九章 學前兒童的遊戲心理

第一節 遊戲的基本理論 ... 320
　　一、傳統遊戲理論 ... 321
　　二、現代遊戲理論 ... 323
　　三、當代西方遊戲理論 ... 327
第二節 兒童遊戲及其分類 ... 330
　　一、兒童遊戲的含義與特點 ... 331
　　二、兒童遊戲的分類 ... 336
第三節 遊戲在兒童心理發展中的價值 ... 337
　　一、遊戲可以促進兒童動作的發展 ... 337

二、遊戲可以促進兒童認知的發展 338
　　三、遊戲可以促進兒童社會性的發展 339
　　四、遊戲可以促進兒童良好情緒情感的發展 340
　　五、遊戲可以促進兒童完整個性的發展 340
　第四節 兒童遊戲心理的特徵 341
　　一、遊戲中兒童認知發展特徵 341
　　二、遊戲中兒童社會化發展特徵 343
　　三、遊戲中兒童情緒發展特徵 346
　第五節 兒童遊戲心理的發展歷程與趨勢 347
　　一、兒童遊戲心理的發展歷程 347
　　二、兒童遊戲心理的發展趨勢 349

第十章 學前兒童的學習心理

　第一節 兒童學習的腦科學基礎 356
　　一、腦科學研究與幼兒的學習 356
　　二、腦機能的發展與幼兒的學習 360
　　三、大腦單側化的形成與幼兒的學習 361
　第二節 兒童學習的主要方式 362
　　一、0～3歲兒童學習的主要方式 362
　　二、3～6歲兒童學習的主要方式 365
　第三節 學前兒童學習的主要特點 369
　　一、學習的主動性 370
　　二、學習的無意性與內隱性 371
　　三、學習的具體形象性 372
　　四、學習的無序性 373
　　五、學習的遊戲性 374
　　六、學習的個別差異性 374
　第四節 幼稚園與小學的銜接 376

一、幼小銜接及其意義 376
二、幼稚園教育與小學教育的差異 377
三、初入學兒童不適應的主要表現 378
四、兒童入小學所需要素質的培養 381

第一章 緒論

「發展心理學」對一個沒有心理學基礎的人來說或許是一個比較陌生的概念，但如果冠上「學前兒童」幾個字，人們往往立刻就能理解。這是因為每一個成人都親身經歷過天真爛漫的童年時代，都知道兒童具有與成人不同的特點：兒童是幼稚的、活潑好動的、好奇的、愛模仿的，也喜歡成人表揚等等。也就是說，每個人都具有樸素的兒童心理學的知識。但為了瞭解兒童和教育兒童，對於經常與兒童打交道的父母、教師或兒童社會工作者應該掌握科學的理念和方法，僅僅靠經驗提供的樸素的兒童心理學知識，即使這些知識含有某些科學的成分也是遠遠不夠的。因此，我們主張每一個父母親都應該瞭解一些關於學前兒童心理發展的相關知識。而對於從事學前教育相關工作的專業人員來說，從發展的角度認識心理現象更是不可或缺的入門知識，因為它能讓我們全面瞭解和認識學前兒童心理發展特點與規律，從而更科學地開展早期教育活動。本章主要概述性介紹學前心理學的研究對象、研究內容及研究方法，為後續學習奠定基礎。

案例

瓊斯等人（Jones，Hendrick Epstein，1979）曾提出過一個有趣的假想實驗：將剛出生的三個男嬰和三個女嬰共六個嬰兒放入一個被稱為「萬能養育機」（universal parenting machine）的大型裝置中。「萬能養育機」就像是一個封閉的建築物，它的功能無比強大，足以提供各種條件滿足六個嬰兒身體上的各種需要，一直到他們18歲成熟為止。萬能養育機具有非常完善的功能，無須外人進入，所以在嬰兒成長的18年中，他們不會見到其他任何人，甚至不知道還有其他人的存在。那麼，如果真的把六個嬰兒放到「萬能養育機」內，他們會有怎樣的發展呢？這些孩子們會彼此互動，成為一個健康的、有一定社會能力的個體嗎？這個養育環境能提供足夠的刺激促進他們智力的發展？他們會發展出語言嗎？他們會在什麼時候意識到自己與異性不同？他們會發展出性別角色嗎？他們會彼此喜愛、依賴對方並發展出穩定的友誼嗎？他們會更多地發展親社會行為而與人為善，還是會發展反社

會行為而具有攻擊傾向呢？這些問題涉及對發展概念的理解和對發展基本理論問題的看法。

問題聚焦

一個孩子怎樣成長為一個大人？不研究兒童心理就無法揭開這個謎。如果真的把六個嬰兒放入「萬能養育機」，他們又會有怎樣的發展呢？這就需要瞭解學前兒童的心理發展本質，理解和掌握學前兒童心理發展的特點與規律。

學習目標

1. 瞭解學前兒童發展心理學的研究對象及其年齡特徵。
2. 理解並掌握學前兒童心理發展的實質。
3. 熟悉學前兒童發展心理學的研究內容。
4. 瞭解和掌握學前兒童發展心理學的研究方法，並能在實踐中合理運用。

第一節 學前兒童發展心理學的研究對象

與其他學科一樣，學前兒童心理學也是適應兒童實踐活動的需要的產物，同時又為兒童提高實踐活動的效率提供科學依據。人類複雜的教育活動，需要人們去研究其中的心理現象總結規律，進而用以指導教育實踐。這種需要便促成了心理學的發展，並最終促使學前兒童心理學作為科學心理學的一個分支學科而誕生。

一、心理的發展實質

關於心理發展的問題，很早就受到人們的重視。中國古代哲學家和教育家們長期爭論的關於人性的善惡問題，關於人是生而知之還是學而知之的問題，這都是與心理發展有關的重大理論問題。在西方，柏拉圖的天賦說和洛克的白板說也是與心理發展有關的理論。從 19 世紀中葉開始，關於兒童「本

性」的抽象議論被一些具體的記錄和研究兒童發展的新方法所取代,這是近代發展心理學的開端。

(一) 個體心理發展理論

由於研究者對心理實質的見解不同,因而對於心理發展實質的理解存在分歧。分歧的焦點是:個體的心理發展究竟是先天生理成熟的表現還是後天環境影響的結果。圍繞這一問題,出現了一些完全對立的觀點,同時也有人試圖調和對立觀點而提出了折中的看法。下面扼要列舉幾種有代表性的心理發展觀。

1. 個體心理發展的內發論

該觀點認為,人類個體的心理發展完全是由個體內部所固有的自然因素預先決定的,心理發展的實質是這種自然因素按其內在的目的或方向而展現。外部條件只能影響其內在的固有發展節律,而不能改變節律。

2. 個體心理發展的外鑠論

該觀點與內發論相反,認為個體心理發展的實質是環境影響的結果,環境影響決定個體心理發展的水準與形式。行為主義心理學的心理發展觀可以看作是外鑠論的典型代表。

3. 個體心理發展的社會文化歷史觀

社會文化歷史觀認為,人類個體心理發展的實質是在與周圍人的交往過程中產生和發展起來的,而不是與生俱來的本能,心理發展受人類的社會文化歷史觀制約。

4. 個體心理發展的建構觀

建構觀認為,個體心理的發展是在主客體及內外因相互作用的基礎上,透過主體不斷建構心理結構,從而產生心理的量變和質變實現的。以瑞士心理學家皮亞傑為代表,他既反對心理發展的內發論,又反對外鑠論。他在《發生認識論原理》一書中指出:「認知的結構既不是在客體中預先形成了的,因為這些客體總是被同化到那些超越於客體之上的邏輯數學框架中去;也不

是在必須不斷地進行重新組織的主體中預先形成了的。」在他看來，心理發展既不是起源於先天的成熟，也不是起源於後天的經驗，而是起源於個體與環境不斷的相互作用中的一種心理建構過程。

(二) 個體的心理發展階段

個體的心理發展是一個非常複雜的系統過程，體現著心理發展的完整性，各種心理過程相互聯繫、相互影響、相互制約、共同發展。這種共同發展不是簡單的同步關係，而是有著不斷變化的複雜關係。例如，對嬰幼兒來說：感知、記憶是他們的主導心理過程，這些心理過程直接影響著他們對事物的認識程度和活動能力，左右著他們的思維、情感（包括意志）。隨著個體的發展，思維在兒童的心理活動中占著主導地位，個體的心理活動變得更加高級和完備，而且思維活動反過來又影響兒童的感知。儘管在不同的發展程度上，心理的主導活動有所變化，但各種心理過程之間卻是緊密聯繫又不可分割的。

人的一生發展始終體現著遺傳因素、環境因素（也可稱為成熟因素和學習因素），以及個體自身心理因素（如氣質、需要、興趣、動機、能力、知識結構等）的相互作用。

為了研究的方便，發展心理學通常把人的一生劃分為不同的時期，稱之為年齡階段。而劃分年齡階段的標準往往因研究重點的不同而不一致，導致五花八門的分段，令學習者無所適從。本書為了突出研究對象學前兒童，特將整個兒童期作如下分段：

(1) 胎兒期，從受孕到出生，生命從受精卵分裂開始，歷時9個月，快速演變為人類胎兒；

(2) 新生兒期，從出生至1個月（醫學上定為28天）；

(3) 嬰兒期，從出生後1個月至1歲；

(4) 幼兒早期，1至3歲；

(5) 幼兒期，3至6或7歲；

(6) 童年期（學齡初期），6 或 7 歲至 10 或 11 歲；

(7) 少年期（學齡中期），10 或 11 歲至 14 或 15 歲；

(8) 青年初期（學齡後期），14 或 15 歲至 16 或 17 歲；

從（1）到（5）統稱學前期

二、什麼是發展心理學

每一門學科都有它自己的研究對象，發展心理學也是如此。發展心理學是心理學的一門分支，是研究心理發展特點與規律的科學。為了深刻理解心理發展規律的內涵，首先要理解什麼是「心理發展」。

心理學家主要從三個方面研究心理發展，包括人類意識的前史或者動物心理的發展、人的意識的歷史發展以及心理在人的個體發生中的發展（列昂節夫，1962）。這裡的「發展」不僅有量的變化，更重要的是質的變化。如軀體各部分比例的變化，心理方面如個性結構的變化等等。發展不僅指向前推進的過程，也指衰退消亡的變化。並不是所有的心理變化都可以叫做發展。例如，由於疾病、疲勞、藥物等原因所導致的心理變化就不屬於發展，因為此類變化只是一種暫時性的變化，可以透過休息或治療而得到恢復。

（一）動物種系的發展

科學研究已經證明，心理現象是物質世界長期發展的產物，從動物心理的發生到人特有心理現象意識的形成需要經過一個漫長的演化過程。心理現象是神經系統（腦）這一特殊物質組織的功能，即反映外部客觀世界的能力。這使動物不僅能應答外部的刺激，而且能發動、控制、調節自身的行為以適應環境變化的要求。一般認為，能形成明確穩定的條件反射是動物心理發生的標誌。條件反射的出現使動物獲得了學習的能力。動物在適應外界複雜的生活環境過程中，促進了神經系統的發展，而神經系統的發展也促進了心理水準的提高，從而也提高了動物適應環境的能力。

（二）人類心理的發展

從動物心理演化為人類的心理即產生了意識，是心理發展的質變，使人類與動物之間有了一道不可踰越的鴻溝。意識是人腦這塊高度組織起來的特殊物質的產物。恩格斯說：「首先是勞動，然後是語言和勞動一起，成了兩個最主要的推動力，在它們的影響下，猿腦就逐漸地過渡到人腦。」意識是人腦借助於語言對客觀現實的自覺、能動的反映。也就是說，人不僅能自覺地認識世界，而且能夠能動地改造世界。人類脫離動物界已有約二百萬年的歷史，新的考古學證據不斷地把這一歷史向前推移。從最初的人類到現代人類所經歷的漫長歷史歲月中，人類認識世界和改造世界的能力也在不斷提高，這種提高明顯地物化在人類使用過的勞動工具上。中國北京周口店發現的北京人，其生活的年代距今約有五十萬年之久。清理北京人生活過的洞穴內的遺蹟證明北京人已能用火。知道用火，這是人類和自然鬥爭所取得的一個巨大勝利，但這一勝利跟現代人類懂得使用核能的進步相比顯得黯然失色。發展心理學的另一分支叫做民族心理學。它對於不同歷史發展階段的各民族心理進行比較研究，以探討人類歷史發展過程中的心理發展。時光不能倒流，歷史不能重演，民族心理學的研究有其特殊的困難性。其研究途徑一方面是對人類歷史遺蹟、文學作品等進行科學分析，另一方面是對現存的不同社會發展形態作搶救性的發掘研究。如新中國成立初期，在雲南省有保留原始社會形態的苦聰人，有處於原始社會末期的基諾人，有處於母系社會的摩梭人，有處於奴隸社會的景頗人，有處於半奴隸半封建社會的傣族人，這些共同構成了一部活的社會發展史，為民族心理學的研究提供了「自然實驗室」。

（三）個體心理的發展

這是心理學家研究最多的一個方面，一般是指人的個體從出生到衰亡的整個過程中各個年齡階段上的心理發展特點與規律。簡而言之，它研究個體畢生心理發展的特點與規律。人的身心在生命的進程中的變化與年齡有密切的關係，同時表現出發展的連續性和階段性，形成身心發展的年齡特徵。從橫向來看，發展心理學所研究的年齡特徵主要覆蓋兩大面：一面是人的認知過程發展的年齡特徵，包括感覺、知覺、記憶、想像、言語、思維等的年齡特徵；另一面是人的社會性發展的年齡特徵，包括興趣、動機、情感、自我意識、能力、性格等的年齡特徵。從縱向來看，發展心理學所研究的年齡特

徵包括嬰兒、幼兒、少年、青年、中年、老年等年齡階段的身心發展特徵。研究個體心理發展的一門科學叫個體發展心理學，它是發展心理學的一門分支學科，依據專門研究個體不同階段的心理發展，個體發展心理學又細分為若干分支，如學前兒童心理學、兒童心理學、青年心理學和老年心理學等。

三、什麼是學前兒童發展心理學

學前兒童發展心理學是研究 0 至 6 歲學前兒童心理發生發展特點和規律的科學。下面我們透過兒童概念的建構和現代兒童觀的發展來分析學前兒童發展心理學的概念。

（一）兒童的概念

在學前教育階段，我們經常說我們採用的是以兒童為中心的觀點，並且認為我們的教育實踐是以兒童為中心的。那麼，我們這樣說意味著什麼呢？以兒童為中心看起來是一個具體的和沒有問題的概念，但事實上在實踐中它卻是一個非常抽象的和有問題的概念。現代主義者把「兒童中心」理解為把兒童看成是一個統一的、具體的、本質化的對象——處於世界的中心，可以與他人的背景相隔離。後現代主義的觀點與之相反，是「去兒童中心」，把兒童看作是與他人有千絲萬縷聯繫，並且處於一個特殊的背景中。

而且，這個詞條的含義取決於我們如何看待兒童，兒童是誰？是以誰為中心的？從後現代主義的觀點來看，並不存在一件「兒童」或者「童年」的事物，也不存在一個關鍵的生命等待被發現、確定和實現的狀態，所以我們不能對自己和他人說，所有的兒童都是怎樣的，所有的兒童的童年都是什麼樣的？相反的，我們認為，有許多的兒童和許多的童年。我們每個人都依據自己對童年的理解，對兒童是什麼及兒童應該是什麼的理解，來建構關於每個兒童和童年不同的概念。我們並沒有等待科學知識來告訴我們兒童是誰，我們有許多關於兒童是誰的選擇。由於我們對於兒童和兒童時代的觀念是生產性的，這些選擇具有巨大的意義，這些選擇決定了我們為兒童提供的機構以及成人與兒童在這些機構從事的教育活動。

我們理解的兒童是誰？這些兒童應該是怎麼樣的？兒童概念的建構，認為兒童是知識和文化的繼承人；是空白的白板或者需要被知識填充的空瓶子；需要為入學做好準備的個體；是由生理機能和發展階段決定的成長個體；是天真的，是正享受著人生的黃金年齡，頭腦單純且未被複雜的世界所侵蝕；兒童是勞動力的補充資源。

這些看待兒童的普遍觀念勾畫出「蒼白」的兒童形象：被動的、個體性的、無能的、等待著教育的兒童。相反，我們選擇了另一種視角看待兒童；「兒童是令人驚訝的、有力量的、有能力的。」（Malaguzzi，1993）兒童是與其他兒童、成人共同構建知識的獨立個體。這種構建產生了一個豐富的兒童：主動、富有競爭性並渴望融入世界。

（二）現代兒童觀

我們批判的分析與兒童關聯的觀點，兒童是如何被理解和被概念化的，這些觀點我們認為在許多公開爭論中是具有影響意義的，並且對於學前兒童教育領域的實踐和政策有著很大的影響。這些觀點的建構是在占優勢的話語中自我產生的，也是在對現代化兒童教育工程的定位中產生的，同樣也是在我們被賦予教師、家長和研究者的角色時產生的。在我們看來，這些占優勢的話語將會影響「童年景象」——兒童與教師、兒童與家長和兒童與兒童之間的關係，學前兒童的教育機構，這些機構在時間與空間上的設計和布置方式，以及我們賦予這些設計和布置的含義，對整個兒童的教育體制都有影響。

1. 兒童是知識、身份和文化的複製者

在兒童是知識、身份和文化的複製者的觀點中。兒童被理解為是從生命的起點，一無所有的來到這個世界上，是一個空空的容器或者是一塊白板。人們可以說這是「洛克的兒童」。兒童在接受義務教育之前，就要讓兒童做好「準備學習」或者「準備上學」的狀態。在兒童早期，兒童就需要被灌滿知識、技能和預定的占優勢的文化價值，社會約定的和準備管理的——一個複製和轉化的過程；將兒童訓練成符合義務教育要求的個體。

從這個觀點來看，兒童早期是未來成功生活的準備。這種觀點能夠激發原來對早期教育不太感興趣的政治家和商業領導的興趣。

2. 在生命的金色年代、兒童是天真的

把兒童看成是一個天真無知的和原始的觀點持續了幾個世紀。這個觀點不僅僅包含了對無知的、混亂的和失控的東西的害怕，也包含了一種多愁善感地把兒童期看成是金色年代的烏托邦式的觀點。這是盧梭眼中的兒童，他把兒童時代看成是個體發展進程上的一個無知的階段——金色的年齡，相信兒童有天生地尋求真理、道德、美感的本能。這個社會把兒童天生帶來的美好的東西逐漸地腐蝕。透過透明和反省學習去瞭解你自己，瞭解你的內在的、本質的和真實的自我，這是一個重要的觀點。心理學已經承認這種關於兒童的觀點，尤其是那些兒童家把兒童在自由遊戲和創造性的活動中的表達放置於教育活動的中心。

這種觀點使成人設法把兒童從混亂的環境中分離出來，為兒童創造一個能為他們提供保護、穩定、安全的環境。我們已經越來越認識到，如果我們把兒童藏起來，並把他們與本來已經和他們合為一體的環境分離開來，那麼，我們不僅欺騙了我們自己，而且沒有嚴肅認真地對待和尊重兒童。

3. 把兒童看成是自然的或者是生物性的

這種觀點認為兒童天生就繼承了一些固定的、普遍的能力，把兒童的發展看成是一個由生物決定的天生的過程，而且遵從著普遍的法則，兒童除了有一些獨特之處外，兒童還有他們年齡階段的特點，他們的本性以及他們能做的事情和不能做的事情。這就是皮亞傑的觀點，皮亞傑關於認知發展的四個階段的論述對這一理論起著非常重要的作用，儘管皮亞傑本人並沒有過多地強調這些階段。

這種建構的觀點把兒童看成是自然性的，而不是社會性的個體，兒童是被抽象和去情景化的也是被本質化和規範化的，可透過抽象、成熟的概念來定義，或者透過發展的階段來定義。文化和成人的作用被忽視了，使兒童僅僅透過天生的發展的順序而自動地發展。在這種觀點中：「心理上的分類並

沒有一個特定的時間或者一個空間的連續統一，自尊、能力和創造性似乎從歷史與文化的背景上割裂開來。」

4. 兒童是知識、身份和文化的共同構建者

我們不再把兒童僅僅看成是孤立的和自我中心的個體，不僅僅關注他們操作物體的行為，也不僅僅強調認知的發展，不忽視兒童的感受或者是非邏輯的思維，不含糊地考慮情感領域的作用。取代我們以前關於兒童的觀點，把兒童看成是有潛力的、強大的、有能力的個體，最為關鍵的是與成人以及其他兒童相關聯的（Malaguzzi，1993）。

迄今為止我們所討論的兒童觀的共性都是在現代主義的框架下，兒童被認為是自主的、穩定的、中心的對象，先天的、固有的人的本性在發展和成熟的過程中顯露，兒童的發展被描述成一些科學的概念和分類。這些觀念還有一些共同之處，就是他們「製造」了一個「可憐」的孩子，一個虛弱的、消極的、發育不全的、沒有能力的、依賴的和孤立的兒童。

兒童不僅僅是家庭的一部分，同時也是與家庭相分離的，因為兒童有自己的與父母和其他成人不同的興趣。兒童在社會中有一個被接受的獨立的地位，在社會中擁有與成人一樣的權利。兒童被看成是一個社會的團體，兒童的心理個別化被用以考慮兒童團體的生活是如何被社會經濟因素所影響的。兒童期不再是一個準備期或者一個空白階段，而是社會結構或社會機構的一部分，在他的人生的某一個階段有著重要的意義，既不比其他階段的意義大，也不比其他階段的意義小。

拓展閱讀

現代兒童觀

1. 兒童是一個社會的人，他應該擁有基本的人權。

2. 兒童是一個正在發展中的人，故不能把他們等同於成人或把成人的一套強加於他們或放任兒童自然、自由的發展。

3. 兒童期不只是為成人期做準備，它具有自身存在的價值，兒童應當享有快樂的童年。

4. 兒童是具有主體性的人，是在各種豐富的活動之中不斷建構他的精神世界的。

5. 每個健康的兒童都擁有巨大的發展潛力。

6. 幼兒才能的發展存在遞減法則，開發的越早就開發得越多。

7. 兒童的本質是積極的，他們本能地喜歡和需要探索學習，他們的認識結構和知識寶庫是其自身在與客觀環境交互作用的過程中自我建構的。

8. 實現全面發展與充分發展是每個兒童的權利，其先天的生理遺傳充分賦予了他們實現全面發展的條件，只有全面發展，才能得到充分發展。

9. 兒童的學習形式是多種多樣的，如模仿學習、交往學習、遊戲學習、探索學習、操作學習、閱讀學習。成人應當尊重幼兒的各種學習形式，並為他們創造相應的學習條件。

四、學前兒童發展心理學的研究內容

經過一百多年的發展，兒童心理學（包括學前兒童心理學）的發展不斷進步，其學科體系也不斷得到完善。從研究內容的角度看，儘管人們對學前兒童心理學的內容體系劃分並不一致，但主要還是涉及個體認知與社會性發展兩個大的方面。而我們根據學前兒童心理發展的研究趨勢及學前教育專業教育實踐需求，新增加幼兒與學習版塊的內容，以緊扣學前兒童的生活與教育實際。

（一）認知與語言的發展

認知是指人對客觀世界的認識活動，其中包括感覺、知覺、注意、表象、學習與記憶、思維和言語等心理過程或認知過程，並包括想像、創造、智慧等等。這些過程之間並不是界限分明、互相排斥的，它們之間彼此有重疊和交叉。認知發展就是指上述有關的認知活動的發展。本書的認知發展主要包括學前兒童的感知覺發展、注意發展、記憶發展、想像發展和思維發展。

按照皮亞傑的觀點，依據認知的對象或研究領域，通常把兒童認知發展區域分為兩大領域：一是對自然現象的認知發展。自然現象包括時間、空間、因果、類別關係、運動、速度、守恆等等，透過有關認知活動兒童獲得各種物理經驗和邏輯數理經驗；二是社會認知發展。社會認知是指個體對人和人類事物的知覺、思維和推理。社會認知發展研究的重點在於研究兒童如何隨著年齡的增長，對他們觀察到的社會生活、社會關係（包括自己、他人、人與人之間的關係、團體之間的關係）形成概念並做出判斷和推理的，各種社會認知功能又是怎樣與社會行為發生聯繫的等等。它主要包括以下研究內容：（1）關於人的概念的推理，如認知自己和他人的心理過程、狀態、個性特點的發展，社會觀點選擇能力的發展，元認知的發展和「心理理論」（theoryofmind）的發展；（2）對各種社會人際關係的概念和推理，以及制約這些關係的社會習俗、道德準則的認知發展；（3）兒童獲得符合社會常規或人們期望的行為模式的社會知識（如過程式知識）的發展。社會認知發展能幫助兒童獲得各種社會經驗，提高對社會生活的適應能力。

語言是我們交流思想、表達情感以及思維的工具。從出生開始貫穿整個學前期，是人一生中語言發展最為迅速的時期。兒童在語言發生前，要進行語音和語言理解的準備，這一階段的前語言交流中，父母要注意使用「媽媽語」和孩子交流，在這幾方面的充分準備後，象徵語言發生的第一批詞終於出現了。進入語言發展期後，兒童口語在語音、詞彙和句子以及語言理解和語言表達方面都取得可喜成績，4歲左右已經能夠基本掌握本民族的口語表達；書面語言方面，兒童早期閱讀和書寫能力也有了一定的發展，教師和家長要注意科學合理地指導兒童的書面語言發展。關於語言獲得這一問題，許多學派都對此做出瞭解釋。強化理論和模仿理論強調後天的學習環境對語言獲得的決定作用，喬姆斯基的生成轉換理論則強調先天稟賦的作用，以皮亞傑為代表的認知理論從主客體相互作用的角度來解釋語言的獲得。近年來，讀寫萌發和全語言學習理論是新興起的語言學習理論，為兒童語言的學習和教學提供了新的思路。

（二）情緒、個性與社會性的發展

情緒與認知活動一樣，也是人對客觀事物的反映。但它又不同於認知活動，情緒是客觀事物是否滿足個體需要的主觀反映，它包含內心體驗、情緒表現和生理喚醒三個不可分割的成分，其核心是個體的內心體驗。人們通常將情緒看作非智力（認知）的重要因素，也是影響個體認知過程的重要條件。情緒是個體的一種心理過程，是心理結構的組成部分。情緒既是在物種進化過程中發生的，又是人類社會歷史發展的產物。兒童有著廣泛的情緒反應範圍，他們有時候十分高興，有時候悶悶不樂，有的時候還會變得憤怒、暴躁。情緒對於兒童的學習、遊戲和生活活動有直接的影響，同時還影響到學前兒童的個性和社會性的發展進程和結果。

個性是指個體的心理活動中所表現出的一貫的、穩定的特點，這就是所得個性特徵。它包括氣質、能力、性格的特點，總稱為個性。新生兒剛剛來到這個世界上由於先天的基礎不同，行為的表現就有差別，以後在不同的環境影響下，他的心理活動表現就越來越帶有個人的特點，從而形成每個人彼此不同的個性。

社會性發展是兒童作為人類社會群體中的一員在成長發展過程中必然面臨和解決的重大課題。兒童社會性的發展涉及多方面，其中人際關係的發展是其核心主線，尤為影響深遠的是兒童早期與「重要他人」的交往並建立的人際關係，如親子關係、同伴關係、師幼關係等，另外，學前兒童的社會行為與道德也是兒童社會性發展的重要內容。兒童社會化的核心內容就是使兒童成為一個有道德的人，能遵守社會規定的道德規範和行為準則的人。皮亞傑與科爾伯格的道德發展理論比較具有代表性，對兒童的道德發展進行了較為詳細的理論闡述。

近年來，對兒童社會化的研究引起了人們的興趣。什麼是社會化呢？它與兒童個性的形成又是什麼關係呢？一般認為社會化是指一個人在一定的文化社會環境中生活，逐漸接受社會所期望的觀點、信仰、價值觀和行為標準，逐漸適應社會的生活而成為該社會一員的過程。這個過程也就是兒童從一個生物的個體逐漸發展成為社會個體的過程。全世界兒童心理過程的發展存在普遍的模式，這是心理發展中的共性，但心理活動作為對客觀現實的反映，

又受到個體生活中現實社會文化條件的制約，因此，在不同文化社會中生活的兒童，其心理活動存在著差異，這是由具體的不同條件的社會化過程造成的差異，因此，中國兒童待人處事的行為方式可能與美國兒童不同，這是心理發展中的個別性或特殊性；而對於同一文化社會的兒童，受相同的社會環境的影響，具有相同的社會化發展課題，這又是心理發展中的共性或普遍性，由於每個人的先天基礎不同，所受的具體環境影響不同，在社會化過程中也存在個體之間的差異，這又是發展中的個別性或特殊性。因此，從這一意義上看，個性形成的過程，也就是兒童逐漸社會化的過程。個性的社會化和個別化是個性發展的過程的兩個不可分割的方面（許政援等，1996）。

（三）遊戲心理與學習心理

遊戲是一種極為古老、極為普遍的社會生活現象，是人類生存、活動的基本方式。對於身心發育尚未成熟、不需承擔社會責任的兒童而言，遊戲更是他們的一種存在方式，兒童也正是透過遊戲體現並確認著自己的存在。兒童的生活離不開遊戲，甚至可以說遊戲與兒童的生活二者已水乳交融。如何看待遊戲，意味著如何看待兒童的生活。什麼是遊戲？這是個比較複雜的問題，不同的人有不同的解釋。對於學者們來說，這也是一個困擾他們多年的問題，很多人嘗試從不同角度來理解它。比如，席勒認為遊戲是剩餘精力的無目的的消耗；鮑溫特認為遊戲的目的是自身的活動；杜威認為遊戲不是一種嚴肅的、追求外部目的的活動；列昂節夫認為遊戲的目的在於行動的過程而不在於結果；布魯納認為遊戲的本質是手段超過了目的。但由於遊戲本身的複雜性，人們理解角度及背景的多樣性，迄今為止，仍沒有一個為大多數人能普遍接受的關於遊戲的解釋。不過，儘管給遊戲下一種可行的、公認的定義是困難的，甚至是不可能的，但是，用一些相互聯繫的意向因素來說明遊戲的特性，再進一步概括、提升，從而揭示遊戲的本質，卻是可行的。

幼兒時期的學習活動主要方式就是遊戲。遊戲是幼兒的基本活動，是有益於幼兒身心各方面發展、適宜於幼兒身心發展特點的活動。在遊戲學習中，幼兒積極主動地探索周圍的環境，積極主動地與人交往，形成和發展著各方

面的能力。遊戲就是幼兒的學習與工作,遊戲活動最充分地體現了幼兒學習與發展的主體性。

第二節 學前兒童發展心理學的研究任務與意義

任何一門學科肩負的任務在一定程度上取決於該門學科的性質。學前兒童發展心理學作為個體發展心理學的一門分支與普通心理學一樣,以揭示心理現象的規律、增進人類對自身的認識為目標。但它與普通心理學研究的角度不同,後者按其內容而言是屬於常態成人的心理學,可以比喻地說,它是在平面上來研究人的心理的,而個體發展心理學包括兒童發展心理學是從總的方面,即個體心理發生發展乃至衰亡的全過程來研究人的心理,二者同是基礎學科(劉範,1989)。學前兒童發展心理學既然是基礎科學,其首要任務就是加強基礎理論研究,使人們對個體心理發生、發展規律的認識有所前進。

我們也要看到,兒童發展心理學雖然是一門基礎學科,但它與教育實踐、兒童的福利事業有著緊密的聯繫,其研究成果有極其廣闊的應用前景,能為瞭解、教育兒童提供科學的原理、方法和技術。在這一意義上,學前兒童發展心理學的研究又屬於應用基礎的研究。因此,兒童發展心理學家應該關心社會上特別是教育實踐上提出的有關兒童發展的各種問題,使社會實踐成為自己理論研究取之不盡的活水源泉。同時,兒童發展心理學家也應該關心研究成果的推廣應用,不能僅僅滿足於研究論文的發表,而要把自己的研究發現轉化為普通人易於理解和掌握的活的知識,用以幫助兒童健康成長。事實上,以增進人類認識為目標的發展心理學研究與以直接應用為目標的教育心理學的研究兩者既有分工,也有融合、交叉,同樣／換句話說發展心理學家往往兼為教育心理學家。

一、學前兒童發展心理學的基本任務

(一)認識學前兒童心理特徵,揭示心理發展變化的機制

1. 闡明學前兒童心理特徵與心理過程的發展趨勢

0—6歲是人生的初始階段。學前兒童的身心處於快速發展時期，他們有著既不同於成人，也不同於其他兒童期的心理特點。這些特點一方面具有階段性，明顯地反映出初始階段的特點；另一方面又有持續性，對人的終身發展具有某種後效作用。對學前兒童來說，各種心理過程都有其發生和發展的規律和趨勢。如學前兒童認知、情感、社會化的發生與發展，以及這些發展對個性最終形成的作用，這些研究能使我們認識學前兒童心理發展的整體性和連續性。

2. 揭示兒童心理發展變化的機制

20世紀50年代以前，兒童心理學偏重於對兒童行為的記錄和行為模式的歸納。隨著研究的深入，兒童心理學進一步注重揭示兒童心理為什麼會發生，又為什麼得以發展，什麼因素在推動著兒童心理的發展，兒童心理發展的條件是什麼。這些問題就是發展的機制。歸納起來說，這一任務就是要回答以下理論問題：

（1）關於遺傳與環境（或稱成熟與學習）在兒童心理發展中的關係；

（2）關於影響兒童心理發展的因素（動力）；

（3）關於兒童心理的量變與質變、連續發展與發展階段的關係。

闡明發展趨勢與揭示發展機制這兩大任務是不可分割的。第一個任務是基礎性的，第二個任務是本質性的。因為只有完成第一個任務，我們才有認識兒童的可能，而完成第二個任務，才能進一步真正掌握兒童心理發展的本質規律，才能有效地促進和預測兒童心理和行為的變化。

兩大任務的核心是「發展」。發展是個體在活動中反映整個結構不斷改造更新的過程。更準確地說，發展是由一種新結構的獲得或從一種舊結構向一種新結構的轉化組成的過程。發展並不是簡單的數量累積或直覺的位置移動，發展也不是單純的內部次序的轉換。發展，意味著一個結構的內部出現了新性質的改變。

（二）理論聯繫實際，滿足社會需求

學前兒童發展心理學是一門基礎學科，但它和教育實踐有緊密聯繫。我們知道，要教育兒童，就必須認識兒童、瞭解兒童，只有我們的教育措施符合兒童心理發展的實際，教育才能取得成效並促進兒童的發展。這正如農民種地，要多打糧食，必須掌握農作物生長的規律一樣。學前兒童發展心理學必須要重視基礎研究。基礎研究的目標就是揭示兒童心理發展的規律，為教育工作提供科學的依據。科學發展的歷史經驗告訴我們，任何重大的科學發明成就，都離不開理論上的突破，而先進的理論為人們所掌握，就會變成改造世界的物質力量。近年來兒童發展心理學也取得了一系列重要的研究成果，如新的研究證據表明，嬰兒並不是一塊任人塗抹的「白板」，而是很有本事的，他們是客觀環境的積極探索者。幼兒對世界的認識也不像人們原先設想的那樣無能，他們存在著巨大的待開發的認知潛力。對兒童認識的深化，不斷革新著人們的教育理念。近年來，早期教育被人們重新強調並成為國際性的潮流與兒童發展心理學以及與兒童相關的學科所取得的研究進展是分不開的。所以，強調理論聯繫實際的原則，並不意味著要削弱基礎理論的研究，恰恰相反，只有加強基礎理論研究，才能給實踐提供科學的指導。

加強基礎理論研究重要的是做好科學研究的選題。選題是任何科學研究的第一步。「萬事開頭難」，選什麼問題作研究，不僅取決於研究者的興趣，更重要的是取決於研究者的學識、膽略和對科學問題的敏銳洞察力。一般來說選題可以來自兩個方面：

一是學科發展的前沿問題，解決這些問題，能使學科向前推進一步。如有些對心理發展過程感興趣的學者對皮亞傑的階段理論提出疑問：皮亞傑曾把學前兒童描繪為自我中心、前邏輯、前因果、前運思的等等。總之，學前兒童這也不行，那也不行，面對問題情境不僅無能，其解決方式也是不合邏輯的。真的是這樣嗎？他們透過自己的實驗證明，在幼兒經驗所及的範圍內，他們是能解決一些具體運思階段的任務的（Gelman Brown，1986）。究竟如何解釋這些與皮亞傑不同的研究證據呢？近年來，持「能力早期發展論」的研究者進一步提出了兒童認知的發展是「理論的發展」的新假設（Wellman Gelman，1992）。總之，基礎研究的成果能深化人們對兒童心理發展規律的認識，為指導教育實踐提供科學的依據。

二是來自兒童撫育、教育實踐或社會上人們關注的兒童福利、兒童發展的有關問題。這些問題有大有小，從而可以區分出不同層面的研究。幼稚園教師如何教幼兒認數和計數呢？這必須研究幼兒認數概念發展的水準和計數活動的特點，以便為幼兒數學教學提供依據（劉範，1979）。這是一種探討兒童某種具體的認知活動的微觀發展過程的研究。屬於更高層面的問題則如社會關心的獨生子女的教育問題，促使心理學家進行的中國獨生子女心理發展特點的研究（荊其誠等，2002）；基於社會上對加速培養人才的需求，有些心理學家開展了超常兒童心理發展及促進教育的研究（查子秀，2001）；基於對處境不利兒童的關愛，所進行的弱智兒童心理發展及干預的研究（茅於燕，2001）等等。總之，來自實踐的課題不僅涉及心理發展的基本過程和特點，而且涉及如何依據有關發展過程和特點進行教育干預以改善或促進其發展。在這個意義上，兒童發展心理學的研究實際上處於基礎研究與應用研究的交叉點，而這兩方面則是互相促進的。基礎研究可以從解決實踐需求的應用問題中找到生長點，而應用研究有助於加深對發展的基本過程與規律的認識。如以「理論聯繫實際」為藉口忽視基礎研究或強調兒童發展心理學是一門基礎學科而輕視兒童發展實際問題的研究都是片面的。

二、學前兒童發展心理學的研究意義

（一）幫助人們正確瞭解兒童

透過對學前兒童心理發展的科學研究，我們不僅知道學前兒童眼睛所看到的內容，頭腦中所想到的事情，活動中所作出的行為都與成人完全不同，而且知道兒童為什麼這麼想，為什麼這麼做？為什麼不同年齡兒童的所想所做又是那兒的不一樣？為什麼每一個兒童又有那麼多的差異性？兒童在心理水準和心理特點上是如何逐漸實現向成人的心理過渡的？成人要如何對待不同年齡的兒童才不會有礙於他們的發展？人們如果透過兒童發展心理的研究成果，獲取了關於兒童心理發展的基本知識以後，再面對兒童，便容易瞭解兒童的心理特徵，更容易與兒童順利進行交流，也能更加切實有效地運用某種教育手段與策略促進兒童健康成長。

（二）為教育工作提供理論依據

學前兒童心理的早期研究大多是由教育者進行的，因為教育者與兒童的關係密切，他們最早發現了兒童心理的特殊性和研究兒童心理的重要意義，他們堅信有效的教育必然是在瞭解了受教育者心理特點的基礎上才能實現。所以，兒童發展心理學的研究對於幫助教育者瞭解兒童的真實面貌，幫助教育者思考教育原則與方法的有效性，避免對兒童的傷害是極有價值的。教育是成人有目的、有計劃地對兒童發展施加影響的特殊環境，教育者如何創設環境，如何使之對兒童的生理心理產生更加有效的作用，必須受制於教育者對兒童心理發展的基本事實的瞭解。從這個角度講，如果不瞭解兒童心理的教育是盲目的教育，是無效的教育，甚至可能是對兒童發展有害的教育。所以，學前兒童發展心理學是一切學前兒童教育工作者進行教育研究和教育工作的理論基礎。

（三）為與兒童有關的其他工作提供指導

既然兒童的心理具有特殊性，那麼凡是從事與兒童有關工作的人都必須瞭解兒童的心理。如兒童玩具的設計者，所設計的玩具要兒童喜歡，首先就得瞭解不同年齡的兒童對顏色的選擇偏好，對形態的欣賞傾向，對操作程序的興趣傾向；所設計的玩具要能有效地發揮教育作用，就必須瞭解不同年齡兒童的認知能力、發展方向；所設計的玩具要避免對兒童的傷害，就要瞭解兒童身心發展的侷限性等。兒童圖書設計者，在圖畫的內容、顏色、大小等方面都必須考慮兒童的興趣、愛好、接受能力、視覺發展等。兒童醫務工作者必須懂得不同年齡兒童的心理特點，才能更加有效地治療兒童的疾病和幫助兒童恢復身體健康。兒童的服裝設計、兒童的食品包裝、兒童的房間裝飾等這些工作的質量也都離不開工作者對兒童身心發展知識的掌握。正因為如此，在經濟發達的國家裡，與兒童有關的各種社會行業都會有專門的兒童心理工作者，或者對工作者進行兒童心理學知識的專門培訓，讓他們掌握一定的兒童心理發展的基本知識。

（四）豐富完善心理學的知識與理論

兒童處於人類個體成長的最早階段，研究他們的心理最有利於揭示心理發展的一些基本規律。如關於遺傳與環境在心理發展上的作用問題，一直是

心理學家很感興趣的問題，而且也是心理研究中的基本理論問題。心理學家也進行了系列有關遺傳與環境在成人心理中的影響作用的研究，但是在兒童發展心理學中研究這一問題更為方便，這一問題本身也是兒童發展心理學必須解決的重要理論問題。當兒童的生命誕生後，環境逐漸對他的心理發揮作用，應該說兒童早期，遺傳在兒童的心理發展上所起的作用是主要的，而且隨著兒童的年齡增長，環境對兒童發展的作用越來越明顯。在兒童早期心理的研究中，可以透過控制環境條件觀察兒童行為的變化，以考察環境對兒童心理的影響作用。這種研究比成人中的類似研究相對容易控制條件，環境和遺傳作用相互滲透的程度要簡單些，二者的作用狀況可以看得更為清楚。在學前兒童發展心理學中還有很多專門研究遺傳和環境對兒童心理發展影響的方法，如同卵雙生子的研究，因為同卵雙生子的遺傳基因被認為是完全相同的，所以可以將兩個兒童心理發展差異歸於環境的作用。同時，在兒童心理發展的各個方面都可以考察到遺傳和環境的作用。可見，學前兒童發展心理學可以對心理領域這一課題做出自己的貢獻。

兒童發展心理學研究還有助於探討人類意識的起源問題。哲學上關於這一問題有很多爭論，一直沒有科學的答案。兒童心理發展研究一定會涉及兒童心理由簡單到複雜的發展，兒童心理的發展實際上與人類心理的進化有一定的相似性。如果把兒童心理發展研究得更加深入，把兒童心理由無意識到有意識地發展探討得更清楚，對解決意識的起源問題一定會有所幫助與啟發。除此之外，發展心理學還能為認識語言與思維的關係、認識與實踐的關係、感性與理性的關係、大腦發展與心理的關係等理論問題提供科學的依據。

第三節 學前兒童發展心理學的研究方法

科學方法是獲得新知識及解決問題的手段，主要由建立假設、收集資料、分析資料和推演結論四個步驟組成。任何學科的發展無不受到研究方法的制約，學前兒童發展心理學也不例外。由於學科性質的不同、要回答的研究問題也有自己的特點，除遵循一般的科學研究原則和程序外，不同學科在研究方法上往往還有自己的原則與特點。

一、學前兒童發展心理學研究的基本原則

（一）客觀性原則

尊重客觀事實、實事求是是每個研究者都應當遵守的基本原則和職業倫理，也是確保研究結果真實可信的前提。客觀性是任何科學研究都必須遵循的一個基本原則。在心理學研究中遵循客觀性原則尤為重要，這是因為心理學要研究的是發生在人們頭腦內部的心理活動，在許多情況下，所收集到的數據資料容易滲入研究者的主觀成分，從而使研究結果受到汙染，不能如實地反映事物的本來面目。這種情況在兒童心理的研究中尤為突出。那麼，如何才能在具體的學前兒童心理研究過程中真正貫徹客觀性原則呢？第一，研究者必須牢記兒童心理是客觀存在於兒童頭腦中的客觀現實，是與成人心理不同的具有其獨特性的心理現象，不能按成人的心理來確定研究方法和推想兒童的心理。第二，研究的內容和結果要立足於兒童的言語、行為和活動，因為存在於兒童頭腦中的心理活動是沒有儀器能真正探測到的，只有透過兒童表現於外的現象來分析獲取，要避免主觀臆測或想像等主觀因素對研究過程和分析研究結果的影響。第三，研究兒童心理時要結合研究兒童的生理發展特點，尤其是高級神經活動的特點，因為生理特點的差異必然會引起心理特徵的差異。第四，研究兒童心理時還要注意考察兒童所處的社會生活條件和教育條件，因為兒童心理特點的差異除了和兒童的生理有關外，還與兒童所處的環境有關。第五，兒童心理研究的設計、研究的全過程和對研究結果的統計分析等都要用科學的方法。

（二）教育性原則

教育性原則是指研究者在進行學前兒童心理研究時，必須以不損害兒童的身心健康為基本前提。在學前兒童心理研究中，研究者通常首先考慮選題是否具有研究價值，是否是迫切需要解決的理論或實踐課題。但是僅僅考慮研究價值是不夠的，還應該考慮這一問題研究的可行性。可行性裡最先應考慮的是在研究過程中是否帶給兒童的全部都是正面影響。應該說，這一研究原則是由研究對象的特殊性所決定的。心理學的研究對象是人，發展心理學研究對象是成長中的人類個體，周圍的一切條件都構成影響他們成長的環境，

都會對他們的成長帶來或多或少或好或壞的影響，那麼，進行學前兒童心理研究時，為學前兒童創設的或改變的環境肯定也具有這種功能。正因為如此，學前兒童心理的研究者既要考慮所選課題的研究價值，又要考慮研究課題可能對兒童身心健康所帶來的影響。如教師厭惡情緒對兒童心理的影響，教師懲罰（體罰）對兒童心理的影響，不良性格的父母對兒童的影響等等。這些選題應該說都是很有研究價值的，它們既可以豐富兒童心理的理論，又對兒童教育實踐具有指導意義。但是，此類選題在研究時是否會對學前兒童產生不良影響，研究者必須進行周密思考。

研究者除了在選題時要貫徹教育性原則以外，在研究設計和研究過程中也不能忽視可能對兒童產生的不良影響。如兒童堅持性的影響因素心理研究。影響兒童堅持性的因素會有很多，如目的性、興趣性、活動類型、成人的強迫命令、懲罰等，前三項因素可能對兒童構成的負面影響比較小，而後兩項因素就有可能對兒童產生不利影響。諸如強迫命令的次數、強迫的程度、懲罰的種類、方式、程度、次數等。如何才能在研究過程中即有利於獲得更多更有價值的實驗結果，又有利於兒童的健康發展，研究者必須認真考慮。

（三）理論聯繫實際的原則

理論聯繫實際的原則是指兒童心理研究要將研究內容更多地與兒童發展實際和教育實際緊密聯繫。這一原則既反映了兒童的研究要尊重客觀事實，又反映了兒童心理研究的應用性特點。

如何才能保證理論與實際的結合呢？首先，要重視驗證理論的研究。強調實證研究並不等於不重視理論的研究。在兒童心理研究中，理論思辨是不可缺少的，但是這些理論是不是空談，是不是符合兒童心理發展的實際，要接受實踐的檢驗。其次，要研究實踐中那些急需解決的問題。理論與實踐的服務不是單向的而是雙向的。研究那些實踐中迫切需要解決的兒童心理問題，為實踐提供科學依據從而指導實踐。如獨生子女的心理特點與成因，兒童的社會交往特點，兒童交往技能形成的影響因素，兒童攻擊性行為的控制與引導，青春期兒童的特殊心理及對策，兒童網路成癮的心理原因和社會原因等。這些研究更能體現理論對實踐的指導作用。再次，要注重實證研究。實證研

究更多的是對兒童心理發展實際中的某一問題進行實際考察獲取第一手資料，然後透過統計分析得出研究結論。這種研究更易於發現兒童的實際心理面貌，發現兒童心理的新特點、新規律，能豐富和完善兒童心理的理論系統，加強實踐和理論的聯繫。

（四）一般與個別相結合的原則

一般與個別相結合的原則是要求研究者在研究兒童心理發展的一般規律時不能忽視兒童心理發展中存在的特殊性和個別差異性。這一原則要求研究者在進行兒童心理研究時，不能只注意一般規律而忽視特殊規律，要承認一般與個別的關係是客觀存在的，不能對立，也不能整齊劃一。所以，在研究兒童心理發展規律時，既要研究一般規律，又要研究個別規律，並將二者結合起來研究，才能客觀把握兒童心理的全貌。

二、學前兒童發展心理學的研究方法

學前兒童發展心理學的研究方法既有兒童心理學研究方法的普遍性，又有本學科的特殊性。兒童心理學的研究方法包括實證研究法和理論研究法兩大類。

（一）實證研究法

被馬克思和恩格斯譽為「整個現代實驗科學的真正始祖」的英國哲學家培根說：「科學是實驗的科學，科學就在於用理性方法去整理感性材料。歸納、分析、比較、觀察和實驗是理性方法的主要條件。」兒童心理學與其他科學一樣，重視用理性方式去整理感性材料。對於任何從事科學研究的人來說，總是對兩種變量之間的關係發生興趣，並努力找出它們之間的內在邏輯關係。為此，研究者總是透過一定的控制手段，觀察、測量自變量與因變量之間的相應變化，最後，從這些變化中找出規律來。

任何研究都有一個時間上的取向。據此，把研究分為橫斷研究和縱向研究兩個類型。橫斷研究指在同一時間對某個年齡組或幾個年齡組的兒童的心理發展水準加以觀測，求出某種心理水準的代表值，或求出幾個年齡組兒童

的代表值加以比較。縱向研究指對一個或一組兒童進行定期的系統的隨訪觀測（即追蹤），找出心理發展過程的系統特點。

　　這兩類的研究設計各有千秋。橫斷研究的焦點在同一時刻的大規模樣組的行為上，能在較短的時間內得到同一年齡或幾個年齡組受試者的大量數據，比較節省時間和精力。大規模樣組的數據比較有代表性和穩定性。但這種方法由於時間較短，難以尋找發展的連續性和轉折點，也難以分析出兒童早期經驗對當前反應的影響。此外，如果研究者在組織樣組時控制不當，容易產生抽樣誤差，形成虛假結果。縱向研究傾向於對一個人或一組人的發展作連續的觀察和說明。它的最大優點在於可以使研究者隨著時間的進程，直接地測量個體變化的速率，取得發展的第一手資料。縱向研究對於探索某種心理現象的穩定性（或不穩定性）和發展快慢是必不可少的，如早期經驗對後期行為的影響、一個智力特殊兒童的心理特點、自閉症兒童的行為變化等，都適合於長期追蹤研究。但這類研究耗時費力，對象有時缺乏典型性，且難以保持長期的合作關係。

拓展閱讀

受試者、樣組和抽樣誤差

　　從理論上講，科學研究的對象越多，結果也越具有代表性。但實際上研究受人力、物力、時間等條件的限制，不可能把研究範圍裡的所有對象都找來作為受試者。當我們要研究某一年齡或具有某一特性的對象時，研究者在自己的研究範圍裡抽取一部分人（或單位）作為受試者，組成一個有代表性的受試組——樣組（也稱樣本），透過研究這個樣組取得一定的資料和數據，再根據這些資料和數據來推測全體的情況。抽取樣組最根本的原則是要有代表性，能反映總體的特性。通常，心理學要求採取隨機性原則，保證一個研究範圍內的所有對象被抽取的可能性是同等的。

　　通常，我們把 30 人以下的樣組稱為小樣組，超過 30 人的樣組稱為大樣組。

如果研究者違背隨機性原則，抽取的樣組缺乏足夠的代表性，如受試者太少，或所得的數據偏向於高分或低分的一端，那麼，由樣組所得的資料和數據推測全體的情況就會產生誤差。心理學把由於抽樣原因導致的誤差稱為抽樣誤差。

橫斷研究與縱向研究各有利弊，彼此又不可代償，最好的途徑是將兩種研究結合起來，綜合利用。如欲研究 0 至 6 歲學前兒童的情緒發展，研究者可以選擇 0 歲、2 歲、4 歲兒童若干名，進行為期 2 年的定期或不定期觀察。2 年期滿後，便得到 0 至 2 歲、2 至 4 歲、4 至 6 歲兒童情緒發展的連續資料。

橫斷研究和縱向研究可以具體體現為以下三種方法：

1. 觀察法

觀察法是有計劃、有目的的觀察兒童在一定條件下言行的變化，做出詳細的記錄，然後進行分析處理，從而判斷他們心理活動的特點的方法。觀察法是科學研究最基本的方法。透過觀察，人們可以收集到最直接的資料，包括事件發生、發展的過程和相關的數據。按不同的維度，觀察法分為以下幾種具體類型。

從時間上看，分為長期觀察和定期觀察。長期觀察指研究者在一個相當長的時期內，連續進行系統觀察、累積資料、並加以整理和分析。定期觀察指按一定的時間間隔持續觀察（如每週一次），到一定階段後予以總結。

從範圍上看，分為全面觀察和重點觀察。全面觀察指在同一研究內對若干心理現象同時加以觀察、記錄。重點觀察則是在同一研究中只觀察、記錄某一項心理現象。

從規模上看，可分為群體觀察和個體觀察。群體觀察指研究者的觀察對象是一組兒童，記錄這一群體中發生的各種行為表現。個體觀察又稱個案法，是對某一特定兒童作專門的觀察。個案法是一種最簡單、最直接的心理學研究方法，具有啟蒙和試點的作用。

2. 調查法

調查法包括談話法、問卷法、測驗法和產品分析法四種。

（1）談話法。研究者根據一定的研究目的和計劃直接詢問兒童的看法、態度；或讓兒童作簡單的演示，並讓他們說明為什麼這樣做，以瞭解他們的想法，從中分析兒童的心理特點。結合簡單演示的談話法又稱臨床法。

（2）問卷法。根據研究目的，以書面形式將要收集的材料列成明確的問題，讓受試者回答。更為常用的形式是將一個問題回答範圍的各種可能性羅列在問卷上，讓受試者圈定，研究者根據受試者的回答，分析、整理結果。

（3）測量法。用編好的心理測驗作為工具，測量兒童的某一行為表現，然後將測得的數據與心理測驗提供的平均水準相比較，可以看出受試者的個別差異。在心理學中，測量法常用於測量智力和個性特徵。

（4）產品分析法。研究者從兒童的藝術作品或學生作業、日記、考卷中分析兒童的心理特點。嬰兒的塗鴉、幼兒早期的繪畫就是值得分析的產品。

3. 實驗法

實驗法是一種有計劃、有控制的觀察。研究者根據一定的研究目的，事先擬訂周密的計劃，把與研究無關的因素控制起來，在一定的條件下引發被研究者的某種行為，從而研究一定條件與某種行為之間的因果關係。在心理學中，通常把實驗的研究者稱為主試，把被研究者稱為受試者。實驗法是一種較嚴格的、客觀的研究方法，在心理學中占有重要位置。實驗法既可以在實驗室裡進行，也可以在受試者原有的環境中進行。對學前兒童開展的研究，更適合於在兒童熟悉的自然環境中進行。

兒童心理學還從文化人類學中引進了跨文化研究法，即在不同的文化背景中，運用相同的方法收集資料加以分析，目的在於比較不同社會文化背景對兒童發展的影響，從而瞭解哪些發展模式具有普遍意義，哪些特點只是特定文化的產物。

上述研究方法注重於收集數量化資料和數據，研究兩個現象之間可能存在的內在關係。尤其是實驗法，人們更傾向於透過它探求事物之間的因果關係。我們把這一類實證研究稱為量化研究。這一類研究具有良好的組織

性、嚴密性、概括性，是心理學的主流研究方法。人的心理具有高度的完整性和複雜性，很難像物理學、生理學的研究那樣嚴密控制，也不可能把人的心理完全分解開來孤立研究，近年來，心理學引進了社會學的「質的研究」、生態學的真實環境研究等方法，在研究對象的選取上採用人種心理學（ethnopsychology）的定點對象選擇法，大大拓寬了研究的視野。

研究方法是收集資料和數據的手段，不是研究工作的框框。在實際研究中，研究者不必拘泥於單一的方法。明智的態度是根據需要，將各種研究方法綜合起來靈活使用，以便多維度、多層次地收集第一手資料。

(二) 理論研究法

兒童心理學是一門實證性很強的學科，需要從大量的實證性研究中收集資料、掌握數據、分析結果，從而得出關於兒童心理發展的認識。但是，一切具體的研究方法，都只是收集感性材料的直接手段，難以觸及發展的規律和本質。因此，研究兒童心理的發展，除了大量採用實證研究法之外，還需要採用理論研究法。否則，具體材料越多，對兒童心理的認識就越混亂，達不到科學研究的目的。

理論研究可分兩個層次。

第一層次的理論研究法是元分析研究（meta-analysis of research），就是運用測定和統計分析的技術，對某一領域中所有的研究記錄和發現作綜合的處理，以尋找更為一般的結論的方法。雖然元分析研究仍立足於定量的分析，但由於它更具普遍性，更遠離具體事實，更接近普遍規律，因而結論也更可靠。元分析研究是理論研究的基礎層次。例如，美國得克薩斯大學法爾博（Falbo）曾對115篇有關獨生子女研究的報告進行元分析，發現了這類研究本身的發展特點和獨生子女的一些普遍特性，特別是親子關係對獨生子女發展的重要性等，在這一領域裡具有廣泛的影響。

第二層次的理論研究是發展理論的研究。兒童心理的發展理論，是對發展趨勢、發展階段、發展模式、發展因素等的概括和總結。在發展心理學中，有各種不同的發展理論，如行為主義的發展理論、精神分析的發展理論、認

知發展理論等。每一個理論都對兒童心理發展的規律做出理論的闡述，具有特定的貢獻。無論是哪一家理論流派，發展理論總是圍繞著「心理學是什麼」和「心理學家應如何研究心理現象」這兩個問題，或者，說到底是圍繞著「兒童心理發展的實質是什麼」的問題而展開的。由於兒童心理發展的固有複雜性和科學研究本身的侷限性，任何一種發展理論都不可能包容人類心理發展的全部內容，理論與理論之間的不和諧是不可避免的。美國兒童心理學家格塞爾（Gesell）講過：「我們現在關於兒童的知識的準確性，如同一張15世紀的世界地圖一般。」兒童心理的發展不可能像物理實驗室裡的基礎實驗那樣簡捷和確定，發展理論應該是多元的。

無論是實證研究還是理論研究，都離不開哲學方法論的指導。唯物辯證法是人類認識史上最科學、最全面、最深刻的哲學方法論，是防止孤立地、片面地、靜止地認識兒童心理發展的理性保障。在兒童心理的學習和研究中，我們必須堅持唯物辯證法，使我們的認識始終遵循著正確的方向。

拓展閱讀

如果沒有皮亞傑

皮亞傑是20世紀最偉大的兒童心理學家。有人認為，如果沒有皮亞傑，兒童心理學也許只是一門非常不起眼的學問。22歲的皮亞傑取得自然科學博士學位後，在西蒙實驗室裡協助測試兒童的推理能力。他發現不同年齡的兒童所犯的測驗錯誤是不同的，但同一年齡的兒童所犯的錯誤類型往往相同。他與兒童交談，向他們提出關於周圍世界的問題，仔細聽他們的回答。從此，他開始了終生的研究方向——人是怎樣獲得知識的。他欣喜地說：「我終於找到了自己的研究領域了。」從青年時代到80歲，他的大部分時間都在觀察兒童，並參加兒童的遊戲。他給兒童講故事，也讓兒童給他講故事。他不時地問兒童：「走路的時候，為什麼太陽跟著你一起走？」「做夢的時候，夢在哪裡？」有時，皮亞傑也使用一些小道具，做一些小實驗，並向兒童提出一些問題。皮亞傑把他自己使用的研究方法稱為臨床法，他從中收集到大量有關兒童思維發展的事實。美國發展心理學家卡根（Kagan）說：皮亞傑發現的這些現象司空見慣，就在每個人的鼻子底下，可並非每個人都具有發

現這些現象的天分。還有人稱，皮亞傑蒐集的事實是兒童心理學的最可靠的事實。在此基礎上，皮亞傑構建了一套建立在生物學與認識論之間的全新的「發生認識論」，極大地推動了兒童心理學的研究和發展，把 20 世紀的兒童心理學推到了高峰。

本章小結

　　作為本書的開篇第一章，向讀者介紹學前兒童發展心理學的研究對象，其中包括心理發展的實質問題，發展心理學、個體發展心理學與學前兒童發展心理學之間的聯繫，即學前兒童發展心理學究竟研究的是什麼，心理發展的實質是什麼，如何理解心理的發展。我們研究的對象學前兒童，在現代兒童觀中的意義。從認知與語言的發展，情緒、個性與社會性的發展，遊戲與學習三個方面來討論學前兒童發展心理學的研究內容。然後向讀者介紹學前兒童心理發展的研究任務及研究意義，這對研究工作者是十分重要的。最後，這一章將向讀者介紹兒童發展心理學的一些基本研究方法，希望有助於讀者瞭解這門學科的知識體系，瞭解學習這門學科的重要意義，並為以下各章的學習提供基本的線索。

複習思考題

　　1. 名詞解釋

　　（1）兒童

　　（2）心理發展

　　（3）元分析

　　（4）橫斷研究

　　2. 簡答題

　　（1）簡述心理發展的實質問題。

　　（2）簡述個體心理發展理論。

　　（3）簡述現代兒童觀。

(4) 簡述學前兒童發展心理學的研究內容。

3. 論述題

(1) 根據現代兒童觀，論述什麼是兒童發展心理學。

(2) 舉例說明學前兒童發展心理學有哪些研究方法。

4. 案例分析題

幼兒父母時常反映說：週末日帶孩子比上班還累。自己只帶一個孩子，一星期只帶兩天，時常感到手忙腳亂，而幼稚園老師天天帶一大群孩子，並不覺得怎麼費勁。在幼稚園，情況也不完全一樣，經過學前教育專業學習訓練的、有經驗的老師，管理孩子非常輕鬆；而有些剛參加工作的年輕老師，儘管熱情很高，但孩子並不聽指揮，有時候甚至被孩子氣哭。

請結合幼兒心理發展分析：為何父母週末帶孩子「比上班還累」，而幼稚園老師天天照看孩子卻「不覺得怎麼費勁」？為何不同經驗水準的老師教育孩子的差異很大？

拓展練習

運用觀察法，設計觀察記錄表，記錄分析不同年齡的幼兒在集體遊戲中的社會交往水準。

第二章 學前兒童心理發展的理論流派

　　20 世紀初期，人類心理發展的研究逐漸成為一門正式的學科，20 世紀中葉，各種心理學流派紛紛出現。有些流派建立了自成體系的兒童心理發展理論（如皮亞傑的兒童認知發展理論）；有些則從對人的心理所持的整體理論立場出發，對人類特別是對兒童的心理發展提出了系統的理論主張（如行為主義的學習論、精神分析學派的性心理發展等）。我們應該用歷史的觀點來看待這些學派的理論主張。儘管用現代的觀點來看，這些理論有種種的不足或歷史的侷限性，但它們對促進「幼年時期」的兒童發展心理學的成長做出了歷史貢獻。學前兒童心理發展的理論流派反映了特定背景下出現的對該領域具有重要影響的觀點與看法。本章主要介紹關於學前兒童心理發展的理論流派，重點介紹格塞爾成熟勢力說、行為主義心理發展觀、精神分析學派的心理發展觀、皮亞傑的發生認識論以及維果茨基的社會—文化歷史心理發展觀。瞭解這些理論主張，將有助於我們認識現代兒童發展心理的研究現狀與發展趨勢。

案例

　　彤彤 1 歲的時候，有一天拿著立方體的小盒子在玩，由於雙手動作不協調，盒子掉到了地上，彤彤馬上試圖撿起盒子，但由於手的動作靈活性不夠，不但沒有撿起來，盒子反倒立起來。這個現象引起了她的興趣，她馬上又摁倒了盒子，然後嘗試再次將盒子立起來，但總是不得其法。經過了多次嘗試、錯誤之後，她最終找到瞭解決問題的辦法，那就是摁盒子的邊緣。

問題聚焦

　　0～2 歲兒童的思維處於感知運動階段，孩子的思維離不開動作和感知，動作停止，思維也就停止。彤彤透過手部動作企圖將盒子立起來，其思維是隨著她的動作進行，透過動作感知外界的變化，最終將問題解決。

學前心理學
第二章 學前兒童心理發展的理論流派

學習目標

1. 瞭解關於學前兒童心理發展各主要理論流派的發展歷史。

2. 理解並掌握各理論流派關於學前兒童發展的主要觀點。

3. 理解並分析學前兒童心理發展觀的優點與不足。

3. 運用心理發展理論解釋學前兒童的心理與行為,並用來指導自己的早期教育實踐活動。

第一節 成熟勢力說

現代發展心理學的經驗基礎建立於 20 世紀初期。在這段時期裡,有大量關於天性和教養的爭議,而此時的理論趨向於把前者或後者看作是發展的無關影響因素。基於這兩種因素對發展的不同影響形成了不同的理論流派。

一、基本觀點

(一) 發展成熟的實驗

成熟勢力說簡稱成熟論,其代表人物是美國心理學家格賽爾(A.Gesell)。成熟論的觀點源自於他的雙生子爬樓梯研究。1929 年,他首先對一對雙生子 T 和 C 進行了行為基線的觀察,確認他們發展水準相當。在雙生子出生第 48 周時,對 T 進行爬樓梯、搭積木、肌肉協調和運用詞彙等訓練,而對 C 則不做訓練。持續了 6 周,期間 T 比 C 更早地顯示出某些技能。到了第 53 周,當 C 達到爬樓梯的成熟水準時,對他開始集中訓練,發現只要少量訓練,C 就趕上了 T 的訓練水準。即在第 55 周時 T 與 C 的能力沒有差別。據此,格賽爾斷言,兒童的學習取決於生理的成熟,成熟之前的學習與訓練沒有顯著的效果。

拓展閱讀

格賽爾的忠告

美國心理學家格賽爾曾經做過一個著名的實驗：讓一對同卵雙胞胎練習爬樓梯。其中 T 在他出生後的第 46 周開始練習，而 C 在他出生後的第 53 周開始接受同樣的訓練。T 練了 8 周，C 只練了 2 周。

這兩個小孩哪個爬樓梯的水準高一些呢？大多數人肯定認為應該是練了 8 周的 T 比只練了 2 周的 C 好。但是，實驗結果出人意料：C 在 10 秒鐘內爬上那特製的五級樓梯的最高層，T 則需要 20 秒鐘才能完成。格賽爾分析說，當孩子還沒有做好成熟的準備時，訓練只能取得事倍功半的效果；然而當孩子做好了成熟的準備後，訓練就能達到事半功倍的效果。

這個實驗給我們的啟示是：教育要尊重孩子的實際水準，在孩子尚未成熟之前，要耐心等待，不要違背孩子發展的自然規律，不要違背孩子發展的內在「時間表」而人為地透過訓練加速孩子的發展。

格賽爾認為個體的生理和心理發展，都是按照其基因規定的順序有規則、有次序地進行的。他將發展看成是一個順序模式的過程，這個模式是由機體成熟預先決定和表現的。成熟則是透過基因來指導發展的機制，即是一個由遺傳因素控制的過程，透過從一種發展水準向另一種發展水準的突然轉變而實現。成熟是推動心理發展的主要動力，沒有足夠的成熟就沒有真正的發展變化。

（二）發展的行為週期

格賽爾發現，在發展的過程中，兒童表現出了極強的自我調節能力。當兒童突然向前進入一個新領域後，又會適度退卻，以鞏固取得的進步，然後再往前進。所以在兒童的成長過程中便形成了發展質量較高的年頭與發展質量較低的年頭有序交替的現象，格賽爾稱其為「行為週期」。第一週期：2～5 歲；第二週期：5～10 歲；第三週期：10～16 歲。每一週期內都有平衡與不平衡相互交替的同樣程序。對教師與父母來說，當兒童處於發展質量較高的階段時，應該更嚴格地要求他們；當兒童處於發展質量較低的階段時，

應該現實地看待他們，等待和幫助他們度過這一階段，避免因粗暴和急躁而傷害他們。

(三) 影響發展的因素

格賽爾認為支配兒童心理發展的因素有兩個：成熟和學習。成熟是由一個內部因素控制的過程，它的基本方面不可能受到像教育這樣一些外部因素的影響。成熟是發展的重要條件，決定機體發展的方向和模式，因此成熟是推動兒童發展的主要動力。而學習並不是發展的主要原因，因為引起變化的原因是成熟的順序或機體的機制所固有的，學習只是給發展提供適當的時機而已。格塞爾的這種觀點主要來源於其著名的雙生子爬梯實驗。由這個實驗得出結論：兒童的學習取決於生理的成熟，沒有足夠的成熟就沒有真正的發展，而學習只是對發展起一種促進作用。格塞爾認為，兒童在成熟之前，處於學習的準備狀態。所謂準備就是由不成熟到成熟的生理機制的變化過程，只要準備好了，學習就會發生。所以，發展的過程不可能透過環境的變化而改變。

二、成熟勢力說的評價

正如格塞爾指出的，生理成熟確實是兒童心理發展的生理學基礎。它不但包含了遺傳素質這樣的兒童心理發展的前提條件，而且更突出地強調了這些內部素質隨時間而產生變化。很難想像沒有一定的生理成熟程度，兒童心理怎麼能夠不斷向前發展。

格賽爾提供的一系列育兒觀念把他的學說從兒童心理的範疇延伸到養育和教育的範疇，擴大了格賽爾學說的應用價值和社會價值。格賽爾認為，父母和從事兒童教育工作的人都應當瞭解兒童成長規律，根據兒童自身的規律去養育他們。具體而言，每一個教師都應當把自己的工作與兒童的準備狀態和特殊能力結合起來，每一個家長都應當與孩子一起成長、一起體驗每一個階段的樂趣與煩惱。如果成人以一種急功近利的方式教導孩子，往往會導致兒童成年以後的失落，甚至引起一系列的心理問題。如果再對兒童的教導方式不加以重視，這些個人的心理問題將不可避免地演變成社會問題。

格賽爾成熟勢力說的缺陷，在於過分誇大了生理成熟的作用，而忽視了兒童心理發展的其他條件。儘管格賽爾在解釋行為發育診斷量表的時候，也提到了個別差異的問題，但是發展的事實卻帶有太多的多樣性。偏離標準到什麼程度才是可以接受的？該標準來自美國中產階級的兒童，那麼它對其他文化或階層的兒童是否適用，或多大程度上適用？這些問題依舊值得我們考慮。

第二節 行為主義發展觀

行為主義是現代西方心理學的一個重要理論流派，它的興起是對傳統心理學的反叛。行為主義者將行為界定為心理學的研究對象，把意識逐出心理學的研究範圍；強調現實和客觀研究，否認內省是心理學研究方法之一。行為主義作為心理學的一個理論體系，其本身也是不斷發展的。華生（J.B.Watson）、斯金納（B.F.Skinner）、班杜拉（A.Banadura）分別代表了行為主義發展的三個階段。

一、華生的經典行為主義

美國心理學家華生（J.B.Watson）是行為主義觀的創始人。他認為心理的本質就是行為，心理學的研究對象應該是可觀察到的行為。所謂行為就是有機體應付環境的一切行動（包括思維活動），行為的基本單位是反應，包括習得的反應和非習得的反應。前者指一切習慣和條件反射；後者指習慣和條件反射之外的一切反應，比如呼吸、瞳孔收縮、神經系統的活動，以及嬰兒期的抓握、吸吮等等，前者是在後者的基礎上發生發展的。

人物介紹

約翰·華生

約翰·華生（Watson.John Broadus），美國心理學家，行為主義心理學的創始人。他認為心理學研究的對象不是意識而是行為，心理學的研究方法必須拋棄「內省法」，而代

之以自然科學常用的實驗法和觀察法。華生在使心理學客觀化方面發揮了巨大的作用。

（一）基本思想

華生受到著名生理學家巴甫洛夫對動物學習研究的啟發，將條件反射從生理學引入心理學，並以之作為他的理論基石。巴甫洛夫認為，狗在得到食物時出於本能分泌唾液，但他注意到，狗在嘗到任何食物之前就開始流涎，即當它們見到餵食的訓練員時就會出現這種情形。對此，巴甫洛夫分析認為，狗一定是已經學會了在一種刺激（訓練員）與另一種刺激（食物）之間建立起聯繫，才會產生反射性反應（流涎）。作為這種聯繫的結果，這種刺激自身就會引起這種反應。為了驗證這個想法，巴甫洛夫成功地透過訓練讓狗學會在聽到送食鈴聲響時就開始流涎，他發現了「經典條件反射」。

華生把能引發個體反應的因素稱為刺激。華生斷言，一切心理學問題及其解決都可以納入刺激和反應的規範中。一切行為的發生和變化都可以用 S（刺激），R（反應）這一公式來解釋。

華生否認遺傳在個體成長中的作用，認為一切行為的發生和變化都可以用刺激（S）—反應（R）這一公式來解釋，最基本的 S-R 的聯結就是「反射」。任何行為歸根結底是一個或多個反射的有機組合。透過刺激可以預測反應，透過反應可以推測刺激。那麼，想要兒童習得預期的行為，只需要控制刺激，以產生相應的反應，並使之習慣化，這樣就能達到塑造行為的目的。發展是兒童行為模式和習慣的逐漸建立和複雜化的過程，因而不會表現出複雜性。

從刺激—反應的公式出發，華生認為，兒童從遺傳得來的是數量甚微的簡單反射而已，他們對日後的心理發展無多少作用，而環境和教育是行為發展的唯一條件。他曾說：「給我一打健康的、發育良好的幼兒和符合我要求的撫育他們的環境，我保證能把他們隨便哪一個都訓練成為我想要的任何類型的專家—醫生、律師、巨商、甚至乞丐和小偷，不論他的才智、嗜好、傾向、能力、稟性以及他的宗教信仰如何。」他過分強調心理發展是由環境和教育機械決定的，誇大了環境與教育在心理發展中的作用。這樣，一方面否定了

人的主動性、能動性和創造性，另一方面誇大了教育的作用，使人被動地接受教育，忽視他們心理發展的內部機制。

（二）華生行為主義的評價

早期行為主義心理學的建立對當時心理學的發展是有益的，因為它強調客觀與實證，把重點從對意識的過多關注轉向行為研究的廣闊天地，注重刺激與反應之間的可預測關係，有助於促進我們對兒童行為發展進程的瞭解。

華生將行為作為心理學的研究對象，徹底廢除內省法，把條件反射作為心理學研究的重要方法，從而擴大了心理學的研究範圍，規範了心理學的研究，使心理學消除了主觀性，取得了客觀性。但由於華生排斥中間心理過程的研究，否認意識是心理學的研究對象，甚至將高級心理過程也歸於行為，這就把複雜的心理現象簡單化、庸俗化了；而且用單一的方法研究複雜的心理現象，勢必不利於心理學的研究。另一方面，華生過分強調環境和教育的作用，強調對兒童行為的控制，雖然在行為矯治方面有獨到的實際意義，但否定兒童自身在發展中的主動性和能動性，否定了心理發展的階段性和年齡特徵。

拓展閱讀

華生的嬰兒害怕實驗

華生運用條件反射理論所做的嬰兒害怕實驗，為心理發展的行為決定論做了最有力的證明。男孩艾伯特 11 個月時與小白鼠玩了 3 天，後來，當艾伯特開始伸手去觸摸小白鼠時，腦後突然響起了鋼條的敲擊聲。艾伯特受到了驚嚇，但沒有哭。第二次，當他的手剛觸摸到小白鼠時，鋼條又被敲響，他猛然跳起，向前摔倒，開始哭泣。如此反覆多次，以後當白鼠單獨出現時，艾伯特就會表現出極度恐懼，轉身過去，躲避白鼠。在這個實驗裡，白鼠成為劇烈聲響的替代刺激，引發了艾伯特的條件反應。華生據此解釋說，任何行為（包括情緒），不論是積極的還是消極的，都可以透過條件反射習得。華生進而說明，艾伯特雖然起初形成的條件作用是對白鼠的恐懼，以後則泛化到多種皮毛動物，並表現出對皮毛上衣和聖誕老人的鬍子也產生恐懼。

由於行為主義者否認集體內部心理過程的作用，片面強調環境的作用，所以也受到了批評，於是新行為主義學派就發展起來。新行為主義開始注意到心理內部過程的中介，提出 S-O-R 的公式。斯金納是新行為主義的傑出代表，他根據自己的研究，提出了操作性條件作用說。

二、斯金納的操作行為主義

美國心理學家斯金納（B.F.Skinner）傳承了華生的行為主義的基本信條。與華生不同的是，斯金納是用操作性條件作用來解釋行為的獲得。他將行為分為兩類，一類是應答性反應，另一類是操作性行為。所謂應答性反應是指經典條件作用中由刺激引發的反應行為；而操作性行為是個體自發出現的行為，這類行為對開始的刺激總是不瞭解的，有機體發出的反應被強化刺激所控制。

人物介紹

斯金納

斯金納（B.F.Skinner.1904～1990），美國行為主義心理學家，新行為主義的代表人物，操作性條件反射理論的奠基者。他創製了研究動物學習活動的儀器——斯金納箱。1950 年當選為國家科學院院士，1958 年獲美國心理學會頒發的傑出科學貢獻獎，1968 年獲美國總統頒發的最高科學榮譽——國家科學獎。

（一）兒童行為的強化控制理論

1. 強化的作用

斯金納認為，強化作用是塑造行為的基礎。兒童偶然做了某個動作而得到了教育者的強化，這個動作後來出現的概率就會大於沒有受到強化的動作。強化的次數增多或強度增大，概率也會隨之增大，這就導致了人的操作行為的建立。如果一個動作發生後，未能得到及時的強化，那麼強化的作用就不明顯，甚至沒有任何作用。如果在行為發展的過程中，兒童行為得不到強化，

行為就會消退。所以對於兒童的不良行為,如無理取鬧和長時間啼哭,可以在這些行為發生時不予強化,使之消退。對於兒童好的行為,就應該給予強化,使之得以鞏固。

強化又分為積極強化和消極強化。所謂積極強化,是由於一個刺激的加入而增強了一個操作性行為發生的概率作用。所謂消極強化,是由於幾個刺激的排除而增強了一個操作性行為發生的概率。無論是積極強化還是消極強化,其結果都是增強反應概率的作用。在實際教育中,常常運用多種強化方式。如一個不愛洗手的兒童,每次都用各種藉口逃避洗手。對於這一不良行為的矯正,既要運用積極強化,又要運用消極強化。當兒童一旦洗手,立即予以表揚,並允許他看卡通片,這就屬於積極強化;如果兒童堅持不洗手,就不准他看卡通片,這就屬於消極強化。兩種強化的目標都是為了促使兒童養成講衛生的習慣。

在這裡需要指出的是,消極強化不等於懲罰。消極強化是為了增強行為的激勵行為,而懲罰是為了企圖消除行為,兩者目的不同。有時在懲罰之後反應會暫時得到壓制,但並不導致消退過程中反應總次數的減少。因此,斯金納建議以消退來取代懲罰,提倡發揮強化的積極作用。總之,在斯金納看來,只要瞭解強化效應和操縱好強化技術,就能控制行為反應,塑造出一個教育者所期望的兒童行為。

2.兒童行為的實際控制

(1) 育嬰箱的作用

當斯金納的第一個孩子出生時,他決定做一個新的經過改進的搖籃,這就是斯金納的育嬰箱。它的原理就是「斯金納箱」。他在試驗箱裡長大的女兒後來很快就成為很有名氣的畫家。於是斯金納把它詳細介紹給了美國的《婦女家庭》雜誌,他的研究第一次普遍受到大眾的注意和讚揚。在《育嬰箱》(Baby in Box,1945)這篇論文中,他描述到:光線可以直接透過寬大的玻璃窗照射到箱內,箱內乾燥,自動調溫,無菌、無毒、隔音,裡面活動範圍大,除尿布外無多餘衣布,幼兒可以在裡面睡覺、遊戲,箱壁安全,掛有玩具等刺激物,可不必擔心著涼和濕疹一類的疾病。這種機械照料幼兒的裝

置是斯金納研究操作性條件反射作用的又一傑作。這種設計的思想是要盡可能避免外界一切不良刺激，創造適合兒童發展的行為環境，養育身心健康的兒童。

（2）行為塑造與矯正

斯金納認為，人的大多數行為都是可操作性的，任何行為習得都與及時強化有關。因此可以利用強化手段來塑造兒童的行為。但是操作性行為的習得需要一個過程，在這個過程中，教育者應當對兒童採取積極的、有步驟的強化，以培養兒童良好的行為習慣。

隨著斯金納操作性行為思想體系影響的增強，大量研究工作均已在行為矯正的領域中發展起來。這種矯正工作並不複雜，例如，消退原理在兒童攻擊性和自傷性行為矯正和控制中的應用。孩子做某件事是想引起同伴或成人的注意，教師對兒童的挑釁、爭吵，不管何時發生，都裝作不知道。成人對兒童自傷行為不予理睬，直到他感到疼痛卻得不到任何報酬。不論何時以何種方式，成人都應謹慎，不去強化兒童的不良行為。

（3）程序教學

行為塑造是根據運用條件反射理論以連續漸進放大建立個體新行為的歷程，也是兒童教育的重要途徑，但使用起來卻常常使教育者失去耐心，尤其是糾正不良行為和學習這類複雜的行為塑造。在一個班級裡教育者很難照顧到每一個兒童；在實際教育中，師資水準較差的事實也是普遍存在。這些問題促使斯金納深思，在長期的研究中，斯金納形成了學習和機器相聯繫的思想。於是，電腦輔助教學（CAI）誕生了，它彌補了教育中的一些不足。實際上，機器本身遠不如機器中所包含的程序材料重要。程序教學有其一系列的原則，例如，小步驟呈現訊息，學生主動參加學習等，這些教學進程中所需的耐心，促進主動學習的熱情和及時反饋的速度，幾乎是一般教師所不及的。儘管教學機器和程序教學對教師主導作用的發揮有妨礙作用，對學生的學習動機考慮較少，但是斯金納的工作還是對美國教育產生深遠的影響。

（二）操作行為主義的評價

斯金納的行為發展觀在行為矯正和教學實踐中產生了巨大的影響。成人對兒童有意義行為的及時強化、對不良行為的坦然處置，以及在程序教學中的小步驟訊息呈現、及時反饋與主動參與等，至今仍是強化與控制個體行為發展的有效措施。事實上，斯金納的努力使人們對行為的認識更接近現實。但同時，不可否認的是，斯金納的操作性條件作用觀點仍是具有明顯的機械主義色彩。斯金納的行為發展觀將幼兒心理的發展歸因於外部的強化，忽視了兒童自身的內在發展規律，給人的印像是只要環境改變，幼兒就可以相應地得到發展。顯然，這是有侷限的，兒童自身的發展有其獨特的規律，環境的外部強化能夠造成某種促進的作用，這是不可否認的。

拓展閱讀

斯金納箱

斯金納箱，是斯金納為研究操作性條件反射而設計的實驗設備。箱內放進一隻白鼠或鴿子，並設一槓桿或鍵，箱子的構造盡可能排除一切外部刺激。動物在箱內可以自由活動，當它壓到槓桿或啄鍵時，就會有一團食物掉進箱子下方的盤中，動物就能吃到食物。實驗發現，動物的學習行為是伴隨著一個起強化作用的刺激而發生的。斯金納透過實驗進而提出了操作性條件反射理論。

三、班杜拉的社會學習理論

以華生和斯金納為代表的新舊行為主義學派主要透過對動物（如白鼠、鴿子等）的實驗來建構理論，並用這些理論來解釋人類的行為。這些理論受到抨擊的一個重要原因是忽視了行為的社會因素，美國心理學家班杜拉（A.Bandura）的社會學習理論在某種程度上彌補了這種不足。

人物介紹

阿爾伯特·班杜拉

阿爾伯特班杜拉（Albert Bandura）：新行為主義的主要代表人物之一，社會學習理論的創始人，認知理論之父。他認為來源於直接經驗的一切學習

現象實際上都可以依賴觀察學習而發生，其中替代性強化是影響學習的一個重要因素。有人稱他為社會學習理論的奠基者，社會學習理論的集大成者或社會學習理論的巨匠。

(一)社會認知理論

班杜拉不認同人類社會學習是由刺激與反應的聯結所形成的行為主義觀點，也不認同是由人的內部認知過程所決定的認知理論觀點，而是對兩種理論進行綜合，試圖從外在條件、內在認知因素兩方面來解釋人類社會學習。班杜拉認為，那種透過自己行為反應的結果所進行的學習將是非常吃力的。而人類的大量行為都是透過對榜樣（或示範者）的觀察而習得的，這種學習就是觀察學習或模仿學習。

1. 觀察學習

(1) 觀察學習的概念

班杜拉把觀察學習定義為：「經由對他人的行為及其強化性結果的觀察，一個人獲得某些新的反應，或現存的反應特點得到矯正。在這一過程中，觀察者並沒有外顯性的操作示範反應」。簡言之，就是指人透過觀察他人（榜樣）的行為及其結果而習得新行為的過程。

在觀察學習過程中，學習者可以不直接做出反應，也不需要親自體驗強化，只要透過觀察榜樣在一定環境中的行為，以及現象榜樣所接受的一定的強化，就能完成學習。也就是說，學習者是以榜樣現象所接受的強化為強化的。班杜拉把這種強化對學習者的影響稱作「替代強化」。例如：幼兒看到同伴因講禮貌而得到表揚時，就會增強產生同樣行為的傾向；當他看到同伴因罵人而受到懲罰時，就會抑制罵人的衝動。

(2) 強化的種類

班杜拉將強化分為直接強化、替代強化和自我強化。直接強化是觀察者的行為直接受到外部因素的干預。例如，幼稚園小朋友做一件好事，老師就給他一朵小紅花，激勵小朋友做好事的動機。替代強化是觀察者自己本身沒有受到強化，在觀察學習的過程中，他看到榜樣的行為受到強化。這種強化

也會影響觀察者行為的傾向。例如，幼兒看到榜樣的攻擊行為受到獎勵時，就傾向於模仿這類行為；當看到榜樣的攻擊行為受到懲罰時，就會抑制這種行為的發生。

自我強化是觀察者根據自己設立的標準來評價自己的行為，從而對榜樣示範和行為發揮自我調整的作用。兒童在發展過程中透過觀察學習獲得了自我評價的標準和自我評價的能力，當他認為自己或榜樣的行為合乎標準時就基於肯定的評價，不符合標準時則基於否定的評價，這樣兒童就能夠對行為進行自我調節。兒童就是在這種自我調節的作用下，改變著自己的行為，形成自己的觀念和個性。

2. 觀察學習在社會化過程中的體現

社會化過程就是兒童在與社會的交互作用中學習社會規範並以社會規範行事，成為社會認可的成員的過程。在社會學習中，社會引導成員用社會認可的方法去活動。班杜拉十分重視社會學習在兒童社會化過程中的作用。

(1) 攻擊性

班杜拉曾有一個著名的實驗：以 66 名幼稚園兒童作為受試者，把他們分成三組，令他們觀看示範者對一個玩具表現的攻擊行為。①獎賞組：另一個人對示範者的攻擊行為表示讚揚。②懲罰組：另一個人對示範者的攻擊行為給予譴責。③無強化組：對示範者表現的攻擊行為，既不讚揚也不譴責。然後讓三組兒童在同樣的情境中玩 10 分鐘。實驗者透過單向玻璃觀察和記錄兒童的行為表現，發現獎賞組兒童和無強化組兒童的攻擊行為要遠遠高於懲罰組兒童。這可以看出榜樣在沒有強化的情況下，自動模仿反應仍有較高的水準。然後，告訴兒童如果他們模仿示範者的行為就會得到獎賞，再記錄他們的表現，結果發現三組攻擊行為差不多，說明模仿反應的獲得是不受示範者是否受到強化的影響的。懲罰組兒童在沒有誘因的情況下，沒有表現出攻擊行為，而在有誘因的情況下表現出攻擊行為。這說明懲罰組兒童已透過觀察學習而獲得攻擊行為，只是沒有表現出來；替代懲罰只是阻止了新行為的操作，但並沒有阻止新行為的習得。攻擊行為的表現與否及何時表現，決定於兒童對行為後果的預期，其中認識過程起了重要作用。

班杜拉認為，攻擊性的社會化是一種操作條件的作用。當兒童用社會許可的方式表現攻擊性時，比如競技運動、自我防衛等，成人就表揚、獎勵兒童；當攻擊性以社會不許可的方式表現出來時，比如打架、罵人、破壞財物等，成人就制止、責罰兒童，這樣就會增強兒童模仿得到正面強化的行為的動機和頻率。

（2）親社會行為

親社會行為具體是指分享、合作、幫助等利他行為。班杜拉認為，採用訓練、斥責等方法對兒童的親社會行為幾乎沒有效果。強制命令或許能一時奏效，但效果難以持久。只有正面的榜樣示範才對促進兒童親社會行為的習得和表現有持久且有力的作用。此外，班杜拉還研究了性別作用和自我強化。班杜拉認為男孩和女孩性別角色的獲得，也是透過社會化過程的學習，特別是模仿作用獲得的。研究發現，兒童傾向於模仿和自己性別相同的成人的行為。

3. 人、環境與行為的關係

人的個性就是在行為、人的內部認知因素和環境相互作用下形成的。一個人行為的產生首先依賴於他對環境榜樣的觀察，同時也依賴於他自身對觀察的榜樣的認識，依賴於人活動的內部誘因。行為、個人認知因素、環境三因素在相互影響的過程中發揮作用，呈三角模式。環境的影響只是潛在的現實，它是否發揮作用取決於人的主體條件和行為。班杜拉認為，在人與環境的相互作用過程中，既存在著人影響自己命運的機會，也存在著對這種自我定向的限制。人既受環境的影響，同時又能作用於環境，主動影響環境。人能透過符號作用，超越現實，對未來有所預測。

人的認知就是在這三者相互作用的過程中發揮著重要的作用。由於人具有認知能力，自我調節系統才能在觀察學習過程中有選擇的接受環境訊息，有選擇的反映這些訊息，不斷地形成和改變內部的認知結構，不斷地形成人的個性的差異性。所以一個人可以增強此活動，也可以抑制此活動；在同樣的場合，一個人可以這樣做，另一個人也可以那樣做。行為、認知因素、環

境相互作用論是班杜拉社會學習理論的基本出發點，人的個性的形成由這三種因素決定。

（二）社會學習理論的評價

20 世紀 60 年代後期，心理學領域進行著一場「認知革命」，行為主義逐漸淡出心理學的主導地位。班杜拉的理論正是在這一時期產生的，他給發展心理學、人格心理學乃至心理障礙的臨床治療等方面，帶來了巨大的衝擊。

班杜拉主張，個人（尤其是兒童）的行為是透過觀察學習而獲得的。觀察的對象來自周圍環境、他人以及各種媒體，觀察學習更接近兒童的真實學習過程。班杜拉認為人的個性是在觀察學習的過程中，透過模仿榜樣的行為而形成的。他十分重視榜樣的作用，這對於培養幼兒良好個性的實際教育工作者有重要意義。我們應當給兒童樹立有利於其身心發展的榜樣，榜樣必須具有積極性，符合社會的道德規範；榜樣必須具有代表性，符合兒童的年齡特點；榜樣必須具有典型性特徵鮮明、突出；榜樣必須具有生動性，感染力強；榜樣必須具有權威性，易於接受。但是，也有理論家認為，班杜拉的理論完全忽視個體的生物學狀態，否認遺傳、智力和知識等因素引起的個體差異。

班杜拉在他的理論中提到了認知因素的作用，但他的整體研究仍然是圍繞兒童的行為學習進行的，沒有給予認知因素充分的重視。所以班杜拉的社會認知理論仍屬於行為主義理論體系。毋庸置疑，這是一種較華生和斯金納的理論更為先進的行為主義理論，開啟了行為主義發展的新階段。

拓展閱讀

自我效能感

班杜拉在 1977 年提出「自我效能感」的概念，用以指個體對自己在特定的情境中是否有能力得到滿意結果的預期。他認為個人對效能預期越高，就傾向做出更大的努力。班杜拉指出了四點影響自我效能形成的因素，即直接的成敗經驗，替代性經驗，言語勸說和情緒喚起，這四方面的內容影響了自我效能感的形成，同時也對教育中學生學習興趣的喚起有很大的影響，在

教育心理學領域對教師心理的研究中自我效能感和學習動機的研究頗受關注。

第三節 精神分析發展理論

精神分析是現代西方心理學的主要流派之一。其含義是指以心因性為機制的一種治療精神病的方法理論和潛意識心理學的理論體系，它既是一種治療精神病的方法，又是一種研究心理功能的技術，更是一種心理學的理論。這一影響還波及醫學、哲學、人類學、歷史學、文藝社會學等一系列學科。因為創始人是佛洛伊德，所以精神分析理論又稱作佛洛伊德主義，根據其自身發展，又分為精神分析理論和新精神分析理論，代表人物分別為佛洛伊德和艾瑞克森。

一、佛洛伊德的發展理論

佛洛伊德（Sigmund Freud，1856-1939）是奧地利的精神病學醫生和心理學家，他根據其對病態人格進行的研究提出了人格及其發展理論。這種理論的核心思想，是提出存在於潛意識中的性本能是人的心理發展的基本動力，是決定個人和社會發展的永恆力量。在這個理論中，佛洛伊德所注意的固然是精神病的分析和治療，但他提及了許多心理發展的理論。因此，他不僅是一位傑出的精神病醫生、醫學心理學家，還對發展心理學的建設做出了巨大貢獻。

（一）人格發展理論

在學習佛洛伊德的兒童心理發展理論之前，有必要先分析精神分析理論產生的社會歷史背景，以及他對人格結構和人格動力的看法。一方面，在他學醫的時候，正是科學史上發現細菌病源作用的時候，人們十分熱心尋找疾病的原因。佛洛伊德積極探討精神病的原因，是由於當時他受「催眠術」和「談療法」的影響，以催眠和問答探究問題的方法開始研究。另一方面，19世紀的奧地利帝國宗教氣氛十分濃厚，社會禁慾非常嚴重，兩性關係得不到

正常發展，許多精神病源於性的壓抑，促使佛洛伊德從性心理方面研究精神病的根源和對於個性發展的影響。

在佛洛伊德早期的著作中，他將人格劃分為意識（conscious）、前意識（preconscious）、潛意識（unconscious）三部分。後來，他又從另一角度將人格劃分為本我（id）、自我（ego）、超我（superego）。圖示如下：

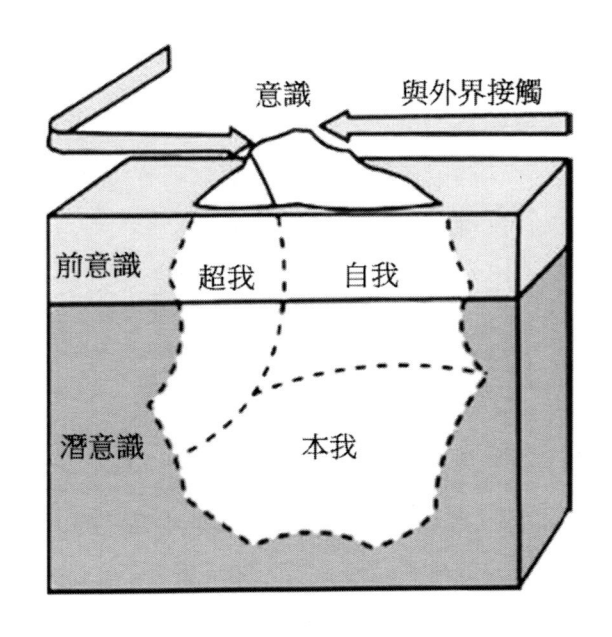

圖2-1　佛洛伊德人格結構示意圖

意識由個人當前知覺到的心理內容組成，是人能認識自己和認識環境的心理部分。在人的注意集中點上的心理過程都是意識的。從圖2-1中可以看到，如果說人的心理是漂浮在海上的冰山，那麼意識就是露出海面的小部分，僅僅是冰山一角，而心理的絕大部分則是隱藏於海面下的潛意識。

前意識是指在潛意識和意識之間，我們加以追蹤便能覺察到的心理內容。正因為前意識的內容可以轉變為意識，有的學者認為前意識是意識的一部分。然而從前意識到意識的轉變難度受聯想強度和心理內容本身所影響。從某種

意義上講，前意識扮演著稽查者的角色，它除去不合適的（比如痛苦的、羞恥的）潛意識內容，並把它們壓抑回潛意識。

潛意識是精神分析理論的一個重要概念，指個人不可能察覺的心理現象。在佛洛伊德的理論中，潛意識有著特殊的意義。佛洛伊德認為，潛意識是人的心理結構中最低級、最簡單的因素，包括以性為中心的本能衝動以及出生之後的各種慾望。儘管人們意識不到潛意識的內容，但它實際支配著人的思想和行為。

本我由原始的本能能量組成，完全處於潛意識之中，包括人類本能的性的內驅力和被壓抑的習慣傾向。遵循著「快樂原則」，尋求滿足基本的生物要求，好像一個被寵壞的孩子，想要幹什麼，就要幹什麼；要何時得到，就得何時得到。

自我是由本我發展而來，它一部分位於意識，一部分處在潛意識之中。由於本我不能直接接觸現實世界，為了使個人能與真正滿足其需要的經驗發生聯繫，必須透過自我的介入。因此，自我是本我和外部世界之間的中介。自我是理智的，其活動遵循「現實原則」，調節外界與本我的關係，使本我適應外界要求。它可以用於消除滿足本能之外的其他目的，發展如感知、注意、學習、記憶、推理和想像等。自我是人格的實際執行者。

超我由自我分化而來，是理想化的自我。超我大部分屬於人格潛意識部分，它像一個道德監督者，告訴人什麼是道德的，什麼是不道德的。超我在五歲左右開始發展，包括自我理想和良心兩部分，分別掌管獎與罰。自我理想是兒童因獎勵而內化了的經驗，當他再次產生或想要產生這些行為時，就會感到驕傲和自豪；良心是兒童因懲罰而內化了的經驗，當他再次產生或想要產生這些行為時，就會感到內疚或羞愧。

（二）心理發展階段說

心理性慾發展階段的理論是佛洛伊德關於心理發展的主要理論。佛洛伊德既提出了劃分心理發展階段的標準，又具體規定了心理發展階段的分期。這個理論，也是20世紀最能引起爭論而同時又富有影響的學說。

1. 心理發展年齡階段的劃分標準

劃分心理發展年齡階段的問題是心理學界長期以來沒有得到適當解決的問題；用什麼作為劃分的標準，眾說紛紜。佛洛伊德以力比多的發展作為劃分的標準，他認為心理學發展的各個階段之所以有區別，是由於其性生活的發展所造成的，因此心理學要研究性生活的發展。

當然，佛洛伊德這裡說的性生活的內容，不僅包括兩性關係，而且也包括使身體產生舒適、快樂的情感。在佛洛伊德看來，對兒童來說，快感是非常普遍和瀰漫的，在實際生活中吸吮的快樂、手淫、排泄等等都能包括在內。也就是說，兒童不僅在生殖器上求快感，而且也能用其身上許多部位來產生類似的快感。佛洛伊德認為，身體上的絕大多數部位都能成為快感帶，但在兒童時期，主要的快感帶區域是口腔、肛門和生殖器，在這三個區域以特有的階段次序成為兒童的興奮中心，產生相應的心理發展階段。

2. 心理發展各年齡階段的特徵

佛洛伊德將力比多發展分為五個階段：

（1）口腔期（0～1歲）：佛洛伊德認為力比多的發展是從嘴開始的。吮吸本身也產生快感，嬰兒不餓時也有吮吸的現象，如吮吸指頭就是例子，佛洛伊德將這種吮吸快樂叫做自發性慾。佛洛伊德將口腔期分為初期和晚期：初期是從出生到6個月，兒童的世界是「無對象的」，他們還沒有現實存在的人和物的概念，僅僅是渴望得到快樂、舒服的感覺，而沒有認識到其他人對他是分離而存在的。快感主要來自嘴唇和舌的吮吸與吞嚥活動。晚期是從6～12個月開始，這時候兒童開始發展關於他人的概念，特別是母親作為一個分離而又必需的人，當母親離開他的時候，他就產生焦慮和不安。在口腔晚期，快感主要來自撕咬和吞嚥等活動。從出生到成年以後，出現的因吸吮或咬東西（如吸奶嘴、吃指頭、咬鉛筆、嚼口香糖等）的愉快，或抽煙、喝酒、貪吃等，都是口唇快感的延續。

(2) 肛門期（1～3歲）：此階段兒童的性興趣集中到肛門區域。例如，大便使兒童產生肛門區域黏液膜上的愉快感覺，或以排泄為快樂，以摸糞或玩弄糞便而感到滿足。

佛洛伊德認為，這個時期可稱為前生殖階段，此時占優勢的不是生殖器部分的本能，而是肛門和虐待狂的本能。占重要地位的不是雄性或雌性的區別，而是主動和被動的區別。這時期的兒童大都有被動的衝動，這與肛門口的性覺有關，而生殖器這個時期僅僅具有排尿的功能。這個時期，成人應對兒童進行排便訓練，使兒童學會控制排泄過程，以使其符合社會的要求。

(3) 前生殖器期（3～6歲）：佛洛伊德認為兒童由3歲起，其性生活即類似於成人的性生活；所不同的是：(1)因生殖器未成熟，以致沒有穩固的組織性；(2)倒錯現象的存在；(3)整個衝動較為薄弱。這裡，佛洛伊德所說的3歲後所謂的「性生活」主要表現為男孩的戀母情結，女孩也產生戀父情結。也就是說，到了這一階段，兒童變得依戀於父母中異性的一方。這一早期的親子依戀，被佛洛伊德描述為戀母情結（或伊底帕斯情結）。因此，前生殖器期又叫戀母情結階段。

(4) 潛伏期（6～11歲）：隨著建立較強的戀母情結，兒童進入潛伏期。佛洛伊德認為，進入潛伏期後，兒童性的發展便呈現出一種停滯或退化的現象；可能完全缺乏，也可能不完全缺乏。這個時期，口腔期、肛門期的感覺，前生殖器期的戀母情結的各種記憶都逐漸被遺忘，被壓抑的性感差不多一掃而光，因此，潛伏期是相當平靜的時期。

由於危險的衝動和幻想隱埋了，兒童不再為這些經受過多的煩惱，於是這個時期的兒童可以有意地把精力放在社會可接受的追求中，如學習、遊戲和運動等。因此兒童的動機產生了新的特點，即他們專注於社會情感的發展。

(5) 青春期（11或13歲開始）：經過暫時的潛伏期，青春期的風暴就來到了。從年齡上講，女孩約從11歲、男孩約從13歲開始進入青春期。隨著性的成熟，性的能量像成人一樣湧動出來，生殖器成為主要的性感區。此時性慾對象不再是兒童時期的同性朋友，而是異性，而且希望與之建立兩性

關係。在本階段，青少年努力擺脫成人的束縛，想要建立自己的生活，就不免與成人產生摩擦。生殖期持續時間最長，從青春期直至走向衰老為止。

佛洛伊德認為，人在個性發展方面的許多差異都是由於上述各個發展階段進展時產生的不同情況造成的。在性慾的發展過程中，兒童在某一階段如果得到過多滿足或受到過多挫折，就會在其人格中留有該階段的特定印記，造成兒童在某一階段的固著和退化。任何一個心理活動都與另外的心理活動有因果關係；所有的心理活動都是持續的；現在的心理特徵或病症都可以追溯到過去，追溯到幼兒期。

（三）佛洛伊德發展理論的評價

首先，佛洛伊德的精神分析理論開拓了心理學的研究範圍。在佛洛伊德以前，心理學的研究從未涉及潛意識領域。雖然潛意識這個概念並不是佛洛伊德最先提出的，但是他大膽將其引入心理學，作為心理學的研究對象，並賦予它新的意義，激發和推動了對動機、兒童性慾、夢的一系列研究。

其次，佛洛伊德的理論第一次強調早年經驗對個體畢生發展的重要作用，使得兒童發展中的家庭關係的重要性得以凸顯。佛洛伊德認為，生命的最初幾年是人格形成的最重要時期，人的常態行為和變態行為都可以從其早期的經驗中找到依據。「佛洛伊德的學說使人們首次開始認真地改變兒童以及在他們身上發生的事情……如果沒有精神分析，今天兒童的哺育方法就會截然不同。」

然而，佛洛伊德的理論由於以下幾個原因遭到批評。第一，他過分強調性在人的發展中的作用，忽略了社會、文化、意識、教育對人的重大作用，以及遺傳因素和社會生活條件對人格的影響。第二，佛洛伊德的理論是建立在成人性壓抑問題的基礎之上，它的形成有其特殊的時代背景。因此，該理論的應用範圍十分有限。

二、艾瑞克森的心理社會發展觀

艾瑞克森（E.H Erikson，1902～1994）是美國精神分析醫生，也是美國現代最有名望的精神分析理論家之一。與佛洛伊德不同，艾瑞克森的發展

學說既考慮到生物學的影響，也考慮到文化和社會的因素。他認為在人格發展中逐漸形成的自我過程，在個人及其周圍環境的交互作用中起著主導和整合作用。

人物介紹

愛利克·艾瑞克森

愛利克·艾瑞克森（Erik H Erikson，1902～1994），美國精神病學家，著名的發展心理學家和精神分析學家。他提出人格的社會心理發展理論，把心理的發展劃分為八個階段，指出每一階段的特殊社會心理任務，並認為每一階段都有一個特殊矛盾，矛盾的順利解決是人格健康發展的前提。

（一）心理發展階段

每個人在生長的過程中，都普遍體驗著生物的、生理的、社會的、時間的發展順序，按一定的成熟程度分階段地向前發展，艾瑞克森在他的《兒童期與社會》這本書裡曾經提出了「人的八個階段」以及每個階段的發展任務，建立自己的心理社會發展論。艾瑞克森認為，人的一生可以分為既是連續的又是不同的八個階段（表 2-1），每一階段都有其特定的發展任務。由於發展任務完成得成功或不成功，表現為兩個極端，靠近成功的一端，就形成積極的品質，靠近不成功的一端，就形成消極的品質，每一個人的人格品質都處於兩極之間的某一點上。教育的作用就在於發展積極的品質，避免消極的品質。如果不能形成積極的品質，就會出現發展的「危機」。

表2-1 艾瑞克森人格發展八階段及相應的發展危機和任務

階段	年齡	對立品質	發展任務
嬰兒期	0-1.5歲	信任對不信任	發展信任感,克服不信任感,體驗希望的實現
兒童早期	1.5-3歲	自主行動對羞怯懷疑	獲得自主感,克服羞怯和疑慮,體驗意志的實現
學前期	3-6歲	自動自發對退僻愧疚	獲得主動感,克服罪疚感,體驗目的的實現
學齡期	6-12歲	勤奮進取對自貶自卑	獲得勤奮感,克服自卑感,體驗能力的實現
青春期	12-18歲	同一性對同一性混亂	建立同一性,防止同一性混亂,體驗忠實的實現
成年早期	18-25歲	友愛親密對孤僻疏離	獲得親密感,避免孤獨感,體驗愛情的實現
成年中期	25-65歲	繁殖對停滯	獲得繁殖感,避免停滯感,體驗關懷的實現
成年晚期	65歲以後	自我整合對失望	獲得完善感,避免失望和厭倦感,體驗智慧的實現

第一階段:嬰兒期(0～1.5歲)。本階段發展任務為:滿足生理上的需要,發展信任感,體驗希望的品質實現。如果該階段對嬰兒基於愛撫和有規律的照料,嬰兒將在生理需要的滿足中,體驗到身體的康寧、環境的舒適,從而感到安全,產生信任感;如果母親的愛撫和照料有缺陷,嬰兒將產生不信任感。艾瑞克森認為一定比率的不信任感有利於兒童躲避危險,但是信任感應當超過不信任感,這一原則也適用於其他階段。

如果成功解決了本階段的發展危機,兒童的人格便形成了希望的品質,這種兒童敢於冒險,不怕挫折和失敗,容易成為依賴和滿足的人。如果危機不能成功解決,兒童的人格中便形成了恐懼的特質,這種兒童膽小懦弱,容易成為不信任他人、苛刻無度的人。

第二階段:兒童早期(1.5～3歲)。本階段的發展任務為:獲得自主感,克服羞怯和疑慮,體驗意志的實現。自主性意味著個人能按照自己的意願行事的能力。此時的兒童控制自己的大小便,反覆使用「我」、「我的」字眼,凡事想親力親為,表現出強烈自主的意願。但是,成人(尤其是教養者)不可能允許兒童為所欲為,而是要按照社會的需要來要求他們。如果兒童受到過於嚴格的訓練和不公正的對待,就會產生羞怯和疑慮。因此,明智的父母對兒童的態度應當掌握好分寸,既要給兒童足夠的自主空間,又要在不傷害

兒童自尊心的前提下給予其必要的節制。本階段危機的成功解決，將會在兒童的人格中形成意志品質。艾瑞克森認為，所謂意志就是進行自由選擇和自我抑制的不屈不撓的決心。如果不能成功解決危機，則形成自我懷疑的人格特徵。順利度過本階段，對於個人今後對社會組織和社會理想的態度將產生重要的影響，有利於個人為未來的秩序和法制生活做好準備。

第三階段：學前期或遊戲期（3～6歲）。本階段發展任務為：獲得主動感，克服內疚感，體驗目的的實現。艾瑞克森認為，順利度過前兩個階段的兒童已認識到自己是獨立的人，在這一階段中，他們面臨的問題是自己能成為什麼樣的人。他們充滿想像力，其行為也更具目的性和主動性。在日常生活和遊戲中，他們積極地檢驗各種限制，確定什麼是允許的，什麼是不允許的；這一階段的兒童表現出對性別差異特別的好奇心和求知慾，甚至幻想兩性生殖器官相互侵入的情景。當兒童認識到他們的行為或計劃注定要遭到成人的制止時，就會產生罪疚感，而後便以一種新的形式控制自己的思想和行為。這也就是佛洛伊德所說的超我的產生。在本階段中，如果父母鼓勵兒童的主動性和想像力，他們便會發展較多的主動性和進取精神，獲得「正視和追求有價值的目的的勇氣」。但如果兒童的想像力和創造性表現受到成人的嘲笑和挖苦，他們就會產生罪疚感，喪失自信心。

第四階段：學齡期（6～12歲）。在本階段中，兒童進入學校，學習文化知識和基本技能。在學習過程中，兒童一方面努力追求著自身的完善，促生了勤奮感；另一方面，兒童在努力追求的過程中伴隨著一種害怕失敗的自卑感。因此，勤奮感對自卑感便構成了本階段的發展危機。本階段相應的發展任務為：獲得勤奮感，克服自卑感，體驗能力的實現。學業的成功、家長和教師的認可、同伴的接納都可以使兒童產生勤奮感。勤奮感占優勢的兒童在生活和學習中常常能體驗到「靈巧和智慧在完成任務時的自如運用」，即能力的實現。如果兒童的表現不能合乎家長和教師的期望、本身不被同伴接納，他們就會對自己感到失望，體驗到自卑感和無能感。

第五階段：青春期（12～18歲）。青少年因為生理的急劇變化，以及新的社會衝突和要求，而變得困擾和混亂。艾瑞克森強調青春期的主要任務

是建立新的自我同一性,防止同一性混亂,體驗忠實的實現,其發展危機是同一性對同一性混亂。這裡的同一性是一個內涵非常豐富的概念,主要是指一個人知道自己是怎樣的一個人——包括過去的、現在的、將來的自己,瞭解自己的需要、理想和責任,清楚自己的社會角色,以及運用自己的方式把握事件時的內在自信等各方面的協調整合。

第六階段:成年早期(18～25歲)。本階段發展任務是:獲得親密感,避免孤獨感,體驗愛情的實現。經歷了第五階段,青年男女需要在自我同一性鞏固的基礎上獲得共享的同一性。

第七階段:成年中期(25～65歲)。在本階段中,個體已經建立了家庭,他們的興趣開始擴展到下一代。而且他們也非常關心各自在工作和生活中的狀態。此時,相應的發展任務便是:獲得繁殖感,避免停滯感,體驗關懷的實現。

第八階段:成年晚期(65歲以後)。這是人生的最後階段,發展危機是自我整合對失望,發展任務為:獲得完善感,避免失望和厭倦感,體驗智慧的實現。隨著時光流逝,老年人發生了一系列變化,如身體機能逐漸衰退,離開了工作崗位,社會角色改變,收入減少,親友、配偶的相繼離去等。因此,老年人需要做出一系列生理、心理和社會的重大調整,以適應這些變化。

(二)艾瑞克森心理發展理論的評價

在有關精神分析人格發展理論中,艾瑞克森的理論更具實質性的進展。首先,艾瑞克森的人格發展漸成說,不再過分強調佛洛伊德的本能論和泛性論,而是強調自我與社會環境的相互作用,重視家庭、社會對兒童教育的作用,這無疑是精神分析學派的一大進步;其次,艾瑞克森在佛洛伊德理論的基礎上增添了三個成人期的新階段,把發展界定為終身的任務,還將佛洛伊德的每一階段的內涵擴大,給出了新的解釋;再次,艾瑞克森在對各階段相互關係的解釋上體現了一定的辯證思想。總之,艾瑞克森的理論較以往的發展理論更全面、更豐富,把精神分析說的發展觀提升到了一個新的高度。

拓展閱讀

伊底帕斯情結

伊底帕斯情結：戀母和弒父都是伊底帕斯，他不認識自己的父母，在一場比賽中失手殺死了父親，又娶了自己的母親，後來知道真相了，承受不了心中痛苦，刺瞎了雙眼，流放了自己。心理學用來比喻有戀母情結的人，有跟父親作對以競爭母親的傾向，同時又因為道德倫理的壓力，而有自我毀滅以解除痛苦的傾向。

第四節 皮亞傑的心理發展觀

人們普遍認為，皮亞傑（J.Piajet）是發展心理學家，「皮亞傑的事實是兒童心理學最可靠的事實」。但皮亞傑自己則認為他是認識論者，他認為傳統的認識論只考慮到高級水準的認識，換言之，只鼓搗認識的某些最的結果而看不到認識本身的建構過程。而皮亞傑試圖從兒童思維發展的過程中找到人類認識發展的規律。

人物介紹

皮亞傑

皮亞傑（Jean Piaget），瑞士人，近代最有名的兒童心理學家。他的認知發展理論成為這個學科的典範。皮亞傑早年接受生物學的訓練，大學時期學習哲學。

一、皮亞傑心理發展的基本思想

但他在大學讀書時就已經開始對心理學有興趣，曾涉獵心理學早期發展的各個學派，如病理心理學、佛洛伊德和榮格的精神分析學說。從1929年到1975年，皮亞傑在日內瓦大學擔任心理學教授。皮亞傑對心理學最重要的貢獻是將佛洛伊德的那種隨意、缺乏系統性的臨床觀察，變得更為科學化和系統化，使得日後臨床心理學有長足的發展。

皮亞傑稱他自己的大體理論框架為「發生認識論」，因為他的主要興趣在於「認識是怎樣形成和發展」。具體說來，就是研究人類的認識（認知、智力、思維、心理）的發展和結構。皮亞傑認為，認知發展是生物發展的擴展，其中，智力發展控制著情緒、社會性及道德發展。

(一) 心理發展的實質

作為一個生物學家，皮亞傑對機體如何適應環境很感興趣。他認為智力是人類特有的適應環境的方式。機體對環境的適應反映在行為上，行為被模式控制。模式是一種心理結構，是一系列整合的知覺、觀念和行為在心理上的表徵，個體使用模式表徵世界和決定行為。皮亞傑假設，嬰兒生來就具有某些模式，他將其命名為「反射」。對於其他動物，反射一生都控制其行為，然而對於人類，只有嬰兒才利用反射來適應環境。這些反射很快就被建構的模式所取代，當模式變得更加複雜（即能支配更複雜的行為）的時候，就可以稱之為結構。當一個個結構變得複雜的時候，這些結構就有層次地組織起來，構成主體的整個認知結構體系。

(二) 心理發展的過程

皮亞傑認為認知發展是個體在和環境的交互作用中，認知結構不斷形成和更新的結果。新的認知結構的建構要透過三個不同的心理過程：同化（assimilation）、順應（accommodation）和平衡（equilibration）。

同化和順應是兩種互補的過程。同化是指環境因素納入集體已有的模式或認知結構之中，以加強和豐富主體的動作。順應指改變主體已有的模式或認知結構以適應客觀變化。以同化為例，一個嬰兒透過吸吮小奶瓶，發展了一種吸吮模式，當他試圖吸吮大奶瓶時，就運用了這種吸吮模式，這就是同化。以順應為例，一個嬰兒需要從吃奶改為吃飯，就需要改變原來的模式以適應新環境。透過同化和順應，個體對外部世界的察覺就轉化為主觀的認知結構。事實上，同化和順應是同時發生的，儘管它們其中之一可能一時占主要地位，但它們是密不可分、相輔相成的。

皮亞傑認為平衡並不是一種固定的狀態，而是一個持續調節行為的動態過程。平衡狀態是平衡過程的結果，同時又是下一個平衡過程的起點。從認知功能的角度看，平衡就是使個體在心理上維持穩定的發展。平衡除了前面所說的透過同化和順應達到對環境的適應外，還包括認知結構內部各個子系統間的平衡，以及主體的總體知識和部分知識之間的平衡，即總體的知識不斷分化到部分中去，部分的知識不斷整合到總體中來。

兒童心理發展的實質，就是機體在和環境不斷的交互作用中，對環境的適應過程，也是不斷打破舊平衡，建立新平衡的過程。

（三）影響心理發展的因素

1. 成熟

成熟主要指大腦和神經系統的發育程度。皮亞傑認為，成熟在兒童日益增加他們週遭世界的理解的能力上有重要作用。但兒童能否承擔某些任務，還要看他們在心理上是否也成熟到足以負擔。

2. 經驗

在環境中獲得的經驗是心理發展的又一重要影響因素，因為新的認知結構就是在與環境的交互作用中形成的。皮亞傑將經驗分為具體經驗（物理經驗）和抽象經驗（邏輯數學經驗）。兒童直接面對實在的物品，從而獲得具體經驗。皮亞傑認為，具體經驗是思維發展的基礎，雖很重要，但不能決定心理的發展。

3. 社會環境

兒童不僅需要從環境中獲取經驗，還需要進行社會交往。社會生活、文化教育、語言同樣會加速或阻礙認知發展，關鍵在於給予兒童檢驗和討論他們的信仰和觀念的機會。教育者不但要幫助兒童獲得具體經驗和抽象經驗，還要向兒童灌輸社會規則和社會價值觀，為兒童創造社會交往的條件。

4. 平衡

第四節 皮亞傑的心理發展觀

平衡是主體對外界刺激所進行的積極的反應的集合。皮亞傑認為平衡化是發展的基本因素，它甚至是協調其他三種因素的必要因素。

（四）認知發展的階段

皮亞傑把兒童的思維發展過程分為如下四個階段：

表2-2　兒童思維發展的階段

階段	年齡(歲)	特徵
感知運動階段	0-2	智力表現為運動神經的活動，即對可看見、可觸摸、可感覺的事務的探索。
前運算階段	2 - 6或7	能使用符號，語言的運用日趨成熟，記憶和想像逐漸發展。思維方式以自我中心為主，不合邏輯。
具體運算階段	6或7 - 11或12	自我中心式的思維方式逐漸減少，開始用數字、空間、類別、規則…重新構建世界。針對具體物體可以運用邏輯運算。
形式運算階段	11或12 - 15	思維逐步抽象化。能合乎邏輯地使用與抽象概念相關的符號，進行假設、歸納、推理，並形成觀點。

二、皮亞傑認知發展觀的評價

皮亞傑在他的認知發展理論中，透過一些經典的概念，描述了兒童發展等整個過程，不僅解釋了個體心理發展的某些規律，而且證實了兒童心智發展的主動性和內發性。皮亞傑關於認知發展階段的劃分不是按照個體的實際年齡而是按照其認知發展的差異，因此在實際教學應用中具有一般性。同時，根據皮亞傑的認知發展理論，不同認知發展階段的兒童年齡差異較大，即使處於同一認知發展階段內的兒童，年齡差異也很大，這為教育實踐中的因材施教原則提供了理論依據。

當然，皮亞傑的理論仍有一定不足。比如，他的理論有把人的本質生物學化了的傾向；理論中的一些概念過於抽象；還有許多兒童發展中出現的現象無法解釋；他的哲學觀點也存在侷限，存在一些前後矛盾的地方。但是，和所有創始者一樣，他的功績來自他的總體思想。

拓展閱讀

日內瓦學派

皮亞傑和同事英海爾德、辛克萊（Sinclair）、倫堡希（Lambercier）、荷明斯卡（Szemiska）等人組成以他為代表的「日內瓦學派」。該學派採用的研究方法稱為臨床法或稱臨床敘述的技術（Clinical—descriptive-technique）。該方法的核心在於從皮亞傑的結構整體理論出發，從整體研究觀察兒童。在實驗中強調實驗的自然性質，讓兒童自由談話，敘述活動的過程。為了避免兒童的談話偏離主題，主試可作必要的提問，並詳細記錄，以便分析和判斷。在研究兒童的數、空間、幾何等概念時，一般採用談話和作業相結合的方法。

第五節 維果茨基的心理發展理論

在俄國十月革命之後接近第一次世界大戰結束的一段時期，以馬克思主義為政治基石的新興蘇聯的心理學家們，致力於解決這樣一個問題，那就是提出一個與馬克思主義政治原理相一致的人類發展理論。到 20 世紀 20 年代中葉，對該問題最成功的解決方案是由維果茨基（Lev Vygotsky，1896～1934）提出的。

人物介紹

維果茨基

維果茨基（Lev Vygotsky，1896～1934）是前蘇聯建國時期卓越的心理學家，他主要研究兒童發展與教育心理，著重探討思維和語言、兒童學習與發展的關係問題。由於他在心理學領域做出的重要貢獻而被譽為「心理學中的莫扎

特」，他所創立的文化歷史理論不僅對前蘇聯，而且對西方心理學產生了廣泛的影響。

一、文化——歷史理論的創立

維果茨基創立了如前所說的文化——歷史理論用以解釋人類心理本質上與動物不同的那些高級的心理機能。維果茨基根據恩格斯關於勞動在人類適應自然和在生產過程中借助於工具改造自然的作用的思想，詳細討論了他對高級心理機能的社會起源、中介結構的理論觀點以及他對高級心理機能進行研究的基本原則和途徑。

1. 兩種工具觀。維果茨基認為，由於工具的使用，引起人新的適應方式，即物質生產的間接方式，而不再像動物一樣是以身體的直接方式來適應自然。在人的工具生產中凝結著人類的間接經驗，即社會文化知識經驗，這就使人類的心理發展規律不再受生物進化規律所制約，而受社會歷史發展的規律所制約。當然，工具本身並不屬於心理的領域，也不加入心理的結構，只是由於這種間接的物質生產工具，導致在人類心理上出現精神生產工具，即人類社會所特有的語言和符號。生產工具和語言符號的類似性在於他們使間接的心理活動得以產生和發展。所不同的是，生產工具指向外部，它引起客體的變化，而語言符號指向內部，它不引起客體的變化，而是影響人的行為。控制自然和控制行為是相互聯繫的，因為人在改造自然時也改變著人的自身性質。

2. 兩種心理機能。維果茨基指出，必須區分兩種心理機能：一種是靠生物進化結果的低級心理機能；另一種是由歷史發展結果，即以精神生產工具為中介的高級心理機能。然而在個體心理發展中，這兩種心理機能是融合在一起的。

3. 兩種心理機能和兒童心理發展。維果茨基正是用這兩種心理機能的理論來創建他的兒童發展心理學。他指出，關於高級的和低級的心理機能的不正確看法，反映在兒童心理學中特別有害。因為如此研究者勢必不去研究高級心理機能的發生和發展，而往往去分析已經現成的、發展的行為形式；不

研究發展本身的過程及其從一個階段向另一個階段的過渡，而是去說明它們在不同發展階段上的單個行為形式。維果茨基進一步指出，各個高級心理過程的產生，常常只是純外部地被規定在某一年齡時期，而並沒有說明為什麼它恰恰在這一年齡才是可能的，某種過程是怎樣產生和進一步發展的。維果茨基分析並批評了上述各種觀點，用歷史主義的原則，從兩種心理機能的實質去解釋，闡述兒童心理發展及其年齡特點，這就構成了維果茨基兒童心理學的基本觀點及其全部理論的核心。

二、心理發展的實質

　　維果茨基探討了發展的實質，提出其文化—歷史的發展觀，他認為就心理學家看來，發展是指心理的發展。所謂心理的發展是指一個人的心理（從出生到成年），在環境與教育的影響下，在低級心理機能的基礎上，逐漸向高級心理機能轉化的過程。維果茨基明確指出，社會交互作用對人的認知發展起著重要作用。舉一個兒童的指示性手勢形成的例子。最初的時候，這些手勢僅僅是嬰兒對遠處物體的無意義的抓握動作。然而，當其他人對這些動作做出了某些反應（如把物體遞到嬰兒手裡）後，這些無意義的動作就成為有意義的行為。因此，一切高級心理機能原際是內化了的社會方面的關係，是個性的社會結構的基礎。

三、心理機能的社會起源與發展

　　維果茨基在《高級心理機能的發展》一書中提出了「兩種工具」的觀點。一種是人與自然交往中的工具，即物質工具；一種是人與人交往中的工具，即心理工具（人類語言和符號）。物質工具使人脫離了動物世界，心理工具的使用充當著人心理發展的中介環節，使人的心理機能發生質的變化，從低級上升到高級的階段。因此，兒童心理發展不再受生物規律所制約，而受社會規律所制約。

　　維果茨基認為，心理的發展起源於人與人之間的相互關係。兒童在與成人交往的過程中掌握了心理工具，從而在低級心理機能的基礎上形成了高級

心理機能。各種心理機能之間的重新整合，又引起兒童心理新的質變。換句話說，高級心理機能就是人的社會活動和交往形式不斷內化的結果。

由於人從出生到死亡都處於一定的社會歷史文化背景中，不斷與社會發生交互作用，所以在維果茨基看來，心理的發展貫穿著人的一生。這個過程如此複雜，以至於不能簡單地用發展階段來描述。

四、教學與發展的關係

在教學與發展的關係上，維果茨基提出了三個重要問題：一個是「最近發展區」思想；一個是教學應當走在發展的前面；另一個是關於學習的最佳期限問題。

1. 最近發展區：維果茨基認為，至少要確定兩種發展水準。第一種是現有發展水準，這是指由於一定的已經完成的發展系統的結果而形成的心理機能的發展水準。第二種是在有指導的情況下靠別人的幫助所達到的解決問題的水準，也就是透過教學所獲得的潛力。這樣，在教學活動中，對所要解決的問題和原有獨立活動之間可能有所差異，但是可以在別人的幫助下消除這種差異，這就是最近發展區。教學創造著最近發展區，第一個發展水準與第二個發展水準之間的動力狀態是由教學決定的。

拓展閱讀

最近發展區

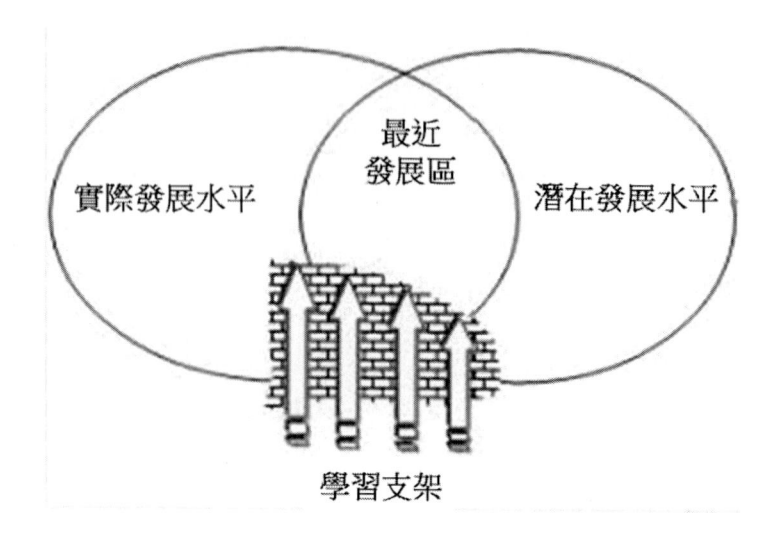

```
實際發展水平    最近     潛在發展水平
              發展區
              學習支架
```

維果茨基的研究表明：教育對兒童的發展能造成主導作用和促進作用，但需要確定兒童發展的兩種水準：一種是已經達到的發展水準；另一種是兒童可能達到的發展水準，表現為「兒童還不能獨立地完成任務，但在成人的幫助下，在集體活動中，透過模仿，卻能夠完成這些任務」。這兩種水準之間的距離，就是「最近發展區」。把握「最近發展區」，能加速學生的發展。「最近發展區」，主要是就智力而言的，其實在學生心理發展的各個方面都存在著「最近發展區」。教師應該圍繞「最近發展區」大做文章，透過練習簿、周記、作業本、期末鑒定、書信等載體給學生寫評語，讓學生看到成功的希望，明確努力的目標，獲得前進的動力，一步一步地發展自己，一點一滴地完善自己。

2. 教學應走在發展的前面：根據上述思想，維果茨基提出「教學應當走在發展的前面」。這是他對教學與發展關係問題的最主要理論。也就是說，教學可以定義為人為的發展，教學決定著智力的發展，這種決定作用既表現在智力發展的內容、水準和智力活動的特點上，也表現在智力發展的速度上。

3. 關於學習的最佳期限：怎樣發展教學的最大作用，維果茨基強調了學習的最佳時期。如果脫離了學習某一機能的最佳年齡，從發展的觀點看來都是不利的，它會造成兒童智力發展的障礙。因此要開始某一種教學，必須以成熟和發育為前提，但最重要的是教學必須首先建立在正在開始尚未形成的心理機能的基礎上，走在心理機能形成的前面。

五、維果茨基心理發展觀的評價

維果茨基的理論為意識的研究注入了新的生命力，維果茨基既反對傳統心理學把意識與心理等同的觀點，又反對行為主義把意識排斥在心理學研究之外的觀點。他主張，意識是高級心理機能的一種系統，意識和各種心理機能是兩種不同質的反應水準，意識只適用於人，是人特有的反映形式；心理既適用於人，又適用於動物，是人和動物共有的反映形式。意識以活動為客觀表現，所以可以透過研究活動來研究意識。

維果茨基關於教育應當走在發展的前面的觀點，集中體現了他的社會——文化歷史的發展觀，在教學實踐中極富指導意義。維果茨基與其他社會—文化歷史學派心理學家和教育學家們開展了一系列長期的教育研究，為推動教學改革和促進兒童智力水準發展做出了積極的貢獻。

維果茨基開創了以唯物主義為指導思想的心理學理論體系。維果茨基的社會—文化歷史發展理論無疑是對心理的生物學化論的一大進步，在建立馬克思主義理論指導下的思辨心理學體系中造成了重要的歷史性作用，但是他卻忽視了在心理形成過程中生物因素的研究。

本章小結

透過兒童心理發展各理論流派的介紹，可以看出每個理論都有自己的出發點，都在強調發展的不同側面。由於兒童發展是一個整體，不同流派的兒童心理學家都在嘗試著從自己的角度對兒童心理發展進行解釋，儘管有的觀點不夠全面，有些甚至是針鋒相對，但正是這種爭論的存在進一步促進了人們對兒童心理發展的認識與瞭解。現在，很多心理學家都選擇了折中的態度：認為沒有任何一種理論可以解釋清楚人類發展的全貌，但同時又相信每種理

學前心理學
第二章 學前兒童心理發展的理論流派

論都在一定程度上對心理發展的研究做出了自己的貢獻。整合各種理論，有助於我們描繪出一幅統一、完整的兒童發展圖畫。

複習思考題

1. 名詞解釋

（1）成熟

（2）泛化

（3）積極強化

（4）觀察學習

（5）最近發展區

2. 簡答題

（1）簡述強化的種類及其不同作用。

（2）簡述觀察學習的強化種類。

（3）簡述艾瑞克森的人格發展八階段。

3. 論述題

（1）試比較經典行為主義與操作行為主義有哪些不同。

（2）結合實際，舉例說明如何促進兒童最近發展區的發展。

（3）結合實際，舉例說明皮亞傑認知發展理論在幼稚園教育實踐中的應用。

4. 案例分析題

琪琪和表姐小薇差半歲，同時上了幼稚園小班。由於小薇的爸爸媽媽工作忙，不久她被送到了小鎮上的奶奶家。小鎮幼稚園的老師非常強調知識學習，一年後，小薇已經能認很多字了，而琪琪卻整天沉浸在遊戲中，幾乎不

用學習，一個字也不認得。爸爸媽媽開始為此擔心，怕幼稚園這樣的教學會影響琪琪今後的學習。

你覺得琪琪父母的擔心有必要嗎？為什麼？

拓展練習

運用斯金納的強化理論，設計一個小實驗，幫助那些愛哭鬧、喜歡打人、不遵守課堂紀律的幼兒改善他們的這些行為。

第三章 學前兒童心理發展的基本理論問題

　　學前兒童心理發展的基本理論問題，包括學前兒童心理學的研究對象和意義，學前兒童心理發展的基本規律，影響學前兒童心理發展的因素，這些為學前兒童心理學這門課程提供了一個簡明扼要的框架。學前兒童個體之間是有很大差異的，有的兒童發展迅速，有的兒童發展相對緩慢一些；有些兒童性格外向、好交際、衝動、膽大；有的兒童安靜、孤僻、沉默、膽小；既然兒童發展之間有這麼大的差異，那麼兒童發展究竟有什麼奧祕？兒童的發展是連續性的還是階段性的；兒童在環境中是被動的學習者還是主動的學習者；究竟是遺傳對兒童的影響大，還是環境對兒童的影響更大，或者是二者對兒童的交互影響。心理學家對此也是眾說紛紜，彼此之間爭論不休。兒童心理發展的這些基本理論問題就是本章準備討論的問題。

案例

　　媽媽在洗衣服的時候，3歲多的強強在媽媽的身邊閒晃，並向媽媽提出了一個要求，讓他獨自在洗衣機中洗自己的一雙襪子，並且要把手伸到洗衣機裡去操作，他說大人都是這樣做的，他也要這樣做。媽媽告訴他小孩子是不可以去弄洗衣機的，這樣很危險。強強不聽，偏要去弄，媽媽只得拔掉洗衣機的電源插頭。強強折騰半天，這邊動動摸摸，那邊敲敲打打，發現洗衣機輥筒都沒能轉動起來，於是他大怒，哭鬧著：「我自己來」「我要」。因為強強是家裡的獨生子，爺爺奶奶和爸爸媽媽都非常寵他。在很多時候，如果強強遇到沒有順從自己意願的事情，他經常就會大哭大鬧，以此來解決問題，大人們都不願強強傷心，於是，只要強強一哭，大人就會滿足他的願望。

問題聚焦

　　好奇、好動、好模仿是兒童的天性。3歲兒童已經有自己的發展特點和表現，並且兒童在每一個年齡段的表現也不一樣，因此，我們必須瞭解兒童

在不同發展階段的年齡特徵、整體發展趨勢及規律，並且以兒童心理發展規律為基礎，樹立正確的教育觀念，做好教育和解釋說明，並且要注意安全，這樣才能更好地教育兒童，正確引導兒童，從而促進兒童心理的健康發展。

學習目標

　　1. 理解並掌握學前兒童發展的基本概念。

　　2. 認識和掌握學前兒童心理發展的規律與年齡特徵。

　　3. 瞭解並掌握學前兒童心理發展的影響因素。

　　4. 在生活與教育實踐中正確把握兒童心理發展的特點和規律。

第一節 學前兒童心理發展的基本概念

　　學前兒童心理學是研究從出生到入學前兒童心理發展規律的科學，為了揭示學前兒童心理發展的特點和客觀規律，我們就必須掌握兒童心理發展過程中產生的基本概念：轉折期與危機期、敏感期、最近發展區，並且瞭解其基本內涵。

一、轉折期與危機期

　　（一）轉折期

　　任何事物都有一個發生、發展和消亡的過程。不論是社會現象，還是自然現象，其發生、發展和消亡的過程，都不是直線等速運動，而是表現為波浪式的、不等速的、螺旋式或曲折運動。運動的速度既然是不均衡的，就必然表現出快、慢、曲折、暫時的「停頓」、轉折等特性，其中「轉折」常常是運動變化的重要一環。行為現象和心理現象也不例外，也表現出上述運動變化的特性和規律。

　　在兒童心理發展的兩個階段之間，有時會出現心理發展在短期內突然急劇變化的情況，稱為心理發展的轉折期。兒童從出生到成熟，大概要經歷幾個關鍵的轉折期。如3歲左右的兒童掌握了「我」的概念，自我意識和獨立

性日益增長，經常對成人或同伴說「我要自己來」，什麼事情都想自己做，拒絕別人的幫助。

(二) 危機期

兒童心理發展的轉折期經常出現對成人的反抗行為，或者是不符合社會行為準則的各種表現，因此稱為危機期。兒童在發展的某些特定年齡時期，其心理常常發生紊亂，表現出各種否定和抗拒行為。科學研究表明，從嬰兒呱呱落地到長大成人，要經過三個危機期：第一個危機期發生在2～3歲，第二個危機期發生在6～7歲，第三個危機期發生在11～12歲，這裡重點介紹前兩個危機期。

1. 2～3歲兒童危機期的特點和表現

(1) 2～3歲兒童危機期的特點

在神經系統發展方面，2～3歲兒童的神經細胞還不成熟，其中興奮神經占據優勢地位，很容易擴散，抑制過程較差，常表現出耐力差、易疲勞，感情易衝動、情緒變化無常等特點。在認知方面，2～3歲兒童的觀察力、記憶力和思維能力等迅速發展。感知覺開始在兩種信號系統協同活動的基礎上進行。2歲以後，兒童的有意記憶開始萌芽，同時無意記憶也得到進一步的發展。其思維形式以直覺行動思維為主，但詞、語言的概括調節作用也明顯增強。在個性方面，他們活潑好動，好奇心強，喜探索、愛模仿。他們的自我意識出現第一次飛躍發展，開始把主體和動作區分開來。

(2) 2～3歲兒童危機期的表現

由於兒童自我意識的迅速發展，主觀能動性越來越強，對成人的要求和安排表現出越來越大的選擇性，喜歡說「不」「我就要……」等，進入人生第一個心理逆反期。如果成人不能認識到這種心理的變化與特點，一味訓斥、懲罰兒童，就會導致兒童心理發展出現「危機」。這種「危機」一般表現為：一是做事畏手畏腳，看大人眼色行事，獨立性和自主性受到壓抑；二是執拗性，逆向而行，形成「反抗型」人格特徵，成人叫他做什麼，他會堅決反抗或者和成人對著幹，站在成人的對立面。

2. 6～7歲兒童危機期的特點和表現

(1) 6～7歲兒童危機期的特點

六歲左右是孩子準備入學的年齡。這一時期，幾乎絕大多數的孩子都渴望進入小學學習，擺脫幼兒生活，成為一名小學生。他們有了較豐富的知識經驗，較強的生活自理能力，一定的操作技能，熟練的口頭言語，並且抽象邏輯思維能力開始發展，同時腦功能的發展也表明孩子已經準備進入一個新的時期。

(2) 6～7歲兒童危機期的表現

孩子入學以後，專門的學習取代遊戲，成為孩子全天中的主要活動方式。學齡兒童的學習與學前兒童的遊戲有本質的不同：第一，遊戲是兒童模擬成人生活的一種玩耍的手段，玩什麼，怎樣玩，玩多久都是由兒童的興趣決定的；而學習是社會為學齡兒童規定的社會義務，學什麼，如何學，學多久都有嚴格的教學計劃和教學大綱，作為一種社會義務，兒童必須按計劃和要求完成它，興趣不再是決定一切的，它必須服從於任務；第二，每個遊戲活動的內容都是獨立存在的，不同的遊戲之間沒有必然的聯繫，而學習的內容具有連續性，是相互聯繫的；第三，遊戲中反映的生活主要是兒童直接經歷過的事件，也就是說是看見過、聽到過、體驗過的事情，因而習得的知識主要是直接經驗，侷限性很大，而學習中兒童習得的知識多數是間接經驗，是透過書本總結的人類知識的精華。由於學習和遊戲的巨大差別，兒童對這種變化一時難以適應，家長和教師提出的新要求與自身的心理發展水準產生矛盾，兒童就可能出現逆反心理、入學適應困難、厭學、經常和家長發生衝突等問題。

(三) 轉折期與危機期的關係

兒童心理發生的轉折期，並非一定出現「危機」，危機期一般出現在轉折期。轉折期與危機期有所區別，轉折期是必然會出現的，但是「危機」並非一定會出現，在掌握規律的前提下，正確引導兒童心理的發展，「危機」是可以化解的。

二、敏感期

敏感期是兒童心理發展的某一階段或階段之間出現的對兒童發展具有特定意義的時期。敏感期（Sensitive period）的提出與關鍵期（Critical period）這一概念有著密切關係。關鍵期的概念最早出現於實驗胚胎學中。著名動物行為學家康拉德·勞倫茲（Konrad.Lorenz）在研究小鵝的行為時發現：小鵝出生後的最初階段，有追隨第一眼看到的動物行動的特點。他把這種現象稱為「母親印刻」，把發生「母親印刻」的這段時間稱為認母的「關鍵期」。Pox（1970）曾試圖區分「關鍵期」和「敏感期」兩個概念，他把關鍵期定義為：關鍵期是這樣一個時期。在這一時期內，正常發展必須被引發，或者說對於正常的發展來說，需要有特定類型的刺激。他把敏感期定義為：敏感期是這樣一個時期。在這一時期內，有機體非常容易受到有害刺激的傷害。然而大量研究表明，在關鍵期內造成的損失透過一定的教育措施在一定程度上是可以彌補的。因此，我們主張在發展心理學中用敏感期的概念。

敏感期，指容易形成某種心理特徵或者發展某種能力的時期。具體來說，敏感期的結構特徵包括如下幾個方面：

1. 敏感期是兒童心理發展中客觀存在的一個特殊時期，它既有開始，也有終結。

2. 兒童心理發展的不同方面諸如言語、知覺、記憶、情感等的敏感期的起止時間不完全相同。

3. 對兒童心理發展的某一方面來說，在敏感期內，同種同量的適宜刺激在非敏感期不能產生同等的效果，因此，敏感期又是對兒童進行教育的最佳期。

4. 對兒童心理發展的某一方面來說，在敏感期內，也最容易受到不良刺激的傷害，也就是說有機體對不良刺激也是敏感的，同種同量的不良刺激（包括環境剝奪）在敏感期內產生的不良影響程度要大於其他時期。

5. 敏感期所產生的效果並不是絕對不可逆的，在非敏感期中的補救性教育措施在一定程度上仍是有效的。

6. 敏感期產生的效果的持久性與兒童在該時期內受到刺激的適宜性及數量有密切關係，在一般情況下，二者表現為正相關。

7. 敏感期的產生及其機制既不完全取決於兒童神經系統的成熟，也不完全取決於環境的刺激條件，而是二者的綜合效益。

從畢生發展的角度看，學前期是心理發展的敏感期，許多心理現象和功能都在此階段發生和發展。2～4歲是語言學習的敏感期，4歲以前是智力發展的敏感期，4～5歲是開始學習書面語言的敏感期，5歲左右是掌握數概念的敏感期。大量研究者對敏感期的研究表明：敏感期的出現與生理發展的加速有關，與兒童心理發展的本身狀態有關，也與兒童心理的整體發展有關。

人物介紹

康拉德‧勞倫茲

勞倫茲（Konrad Lorenz，1903～1989），1903年出生於奧地利的維也納，是世界動物行為學研究的開山鼻祖，提出了著名的「刻板印象」。從大學時代開始，勞倫茲便一直潛心於醫學和生物學的研究，不僅獲得了博士學位，而且在1973年獲得了諾貝爾生理醫學獎。勞倫茲在動物行為學研究上的深厚造詣以及他描述動物行為的妙筆生花，深受讀者的稱讚和喜愛。讀者可以從中體會到科學研究的嚴謹和趣味，同時也對動物的友情世界及類似的人類行為，產生更深層次的瞭解，體會生命的真諦。

三、最近發展區

最近發展區（Zone of Proximal Development，英文縮寫ZPD）是維果茨基於20世紀30年代提出的一個重要概念，也稱潛在發展區。它是指兒童獨立解決問題的實際發展水準與在成人指導下或在有能力的同伴合作中解決問題的潛在發展水準之間的差距，描述了兒童智力可能達到的水準。在維果茨基看來，我們至少應確定兒童的兩種發展水準：一是兒童現有心理機能

的發展水準（兒童的實際發展水準），它標誌著兒童一些官能的成熟；二是在成人的指導和幫助下所能達到的解決問題的水準（兒童潛在的發展水準）。維果茨基把這兩種發展水準之間的距離定義為最近發展區。與此同時，最近發展區也存在個別差異和情境差異：即不同個體之間，最近發展區有所不同；在不同情境中，同一個體也可能有不同的最近發展區。

維果茨基認為：「教育不應當以兒童發展的昨天為方向，而應當以兒童發展的明天為方向。只有這樣，教育才能在教學過程中振進那些目前尚處於最近發展區內的發展過程。」就教育過程而言，維果茨基認為重要的不是著眼於兒童現在已經完成的發展過程，而應該關注他那些正處於形成狀態或正在發展的過程。教師在教學中要抓住學生的「最近發展區」，激發兒童的學習興趣，最大限度地挖掘學生的潛能，提高兒童的思維能力，培養兒童的創造能力，從而促使其迅速發展。最近發展區強調外在力量對兒童成長的引導和促進作用，這種外在力量主要是成人或比自己具有更強能力的同伴和同學。因此，最近發展區理論尤其強調教師在教學過程中促進兒童認知能力發展的作用。

第二節 學前兒童心理發展的一般規律

學前兒童心理發展的一般規律表現在心理發展的各個階段和各種心理活動的發展過程中，在各階段和各方面發展的特點和規律中，我們可以看到學前兒童心理發展的一般性規律。

一、學前兒童心理發展的基本趨勢

兒童心理的發展是指一個人從出生到成熟，心理各方面變化的過程。兒童心理發展主要表現在以下幾個方面：

（一）從簡單到複雜

最初的心理活動只是非常簡單的反射活動，如吸吮反射、抓握反射、定向反射等。隨著兒童年齡的增長，心理活動越來越複雜，初生時不齊備的各種心理過程和個性特徵才逐漸開始形成。從思維發展過程來看，最初是感覺

思維，然後是具體思維，最後是高級抽象思維。從情緒發展過程來看，最初引起情緒活動的也是非常簡單的事物，以後才是越來越複雜的事物，兒童的心理自然比最初複雜了許多。無論是從思維發展還是情感活動來看，發展趨勢都是由簡單到複雜。

拓展閱讀

抓握反射

將一物體放入嬰兒手掌後立即出現的抓握物體的反射性動作，又稱達爾文反射。這是嬰兒先天具有的反射之一，屬靈長目種系遺傳的行為。這種反射自嬰兒出生後開始出現，3～4個月後消失，代之以有意的抓握動作。這種反射通常被用來測定神經系統成熟的狀況。如果嬰兒出生3～4個月以後仍持續保存這種抓握反射，則是錐體束受損的症狀。

（二）從具體到抽象

兒童心理活動最初是非常具體化的，隨著年齡增長才逐漸抽象化。從認識過程的發展看，兒童最先出現的是感覺，以後出現比感覺更複雜的知覺和表象，進而出現思維活動，是從具體發展到抽象，即感覺—知覺—表象—思維。再如從學前兒童掌握概念來看，他們最初掌握的大多都是一些具體的實物概念，並且還是和生活息息相關的具體事物。如知道了蘋果、梨子、香蕉、西瓜……然後逐漸掌握同一類概念「水果」。到學前晚期，兒童還可以初步在具體形象的水準上掌握一些較抽象的概念，如「騙子」「小偷」是「壞人」；不挑食是「好孩子」；「狐狸」代表「狡猾」。因此，無論是從心理活動的哪個方面來看，都體現了從具體到抽象的發展趨勢。

（三）從被動到主動

兒童最初的心理活動都是被動的，主動性的心理活動是後期逐漸發展起來。兒童身上出現的最初的心理活動都是無意的（或稱為隨意的），直接受外界環境的影響和成人的支配。隨著年齡的增長，然後逐步出現有目的的、方向性的（或稱隨意性的）的活動，而且能意識到自身心理活動進行的情況和水準，表現出高度的有意性。例如，兒童的注意、記憶、情感等心理活動

最初都是不自覺的、無意的，以後逐漸向有意性的、隨意的心理活動方向發展，出現有意注意、有意記憶等等。再者，兒童心理發展趨勢由受生理發展制約向自主調節發展。幼小時，由於身體各部分發育不完全，因而導致了兒童行為和心理的被動局面，隨著兒童生理的逐漸成熟，尤其是大腦和神經系統功能的日益完善，兒童逐漸擺脫被動局面，開始做到能主動進行各種活動。例如，幼小兒童的心理活動，很大程度受生理的制約和侷限。比如，幾個月內的孩子，其快樂和不安，主要取決於生理上的需要是否得到滿足，而三歲兒童的注意不集中，堅持性不強，主要是由生理上不成熟所致；隨著兒童生理的成熟，它對心理活動的制約和侷限作用逐漸減少，心理活動的主動性逐漸增長，四五歲兒童有時（比如執行枯燥的任務）注意力非常不集中，有時（比如在玩自發的遊戲）又能長時間堅持集中注意。

（四）從零亂到自成體系

兒童最初的心理活動是零亂的不完整的，心理活動之間缺乏有機的聯繫，並且容易發生變化。例如，在1歲以前，兒童還沒有出現想像活動，也沒有人類特有的抽象思維；七八個月的嬰兒離開媽媽時，哭得很傷心，當媽媽的身影剛剛消失，阿姨和他玩一個誘人的玩具，他立即會破涕為笑。隨著年齡的增長，兒童各種心理活動之間的聯繫加強，並逐步穩定下來，並且兒童心理活動都朝著同一個方向發展，逐漸形成一個整體，出現了系統性、穩定的傾向性，形成了每個兒童各自獨特的個性。例如，有的孩子喜歡汽車，不論在何時何地，他的興趣都首先集中在汽車上。

二、學前兒童心理發展的基本特點

心理發展是指個體隨著年齡的增長，在相應的環境作用下，整個反映活動不斷得到改造，日趨完善和複雜化的過程，是一種體現在個體內部的連續而又穩定的變化。學前兒童心理發展的變化與成人不同，無論是心理過程還是個性方面，都有著自己心理發展的特點。

（一）發展的連續性與階段性

學前心理學
第三章 學前兒童心理發展的基本理論問題

　　一些理論家認為發展是一種連續的過程，因而每一個新的事件和變化都按一定的順序建立在早期的經驗基礎上，發展是平穩漸進的。另外一些理論家認為發展要經歷一系列不連續的步驟或階段，在每一個新的階段或水準上，行為的組織有著質的差異，這種觀點認為發展的過程是階段性的，不是平穩或連續性的。從辯證唯物主義的心理學觀點來看，兒童心理的發展是一個量變到質變的過程，兒童心理的發展是一個不斷的矛盾運動過程，也是一個不斷從量變到質變的過程。隨著矛盾一個一個地產生和解決，心理不斷產生量的變化，在量變基礎上產生質的變化，質變中又包含著量的變化，許多小的質變常常成為一個大的質變的量變準備。心理發展過程中既有連續性又有階段性。在一定時期內，相對細微、平穩的變化是量的累積，體現了發展的連續性；當量的累積達到一定程度，取代舊質要素占據了主導地位，就發生了質的「飛躍」，表現為發展中的間斷或是跳躍，這就是發展的階段性。

　　連續性是指一定時期的發展變化總是在前一段時期累積的基礎上逐漸發生的，後一階段的發展也總是在前一階段的發展變化基礎上的。先前的發展為以後的發展打下基礎，是後一階段發展的前提，後一階段是前一階段的發展和延續，包含著前一階段的發展因素，又萌發著下一階段的新質。兒童心理發展過程是連續起伏而不是臺階式的，階段之間也不是完全中斷或全新的開始，而是在繼承上一階段的基礎上萌發下一階段的特質。

　　階段性是指心理變化遵循發展的順序，同時每一時期又有相對固定的特性，整個發展過程表現出若干連續的階段，不同的階段表現出區別於其他階段的典型特徵和主要矛盾，這就是心理發展具有的階段性。心理發展的階段性表現為個體心理發展這個連續過程由一些具體的發展階段組成，兒童心理發展從量的累積形成量的變化，量變達到一定程度產生質變，由於質變，使得兒童在不同的時期表現出與其他時期不同的心理特點，於是心理發展過程中表現出明顯的階段性。

　　我們從兒童思維的發展中可以看到一個從連續的量變累積到階段式的質變過程。1歲以前的兒童沒有抽象思維活動，2～3歲的兒童雖然已經開始出現一些詞的概括認識，由於此時的兒童是以感知—動作為主，思維是在動

作中進行的，總是以嘗試錯誤的動作來解決問題，這一時期兒童的思維特質是直覺行動思維；隨著年齡的增長，直覺行動的經驗累積多了，在記憶表象中得到了概括化的形象，再借助詞的符號動作，使兒童可以在頭腦中間接地操作內化了的概括化形象，這就是具體形象思維；大概在幼兒期到學齡初期之間，兒童逐漸從依靠形象進行思維過渡到主要依靠概念來進行思維。這樣一個從量變到質變的發展過程，說明心理的發展進程是既有連續性又有階段性的。

拓展閱讀

兒童對時間認識的實驗研究

方富熹等人所做的關於兒童對時間認識的實驗研究結果顯示：兒童首先正確認知一日之內較大的三個時間單位，即早晨、中午、晚上（4、5歲），然後是一週之內的時序（5、6歲），然後是一年之內的時序（7歲）。這說明兒童對時序的認知經歷了一系列連續發展的階段：最初兒童還不懂得對有關時間刺激作歸類，發展到能把某一特定的時序與具體的生活事件聯繫起來，然後用故事的形式正確敘述先後發生的連續事件，最後才擺脫具體直覺的生活內容，把時間關係抽象出來，這一過程遵循從感性直覺到抽象概念的認知過程的發展規律。

（二）發展的方向性與順序性

在正常條件下，兒童身心的發展總是指向一定的方向並遵循一定的先後順序進行，而且這種順序是不可逆，也是不可踰越的。

兒童身體和動作的發展是按照一定的法則進行的，一是從上到下（或稱頭尾原則）；二是從中央部分到邊緣部分（或稱由近到遠原則）；三是從大肌肉到小肌肉（或稱大小原則）；四是從無意動作到有意動作（或稱從無到有原則）。例如從上到下原則是指兒童的動作發展是從頭部開始，然後依次向身體的下部發展。最早發展的是頭部動作，其次是軀幹動作，最後是腳的動作。不同的兒童學會某一動作的具體時間可能不一樣，但任何兒童的動作發展一定都是遵循著抬頭→翻身→坐→爬→站→行走的方向和順序。其他心

理機能的發展也有順序，發展的速度可以有差異，可能加速或延緩，但是發展的順序和方向是不會改變的。

發展不僅是指從不成熟到成熟的過程，也包括衰退消亡的變化。幼兒心理發展的方向是進步性的。幼兒的記憶力總是在不斷地提高；思維的發展也不斷進步，無論是心理過程或個性方面，都向著更高級的方向變化。幼兒心理的發展，偶爾也出現短時的停頓，或類似倒退的現象。例如，有的小孩在學會自己拿小勺吃飯以後，突然不好好地吃了，把飯又撒在桌子上。有的小孩剛滿週歲時會喊「媽媽」，會說出幾個單詞，過二個月，卻不開口了。這些現象往往使年輕的父母煩惱和擔憂。其實，只要耐心等待和細心觀察，就會發現這是孩子在前進中的倒退，他在醞釀著新的發展。原來，不再好好吃飯的孩子正在學習新的動作技能，他發現了可以用兩個手指頭去撿起小東西，於是興致勃勃地把撒在桌上的飯粒逐一撿起來；停止開口的孩子，則正在累積語言進一步發展的力量，過一段時間以後，他會忽然不斷地說出許多話來。

（三）發展的整體性和不平衡性

每個兒童從出生到成熟的進程不是千篇一律地按照一個模式進行的，也不是按相同的速度發展的。發展的整體性是指每個兒童都會經歷相同的發展階段，都是從不成熟到成熟的發展過程，都是從一個自然人發展為社會人的過程。發展的不平衡性是指在不同的發展階段、不同的發展方面，不同個體的發展表現出多樣化的發展模式。

從發展的不同階段來看，不同階段的發展速度有很大的差別。兒童的心理發展並不總是按相等的速度直線發展的。從不同的組織系統、機能特性的發展過程來看，以神經系統的發展和生殖系統的發展來說，神經系統是先快後慢，幼兒期以前人類大腦的重量就已發展到成熟期的80％％，而在9歲左右就接近成人水準；而生殖系統則前慢後快。差不多在青春期以前進展很小，而到了青春發育期（女孩在11～12歲，男孩在13～14歲）後才大幅度增長。就總體發展來看，整個發展也不是等速上升，而是呈波浪形地向前推進。通常幼兒前期出現第一個加速發展期，然後是兒童期的平穩發展。所以發展的不平衡性表現為不同系統在發展的速度上、發展的起訖時間與到達成熟時

期上的不同；也表現在同一機能特性在發展的不同時期（年齡階段）有著不同的發展速度。

從發展的不同方面來看，幼兒心理活動的各個方面並不是均衡發展的。比如，感知覺等認知活動在出生後迅速發展，單純的感知能力很快就達到了比較發達的水準；而思維的發生則要經過相當長的孕育過程，兩歲左右才真正發生發展起來，到幼兒末期仍處於比較低級的發展階段——只有邏輯思維的萌芽；神經系統發展很不平衡，是按照枕葉→顳葉→頂葉→額葉的順序發展的。在最初幾年內，腦和神經系統發展最快，在幼兒期大腦的重量就已經發展到成年期的75%；在第一個10年內，淋巴系統的發育最快；生殖系統在身體的第二次發育才開始迅速發展。

從不同個體心理發展來看，兒童發展是不均衡的，不同的幼兒雖然年齡相同但在發展速度、最終到達的水準和發展的優勢領域上往往是千差萬別的。比如，在發展速度方面：有的幼兒早熟、早慧，有的開竅晚；在優勢領域方面：有的幼兒對音樂聽覺有特殊的敏感度，有的對藝術形像有深刻的記憶表象；在性格方面：有的好動、言語流暢、善於與人交往，有的喜歡安靜、獨處，沉默寡言不合群，即所謂有外傾、內傾之別。但是，所有這些都是正常兒童，只不過是心理發展上存在個別差異而已。

（四）發展的易感性和差異性

發展的易感性是指兒童心理發展一方面容易朝著積極的方向快速發展，另一方面也容易朝著消極的方向發展。因此，很多國家都開始高度重視開端教育。兒童心理發展既有共同規律，同時又表現出個別差異即共性中包含著個性，共性是從個性中概括出來的。總的來說，每個兒童的發展都要經歷一些共同的基本階段，但在一定範圍內，個體在發展速度、發展的優勢領域、最終達到的水準上是千差萬別的。例如，有的兒童對數字很敏感，有的兒童對音樂很敏感，有的兒童對畫畫很有興趣。在性格方面，有的兒童開朗活潑、愛動、喜歡和人交往，有的兒童喜歡安靜、獨處、沉默少言。每個兒童都有自己的個性，各具特色。

第三節 學前兒童心理發展的年齡特徵

兒童心理發展的年齡特徵是指在一定社會和教育條件下,兒童在每個年齡階段中表現出來的一般的、典型的、本質的心理特徵。年齡特徵是在一定的社會和教育條件下形成的,不存在永久性的年齡特徵,各個時代和不同年齡階段的兒童,他們的年齡特徵是不同的。

一、兒童心理發展的年齡階段劃分

怎樣正確地、科學地劃分兒童心理發展的年齡階段問題,還是一個具有爭議性的問題。不同的心理學家根據不同的劃分標準,形成了以下幾種理論:

（一）以認知發展作為劃分標準

以認知發展作為劃分標準,代表人物為皮亞傑。皮亞傑認為兒童心理的發展分為下述四個階段:（1）感知運動階段（出生～1歲半、2歲）:這一階段兒童是靠感知動作來認識和適應外界環境,從而形成了動作模式的認知結構,同時還是思維的萌芽期,為以後的發展奠定基礎;（2）前運算階段（1歲半、2歲～6、7歲）:這一階段又稱前邏輯階段,兒童的各種感知運動模式開始內化為表象或形象模式,特別是言語的發展,促使兒童日益頻繁地用表象符號來代替外界事物,重現外部活動,出現了「表象性思維」,表現在幼兒的延緩模仿、想像或遊戲之中;（3）具體運算階段（6、7歲～11、12歲）:在皮亞傑看來,運算思維的基本特點就是守恆,這是內化的、可逆的動作,兒童能夠在頭腦裡從概念的各種具體變化中把握其本質的、恆定的東西;在這個階段,幼兒已有了一般的邏輯結構,能夠掌握的最重要的運算系統是分類;（4）形式運算階段（11、12歲～15歲）:具體運算思維的不斷同化、順應、平衡,逐步地出現了新的運算結構,這就是形式運算思維,是一種接近成熟的思維形式。此時幼兒的智慧發展趨於成熟,思維具有更大的靈活性。

（二）以生理發展作為劃分標準

以生理發展作為劃分的標準,代表人物為柏曼。柏曼主張以內分泌腺作為劃分標準,將心理發展分為:胸腺期（幼年期）;松果腺期（童年期）;

性腺時期（青年期）；內分泌的全盛期（成年時期）和內分泌缺乏時期（老年期）。這種劃分依據有其可取之處，因為生理發展對幼兒心理發展有重要影響，但是這種劃分將內分泌腺體的變化即生理的發展等同於心理的發展，犯了生理決定論的錯誤。

（三）以個性作為劃分標準

以個性作為劃分的標準，代表人物為佛洛伊德。佛洛伊德認為，按照力比多主要投放的身體部位，兒童發展可分為：（1）口腔期（0～1歲），此時期嬰幼兒以吸吮、咬和吞嚥等口腔活動為滿足本能和性的需要；（2）肛門期（1～3歲），在這個時期的兒童性慾望的滿足主要來源於肛門或排便；（3）性器期（3～7歲），此時期兒童性生理的分化導致心理的分化，兒童表現出對生殖器的極大興趣，性需求集中於性器官本身。他們透過想像來滿足，此時期男孩會經歷「戀母情結」（又稱伊底帕斯情結），女孩則會經歷戀「父情結」（又稱厄勒克特拉情結）；（4）潛伏期（7歲到青春期），在這一時期，兒童的興趣轉向外部世界，參加學校和團體活動，與同伴玩耍，發展同性的友誼；（5）生殖期（青春期），青春期性器官成熟後，性需求從兩性中獲得滿足，有導向的選擇配偶，成為較現實的、社會化的人。

（四）以人格特徵作為劃分標準

以人格特徵作為劃分的標準，代表人物為艾瑞克森。艾瑞克森以人格發展為基礎，將心理的發展分為：（1）嬰兒期：信賴對懷疑（0～1歲），這時是基本信任和不信任的心理衝突期，嬰兒主要是滿足生理上的需要，發展任務是獲得信任感，克服不信任感，體驗著希望的實現，兒童獲得身體舒適和安全感；（2）兒童期：自主對羞愧（1～3歲），由於心理的成熟，幼兒不再滿足於停留在狹窄的空間之內，開始探索新的世界，發展任務是獲得自主感，克服羞怯和疑慮感，體驗著意志的實現；（3）學齡前期：主動對內疚（3～5歲），兒童能從言語和行動上來探索和擴充他的環境，這時社會也向他提出挑戰，發展任務是獲得主動感，克服內疚感，體驗著目的的實現；（4）學齡期：勤奮對自卑（6～12歲），這一階段的兒童在學校接受教育，如果他們能順利地完成學習課程，他們就會獲得勤奮感，反之就會產生自卑，

當兒童的勤奮感大於自卑感時,他們會獲得有「能力」的品質;(5)青春期:角色同一對角色混亂(12～20歲),青少年要自覺地與成年人處於相同地位,發展任務是建立同一感,即對自己的本質、信仰產生較為完整的意識,防止同一性混亂,體驗著忠誠的實現;(6)成年早期:親密對孤獨(20～24歲),青年人注重自己的真實情感,努力設計自己的將來,發展任務是獲得成功的情感生活和良好的人際關係,避免孤獨感,體驗著愛情的實現;(7)成年期:繁殖對停滯(25～65歲),「繁殖」一詞不僅意味著生兒育女,也包含透過創造性勞動使事業成功,發展任務是使自己精力充沛和照料好下一代,防止頹廢遲滯,體驗著事業與家庭主角的實現;(8)成熟期:完善對失望(65歲～),老年人要適應身體的變化和社會地位的變化,他們的側重點應著眼於保住自己的潛能,以維持個體生存和進行智慧鬥爭,發展的任務是進行自我整合,避免失望情緒,體驗著角色變化和安享天年的實現。

(五)以種族演化作為劃分標準

以種族演化為劃分標準,代表人物是施太倫。施太倫主張復演說,他從廣義發展心理學的角度,按心理的發生和發展將兒童心理發展劃分為三個階段,(1)幼兒期(6歲以前):相當於從哺乳類動物到原始人類的階段;(2)意識學習期(6-13歲):相當於人類古老的文化階段;(3)青年成熟期(14-18歲):相當於近代文化階段。用種系生物進化的規律說明幼兒心理發展階段顯然是錯誤的,但是這種觀點亦有可取之處,它注意到個體發展和種系發展之間是有一定關係的,如心理發展由低級到高級、智力發展由具體到抽象、心理的能動性不斷增長等趨勢。

人物介紹

施太倫

德國的施太倫(W.Stern,1871～1938)是一位出色的兒童心理學家。他的《六歲以前早期兒童心理學》是一本權威性著作,他受普萊爾的影響,和他的夫人一起對他們的孩子進行了長期的系統觀察,直到六歲。過去的兒童心理觀察研究,包括普萊爾的工作,大多僅限於三歲以前,而施太

倫則把它擴充到六歲。施太倫屬於人格主義哲學觀點的心理學家，他認為在宇宙中，人格是唯一的實在，個人是這一人格的具體體現，這完全是一種唯心主義的觀點。因此，他在遺傳、環境的關係問題上，提出了所謂「輻合說」，認為遺傳、環境是不可分的，表面是折中調和論，實質還是唯心主義的遺傳決定論。

（六）以主導活動作為劃分標準

以主導活動作為劃分標準，艾利康寧和達維多夫根據兒童各年齡階段主導活動的特點提出了他們的兒童發展階段論，將兒童的心理發展劃分為六個階段：（1）嬰兒期：直接的情緒性交往類型（0～1歲）。在本階段，兒童逐漸產生與周圍人交往的需要，形成一系列的感知性動作以及從事活動的基本動作—抓握動作；（2）先學前期：物體操作活動類型（1～3歲）。由於對物體的操作活動，兒童模仿著成年人使用物品的方式，在與成年人的日常合作中，逐漸形成言語和直覺動作的思維；（3）學前期：遊戲活動類型（3～7歲）。兒童透過遊戲活動，形成了象徵性機能和想像力，學會了理解人的行為，能區分人們相互關係中的主次因素；（4）學齡初期：學習活動類型（7～11歲）。學生在學習活動中，逐漸形成對周圍現象和事物的理性態度，從而使他們能考慮到客觀事物的特點和規律性，認識到道德規則的含義，同時還形成抽象理論思維的心理前提，如心理過程的隨意性，對外部行動的內心計劃及反省等；（5）學齡中期：社會公益活動系統中的交往活動類型（11～15歲）。這種交往活動是以集體的方式進行的，如社會宣傳、文娛體育、學習和勞動等；在這些活動中，少年掌握著根據不同任務和生活要求進行交往的能力，認識個性特徵和品質的能力以及自覺遵守公共道德準則的能力；（6）學齡晚期：學習職業活動類型（15～17歲）。透過這種活動培養高年級學生具有一定的認識興趣和職業興趣，掌握一定的研究技能和安排生活的能力，形成道德理想和具有較高水準的自我意識的能力。

二、兒童年齡特徵的穩定性與可變性

（一）心理發展年齡特徵的穩定性

兒童心理發展年齡特徵的穩定性是指在一定的社會和教育條件下，兒童個體的年齡特徵具有普遍的穩定性。主要表現在以下三個方面：第一，所有正常兒童的心理發展會經歷相同的發展階段，換句話說，每一個兒童都會經歷哺乳期、嬰兒期、幼兒期、學齡期、少年期、青年期等年齡階段；第二，所有正常的兒童在同一年齡階段，他們的心理發展都會經歷相同的變化過程。例如，在幼兒期，兒童的自主意識發展，獨立性增強，兒童的思維以直覺行動思維為主，抽象思維開始萌芽。第三，在一定的社會和教育條件下，處於同一年齡階段的兒童，其心理發展的速度和水準可能會有差異，但總體上說是彼此相近的。兒童心理發展年齡特徵的穩定性產生的主要原因在於：

1. 心理發展的物質基礎是大腦和神經系統的發展，它有著相對穩定的順序。也就是說，大腦和神經系統的發展也有其自身的規律，有一定的順序和階段，有一個逐漸成熟和完善的過程。

2. 心理發展受個體所掌握的人類知識經驗和行為規範的制約。人類知識經驗和行為規範本身是有一定邏輯順序的，個體不能違背這個順序。

3. 兒童從掌握知識經驗到心理發展機能需要一個從低級到高級、從簡單到複雜、從現象到本質的過程，也是一個不斷從量變到質變的過程。

4. 社會和教育條件雖然在不斷發生變化，但在一定時期內是相對穩定的。

（二）心理發展年齡特徵的可變性

兒童年齡特徵的可變性是指由於社會和教育條件的差異，以及社會和教育條件對兒童個體的作用不同，兒童個體在心理發展的過程和速度上會有一定的差異性。兒童心理特徵可變性產生的原因在於：

1. 社會教育條件是影響兒童心理發展的重要因素。首先，社會歷史條件不同，兒童的心理年齡特徵有所不同。如古代兒童和現代兒童，由於所處的社會環境和生活條件的巨大差異，兒童的心理特徵不可能完全一致；其次，社會文化背景不同，兒童心理年齡特徵不同。如美國兒童和中國兒童，由於文化和教育的不同，兒童心理發展也有差異；即使在同一國家，不同民族由

於文化傳統不同，同齡兒童的心理特徵也不完全相同；再者，同一社會文化背景，教育條件不同，兒童發展也不同。

2. 生理成熟是心理發展的基本前提。雖然每個兒童生理發育的狀況大體一致，但是由於兒童的遺傳素質、營養條件、接受能力、發展速度等不同，其生理成熟的早晚也會存在差異，這一差異直接導致兒童心理發展的過程和速度產生差異。

兒童年齡特徵的穩定性和可變性是辯證統一的，二者相互依賴、相互制約、相互促進。兒童心理發展年齡特徵的穩定性是相對的，不是絕對的。隨著各種條件的變化，尤其是社會和教育條件的變化，兒童心理年齡特徵在一定範圍內是會發生變化的，但是這些變化是有限度的，並不是毫無限度的。正是由於可變性，教育改革才能促進兒童年齡特徵的變化。因此，掌握好二者的關係，才能使我們真正把握住兒童心理發展的實質。

三、中國現行的劃分階段及主要特徵

根據對心理學研究資料和教育工作經驗的總結，中國學前兒童心理發展階段的劃分與現行的學制基本一致。

（一）嬰兒期（0～1歲）

嬰兒期又稱乳兒期，是兒童身體生長發育的第一個高峰期。兒童的身高體重成倍增長，大腦發展很快，身體動作也迅速發展。

（二）先學前期（1～3歲）

先學前期又稱幼兒前期，是真正形成人類心理特點的時期。學會了走路、說話，出現思維，有最初的獨立性。高級心理過程逐漸出現，各種心理活動慢慢健全。

1. 學會直立行走。1～2歲兒童獨立行走不自如，原因包括：（1）頭重腳輕；（2）骨骼肌肉嫩弱；（3）脊柱彎曲沒有完全形成；（4）兩腿和身體動作不協調。

2. 使用工具。1歲半左右已能根據物體的特性來使用，這是把物體當作工具使用的開始。兒童使用工具會經歷一個長期的過程，可能會出現反反覆覆或是倒退的現象。

3. 言語和思維的真正發生。人類特有的言語和思維是在2歲左右真正開始的。出現最初的概括和推理，想像也開始發生。

4. 出現最初的獨立性。人際關係的發展進入一個新階段，是開始產生自我意識的明顯階段，是兒童心理發展非常重要的一步，同時也是人生前三年心理發展的集中體現。

拓展閱讀

直立行走的意義

長期以來，直立行走被認為是人類出現的標誌之一，但關於人究竟是怎麼「站起來」的，學界一直眾說紛紜。美國科學家最新研究發現，人類兩條腿行走消耗的能量只有四肢著地行走的黑猩猩的四分之一，而且也省力得多。這也許解釋了人類祖先為什麼最終會選擇兩條腿的行進方式。

中國的草根人類起源學家甄立新認為：人類的直立行走是因為生存環境造成的。在這個環境中生存必須直立行走，否則無法生存下去。這個環境就是「沼澤地」，沼澤地起源說不但能解釋人類的直立行走，還能解釋人類的源變和超級智慧形成的原因和過程。

（三）學前期（3～6歲）

學前期又稱幼兒期。身體在迅速發展，各組織器官不僅在解剖結構上逐漸形成，而且在技能上也有所發展。

3～4歲是心理活動形成系統的奠基時期，是個性形成的最初階段。在3～4歲，兒童具備了初步的生活自理能力，認識依靠行動，情緒作用大，認識過程主要受情緒及外在事物的左右，不受理智支配，愛模仿。

4～5歲兒童心理發展出現較大質變，主要表現在認識活動的概括性和行為有意性明顯開始發展，具體表現為更加的活潑好動、思維具體形象、開始接受任務、組織遊戲活動。

5～6歲兒童好學好問，有強烈的求知慾和學習興趣，好奇心也是非常強烈。雖然仍是以具體形象思維為主，但是抽象思維開始萌芽；開始掌握認知方法，出現有意識自覺控制和調節心理活動的能力，運用集中注意和有意記憶的方法；個性初具雛形，有較穩定的態度、興趣、情緒和心理活動，情緒不再那麼外露。

第四節 學前兒童心理發展的影響因素

影響兒童心理發展的因素是複雜多樣的，從整體上來說，可以分為兩個大的方面，即遺傳和環境。關於遺傳和環境問題的爭論大體經歷了三個時期：20世紀初葉，問題的提法是一種非此即彼的絕對二分法，即「是誰起決定作用」；20世紀中葉開始注意到遺傳和環境二者都是必不可少的條件，開始研究分析各自的作用，即「各起多少作用」；發展到現代，隨著研究的深入，越來越顯示二者的複雜關係，因而開始探究二者是「如何起作用」、二者的相互制約關係。

一、遺傳決定論

遺傳決定論強調遺傳因素在兒童心理發展中的作用，主張心理發展是由先天的、不變的遺傳基因所決定的，心理發展的過程就是先天遺傳素質自我發展和自我暴露的過程，兒童心理的發展主要是生理成熟的結果，外界環境和教育所起的作用甚微。持這種觀點的人認為，兒童的智力和個性品質在生殖細胞的基因中就已經被決定了，環境的作用僅在於引發、促進或延緩先天素質的自我展開，並不能改變其本質。

英國的高爾頓是遺傳決定論的創始人，他於1869年發表了著名的《遺傳的天才》，明確宣稱：「一個人的能力是由遺傳得來的，它受遺傳決定的程度，如同一切有機體的形態及軀體組織受遺傳決定一樣。」美國心理學的

先驅之一、第一任美國心理學會主席霍爾也認為人的心理發展主要由遺傳決定。在進化論思想的影響下，霍爾提出心理發展的復演論，認為個體發展只不過是人類種族進化的復演過程。他的典型論調是「一兩的遺傳勝過一噸的教育」。

遺傳決定論者由於過分誇大先天遺傳的作用，因而忽視了後天環境和教育在兒童心理發展中的影響，這正是其觀點的致命之處。

二、環境決定論

與遺傳決定論的觀點恰恰相反，環境決定論片面和機械地強調教育和環境對心理發展的決定作用，認為兒童心理的發展完全是由環境決定的，極端重視環境和教育在人的發展中的影響，否認人的主觀能動性以及遺傳素質和兒童年齡特徵的作用。

環境決定論的哲學淵源可以追溯到英國經驗決定論者洛克的「白板說」，他認為人的心靈好比一塊白板，人的一切觀念都來自經驗，根本就沒有什麼天賦原則。行為主義學派的創始人華生可以說是環境決定論最典型的代表人物，他在引用巴甫洛夫經典條件反射學說的基礎上，強調學習和環境在兒童行為形成中的中心作用，提出只要有適當的環境條件，多數行為都可以透過學習來獲得或消除，認為個體的心理發展是在適當的環境中習得並逐漸複雜化的刺激一反應鏈的過程。他認為這種環境和教育是心理發展的唯一條件，華生的教育萬能論觀點和環境決定論在其名言中得以充分體現，「給我一打健康和天資完善的嬰兒，並在我自己設置的特定環境中教育他們，那我願意擔保，任意挑選一個嬰兒，不管他的才能、嗜好、定向、能力、天資和他祖先的種族如何，都可以把他培養訓練成我所選定的任何一種專家：醫生、律師、藝術家、商界首領乃至乞丐和盜賊。」新行為主義心理學家斯金納繼承了華生的環境決定論觀點，認為人的任何行為都可以透過外在的強化或懲罰手段來加以塑造、改變、控制或矯正。

受環境決定論的影響，一些教育實踐者在教育過程中往往會出現拔苗助長的現象，從而對兒童的身心發展造成不利的影響。環境決定論的根本錯誤

在於否認心理反應的主觀能動性，否認心理發展的內因作用，片面強調和誇大了環境和教育在兒童心理發展中的作用，是一種機械主義的發展觀。

思考討論

印度狼孩

1920 年，在印度的一個名叫米德納波爾的小城，在狼窩裡發現兩個「怪物」，原來她們是兩個裸體的女孩。大的叫卡瑪拉，小的叫阿瑪拉，這就是曾經轟動一時的「狼孩」故事。

「狼孩」剛被發現時用四肢行走，慢走時膝蓋和手著地，快跑時則手掌、腳掌同時著地。她們總是喜歡獨立活動，白天躲藏起來，夜間潛走。怕火、光和水；只吃肉，吃時不用手拿，而是放在地上用牙齒撕開吃。每天午夜到早上三點鐘，她們像狼似的引頸長嚎。她們沒有感情，只知道飢時覓食，飽則休息，很長時期內對別人不主動發生興趣。

她們雖然有了先天的遺傳基礎，但是她們從小脫離了社會這個大環境，還是不能成為一個正常的社會人，要成為健康的社會人，要具備哪些因素呢？

三、二因素論

針對遺傳決定論與環境決定論所具有的明顯的片面性，一些心理學家提出了二因素論，主張心理發展由遺傳和環境兩個因素共同決定。

德國心理學家斯騰（L.W.Stern）是二因素論的代表人物。他認為心理發展並非單純是天賦本能的逐漸顯現，也並非單純地受外界的影響，而是個體內在的素質和外在的環境合併發展的結果。美國的心理學家吳偉士（R.S.Woodworth）也是二因素論的支持者。

儘管二因素論克服了遺傳決定論和環境決定論單純強調某一因素的片面傾向，但對遺傳和環境兩者關係的處理是比較機械的，未能看到兩者辯證和動態的關係，也沒有看到兒童的實踐活動在其自身心理發展中的作用，只是把遺傳和環境的效果簡單地結合在一起，可以說是一種調和與折中的觀點，缺乏實質意義上的理論發展。

四、生態系統論

美國心理學家布朗芬布倫納對環境影響作了詳細分析,認為自然對人的發展是一個主要影響源,強調在一系列環境系統之中,系統與個體相互作用並影響著發展,同時他承認生物因素和環境因素交互影響著人的發展。微系統是活動和交往的直接環境,包括家庭、托兒所、幼稚園、學校以及與同伴群體和社區玩伴的交往等。兒童不僅受微系統中人的影響,同時也影響著同伴的行為。中間系統是指微系統如家庭、學校和同伴群體之間的聯繫或相互關係。如果微系統之間有較強的支持性關係,兒童的發展就可能實現最優化。外層系統是指兒童和青少年並未直接參與但卻影響他們發展的社會系統,如父母的工作環境、家庭的收入、學校的整體計劃和學校的收入等。宏系統是發展所處的大的文化或次文化環境和社會階層背景,它實際上是一個廣闊的意識形態,規定如何引導兒童、兒童應努力的目標等。

五、辯證唯物主義觀點

兒童的發展是一個身體和心理等方面有規律進行的量變和質變的過程,研究影響兒童身心發展的因素,將直接影響學前教育的任務、內容和方法的制定以及教育的實施。在兒童的發展中,我們既要承認遺傳、成熟的作用,又要充分重視環境、教育在兒童發展中的重要作用,重視遺傳、成熟和環境、教育的相互影響以及兒童的主觀心理因素。在學前兒童的發展中,僅有作為遺傳素質的生物因素和家庭、幼稚園、周圍環境等社會因素是不夠的,還必須考慮到兒童自身主觀心理因素的參與。

(一)遺傳與成熟奠定物質基礎

首先,遺傳是一種生理現象,是指雙親的身體結構和功能的各種特徵透過遺傳基因傳遞給下一代的現象。遺傳素質主要是指那些與生俱來的有機體的構造、形態、感官和神經系統等方面的解剖生理特徵。遺傳素質提供了兒童身心發展的前提條件,兒童發展總要以透過遺傳獲得的生理結構為其前提,如失明的或色盲的兒童無從發展視力,培養成為畫家。遺傳素質的成熟制約著身心發展的過程及其階段,人的身心發展水準又是以遺傳素質的特點及成

熟程度為基礎。如兒童繪畫能力發展水準是以兒童手的精細動作的發展，手眼協調能力及手骨和肌肉發展為基礎的；其次，遺傳素質的差異性是構成兒童身心發展的個別特點的因素之一。兒童的智力、才能、個性是有個別差異的，這些差異都在一定程度上受到先天遺傳素質的影響，如高級神經系統生理機能的不同特徵影響智力活動。神經過程靈活性高的兒童，思維敏捷；神經過程強而靈活的兒童，知覺廣度較大，神經過程平衡性高的兒童，注意分配較快。高級系統的不同類型：興奮型（膽汁質）、活潑型（多血質）、安靜型（黏液質）和弱型（憂鬱質），也影響兒童的行為和性格特徵。

其次，生理成熟是指機體生長發育的程度或水準，也稱為生理發展。生理成熟主要依賴有機體族類遺傳的生長順序，有自身的規律性，為兒童心理發展提供了自然物質前提。成熟對兒童心理發展的具體作用是使心理活動的出現或發展處於準備狀態。如果在某種生理結構和機能達到一定的成熟程度時，適時地給予適當的刺激，就會使相應的心理活動有效地出現或是發展。如果機體尚未成熟，即使給予某種適當的刺激，也難以取得預期的效果。例如，1～2歲的兒童可能學會走路和說話，如果在1歲前要竭力使孩子學會走路和語言交際，這就會拔苗助長，因為1歲前的兒童還不具備生理發展的前提條件。

（二）環境和教育具有長遠影響

1. 環境的作用

環境是指機體在其中生活並影響其發展的各種環境事物的總稱，包括有機體出生之前的胎內環境及出生後的外部環境。一切生物的生存和發展不能離開環境。人所處的環境是社會環境和經過人改造的自然環境，兒童自出生後就在社會中生活，周圍環境、家庭及照管兒童的成人對兒童有著很大影響，兒童在與環境發生交互作用中得到發展。一般來說環境可以分為自然環境和社會環境。

自然環境是指提供兒童生存所必要的物質條件，如空氣、陽光、水分、養料等。

社會環境是指兒童的社會生活條件，包括社會的生產發展水準、社會制度、兒童所在家庭的社會經濟地位、家庭狀況、周圍的社會氣氛、受教育狀況等等。其中，家庭是基本單位，社會環境對兒童的影響也是透過家庭反映出來的。

（1）家庭狀況

家庭是由有血緣關係、婚姻關係或收養關係的成員組成的基本的社會單元。兒童一出生就生活在家庭中，家庭的各種因素都會對兒童的心理發展產生重要影響。

家庭的自然結構是指家庭成員是否完整及家庭成員間的關係。兒童心理發展客觀上應有一個完整與和諧的家庭環境，兒童在完整與和諧的家庭環境中受到成人的呵護，享有父愛和母愛，這是兒童心理健康發展所必需的，而殘缺和不和諧的家庭環境則不利於兒童心理的健康發展。不和諧的家庭，尤其是父母的長期分歧、爭吵、敵對，可能會使兒童產生嚴重的焦慮、困惑、多疑等消極心態，形成不良個性，甚至可能導致兒童產生反社會行為。

另外，由於部分農民進城務工，出現了實際上的家庭結構不完整問題，生活在這類家庭中的兒童在心理發展上可能也會受到一定影響。有研究表明，父母外出打工的農村留守兒童在人身安全、學習、心理發展等方面都存在著不同程度的問題。

（2）家庭經濟條件

家庭經濟條件對兒童心理發展也具有重要影響。國外學者曾對不同經濟條件家庭的兒童智力發展進行過研究，他們按經濟條件的好壞，將一批8個月大的嬰兒分為兩個組進行智力測量，當這些兒童4歲時再進行測量。結果發現，家庭經濟條件好的兒童智商高於家庭經濟條件差的兒童，從智商在70以下的兒童人數來看，家庭經濟條件差的高出了家庭經濟條件好的兒童的7倍。為什麼會是這樣呢？其主要原因是由於富裕的家庭經濟條件為兒童提供了良好的生活環境和教育，促進了兒童心理的健康發展。而收入低的家庭忙

於生計和養家餬口,幾乎沒有時間來照顧和關心孩子,很少關心孩子心理品質的培養。

雖然富裕的家庭經濟條件有利於兒童的心理發展,但並不意味著家庭經濟條件越好,兒童心理發展就越好;家庭經濟條件不好,兒童心理發展就不好。家庭的經濟條件僅僅是影響兒童心理發展的眾多因素中的一個。

(3) 父母受教育狀況

父母的受教育程度是影響兒童心理發展的重要因素。知識和非知識社會階層似乎也存在家庭功能的區別。在家庭中可能存在著一種良性循環:父母受教育程度越高,家庭的文化刺激就越豐富,兒童的一般發展和學習成績也就越高,當兒童的水準越高,家長會提出更高的要求,促使其向更高的水準發展。

2. 教育的作用

教育作為一種特殊的環境,對兒童心理的發展起主導作用。教育對兒童心理發展的影響是全方位的。

(1) 家庭教育

在影響兒童心理發展的家庭因素中,家庭教育是最重要的一個因素。在家庭教育中,家長的兒童價值觀、對孩子的期望、家庭教育方式等對兒童心理發展起著重要作用。不同的兒童價值觀影響家長對兒童發展方向的定位,家長的兒童價值觀是隨生活方式改變而變化的。在中國社會主義條件下,人們的生活方式發生巨大變化,絕大多數家長的兒童價值觀發生了改變,不再是從自己小家庭的利益出發來教育兒童,而是將培養兒童視為一項社會責任,希望自己的孩子成為社會的有用之才,不僅重視孩子的身體、能力的發展,同時重視思想品德的培養。家長對孩子的期望是家長對自己的孩子長大後成為什麼樣的人所進行的預測或設想,適當的期望會激勵孩子發奮學習,促進心理的健康發展;反之,不適當的期望則是孩子產生不必要心理壓力的根源,他們會厭學,與父母發生衝突,成為兒童心理健康發展的障礙。家庭教育是透過一定的方式來進行的,不同的家庭教育方式對兒童心理發展的影響不同。

美國心理學家懷特（B.White）對 400 名兒童的調查研究發現，父母對 1-3 歲兒童的教育方式可決定他們一生主要的個性品質。中國心理學者對家庭教育中父母的態度對子女性格形成的影響進行過研究，結果表明：支配型的態度，孩子的性格表現為消極、缺乏主動性、依賴、順從；干涉型的態度，孩子的性格表現為幼稚、膽小、神經質、被動；寵愛型的態度，孩子的性格表現為任性、幼稚、神經質、溫和；拒絕型的態度，孩子的性格表現為反抗、冷漠、自高自大；不關心型的態度，孩子的性格表現為攻擊、情緒不穩定、冷酷、自主；專制型的態度，孩子的性格表現為反抗、情緒不穩定、依賴、服從；民主型的態度，孩子的性格表現為合作、獨立、溫順、善於社交。

(2) 幼稚園教育

首先，教育作為一種培養人的社會活動，是有目的地傳授知識技能、影響人的思想品德、增強人的體質的活動，讓兒童學會在有規則、有目標的世界裡生活。有意義的幼稚園環境對多數兒童來說，其隱蔽課程中的發展要求應與兒童的演化水準相匹配；其課程要求應致力於培養兒童的積極情感，使兒童具有正確、善良的品質並熱愛自己的生活，使兒童成長過程成為經久不息的創造性活動過程；其教育責任應對兒童的失敗或不勝任問題有高度敏感，覺悟到它在兒童成長中所關係到的已不是學校生活，而是影響兒童一生的生活質量。

其次，教育是兒童心理內部矛盾得以解決的重要手段。兒童心理發展的內部矛盾是指兒童在不斷與周圍環境相互作用的過程中，社會和教育向兒童提出的新要求，將引起兒童產生新的需要，這種新需要與兒童已有心理水準或心理狀態之間的矛盾就是兒童心理發展的動力。心理矛盾是兒童心理發展的內因，教育作為一種特殊環境可以說是外因，它促使兒童心理不斷發展，並透過心理矛盾這一內因實現。所以教育者在幫助兒童領會、掌握、學習各種知識、技能的過程中，要瞭解兒童的內部心理矛盾，為兒童創設合適的外部條件，使教育在促進兒童心理發展上發揮更大的作用。

(三) 主觀能動性與實踐活動起關鍵作用

1. 兒童的主觀能動性

影響兒童心理發展的因素不僅有遺傳、生理成熟、環境及教育等客觀條件，而且有兒童自身的心理活動，自身的積極性和主動性等主觀因素。我們不能把兒童的心理發展看成是自然發展的或是可以隨便影響的，不可忽視幼兒自身的能動性。兒童心理的發展過程是一種主動積極的過程。在遺傳、環境作用的影響過程中，兒童本身也積極地參與並影響他自身的心理發展。兒童年齡越大，其主觀因素對他的心理作用也越大。幼兒對外界的影響是有自己的選擇意向的。隨著兒童主動性的發展，幼兒對他所處的環境會給予評價並主動地加以選擇。影響兒童心理發展的主觀因素包括幼兒的全部心理活動，如兒童的性格、需要、能力、興趣愛好和行為習慣等，其中最為活躍的是幼兒的需要。因此，在為幼兒提供活動的時候，要從幼兒的需要出發。

2. 兒童的實踐活動

學前兒童的心理是在活動中形成和發展的。兒童活動主要包括對物的操作活動和與人的交往活動。對物的操作活動使幼兒的心理獲得了非常有意義的發展，兒童在擺弄各種各樣物體的活動中認識物體的形狀、大小、顏色、質地和功能，如幼兒對黏土、顏料、水和沙子、木頭的操作，可以發展其觀察力、好奇心和積極的創造性，從而形成和發展認知能力。模仿是兒童的一種活動方式，透過模仿活動，兒童能提高操作物體的技能，認識事物的特點，逐步累積經驗。

兒童在與他人的交往中逐步發展其社會性，同時也漸漸形成自己的個性。透過與別人一起遊戲，兒童學會為共同的目標與他人合作，並學會瞭解別人的想法和情感。兒童的交往主要有兩個層面：一是與成人交往，如父母祖輩、教師和其他的成年人。兒童與成人的交往，多以單向服從為主要特徵，他們聽從成人的安排，仿效著成人對現實的態度和行為方式。二是兒童與兒童的交往即同伴交往。兒童的同伴交往相對於與成人的交往而言，是以平等合作為主要特徵的交往，這種交往多是在自然狀態下進行的，如鄰居、同學、親友的同齡孩子等。在兒童心理的發展過程中，尤其是兒童社會化的進程中，同伴交往是不可缺少的。兒童的同伴交往可分為正式的同輩群體（如同班同學）和非正式兒童群體（如一個社區的兒童）兩種類型。兒童的同伴交往來

學前心理學
第三章 學前兒童心理發展的基本理論問題

自於在後天生活環境中產生的交往需要，據有關研究表明，兒童的同伴交往需要隨年齡的增長而日趨強烈。埃利（Ellis，1987）等人觀察了436名2～12歲的兒童在家裡以及家的附近的遊戲活動，以研究兒童與成人的交往、與同齡兒童的交往、與其他兒童的交往情況。結果發現，從嬰兒期到青少年前期，兒童與其他兒童的交往逐漸增多，與成人的交往則逐漸減少。

本章小結

　　學前兒童心理學是研究兒童心理發展特點和規律的學科。心理發展是指個體隨著年齡的增長，在相應的環境作用下，整個反映活動不斷得到改造，日趨完善和複雜化的過程，是一種體現在個體內部的連續而又穩定的變化，是量變與質變的統一。學前兒童的心理發展有著自己獨特的規律和發展特點，為了更好地教育兒童，必須瞭解學前兒童心理發展的一般規律和特點。兒童在與客體相互作用的過程中，社會和學校教育向兒童提出的要求引起新的需要與兒童原有的心理發展水準之間的矛盾，這是兒童心理發展的內因，也是其心理發展的動力。

　　在兒童心理發展的年齡特徵問題上，心理學家主要的爭論問題是兒童心理發展是分階段還是連續的；在兒童心理發展的影響因素問題上，心理學家們最為關注的問題是兒童的心理和行為是遺傳決定的還是環境決定的。對這些問題，我們都應該用唯物辯證法的觀點來看待，兒童心理的發展是遺傳和環境的相互作用，兒童主觀能動性的參與是關鍵；兒童心理的發展是連續性和階段性的統一。

複習思考題

　　1. 名詞解釋

　　（1）轉折期與危機期

　　（2）敏感期

　　（3）最近發展區

　　（4）年齡特徵

(5) 生理成熟

　2. 簡答題

　　(1) 簡述 2～3 歲兒童危機期的表現。

　　(2) 簡述敏感期的結構。

　　(3) 簡述兒童心理發展的趨勢。

　　(4) 簡述兒童心理發展的特點。

　　(5) 簡述兒童年齡特徵的穩定性和可變性的原因。

　3. 論述題

　　(1) 結合實際生活，談談環境和教育對兒童心理發展的影響。

　　(2) 結合幼稚園實際，談談幼稚園不同年齡階段兒童年齡特徵的表現。

　　(3) 結合日常生活和教育中的實際情況，談一談如何為兒童創設最近發展區，促進兒童的發展。

4. 案例分析題

　　有一位爸爸描述他的兒子三歲時發生的一件事。在一個炎熱的夏天，這位爸爸工作很忙，他特地下班後去給孩子買了一件玩具，叫他自己玩。爸爸忙完家務，給孩子放了洗澡水，叫他洗澡，可是連喊了三遍，孩子說：「爸爸，我不洗澡了。」爸爸給他講道理，他竟說：「我沒空。」繼續專心玩他的玩具，對爸爸的解釋完全不予理睬。爸爸生氣了，一把搶過他的玩具，強行把孩子抱過來，按入浴池。可是趁爸爸拿浴皂的當兒，他跑掉了，爸爸氣不過，就打了他屁股兩下，接著強行給他洗澡，孩子便大哭大鬧，爸爸心裡也不舒服。

　　結合該幼兒的行為表現，運用危機期的相關知識，談一談上述行為是如何產生的，作為父母應採取怎樣的教育措施？

學前心理學
第三章 學前兒童心理發展的基本理論問題

拓展練習

在幼稚園的活動中，老師經常會說：「有些孩子表現非常棒，而有些孩子表現較為不好。」老師總是喜歡表現好的孩子，而忽視表現較差的孩子。對此，你是怎樣看的？

第四章 學前兒童認知的發展

　　學前兒童經常會產生一些奇特的想法，比如堅信月亮會跟著人走，刮龍捲風的時候是不是有龍出現等等。我們通常會認為這是因為他們的知識貧乏，或以為其幼稚而置之一笑，或以糾正其錯誤為己任而擔負起「教育」的職責。事實上，兒童不僅不是無知，而是有著對世界的獨特解釋。兒童做錯事，常常是因為他們用自己的智慧、按照自己的方法去做的，每個錯誤都是兒童思想的真實反映，兒童的錯誤恰恰反映了他們在某個發展階段的特點。

　　羅素曾提出過這樣一個問題：「人和世界的接觸是短暫的、有限的，那麼人是怎樣對世界瞭解得如此之多的呢？」確實，知識的累積，認知能力的成長，可以說是人的一生中最為迅速，也最為重要的變化之一。本章討論的就是兒童的認知如何發展，學前兒童的認知教育應如何進行的問題。什麼是認知？心理學中對這一術語的使用並不統一。從狹義上講，認知僅限於人的訊息加工過程即思維的過程，這是近幾十年來現代認知心理學的理解。然而更多的人是在更為廣泛的意義上使用認知這一概念，用它來描述人在認識方面的能力。兒童的認知是指他們對客觀世界的認識。那麼在兒童對客觀世界的認識過程中，哪些心理活動屬於認知的範圍呢？心理學家普遍認為，認知包括感覺、知覺、注意、思維、想像等。本章將從認知的這幾個方面來探討其特點與規律。

案例

　　我們都與不滿1週歲的孩子玩過這樣的小把戲：面對著他，把雙手蒙在自己臉上，再突然把手打開，衝他做個鬼臉。這個時候，小傢伙往往被逗得咯咯直笑！為什麼孩子在看到笑臉從手後露出時會這麼興奮呢？躲貓貓幾乎是每個孩子的最愛，也伴隨著他們度過了整個童年時光，從探索未知中發現樂趣，這使他們對這個遊戲始終樂此不疲。這樣的例子在頭幾個月裡屢見不鮮，比如，我們把小傢伙心愛的一件玩具藏在盒子裡，結果小傢伙看不到玩具，就認為這個玩具「消失」了，不去尋找，而把興趣轉移到其他地方。因為在這個時期，孩子似乎並沒有對視線外的東西表現出記憶。

學前心理學
第四章 學前兒童認知的發展

問題聚焦

孩子對躲貓貓的濃厚興趣以及隨著年齡的增長，對這個遊戲表現出來的不同的狀態，其實恰恰反映了幼兒認知的發展。透過本章學習，就可以瞭解學前兒童包括感知覺、注意、記憶、想像以及思維的發展特點，以及如何更好地發展他們的認知。

學習目標

1. 根據知識點，查閱最新文獻資料，瞭解關於兒童認知發展的前沿理論。

2. 透過對兒童的觀察和對教師的正式或非正式訪談，直覺瞭解兒童認知發展的特點。

3. 根據兒童認知發展的特點，有效解決兒童日常生活中有關認知方面的問題。

第一節 學前兒童感知覺的發展

感知覺是人生最早出現的認知過程，在學前兒童的認識結構中，感知覺始終占據主導地位。本節將分別介紹學前兒童感覺和知覺的含義及其發展，其中感覺主要包括視覺、聽覺與觸覺，知覺主要包括空間知覺、時間知覺。此外，感知覺的培養也是本節講述的內容之一。

一、感知覺的含義

感覺和知覺是一切比較複雜、高級心理活動的基礎，是人認識世界的開端，是一切知識的源泉。感知覺是人生最早出現的認識過程，2歲前兒童主要依靠感知覺認識世界，在3～6歲兒童的心理活動中，感知覺仍占優勢。

（一）感覺的含義

感覺是人腦對直接作用於感覺器官的刺激物的個別屬性的反映。它包括了視覺、聽覺、味覺、嗅覺、膚覺（觸覺、痛覺、溫覺等）、動覺、平衡覺等。客觀事物具有許多個別屬性，這些個別屬性在入腦中的反映就是感覺。例如，

我們可以透過眼睛反映物體的顏色，這屬於視覺；透過耳朵反映物體發出的聲音，這屬於聽覺；透過鼻子聞一聞物體發出的氣味，這屬於嗅覺；透過手去接觸感受物體的溫度或軟硬程度，這屬於觸覺……感覺是最簡單的心理過程，是各種複雜心理過程的基礎。

感覺在人類的生活中具有非常重要的作用。首先，感覺是人們認識世界的開端。透過感覺，人們既能認識外界事物的顏色、明度、氣味、軟硬等屬性，也能認識自己機體的狀態，如飢、渴等，從而有效地進行自我調節。借助感覺獲得的訊息，人們可以進行更複雜的知覺、記憶、思維等活動，從而更好地反映客觀世界。其次，感覺是維持正常心理活動的重要保障。實驗表明，在動物個體發育的早期進行感覺剝奪，會使動物的感覺功能產生嚴重缺陷；人類無法長時間忍受全部或部分感覺剝奪，感覺剝奪會使人的思維過程混亂，出現幻覺、注意力不能集中、甚至還會有嚴重的心理障礙。

（二）知覺的含義

知覺是人腦對直接作用於感覺器官的事物的整體反映。知覺是以感覺為基礎產生的，受經驗的影響。日常生活中，我們通常是以知覺的形式來反映事物。例如，我們看到的紅色，要麼是紅旗的紅色，要麼是紅花、紅衣、紅車等的紅色，總是一種整體的反映；對於聽到的聲音，我們總是知覺為言語聲、流水聲或汽車聲等有意義的聲音。

與感覺相比較，知覺又具有不同於感覺的特徵：第一，知覺反映的是事物的意義，知覺的目的是解釋作用於我們感官的事物是什麼，嘗試用詞去標誌它，因此知覺是一種對事物進行解釋的過程。第二，知覺是對感覺屬性的概括，是對不同感覺通道的訊息進行綜合加工的結果，所以知覺是一種概括的過程。第三，知覺包含有思維的因素。知覺要根據感覺訊息和個體主觀狀態所提供的補充經驗來共同決定反映的結果，因而知覺是人主動地對感覺訊息進行加工、推論和理解的過程。

（三）感覺與知覺的關係

感覺和知覺都是對直接作用於感覺器官的事物的反映,如果事物不再直接作用於我們的感覺器官,那麼我們對該事物的感覺和知覺也將停止。感覺和知覺都是人類認識世界的初級形式,反映事物的外部特徵和外部聯繫。如果要想揭示事物的本質特徵,光靠感覺和知覺是不行的,還必須在感覺、知覺的基礎上進行更複雜的心理活動,如記憶、想像、思維等。

感覺和知覺之間存在著不可分割的聯繫,知覺是在感覺的基礎上產生的,它們都是認識過程的初級階段。一方面,透過感覺,我們認識事物的屬性,透過知覺,我們才對事物有一個完整的印象,從而知道它的意義。因而,感覺是知覺的基礎,沒有感覺就不會有知覺;知覺是感覺的深入,感覺越是豐富精細,知覺就越是正確完整。另一方面,不存在孤立的感覺和知覺。事物的個別屬性離不開整體存在,就如跟我們不可能離開花朵去獨立欣賞花的形狀和顏色,當我們感受客觀事物的個別屬性時,其實已經知覺到事物的整體了。因此,純粹孤立的感覺是不存在的,感覺存在於知覺之中。

二、學前兒童感覺的發展

在現實生活中,單純的感覺很少見,它往往和知覺一起發揮作用,因此這兩個不同範疇的概念通常被合稱為感知覺。但為了研究的方便,在本節中我們將二者分別加以闡述。許多研究採用創新的方法發現,新生兒、嬰兒在視覺、聽覺、觸覺等方面具有非凡的能力,一些能力甚至在胎兒期就發揮功能了。

(一)視覺的發展

無論對於成人還是嬰幼兒,視覺都是最為重要的獲取外部訊息的感覺通道。在嬰兒的所有感覺器官中,眼睛是最活躍、最主動、最重要的感官,眼睛對光線的反映產生了視覺,視覺為兒童提供了大量重要的訊息。

1. 視覺集中

視覺集中是指兒童將視覺集中在一定對象上的現象。新生兒的視覺調節機能較差,剛出生時眼睛不能停留在任何物體上,在出生後的二至三週內,雙眼協調比較困難,有時可見暫時性的斜視或輕度的眼球震顫,視覺的焦點

也很難隨客體遠近的變化而變化,這說明兒童集中的視覺活動還未形成。出生三週後,嬰兒開始將視覺集中在物體上。視覺集中現象在嬰兒出生後兩個月表現得比較明顯,對鮮豔明亮的物體,尤其是對人臉容易產生視覺集中。這時的嬰兒開始用眼睛緩慢追隨物體的水準運動,三個月時能追隨物體作圓周運動,這種能力在頭六個月中一直持續提高。

隨著兒童的視覺機能日趨完善,視覺集中的時間和空間距離都逐漸延長。如第三至五週的兒童注視物體的時間只有五秒,第三個月可以達到七至十分鐘;第三至五週視覺集中的距離只有一至一點五公尺,到三個月時能達到四至七公尺。而且,約從第五、六個月起,兒童開始能夠注視遠距離的物體,如街上行駛的汽車、建築物上的霓虹燈等。

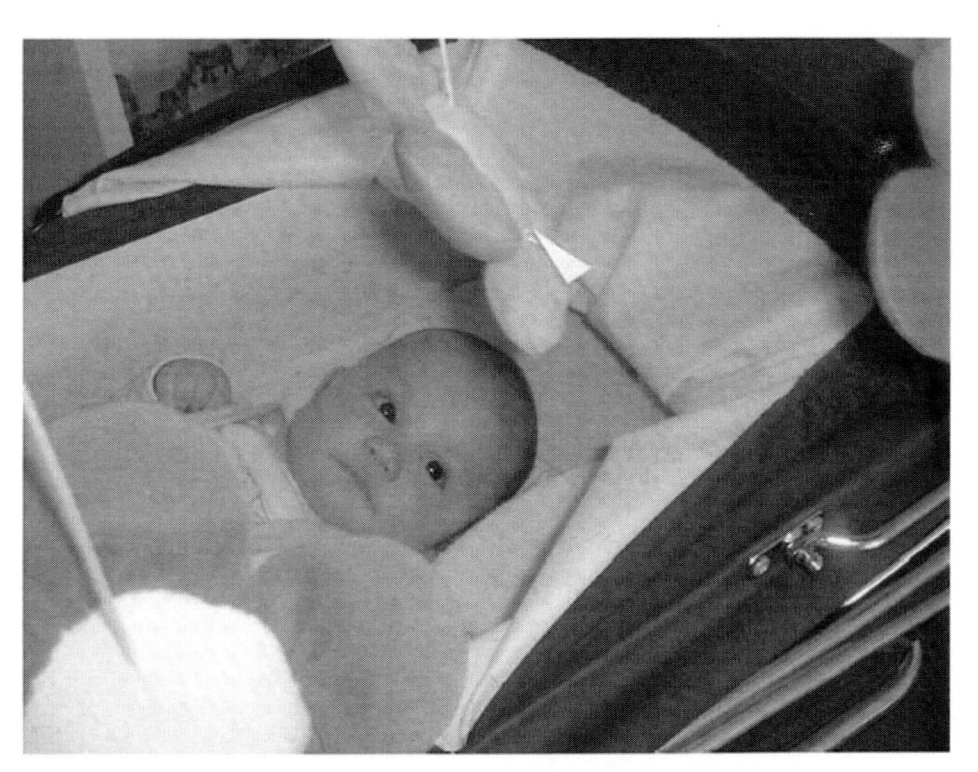

圖4-1 兩個月的嬰兒能注視眼前移動的物體

兒童視覺集中的性質也在發生著變化。最初兒童的視覺集中主要是由外部刺激物的新異性、強度等引起的，約在第三個月左右，兒童能夠主動搜尋視覺刺激物，這時已具有自覺的性質了。

2. 視敏度

視敏度是指視覺精確地辨別對象形狀和大小的能力，即通常所說的視力。通常人們認為小孩的視力比成人好，這是不客觀的。事實上，兒童的視力要弱於正常的成人，視敏度是隨年齡的增長而發展的。

視敏度是依靠眼球晶狀體的變化來進行調節的。新生兒的晶狀體不能變形，難以對視覺對象進行有效聚焦。兩個月後，兒童開始能夠對晶狀體進行調節，到四個月時，晶狀體的協調合成功能已經趨於成熟。隨著晶狀體調節功能的不斷完善，兒童的視敏度逐步提高。相關研究表明，新生兒在 20 英呎（6.096 公尺）處才能看到視力正常的成人在 150～290 英呎（45.72 米～88.392 公尺）處看見的東西，兩歲兒童的視敏度才基本接近成人水準。

幼兒期兒童的視敏度持續發展。根據 1955 年英多維茨卡婭的研究報告，幼兒看清圓形圖上裂縫所需要的平均距離，4～5 歲為 207.5 公分，5～6 歲為 270 公分，6～7 歲為 303 公分。如果把 6～7 歲幼兒視敏度的發展程度作為 100%，則 5～6 歲為 90%，而 4～5 歲為 70%。中國已有研究指出，1～2 歲兒童的視力為 0.5～0.6，3 歲兒童的視力為 1.0，4～5 歲以後，視力趨於穩定。這些研究在數字上難以完全吻合，但足以證實兒童的視敏度是隨著年齡的增長而不斷發展的。

3. 顏色視覺

顏色視覺指視覺區別顏色細微差異的能力，也稱辨色力。這種能力並非兒童天生具有的，它有一個逐步發展的過程。在新生兒的視覺世界裡，只有黑、白、灰 3 種顏色，他們還不能感知其他色彩。一般認為，三四個月的嬰兒才開始具有最初的顏色視覺，具備了辨別彩色與非彩色的能力。這一觀點得到了相關研究的證實：有人用「顏色偏愛法」給兒童呈現兩個亮度相等的圓盤，一個是彩色的，另一個是灰色的，結果發現三個月的嬰兒對彩色圓盤

的注視時間比灰色圓盤多一倍,由此斷定他們已能夠區別兩種不同的顏色。「顏色視覺很可能是兒童早期心理裝置中的一個重要成分」(J.H. 弗拉維爾,2002)。透過研究嬰兒視網膜上顏色視覺感受器後發現,新生兒一出生就帶有全套三色(藍、綠、紅)的感受器。從第四個月起,兒童開始對顏色有分化反應,相對於冷色,暖色更能引發兒童的興奮,尤其是對紅色表現出明顯的偏愛。

嬰兒期的兒童開始能夠正確辨別各種基本的顏色,如紅、黃、藍、綠,但不能很好地區別各種顏色的色調,如深藍和淺藍,大紅和粉紅等。到了幼兒期,兒童區別顏色細微差別的能力逐步提高。4歲開始認識一些混合色,5歲基本能夠區別各種色調的明度和飽和度,這種能力在6～7歲又有較快的發展。

兒童的顏色視覺存在性別差異。一般來說,女孩的顏色辨別能力要優於同年齡組的男孩。另外,色盲是顏色視覺方面的一個重要缺陷,色盲患者約占總人口的3%～4%,幼兒教育工作要充分考慮色盲兒童的特點,採取措施,創造適合他們的教育。

(二)聽覺的發展

聽覺對兒童認識和適應外部世界起著重要作用,從接受的訊息量上來講,是僅次於視覺的感覺通道。最近研究表明,處於妊娠期第20周的胎兒已經具備聽覺能力,25周的胎兒對聲音刺激能做出身體運動的反應,並伴隨生理指標的變化。新生兒不僅能夠聽見聲音,而且還能區分聲音的音高、音響和聲音的持續時間,連續不斷的聲音對嬰兒可以造成撫慰或鎮靜的作用。

1. 聽覺敏度

新生兒出生後就能聽到聲音。有研究表明,新生兒的聽覺閾限(即引起聽覺反應的最低刺激量)在最好的情況下也比成人的閾限高10～20分貝,最差時要比成人高40～50分貝。隨著嬰兒的成長,他們的聽覺敏感性不斷增高。有研究顯示,5～6歲兒童在55～65公分距離處能聽到表的走動聲,6～8歲兒童在100～110公分處就能聽到。在12～13歲前,兒童的聽覺

敏感性是一直增長的，成年以後，聽力逐漸下降。有人發現，20 歲以後，年齡每增加 10 歲左右，聽力曲線就有較明顯的下降。年老時，高頻部分的聽力（聽尖細聲音的能力）逐漸喪失。

崔海柏（Trehab 等，1980）用轉頭的方法測定嬰兒的聽覺敏度：嬰兒坐在隔音室內，前方左右各有一個喇叭，以固定的頻率、隨機變化音量，或左或右放出聲音。若嬰兒聽到聲音後朝發音方向轉頭，則給予強化物。經過這種訓練後，音量漸漸降低，記錄嬰兒聽到聲音穩定轉頭的反應。正確反應率為 65% 即為音閾水準。結果表明：（1）嬰兒由 6 個月到 12 個月，聲音敏度平均增加 5～7 分貝；（2）6 個月至成人，敏度約增加 25 分貝；（3）嬰兒對高頻的聲音（10000 赫茲以上）的敏度與成人相差無幾。

聽覺除了要求「聽見」聲音，還要求能辨別聲音的差異。差異包括聲音的強度、頻率、持續時間及定時。嬰兒對這些差異具有一定的敏感性，最典型的反應是低頻聲音對嬰兒的安撫作用。這種現象早在胎兒 8 個月時就表現出來了。胎兒對父親的聲音比對母親的聲音更容易接受。當然，嬰兒的辨別不如成人精細，但其辨別能力隨年齡增長而提高。

2. 聽覺偏好

在最初的幾個月裡，言語在嬰兒大腦左半球引發較大的電活動，而音樂則在右半球引發較大的電活動，這一點與成人是一致的。這就意味著在嬰兒早期，大腦兩個球已經出現處理不同訊息的特異化，並能辨別言語和非言語。有研究表明，12 小時的新生兒能區別與盲語有關的輸入和其他非言語的聽覺輸入。兒童在聽覺辨別能力不斷進步的同時，也表現出對語音聽覺的偏好。嬰兒特別注意人的嗓音，尤其是女性的嗓音，對自己母親的聲音更是敏感。即使是出生只有 3 天的新生兒，僅僅與母親有過很少接觸，也能表現出對母親聲音的偏好。有研究表明，新生兒聽到母親的錄音時比聽另外一個婦女的錄音時吸奶的速度更快、更有力。另一項研究甚至發現，嬰兒聽到胎兒時期母親講述的故事也會加快吸吮。嬰兒的這種反應具有明顯的適應性，它能引起母親的注意，以使母親給予更多的關愛，有助於發展自己的情感、智力和社會性。

3. 聽覺辨別

嬰兒識別和區分差異極小的聲音的能力令人印象深刻。許多研究認為，這一強大的能力與嬰兒對語音的知覺有關。2～3個月的嬰兒能區分極其相似的語音，如 ba 和 pa、ma 和 na 以及 s 和 z。這種精細的分辨能力是先天的，如同嬰兒將光譜分為四種基本類型一樣，兒童也能把話音分為相應的基本語音單位。而且，嬰兒會很快學會識別他經常聽到的詞語。4～5個月的嬰兒，聽到自己的名字時會轉過頭去，而對其他人的名字，即便是很相像的名字也不會轉過頭去。這麼小的嬰兒顯然還不知道這名字就是他本人的，但由於經常聽到而對它非常熟悉。嬰兒的聽覺辨別能力不僅表現在語音知覺中，也表現在音樂聽覺中。值得注意的是，嬰兒對語音的辨別得到經常的使用，因而這種能力得到保持，而音樂聽覺如果不常使用，就會變得越來越弱。

嬰兒對聲音的回應，有助於他們對環境作視覺性、觸覺性的探索，有利於他們的社會交往。兒童的聽覺影響著語言的獲得、思維的發展和人際交往的開展，成人要高度重視保護兒童的聽覺器官和聽覺功能，所以保護嬰幼兒的聽力是很重要的。首先，要儘量減少噪聲，保護兒童的健康。環境的噪音對聽覺是有害的，幼稚園是孩子集中的地方，幼兒又非常容易興奮，許多孩子在一起玩的時候，容易出現大聲喧嘩的現象。教師應該加強對孩子的教育和組織工作，使孩子們都有適當的活動，防止亂叫亂嚷，有條件的話，孩子們的自由活動應該多在戶外進行。其次，及時發現孩子聽力方面的問題，給予適當的安排，以免影響語言的發展。應該特別注意那些所謂的「半聾」或「半聽見」的孩子，他們聽力上有缺陷，但是能夠根據別人的面部表情和動作，或根據眼前的情景，理解別人說話的內容，因而聽力問題往往被忽略。可以透過聽力檢查，瞭解兒童聽力的狀況，對於聽力較差的孩子，除了增加訓練外，應創造條件加以保護。

(三) 觸覺的發展

觸覺是學前兒童認識世界的重要手段，尤其是2歲以前，觸覺在兒童的認知生活中具有不可替代的作用。兒童出生後就有靈敏的觸覺反應，一些無條件反射，如吸吮反射、防禦反射、抓握反射等，都有觸覺活動的參與。兒

童特別敏感的部位有嘴唇、手掌、腳掌、前額和眼簾。早期兒童主要是透過口腔和手的觸覺來探索外部世界的，口腔觸覺出現較早，在 1 歲之前，甚至此後在相當長的時間內，口腔觸覺都是兒童認識客體的重要手段。比如，6 個月以後的兒童，往往把抓住的東西放進嘴裡；1～2 歲的兒童，在地上撿起的物體，也要往嘴裡送。相對於口腔觸覺，手的觸覺發揮著更為重要的作用。早期手的觸覺是一種無意的觸覺活動，出生 5 個月左右，兒童伸手能夠抓住東西，手的觸覺能夠同視覺活動相協調，探索活動具有了有意的性質，這是兒童認知發展的重要里程碑。此後，兒童積極主動的觸覺探索活動是在 7 個月左右發生的，當兒童學會了手眼協調之後，他會把東西握在手裡，進而不停地去擺弄物體。這時的兒童開始具備觸覺定位能力，當物體刺激皮膚某處時，手可準確地撫摸被刺激的地方。進入幼兒期後的兒童更加喜歡擺弄玩具和物體，在這些活動中，兒童逐漸認識了物體的光滑、軟硬等屬性，同時也進一步促進了觸覺能力的發展。

三、學前兒童知覺的發展

人的知覺是一個主動的過程，當我們知覺到某一事物的時候，我們就要根據自身的知識經驗對它做出解釋，並用詞（概念）的形式把它標誌出來。學前兒童知覺的發展是與其年齡的增長、知識經驗的日益豐富密切相關的。

（一）空間知覺

空間知覺是一種由視、聽、觸和動覺聯合活動整合而成的複雜知覺，它是物體的形狀、大小、遠近、方位等空間特性在人腦中的反映。兒童的空間知覺不僅依賴於是否有豐富的表象，還依賴於是否掌握相關的表示空間關係的詞。空間知覺包括形狀知覺、大小知覺、深度（距離）知覺和方位知覺等。

1. 形狀知覺

兒童早期就具備了對物體形狀和幾何圖形的分辨能力。美國心理學家范茨（R.Fantz）在嬰幼兒形狀知覺的辨別和偏好方面做出了較大的貢獻。他特地設計了「注視箱」，讓兒童躺在注視箱內的小床上，眼睛可以看到掛在頭頂上方的物體。觀察者透過注視箱頂部的窺測孔，記錄兒童注視不同物體

所花的時間。該實驗假定：看相同的兩個物體要花同樣長的時間，看不同的物體所花的時間就不同。這樣就可以從兒童注視兩樣不同的物體所花費的時間是否相同來判斷嬰兒早期能否辨別形狀、顏色，以及嬰兒喜歡看什麼，不喜歡看什麼，也就是視覺偏好。實驗對象為 1～15 周的兒童，研究者給受試者呈現複雜性不同的幾對模式圖，結果發現，兒童對各模式注視的時間存在顯著差異，複雜程度越高的圖形，注視的時間越長。兒童注視時間最長的是靶心圖和線條圖，依次是棋盤圖和正方形圖、十字圖和圓形圖、2 個三角形，對於最後一對形狀相同的三角形，注視的時間大致相等。而且，在這幾對圖中，兒童注視靶心圖的時間明顯超過線條圖，注視棋盤圖的時間明顯超過正方形圖，由此。研究者認為，兒童天生偏愛觀察複雜的模式。

幼兒的形狀知覺能力發展很快。根據中國已有的研究，兒童在 3～7 歲之間，隨著年齡的增長，正確認識圖形的百分率逐步提高，而完成任務（配對、指認、命名）所用的平均時間逐漸減少。一般小班兒童能夠辨認圓形、三角形、正方形和長方形；中、大班兒童能夠進一步認識梯形、半圓形、菱形、橢圓形、六角形等平面圖形以及球體、正方體、長方體等立體圖形。

丁祖蔭等人對幼兒形狀辨認能力進行的研究表明：（1）3-6 歲幼兒辨認物體平面形狀的能力隨年齡而增高。認識形狀的種數逐漸增多，正確辨認的百分率逐年提高；（2）幼兒辨認形狀時，配對最容易，指認次之，命名最難。辨認形狀的關鍵在於掌握形狀名稱；（3）幼兒掌握形狀由易到難的順序是：圓形、正方形、三角形、長方形、半圓形、梯形、菱形、平行四邊形。根據這一結果，研究者建議，幼兒教育工作者要依據幼兒形狀知覺的發展特點，提出循序漸進的教學目標，適時適當地指導兒童學習掌握各種圖形。

2. 大小知覺

所謂大小知覺是個體對外界物體大小的反映，包括對物體長短、面積、體積大小的知覺（焦麗梅，2013）。對事物的大小知覺會受到諸多因素的制約，這是由於人所感知的訊息具有不同的性質和聯繫，而人的識別辨認能力又受到多種心理發展水準和經驗的影響。所以，大小知覺也存在差異。考察

兒童的大小知覺能力，有利於推動知覺理論在原有基礎上向縱深發展，更有利於推進和完善兒童感知覺的發展進程。

20世紀80年代初，中國學者楊期正對幼兒的大小知覺進行了實驗研究。實驗選取3~6歲的幼兒為受試者對象，讓幼兒分別比較常玩的紙鳥的大小，正方形和三角形的面積以及一系列面積不等的正方形的大小。結果顯示：(1) 3歲兒童已能辨別圖形大小，在一組大小不同的圖形中指出大小，辨別能力隨年齡的增長而提高；(2) 3歲兒童不能判斷不相似圖形的大小，如正方形和三角形的大小，這在整個學前期都很困難；(3) 幼兒辨別大小的方法是按照由目測到比較相應部分再到借助中介物的順序發展的。

國外的類似研究同樣揭示了兒童大小知覺的能力隨年齡增長而提高的趨勢。蘇南諾娃以積木為實驗材料，讓兒童比較其大小，結果發現，4～5歲兒童需要借助手的觸覺，即用手去摸積木邊緣，或把積木疊放在一起才能辨別其大小；大多數6～7歲兒童能單憑視覺對積木的大小作區分。研究還發現，在完成任務中，借助觸覺來判斷大小的兒童隨年齡的增長而減少，如果以此類兒童的數量與該年齡組兒童總數的比例為指標，那麼，4歲兒童為80%，5歲兒童為50%，6歲兒童為34.5%，7歲兒童為20%。此外，如果不允許視覺參加，單憑觸覺去辨別積木的大小，4～5歲兒童多把積木疊放到一起進行同時比較，而6～7歲兒童多是按先後順序一個一個地觸摸積木，進行即時比較。

兒童大小知覺能力的發展和教育是密切相關的。家長和幼兒教育工作者要重視對這一能力的培養，透過日常生活和遊戲，如搭積木等活動來促進兒童大小辨別能力的發展。

3. 深度知覺

深度知覺是個體對立體物體或兩個物體前後相對距離的知覺，包括立體知覺和距離知覺。深度知覺是以視覺為主的多種分析器協同活動的結果，視網膜雖然是一個兩維的平面，但人不僅能感知平面的物體，而且還能產生具有深度的三維空間的知覺。這主要是透過雙眼視覺實現的，憑藉自己的經驗和有關線索，單眼觀察物體也可以產生深度知覺。

第一節 學前兒童感知覺的發展

長期以來，人們認為 4 歲兒童具有了與成人一樣準確的深度知覺。美國心理學家吉布森和沃克 1961 年設計了視崖裝置，並透過實驗證明，6 個月的嬰兒便具有了深度知覺。因此，視崖裝置（圖 4-2）也成了知覺研究中的一個經典實驗裝置。

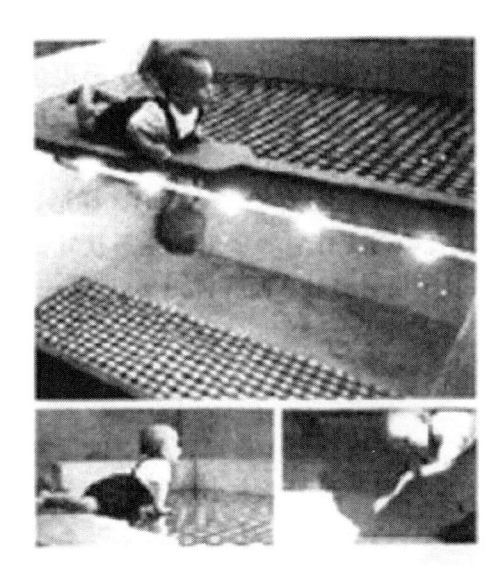

圖 4-2　吉布森的視覺懸崖裝置

「視崖」是一種測查乳嬰兒深度知覺的有效裝置，上部以無色透明的鋼化玻璃為面，中間放有一塊略高於玻璃的中央板。板的一側玻璃上鋪著紅白格相間的棋盤布，因為它與中央板的高度相差不多，看起來沒有深度，像個「淺灘」，另一側則將同樣的圖案置於低於玻璃 1.33 公尺處，造成一個視覺上的「懸崖」。實驗時，首先將兒童置於中央板上，然後分別在兩側誘使他爬行。實驗假設：如果兒童不能認識到不同深度，那麼無論母親在「懸崖」一邊還是「淺灘」一邊招呼他，他都會爬過去。吉布森和沃克選取了 36 名 6.5～14 個月的兒童進行「視崖」實驗，結果表明，36 名受試者中有 27 名從中央板爬過「淺灘」，一邊招呼時，大多數兒童不是朝母親那邊爬，而是朝離開母親的方向爬，有一些兒童甚至哭叫起來。這說明這一年齡段的兒童已具有深度知覺，並對懸崖深度表示出害怕、恐懼。在中國，研究者用同樣的裝置對乳嬰兒進行了研究，得出了類似的結論。

4. 方位知覺

方位知覺是指對物體空間關係的位置和對個體自身在空間所處位置的知覺。如前、後、左、右、上、下、裡、外、中間等方位詞所標誌的空間相對關係。

20世紀50年代，葉絢等對兒童的空間定位能力進行了實驗研究。結果表明，兒童方位知覺發展的一般趨勢是：3歲兒童僅能辨別上下；4歲兒童開始辨別前後；5歲兒童開始能以自身為中心辨別左右；6歲兒童也只能達到完全正確地辨別上下前後4個方位的水準，以自身為中心的左右辨認尚未發展完善。

皮亞傑的早期實驗曾發現，由於左右空間關係的相對性比較突出，7～8歲兒童掌握起來都比較困難。中國心理學家朱智賢曾重複了皮亞傑的研究，得到了大體一致的結論。根據研究結果，他把兒童對左右關係的認識劃分為三個階段：第一階段（5～7歲）：兒童比較固定化地辨認自己的左右方位。例如兒童能正確辨別自己的左右手，但不能辨認對面人的左右。第二階段（7～9歲）：兒童初步地、具體地掌握左右方位的相對性。這一階段的兒童能夠以他人為基準辨別左右，但這種認識往往依賴於自身的動作或表象，在辨別兩個物體的左右關係時常犯錯。第三階段（9～11歲）：兒童比較概括地、靈活地掌握左右概念。兒童逐步突破了左右關係的相對性，能夠穩固地指出物體之間的左右空間關係。

根據以上研究成果，我們可以推知，兒童空間方位辨別的發展順序為：先是上與下，然後是前與後，最後是左與右。

拓展閱讀

感覺剝奪

早期感知覺的發展對兒童心理發展具有顯著的影響，這種影響在感覺剝奪的研究中表現得尤為明顯。大家知道，心理學研究必須貫徹倫理性原則，不能為嬰幼兒人為製造感覺剝奪的環境來研究後效。但一些非人為的情景卻為心理學研究早期剝奪提供了難得的條件。有人對黎巴嫩一家孤兒院的孤兒作縱向研究發現，在第一年裡，孤兒們只是待在童車裡，很少看到看護者的

個別關心，他們的運功能力和言語能力極為落後，1～6歲的平均智商只有53。後來，許多孩子被家庭收養，發現情況大有改觀。2歲以前被收養的兒童能克服早期的智力遲鈍，兩年內智商平均提高到100。被領養較晚的兒童也有一定的進步，在領養家庭中生活6～8年後，智商達到70左右。看來，對早期有不良境遇的兒童來說，2歲時能否得到改變，至關重要。

（二）時間知覺

時間知覺是個體對客觀事物運動過程的先後和時間長短的辨認，即對客觀現象的順序性和延續性的反映。時間是非直覺性的，人沒有專門的感知時間的分析器，對時間的認識具有較強的主觀性，這些特徵決定了兒童認識時間的艱巨性。兒童對時間的認識受多種因素的影響，在現實生活中，兒童是借助與其生活關係密切並重複發生的實際活動以及連續事件逐漸認識時間關係和時間概念的，時間知覺的發展和成熟相對較晚。

中國心理學工作者對幼兒的時間認知發展進行了大量的實驗研究，發現在整個學前期兒童認識時間單位的能力較差，但總趨勢是隨年齡增長而提高的。在知覺時間順序的發展上，兒童首先感知一日之內早、中、晚的時序，然後掌握一週之內的時序，最後掌握一年之內季節的時序。在這方面，4歲兒童認知一日之內的時序還很困難，5～6歲兒童已能掌握一日之內和一週之內的時序，但對一年之內的時序認知有困難。在掌握時間關係方面，兒童最先理解的是明天，其次是後天，而後是昨天、大後天、前天、大前天。另外，兒童對時鐘的掌握順序是：先認識整點鐘，再認識半點鐘，然後才是對分鐘的掌握。在兒童時間知覺的發展過程中，兒童首先理解的是時序的固定性，然後才能理解時序的相對性。

時間知覺的發展水準與兒童的生活經驗密切相關。有規律的幼稚園生活能幫助兒童建立一定的時間觀念，應該說生活制度和作息制度在學前兒童的時間知覺形成和發展中起著極其重要的作用。幼兒常以作息制度作為時間定向的依據，如「早上就是上幼稚園的時候」「下午就是午睡起來以後」「晚上就是爸爸媽媽來接我們回家的時候」等。所以，執行作息制度，有規律的

生活都會有助於發展孩子的時間知覺，培養時間觀念。當然，以認識時間為內容的教學也會對兒童時間知覺的發展造成積極作用。

四、學前兒童感知覺的培養

感知覺的發展和培養集中體現在兒童觀察力的成長。觀察是有目的、有計劃、比較持久的知覺，是人從現實世界中獲得感性認識的主動積極的活動形式，是知覺的高級形式。觀察是人們學習知識、認識世界的重要途徑，觀察的全過程與注意、思維等密切聯繫。觀察力的高低決定著個體觀察水準的高低，觀察力是分辨事物細節的能力，是在長期系統訓練的基礎上形成發展起來的，是智力結構的重要組成部分。

（一）明確觀察目的與任務

觀察的效果如何，往往取決於任務是否明確，觀察的任務越明確，觀察的效果就越完整、清晰。而在觀察目的性不強的情況下，幼兒就會東張西望，不知所措，得不到收穫。例如，組織幼兒認識瓶子，先出示各種形狀、顏色及花紋等新奇、漂亮的瓶子，吸引幼兒用眼睛去看看，欣賞一下；其次讓幼兒用手摸摸、拿拿，感覺瓶子的溫度、輕重等；再用小棒敲打瓶子，讓幼兒聽聽發出的不同聲音，進一步瞭解瓶子的不同材料；最後讓幼兒聞聞瓶子裡東西的氣味。整個活動過程中，要把觀察的目的一步一步呈現出來，讓幼兒學會多種感官參與，達到觀察的效果。

（二）激發學前兒童觀察的興趣

「興趣是最好的老師。」兒童有了興趣，觀察才能被更好地激發，而且幼兒天生就有強烈的好奇心。為了激發幼兒的觀察興趣，應盡可能給他們創造豐富多彩的環境，為他們提供生動有趣的觀察條件，把握時機，正確引導幼兒去觀察，去發現。

（三）教給學前兒童觀察的方法

孩子並不是天生善於觀察的，幼兒的觀察條理性差，所以，教會幼兒觀察的方法，讓幼兒學會有目的地、自主全面地、細緻地觀察事物是很有必要的。

1. 比較法

比較法是指對兩個或兩個以上的事物或現象比較他們的不同點和相同點，讓幼兒進行分析、比較、判斷、思考，從而正確細緻、完整地認識事物。這種方法實際透過思維來觀察，有助於發展幼兒的觀察力和思維能力。

2. 順序法

順序法是指按一定的順序來進行觀察。有從遠到近、從整體到局部、從局部到整體、從上到下、從明顯特徵到不明顯特徵等順序。

第二節 學前兒童注意的發展

注意是心理活動中意識的指向與集中，是各種心理過程所共有的特性。注意對學前兒童的心理發展具有重要作用，注意的發展水準會影響學前兒童記憶的發展水準、智力的高低、意志力以及人際關係等。因此，在學前階段，兒童注意的發展應當引起足夠的重視。

一、注意的含義

人生活在客觀環境中，每一瞬間都有無數的刺激作用在人的身上。但人在某特定時刻，不可能對所有刺激都做出同樣清晰的反映，而只是把心理活動指向並集中於某些對象。美國心理學家詹姆斯指出：「注意是心理以清晰而又生動的形式對若干種似乎同時可能的對象或連續不斷的思維中的一種占有。它的本質是意識的聚焦、集中，意指離開某種事物以便有效地處理其他事物。」

心理活動對一定對象的指向和集中叫做注意。注意是一種心理心態。指向性和集中性是注意的兩個特點。所謂「指向」是說心理活動在每一瞬間有

選擇地反映一定的事物;「集中」則是使這一事物在人腦中得到最清晰和最完全的反映。

注意的指向性是指人在某一時刻心理活動選擇了某些事物而同時離開其他的事物。人對自己心理活動所指向的對象反映得最完整、最清晰,而對其餘的事物則往往印象模糊,甚至完全沒有反應。例如,幼兒集中玩遊戲時對爸爸媽媽說的話往往聽不見。學生上課認真傾聽和思考老師所講的問題,那麼,老師所講的內容就會被學生清晰地感知,而其他則成為背景,變得模糊不清。同時由於心理活動的指向性不同,人從外界獲取的訊息也就不同。

注意的集中性不僅指在同一時間內各種有關心理活動聚集在其所選擇的對象上,而且也指這些心理活動「深入於」該對象的程度。我們平時說的「注視」、「傾聽」、「凝神」就是指人的視覺、聽覺和思維活動深入地集中於某一對象。例如,雕刻藝術家在進行精細而複雜的象牙雕刻時,他的注意高度集中在雕刻的關鍵部位和自己手的雕刻動作上,與雕刻無關的人和物,都落在他的意識中心之外。注意高度集中常使人消耗大量的體力和精力,人在高度集中自己的注意時,注意指向的範圍就縮小,這時他對自己周圍的一切往往視而不見,聽而不聞。

從這個意義上可以說,注意的指向性和集中性是密不可分的。如果說,注意的指向性是指心理活動朝向某個對象,那麼,注意的集中性就是指心理活動在一定方向上活動的強度或緊張度。心理活動的強度大,緊張度越高,注意也就越集中。

二、學前兒童注意的發生與發展

新生兒已經出現了注意,這時的注意主要是最初的定向反射性的注意,也是無意注意的最初形式。出生後第一年,無意注意迅速發展,直到3～6歲兒童的注意仍以無意注意占優勢,下面我們將分階段介紹學前兒童注意的發生,發展過程。

(一)學前兒童注意的發生

1. 定向性注意的發生

新生兒已具備了注意的能力，它們基本上是先天的、無條件定向反射。當新生兒及嬰兒處於適宜的覺醒狀態，外來的新刺激或環境中特別明顯的刺激會引起新生兒及嬰兒的全身反應，這種反應被稱為定向反射。定向反射表現為新刺激所引起的複合反應，包括血流、心率、汗腺分泌、胃的收縮和分泌、瞳孔擴大、腦電變化等。

2. 選擇注意的萌芽

嬰兒早期相對短暫而微弱的心理反應經常不易為人們注意到，對嬰兒的精細觀察，經常是借助儀器在實驗條件下進行的。許多研究發現，新生兒時期已具有選擇性注意的能力，他們的視線固定在外部世界的某種對象上，顯示出對圖形比對雜亂刺激點或線條更容易集中；對線條分明、邊緣清晰的圖形比對過於複雜的圖形的注視時間更長，對人的面孔的注視比對幾何圖形的注視時間更長。

利用眼動儀記錄新生兒視覺搜索運動的軌跡，證明新生兒已經具備對外部世界進行掃視的能力。當面對不成形的刺激時，無論是在黑暗中還是有光線的情況下，他都會以有組織的方式進行掃視，物體的運動、聲音大小、節奏和聲調的變化，都會吸引並維持新生兒的注意。

(二) 學前兒童注意發展的趨勢

新生兒已經出現了注意現象，隨著兒童的成長和各種經驗的累積，注意也在不斷地發展，注意活動的性質和對象的變化發展過程，主要表現為如下三個趨勢：

1. 無意注意的發生發展早於有意注意，且在學前階段占有優勢

和兒童神經系統的發展密切聯繫，幼小兒童由於大腦兩半球皮層的興奮和抑制的產生和轉移比較迅速，而且言語能力不突出，第二信號系統的抑制作用較弱，容易受外界新鮮刺激吸引，因此，無意注意的發生發展較早，且在學前階段占優勢。同時，隨著兒童接觸環境的變化，接觸事物的增多，無意注意對象的範圍不斷擴大，無意注意逐漸穩定。

到幼兒前期，由於言語能力的發展和有意識認知活動的進行，兒童出現了有意注意的萌芽。由於有意注意是由腦的高級部位特別是額葉控制的，而額葉的發展又比腦的其他部位遲緩，因此，到幼兒期額葉的發展才促進了有意注意的發展，同時也增強了兒童心理活動的能動性。

2. 定向性注意的發生早於選擇性注意

外來的新異刺激會引起新生兒把視線轉向刺激物或停止呼喊，這就是最初的定向性注意。這種反應一般是不學就能具有的，而且在兒童出生以後乃至成人後的活動中都不會消失。例如，突然出現強烈的刺激總會引起人們本能的注視反應。只是這種定向性注意雖總會產生，但會隨著年齡的增長而逐漸降低其所處的地位。相反，選擇性注意卻逐漸成為兒童注意發展的主要表現。注意的選擇性主要表現在兒童對注意對象選擇的偏好上，主要呈現三個趨勢，在兒童發展過程中，注意的選擇性由傾向於刺激物的物理特點轉向刺激物對兒童的意義；選擇性注意的對象逐漸擴大；從更多的注意簡單的刺激物發展到更多注意較複雜的刺激物（如由注意顏色的鮮豔程度轉向注意事物滿足兒童需要的程度）。

3. 兒童注意的發展與認識、情感和意志的發展相聯繫

兒童注意的發展伴隨著認知、情感和意志水準的提升。從訊息加工的觀點來看，認知的發展就是人的訊息加工系統不斷改進的過程，幼兒認知發展的主要特點是具體形象性和不隨意性占主導地位，抽象邏輯性和隨意性初步發展。注意的發展本身就是認知發展的一部分，其他認知層面的進步是注意發展的結果，又是注意發展的原因。兒童認知的發展推動了個性的初步形成和社會性發展，學前兒童自己對周圍事物的探索以及成人有意識的對學前兒童進行認識活動的訓練都與其注意的發展相輔相成。幼兒的注意，往往帶有情緒色彩，情緒因素影響了注意的指向性，例如，當課堂上教師講課生動有趣、表情豐富、熱情洋溢時，兒童在集中注意聽課的過程中也會表現出相應的興奮情緒色彩。相反，如果教師的講課枯燥無味，只重知識的傳授，而沒有神采，兒童就會很容易被其他的刺激吸引，從而分散注意力。但是，隨著年齡的增長，兒童注意的情緒特點會減弱。意志具有引發行為的動機作用，

但比一般動機更具有選擇和堅持性，意志力的進步能夠進一步保持兒童認知過程中的注意集中性。

（三）學前兒童注意的發展

1. 嬰兒注意的發展

雖然新生兒能參與外部世界，但在出生頭 3 個月中，這種技能仍受到很大限制。然而，神經系統的迅速成熟使這種限制逐漸減少。到了 3 個月，嬰兒已能較長時間清醒著，睡眠——覺醒週期更加規律，搜索活動的機會增多。20 世紀六七十年代，人們採用感覺偏好法廣泛開展了嬰兒注意選擇性的研究，並總結出 1～3 個月嬰兒注意選擇性的主要規律與特點：（1）偏好複雜的刺激物；（2）偏好曲線多於直線；（3）偏好不規則的圖形多於規則的圖形；（4）偏好輪廓密度大的圖形多於密度小的圖形；（5）偏好具有同一中心的刺激物多於無同心的刺激物；（6）偏好對稱的刺激物多於不對稱的刺激物。

3～6 個月左右的嬰兒，在身體運動機能的成熟方面，雖仍受到限制，但已足以提供探索外部世界的進一步可能性。奧爾森（Olson，1981）、費爾德（Field，l981）等的研究可概括如下：（1）嬰兒頭部運動自控能力加強，掃視環境更加容易，更加精細和穩定，從而擴展了獲取訊息的能力；（2）嬰兒的視覺注意更加發展，視覺搜索平均時間變短，更加偏好複雜的和有意義的視覺圖像；（3）嬰兒增長了對他來說日益擴展的外部世界的好奇，探索和學習的驅動力；（4）對物體的觀察和操作能力的發展，提高了注意的質量，如有控制的注意穩定性的提高；（5）大量新訊息擴大嬰兒的基礎知識，尤其在社會性事件方面更為明顯。

6～12 個月嬰兒注意的發展呈現以下特點：（1）半歲以後，嬰兒覺醒時間的增長是大腦成熟的標誌。此時的嬰兒需要更長的時間去探索事物和獲得更多新訊息的機會，推動他們的學習和記憶的發展。同時，嬰兒有更多機會去玩耍和進行社會交往，他們經常處於警覺和積極探索狀態；（2）嬰兒能獨立坐、爬行、站立和到 12 個月開始試圖行走，使得嬰兒活動的範圍和視野明顯擴大，注意的對象更加廣泛。嬰兒運動能力的發展使得他們的注意已不僅集中在視覺方面，而是從更多感覺通道和更多活動分式中表現出來，他

們透過抓取、吸吮、傾聽、操作和運動等活動更廣泛地選擇自己注意的對象；（3）嬰兒注意的選擇性受經驗的支配。6個月以後，嬰兒對熟悉的事物更加注意。這在社會性方面更加突出，比如，嬰兒對母親特別注意。

1歲以後，言語和認知的系列發展促使嬰兒注意更進一步發展。1.5～2歲兒童的表象開始發生，從此，兒童的注意開始受表象的影響。當眼前事物和已有表象或事實與期待之間出現矛盾或較大差距時，嬰兒會產生最大的注意。言語的發生發展使兒童注意的事物又增加了一個重要而廣闊的領域。1歲半以後，兒童開始能夠集中注意在玩玩具、看書、看圖片、念兒歌、聽故事、看電視等活動上，為兒童的記憶和學習活動提供了更為廣闊的、新穎的和豐富的認知世界。2歲以後，兒童在活動中注意的時間逐漸延長；注意的事物逐漸增多，範圍也越來越廣。例如，兒童已能注意到家的附近有一所幼稚園，幼稚園裡有好玩的玩具，有許多小朋友每天上幼稚園。2.5～3歲，兒童注意力集中的時間有所延長，最多能集中注意20-30分鐘。注意和認知過程相結合，使兒童獲得了更多的知識，並開始注意觀察日常生活中的事物。

拓展閱讀

注意的發展與「客體永久性」

皮亞傑（Piaget，1896-1980）的認識發展階段理論，將兒童從出生到一歲半的注意發展分為以下階段：

階段一（0～2個月），嬰兒能看著一個客體，但是當客體移出他的視野時，他不去追蹤；

階段二（2～4個月），客體移動時嬰兒能夠跟蹤，甚至客體到了屏幕後面時，他也繼續追蹤；

階段三（4～6個月），嬰兒能拾起一個物體，除非這個物體被一塊布蓋著，但是他還不能理解一個被遮蓋的物體仍然存在；

階段四（6～12個月），嬰兒能夠尋找在一塊布下面的客體，他能知道物體可以從一處移到另一處，也知道放在一起的兩個相向的客體不是同一個客體；

階段五（12～15個月），嬰兒能夠找到先後藏在兩個位置的一個客體，但是只有當他看見藏的動作時才能找到；

階段六（15～18個月），嬰兒能找到不論在什麼情況下藏起來的客體。

2.幼兒注意的發展

（1）無意注意占優勢

3歲前兒童的注意基本上都屬於無意注意，3～6歲兒童雖然仍以無意注意為主，但與3歲前兒童相比，其無意注意已有了高度發展。其特點具體表現為：第一刺激物的各種物理特性仍然是引起幼兒無意注意的主要原因。新穎的形象、鮮明的色彩、強大的聲音及刺激的突然或顯著的變化，都容易引起幼兒的無意注意。比如，電視、電影、幻燈和各種活動的玩具都是容易吸引幼兒無意注意的對象。空中的飛鳥、天上的浮雲、夜晚穿梭在白雲中時隱時現的月亮，也都因它們的活動多變而吸引著幼兒的注意。隨著幼兒經驗的豐富和認知能力的發展，能夠發現許多新奇事物和事物的新穎性，新穎性是引起幼兒無意注意的重要因素。第二與幼兒興趣和需要密切相關的事物，逐漸成為引起幼兒無意注意的原因。隨著年齡增長，幼兒的活動範圍不斷擴大，生活經驗也比以前豐富，逐漸對一些事物有了自己的興趣和愛好，這時凡是符合幼兒興趣的事情，都容易引起幼兒的無意注意。

（2）有意注意初步發展

幼兒期，處於有意注意發展的初級階段，其發展水準低，而且不穩定，需要在成人的組織和引導下逐步發展。幼兒有意注意的發展表現出以下特點：

①幼兒的有意注意受大腦發育水準的侷限。有意注意是由腦的高級部位控制的，大腦皮質的額葉部分是控制中樞所在。額葉的成熟，使幼兒能夠把注意指向必要的刺激物和有關動作，主動尋找所需要的訊息，同時抑制對不

必要的刺激的反應，即抑制分心。額葉在大約 7 歲時才達到成熟水準，因此，幼兒期有意注意開始發展，但遠遠未能充分發展。

②幼兒的有意注意受外界環境的影響。到了 3 歲，幼兒要進入幼稚園，幼稚園的集體生活要求幼兒要遵守各種行為規則，學會聽從成人的語言要求，完成各種任務，集體承擔一定的責任和義務，所有這些都要求幼兒形成和發展有意注意。因此，各種生活制度和行為規則是使幼兒有意注意逐步發展的主要因素。

③幼兒逐漸學習一些注意方法。保持有意注意需要克服一定的困難，因此有意注意要有一定的方法。幼兒在成人的教育和培養下，逐漸能夠學會一些組織有意注意的方法，如為了看書，用手指著；為了避免別人的干擾，把自己的椅子移開等。

④幼兒的有意注意是在一定的活動中實現的。幼兒有意注意的發展水準比較低，同時受其整個心理發展水準的制約，幼兒的有意注意需要依靠活動來維持。把智力活動與實際操作結合起來，讓注意對象成為幼兒的直接行動對象，使幼兒處於積極的活動狀態，有利於有意注意的形成和發展。

（四）兒童注意品質的發展

注意本身可以表現為各種不同的品質，主要包括注意的穩定性、注意的廣度、注意的轉移和注意的分配 4 種品質。在學前階段，兒童注意的品質隨其年齡的增長以及教育的影響而不斷發展。

1. 注意的廣度不斷擴大

注意廣度是指在同一瞬間所把握的對象的數量，也是注意範圍的大小。注意的廣度與兒童年齡有一定關係，並且還和兒童原有的經驗以及思維的發展有關。幼兒期以前的兒童與幼兒期的兒童相比，注意廣度非常狹窄，這也和他們與周圍世界交往經驗少有很大關係。但是，隨著年齡的增長，經驗的豐富以及學習活動和生活實踐的鍛鍊，兒童注意的廣度會逐漸擴大。教師在教學中若能注重知識的形象化、具體化，並能將知識有規律的呈現，將會有助於擴大兒童注意的廣度。

2. 注意的穩定性不斷提高

注意的穩定性是指集中並持久注意所做的工作或事物，它是把握對象時間的長短，也是順利完成某項活動的保證。學前兒童對新異的刺激、生動有趣的對象注意的時間較長，對乏味枯燥、不能讓其產生興趣的對象則難以持久注意。此外，知識經驗和性格等都影響幼兒注意的穩定性，如知識充實、性格內向的人，注意容易穩定。

3. 注意的分配能力不斷增強

注意的分配是指同一時間內把注意集中到不同的對象上。學前兒童，尤其是嬰兒和幼兒前期，對注意的事物的不熟悉、不理解，因此不善於分配自己的注意。幼兒中晚期，注意的分配能力逐漸提高，成人有意地訓練培養可以幫助幼兒提高注意分配的能力。

4. 注意的轉移能力不斷發展

注意的轉移是指有意識的調動注意從一個對象轉移到另一個對象上，它反映了注意的靈活性。有的兒童注意轉移比較容易，有的則比較困難，或者在某種條件下兒童注意轉移較容易，有些條件下則較困難，這是因為注意轉移的難易程度受到以下兩個因素的制約。

（1）受客體特點的制約。當幼兒處於遊戲之中時，教師在一邊強調事後任務就不容易把幼兒的注意轉移過來。而如果教師拿著一個很有新意的玩具展示給幼兒，則容易轉移幼兒的注意力。

（2）受個體神經活動特點的影響。個體的神經類型不同，或者個體的氣質類型不同，都會造成注意轉移的個體差異。有的幼兒興奮抑制的轉換比較靈活，有的則比較遲緩。

三、學前兒童注意品質的培養

俄國教育家烏申斯基說：「注意是我們心靈的唯一窗戶，意識中的一切必須要經過它才能進來。」注意是人的心理活動的開端，是獲得知識的窗口，沒有對事物的注意，就不可能有對事物的認識。所以幼教工作者或家長應該

在學前期（通常指 3～6 歲）就要重視兒童注意的培養，為其今後能夠更有效地學習提供充分的保障。

（一）培養學前兒童主動集中注意

由於學前兒童很難保持長時間的有意注意，他們仍以無意注意為主，任何新奇多變的事物都能引起他們的注意，因此，教師既要充分利用他們的有意注意，又要培養和激發他們的無意注意，透過有意注意和無意注意的轉換維持注意的持久性。在教育教學中，可以運用多變、新穎的遊戲來吸引學前兒童，同時，對他們提出明確的要求，使他們能主動集中注意。

（二）培養學前兒童專注的習慣

葉聖陶先生曾經說過：「教育就是培養習慣」。俗話說得也好：「積千累萬，不如養成好習慣」。由此可見培養習慣的重要性。首先老師要以身作則，當在做一件事時要持之以恆，有始有終。其次，在幼兒活動時，不要輕易打擾孩子打斷、的活動。當孩子專心致志、全神貫注的時候，不要在旁邊大聲說話，不要隨意指派他去做別的事。因為，這是在保護幼兒「集中注意力」的品質。

（三）增加挑戰性吸引學前兒童注意

一些經過努力能夠勝任的挑戰，更能激起幼兒的學習興趣，吸引幼兒的注意力。遵循這種規律做適度地控制，小幅度地由低到高，讓幼兒有一個調整適應的過程。音樂遊戲《傳鈴鼓》，開始時學習動作拍手轉花，然後讓幼兒坐成一個圓圈，讓孩子們把左手攤在左腿，然後進行拍手轉花拍手（在最後拍手時拍右面小朋友的左手），待小朋友能熟練地掌握這個動作後，再發給幼兒人數一半的鈴鼓，按照節奏把拍手改成傳鈴鼓，進行傳鈴鼓遊戲，這個遊戲要求層層遞進，在學會一個規則後再進行下一個規則的學習，到最後完成難度頗高的遊戲，他們的興奮勁別提了，他們是在翻越一座座小山才到達這個頂點的，怎不令他們興奮異常呢？這個遊戲一方面要求孩子們注意力高度集中，另一方面要求他們要做好同伴間的動作配合，如有一個動作錯了，則全盤皆輸，所以對培養孩子間互相協作也是非常有利的。

第三節 學前兒童記憶的發展

俄國生理學派和心理學中的自然科學流派的奠基人謝切諾夫曾說「如果沒有記憶，個體將永遠處於新生兒狀態。」學前期兒童的心理處於正在形成和初步發展的過程中，在此階段，記憶起著重要的作用，學前兒童的記憶與知覺、想像、思維、語言及其情感、意志等的發展密切相連。

思考討論

這是什麼記憶呢？

有些東西你看過之後「一眨眼就忘」，有些事情你卻終生難忘；考試前你還覺得腦子裡一片空白，但一看到題目，你又都想了起來；有的人學習時事半功倍，而有的人卻事倍功半……這是什麼原因呢？當你心不在焉看著電視裡的廣告時，當你乘坐公交車經過繁忙的街道時，你並沒有刻意去記住什麼，但以後有人說起某句廣告詞、某個地點時，也許你會有似曾相識的感覺，這是什麼記憶呢？

一、記憶的含義與分類

記憶是人腦保持訊息和提取訊息的過程。記憶對學前兒童心理發展具有重要的作用，它影響著兒童知覺、想像、思維、言語以及個性特徵的形成與發展。

（一）記憶的含義

記憶就是個體對其經驗的識記、保持和再現。從訊息加工的觀點來看，記憶就是對輸入訊息的編碼、貯存和提取的過程。記憶與感知不同，感知是人腦對當前直接作用的事物的反映，而記憶是人腦對過去經驗的反映。所謂過去經驗是指過去對事物的感知，對問題的思考，對某個時間引起的情緒體驗，以及進行過的動作的操作等。這些經驗都可以以映像的形式存儲在人腦中，在一定條件下，可以從人腦中提取出來，這個過程就是記憶。

記憶是一個複雜的心理過程，從「記」到「憶」包括識記、保持、再現三個基本環節。識記是識別和記住事物，從而累積知識經驗的過程。整個記

憶過程從識記開始，識記是記憶過程的第一步，是保持的必要前提。保持是鞏固已獲得的知識經驗的過程，它不僅是鞏固識記所必須，而且也是實現再現的重要保證。再現就是在不同的情況下恢復過去經驗的過程，包括再認和回憶。再認是指經歷過的事物再次出現時，能夠重新識別和辨認。回憶是指經歷過的事物不在面前時，在頭腦中重新浮現出來。再認和回憶是過去經驗的恢復，即提取訊息的兩種形式。再認相當於決策過程，而回憶則包括搜尋過程和決策過程。

（二）記憶的分類

記憶有很多種類。根據不同的劃分標準，可以分成不同的種類，如下表4-1所示：

表4-1 記憶的種類

劃分的依據	具體的種類
根據記憶的內容劃分	形象記憶；情緒記憶；運動記憶；邏輯記憶
根據記憶時意識參與的程度劃分	外顯記憶；內隱記憶
根據資訊加工處理的方式劃分	陳述性記憶；程序性記憶
根據資訊的編碼、存儲和提取的方式及資訊存儲的時間長短的不同劃分	感覺記憶；短時記憶；長時記憶

二、學前兒童記憶的發展

記憶是人類複雜的心理過程之一，它與感知覺、想像、思維等心理過程一樣，隨著年齡的增長而不斷地發展變化。在學前兒童發展的不同階段，記憶過程的各個環節、不同的記憶方式都有各自階段的特徵。

（一）嬰兒的記憶發展

嬰兒已經出現有意識記，而且記憶的保持時間明顯增長，記憶的提取形式──再現開始出現並進一步發展。

1. 有意識記的出現和發展

嬰兒期之前的記憶主要是不隨意記憶，嬰兒期末期有意識記開始萌芽，可以根據成人提出的一些非常簡單的要求進行識記。該領域的研究者做了如下試驗：讓嬰兒在實驗者離開的這段時間裡幫助實驗者記住哪一個杯子裡藏有玩具小狗，實驗者安排完任務後藉故離開了實驗室，結果發現，3歲嬰兒想出一個辦法來記，他們不停地看著那只杯子，並用手摸杯子；而2歲嬰兒則東張西望，不會有意識記（許政援等，1987）。

2. 識記保持的時間增長

與乳兒期相比，嬰兒期記憶發展最為明顯的是記憶保持時間明顯加長。乳兒期階段的記憶最多能夠保持幾天，而嬰兒期記憶最長可保持幾個月。1歲左右的嬰兒能夠回憶幾天或十幾天前的事情，2歲左右的嬰兒記憶可以保持幾個星期。如，把嬰兒熟悉的東西藏起來，過了一些日子之後，嬰兒會去尋找。

3. 再現的發生與發展

根據訊息加工理論的觀點，記憶的提取過程包括再認和再現。從其發生情況來看，再認最先出現，再現出現較晚。再認先於再現發生，是由於二者的活動機制不同。再認依靠的是感知，回憶依靠的是表象。感知是兒童自出生以後就已經具有或開始發展的，而表象則在1歲半至2歲才開始形成。另外，感知的刺激是在眼前的，立即可以引起記憶痕跡的恢復；而表象的活動，還有待兒童在頭腦中搜索。

4. 記憶對象增加

嬰兒記憶的對象明顯增加了，1歲左右的嬰兒能夠記住自己常用的東西（如奶瓶、玩具等）和部分小朋友的名字，2歲時不但能夠記住小朋友的名字，還能夠背誦簡單的兒歌。同時，嬰兒的記憶富有情緒色彩，特別容易記住那些使他們愉快的事情和那些引起他們強烈的消極情緒的事物。

（二）幼兒的記憶發展

幼兒期與前幾個階段相比，記憶的水準有了很大提高，短時記憶和長時記憶方面都得到了較快的發展。在短時記憶方面，記憶的容量逐漸增大；從

長時記憶方面來看，識記的有意性與理解性、記憶的保持時間以及再認與再現能力等方面都得到了不同程度的發展。

1. 幼兒記憶容量的發展

記憶容量是衡量短時記憶能力的指標，國內外研究者對此已經進行了大量研究，研究資料表明，幼兒期其記憶容量得到了很大的發展，其發展趨勢是先快後慢：3歲3.91個組塊，4歲5.14個組塊，5歲5.69個組塊，6歲6.10個組塊。雖然幼兒記憶容量增長速度較快，但與成年人的記憶容量（7±2個組塊）相比仍然存在很大的差距（洪德厚，1984年）。

2. 幼兒識記的發展

（1）無意識記占主導地位，有意識記較為薄弱

3歲以前的兒童基本上只有無意識記，有意識記雖然已經開始發生，但很少運用。到幼兒時期，雖然有意識記發展起來，但由於幼兒整個心理水準的有意性都很低，因此識記的有意性仍然處於很低的水準，無意識記在幼兒識記中仍然占主導地位。幼兒無意識記占主導地位，主要表現在幼兒無意識記的效果要優於有意識記。

幼兒的識記還很難服從於某一有目的的活動，而更多地服從於對象的外部特徵，再加上幼兒不能有效地利用識記方法，因此幼兒無意識記的效果優於有意識記。例如，有研究者以幼兒為研究對象測查有意識記與無意識記效果的發展情況。研究者（Zinchenko，1954年）要求幼兒用15張圖片（圖片上畫的都是兒童熟悉的東西，如水壺、蘋果、狗等）在桌上做遊戲，把圖上畫的東西放到實驗桌上相應的地方。遊戲結束後，要求幼兒回憶所玩過的東西，即對其無意識記進行檢查。另外，在同樣的實驗條件下，要求幼兒進行有意識記，記住15張圖片的內容。實驗結果表明，幼兒中期和晚期無意識記的效果優於有意識記。

（2）意義識記的效果優於機械識記

研究證明，不論哪個年齡階段的兒童意義識記的效果都優於機械識記，幼兒也不例外。曾有研究者對不同年齡階段兒童識記無意義音節與單詞的效

果進行比較，結果發現即使在幼兒階段，兒童識記單詞的效果也明顯優於不熟悉的無意義音節（見表4-2）。

表4-2 不同年齡兒童識別記憶無意義音節與單詞成績的比較

年 齡	無意義音節與單詞識記成績(比例)	年齡	無意義音節與單詞識記成績(比例)
4-5歲	1：9.43	10-14歲	1：3.87
6-7歲	1：3.24	12-16歲	1：2.47
7-12歲	1：3.48	成人	1：2.28

但在實際生活中，人們會經常發現幼兒機械識記的效果要好於意義識記，他們會經常記住那些自己並不理解的、甚至無意義的材料。例如，幼兒背誦唐詩的速度很快，但並不理解詩的含義。心理學家通常認為，這種現象的出現具有兩種原因：其一，識記材料性質和學習形式引起了幼兒的興趣，如詩歌的韻律、遊戲活動等；其二，幼兒按照自己的理解來領會材料的意義，突出那些容易理解的部分，從而引起特別的注意。

在整個幼兒期，無論是機械識記還是意義識記，其效果都隨著年齡的增長而有所提高，而且兩種識記效果的差距逐漸縮小。這是因為幼兒機械識記中加入了越來越多的理解成分，機械識記中的理解成分使機械識記的效果有所提高，縮小了與意義識記效果之間的差距。

3. 幼兒記憶內容的發展——形象識記的效果優於語詞識記

從識記的內容來看，幼兒階段形象識記仍然占優勢，但是語詞識記逐漸發展起來，並且語詞識記與形象識記的差距也在逐漸縮小。

形象識記是根據具體的形象來識記各種材料。詞語識記是幼兒對詞語材料的再認和回憶。一般認為形象識記是較低水準的識記，詞語識記是較高水準的識記，但在實際中兩種識記對兒童來說都很重要。在兒童語言發展之前，

其識記內容只有事物的形象，即只有形象識記，在兒童語言發生後，直到整個幼兒期，形象識記仍然占主要地位。

一般來說，幼兒對形象材料的識記效果都優於語詞性質材料的識記效果，其原因在於幼兒經驗少，第一信號系統占優勢，他們往往需要借助形象來識記，物體的直覺性和形象性有利於幼兒識記。同時，由於幼兒階段語言發展迅速，使他們能夠記住非形象性的語詞符號，但是效果通常不如形象性材料，而且印象也不深刻（卡爾恩卡，1955）。以3～7歲的兒童為受試者探討了學前兒童形象識記和語詞識記的效果，研究結果表明幼兒形象識記的效果優於語詞識記的效果。

4. 幼兒再認和再現能力的發展

兒童很早就具有了再認的能力，並隨著年齡的增長不斷提高。中國學者沈德立等（1985年）以幼稚園小班、中班和大班兒童為受試者探討了兒童再認能力的發展變化。實驗者利用速示器給幼兒呈現情節圖片和抽象圖片，每張圖片呈現的時間是3秒鐘。該項研究發現，不同年齡組幼兒對圖片的再認保持量有顯著差異，再認水準隨著年齡的增長顯著發展，而且中大班的發展速度顯著高於小班的發展速度，同時，研究還發現再認能力的差異不僅表現在保持量上，還表現在反應時間的長短上，年齡越大反應時間越短（見表4-3）。

表4-3 幼兒再認反應時的比較（單位：秒）

年級組	情節圖片	抽象圖片	平均值
小班	2.39	2.45	2.42
中班	1.97	1.99	1.98
大班	1.87	1.92	1.895

兒童再認能力隨著年齡的增長而提高，具體表現在年少兒童要比年幼兒童在再現時對外在線索的依賴較少，再現的效果也優於年幼兒童。

5. 幼兒元記憶的發展

元記憶是關於記憶過程的知識或認知活動，即對什麼因素影響人的記憶過程與記憶效果、這些因素是如何影響人的記憶以及各因素之間又是怎樣相互作用的等問題的認識。元記憶的發展是指兒童對自己的記憶過程的認識或意識的發展。美國心理學家弗拉維爾（Flavell，1971年）首次使用元記憶這個概念，並對元記憶進行了研究。元記憶主要包括元記憶知識、元記憶監控和元記憶體驗三個方面，而學前時期元記憶主要表現在元記憶知識和元記憶監控兩個方面。

弗拉維爾認為元記憶知識主要包括三個方面：關於記憶主體的知識、關於記憶任務的知識和關於記憶策略的知識。記憶主體的知識是指主體對自我記憶的認識與瞭解。兒童關於記憶主體的知識是隨著年齡增長而發展的，幼兒的估計遠遠高於真實結果，而學齡兒童的估計逐漸接近實際，小學四年級之後基本達到了成年人的水準。記憶任務的知識是指個體對記憶材料的難度和不同記憶提取方式難度差異的認識。有關元記憶任務的知識包括個體對材料數量、材料性質、材料結構以及記憶提取方式難易程度的認識四個方面。記憶策略知識是指個體對記憶策略的認識與提取。有關學前兒童記憶策略知識的研究指出，幼兒在面對問題時能夠說出一種策略，但是策略的有效性卻低於學齡兒童。兒童提取策略的數量隨著兒童年齡的增加而不斷增長。記憶監控是指主體在記憶活動的過程中，將自己的記憶活動作為意識的對象，不斷自覺地對其進行積極地監視、控制和調節，元記憶監控主要表現在記憶成績監控和記憶過程監控兩個方面。

三、學前兒童記憶的培養

怎樣培養學前兒童的記憶，是家長和教師普遍關注的問題。記憶力是智力發展水準的一個重要標準。針對學前兒童的身心發展特點，培養學前兒童記憶時應遵循客觀性原則、發展性原則和教育性原則等原則。人們的記憶存在著極大的個體差異，主要體現在記憶的敏捷性、記憶的持久性、記憶的準確性三個方面的品質上。培養學前兒童的記憶，主要在於培養記憶的品質。

（一）記憶敏捷性的培養

記憶的敏捷性是指識記速度快慢方面的特徵，人在記憶的敏捷性方面存在著明顯的差別。提高記憶的敏捷性要求在平時要加強鍛鍊，在記憶時要專心致志並且要充分和已有的知識經驗相聯繫。培養學前兒童記憶敏捷性的措施如下：

1. 要鍛鍊學前兒童記憶的意識；

2. 要訓練學前兒童的注意力；

3. 要引導學前兒童運用已有知識經驗。

（二）記憶持久性的培養

記憶的持久性是指識記內容保持時間長短方面的特徵，加深對識記內容的理解以及合理地安排複習，做到靈活地運用知識，才能牢固地掌握所學到的知識，使記憶獲得持久性。學前兒童的記憶以無意識記為主，凡是直覺、形象、有趣味、能激發學前兒童興趣和強烈情緒、情感體驗的事物，都容易被學前兒童識記。針對學前兒童的心理特點，多種感官——視覺、聽覺、嗅覺、味覺、觸覺參與複習活動，強化記憶學過的知識，能獲得最好的記憶效果。

（三）記憶準確性的培養

學前兒童記憶準確性的培養首先要進行認真正確的識記，保證記憶的準確性。同時，對於正確識記的事物，要透過及時有效的複習強化鞏固。如果有模糊的識記內容，要及時糾正，這樣才能有效地保證記憶的準確性，可以透過找不同訓練法、相同訓練法、綜合分類訓練法等，認識事物的相同和不同之處，鍛鍊辨別能力，提高記憶的準確性。

第四節 學前兒童想像的發展

童年時期的想像是智慧的翅膀，是創新能力的源泉。在兒童的心理發展過程中，想像的發展是相對比較早的。兒童由於身體和心理的侷限，他們的需要更多的是透過想像來實現的，如兒童的遊戲便是最好的例證。兒童在他們所進行的想像活動中表現並發展著他們所有的心理能力。所以，對兒童想

像發展的研究，不僅可以發現兒童想像心理的發展特點，而且可以從中瞭解兒童其他心理的發展。

一、想像的含義與種類

（一）想像的含義

想像是人腦對記憶表象進行加工改造形成新形象的過程，是心理活動中具有創造性特點的高級心理機能。透過想像過程創造的新形象就是想像表象，想像表象具有形象性和新穎性的特點。想像雖然是新形象的創造，但它的內容和其他心理過程一樣來自客觀自然。想像是反映客觀現實的各種成分的形象組合過程，也是人腦反映客觀現實的一種形式。

（二）想像的種類

1. 無意想像和有意想像

根據想像活動是否具有目的性，想像可以劃分為無意想像和有意想像。

無意想像是一種沒有預定目的、不自覺的想像。它是人們在某種刺激的作用下，不由自主地想像某種事物形象的過程。例如，聽老師講故事時．隨著老師的講述，兒童的頭腦中不由自主地浮現出故事的情景。又如，看到天上的白雲，馬上想到它的形狀很像一匹飛奔的駿馬，做了一件錯事，就覺得媽媽在嚴肅地望著自己……

有意想像，是根據一定的目的、自覺進行的想像。科學家的發明創造，作家創作小說，都是根據任務進行想像，這些都是有意想像。幻想也是有意想像的一種特殊形式。

2. 再造想像和創造想像

根據想像內容的新穎程度和形成方式的不同，想像可分為再造想像和創造想像。

再造想像，是根據語言文字的描述或圖形、圖解、符號等非語言文字的描繪，在頭腦中形成相應的新形象的過程。

創造想像，是根據自己的創見，獨立構建新形象的過程。

再造想像的形象，一般是以前已經存在的，而創造想像的形象則是新的。創造想像具有首創性、獨立性和新穎性等特點。

二、學前兒童想像的發生發展

（一）學前兒童想像的發生

1. 想像發生的年齡

想像是對頭腦中已有的表象進行加工改造，更新組合成為新形象的過程，這個定義已經告訴我們，想像的產生需要兩個最基本的條件：第一，頭腦中要有相當數量的、具有穩定性的表象儲存作為想像活動的對象，即加工材料；第二，要有運用內部的智力動作對已有表象進行加工改造的能力。這兩個條件，兒童初生時均不具備。

嬰兒雖然生而具有原始的感知和記憶形式（各種感覺、形狀知覺和無意識的形象記憶等），可以獲得某些客觀事物的印象。但這種印像往往很不穩定：一方面，基本是事物的具體表象，缺乏一定的概括性；另一方面，保持的時間很短，雖不一定是「稍縱即逝」，但也很難成為想像的加工材料。大約到 1.5～2 歲左右，兒童才可能形成具有一定穩定性的記憶表象。

作為想像「工具」的內部智力動作，小嬰兒更不具備。兒童最早出現的是以搜尋客觀事物訊息為主的感知動作。隨著手的靈活動作的出現和發展，才開始形成帶有解決問題性質的實物操作動作。隨著經驗的累積，這些外顯的實際智力動作可以逐漸「內化」——轉化為隱蔽在頭腦中進行的內部智力動作。（繼而，這種內部智力動作又可以轉化成為外部實際活動的「策劃者」和「指揮官」）。外部智力動作的形成需要一定的時間，而向內部智力動作的轉化更非一蹴而就，大約也是在 1.5～2 歲，兒童運用內部智力動作加工舊表象的能力有所萌芽。綜合上述兩種情況，可以認為，1.5～2 歲，兒童基本具備了想像的基礎。

第四節 學前兒童想像的發展

知識索引

想像發生的生理基礎

想像的發生和兒童大腦皮質的成熟有關，想像的生理基礎是大腦皮質上已經形成的暫時聯繫進行新的結合，也就是舊的暫時神經聯繫經過重新配合構成新的聯繫。兩歲前腦發育很不成熟，不能形成大量的神經聯繫，這使暫時聯繫的重新組合受到限制。兩歲左右大腦神經系統的發展趨於成熟，兒童在頭腦中有可能儲存較多的訊息材料，其排列組合的可能性也就更多。兒童語言的發生，即巴甫洛夫所說的第二信號系統的出現，是兒童想像發生的重要因素。詞具有概括性，詞和它所代表的具體事物之間有著廣泛的聯繫。想像正是借助於詞的這種概括性聯繫，對各種具體事物在大腦皮質所留下的痕跡及其相互之間的聯繫進行加工改組、重新配合。

2. 想像發生的表現

兒童最初的想像基本是記憶表象的簡單遷移，加工改造的成分極少，如一個2歲左右的孩子正在吃餅乾。忽然，他停止咀嚼，對著手中被他咬了一塊的圓餅乾看了片刻，然後把它高高舉起來，並高興地喊著：「媽媽，看，月亮。」這種想像是一種簡單的聯想，由被咬掉一口的月牙狀餅乾聯想起頭腦中儲存的關於月亮的形象。

一個1歲8個月的孩子，左手抱著布娃娃，右手拿起一片塑料雪花片往娃娃嘴裡放，同時發出「嗯啊——嗯啊」的咀嚼聲，從這一系列動作的性質看，我們可以把它稱為初期的遊戲，而從其心理機能上，則是原始的想像，看起來這只是媽媽餵自己的記憶表象的再現，但它已經遷移到一個新的遊戲情境中了，而且表現出諸多的「代替」功能，娃娃代替自己，自己代替媽媽，雪花片代替圓餅乾。這種「代替」，也就在頭腦中把某物某人「想像」成他物他人，相似聯想、象徵性遊戲，這都是兒童想像的初期表現。

(二) 學前兒童想像發展的一般趨勢

學前兒童想像發展的一般趨勢是從簡單的自由聯想向創造性想像的發展，一般表現在以下三個方面：

1. 從想像的無意性，發展到開始出現有意性

想像進一步發展，就可以圍繞一定的主題進行。有人記錄了一個5歲多女孩的繪畫過程，畫之前女孩說「我想畫小貓咪。」先畫了貓頭，貓耳朵，再畫貓眼，然後畫了條地平線，畫了些小花和綠草，接著又畫兔子，說：「還畫個小兔子，哎呀！不像！不像！像什麼啊？像小火車。」但這時又突然想起來：「小貓還沒有嘴呢！也沒畫鬍子。」邊說邊畫：「小貓笑了。鬍子翹老高。哎喲！畫成紅眼睛了，應該是綠眼睛。」這個孩子的想像基本上是圍繞主題進行的。雖然有時偏離主題，但能夠自動回到主題上來。可見，有意想像是在無意想像的基礎上逐漸形成、發展起來的。

2. 從想像的單純再造性，發展到出現創造性

一般來說，幼兒想像的再造成分很大，創造性成分很小，具體表現為：

（1）幼兒的想像常常依賴於成人的言語描述，或根據外界情景而變化。

這一方面反映了幼兒想像具有很大的無意性，同時也說明幼兒以再造想像為主，缺乏獨立性。如果老師不提示，小的孩子常常不能獨立地展開想像，進行遊戲。但一般來說，幼兒的想像在遊戲中還是比較容易展開的，因為遊戲有玩具，玩具的具體形象可以造成引發幼兒想像的作用，符合幼兒再造想像為主的特點。

（2）幼兒想像中的形象多是記憶表象的極簡單加入，缺乏新異性。

前面講過，幼兒的想像常常是在外界刺激的直接影響下產生的。他們常常無目的地擺弄物體，改變著它的形狀，當改變了的形狀正巧比較符合兒童頭腦中的某種表象時，兒童才能把它想像成某種物體。由於這種想像的形象與頭腦中保存的有關事物的「原型」形象相差不多，所以很難具有新異性、獨特性。

隨著幼兒知識經驗的豐富和抽象概括能力的提高，幼兒的再造想像中逐漸出現了一些創造性的因素。他們開始能夠獨立地去進行想像，雖然想像的內容還帶有濃厚的再現性質，但其中也具有一些獨立創造的成分，具有一定的新異性。

創造性想像也常表現在兒童提出的一些不平常的問題上，如兒童問：「如果把天上的星星摘下一顆，安在北京，全中國是不是都不用點燈了」「螢火蟲的尾巴上是不是有一個小電燈啊」等等。

另外，有的幼兒能夠把過去聽過的故事，以及過去經驗中的各種事物加以綜合改造，編成新的故事；看圖講述中能講出與主題有關，但畫面上沒有表現出來的情節，這都是創造性想像的表現。但是，總的說來，幼兒想像中創造性的成分還很小，還只是創造想像的初級形式。

3. 從想像的極大誇張性，發展到合乎現實的邏輯性。

想像常常脫離現實或者與現實相混淆，這是幼兒想像的一個突出特點。

（1）想像脫離現實

幼兒想像脫離現實的情況，主要表現為想像具有誇張性。幼兒非常喜歡聽童話故事，因為童話中有許多誇張的成分：什麼大人國、小人國啦，長鼻子公主啦等等，那些和天一樣高的巨人，像拇指一樣矮的小人，簡直能把孩子們迷得不得了，不吃飯、不睡覺也要聽故事。

幼兒想像的誇張性是其心理發展特點的一種反映。首先，由於認知水準尚處在感性認識占優勢的階段，所以往往抓不住事物的本質。比如，幼兒的繪畫有很大的誇張性，但這種誇張與漫畫藝術的誇張有質的不同。漫畫的誇張是在抓住事物本質的基礎上的誇張，往往具有深刻的意義；幼兒的誇張往往顯得可笑，因為沒有抓住事物的本質和主要特徵，他們在繪畫中表現出來的往往是在感知過程中給他們留下深刻印象的事物，如人的一雙靈動的、富有表情的眼睛；每天穿脫衣服都要觸及的扣子等。其次，是情緒對想像過程的影響。幼兒的一個顯著心理特點是情緒性強。他感興趣的東西、他希望的東西，往往在其意識中占據主要地位。對蝴蝶有興趣，畫面上就會留給它以中心位置；希望自己家的東西比別人強，就會拚命地去誇大，甚至自己有時也信以為真。

幼兒的想像，一方面常常脫離現實，另一方面，又常常與現實相混淆。小班幼兒把想像當作現實的情況比較多。比如，遊戲時過分沉迷於想像情景

中，有的孩子甚至把遊戲中的「菜」真吃了。為什麼會出現想像與現實相混淆的情況呢？這是由於幼兒認識水準不高，有時把想像表象和記憶表象相互混淆了。有些幼兒渴望的事情，經反覆想像在頭腦中留下了深刻的印象，以至於變成似乎是記憶中的事情了。有時候，則是由於知識經驗不足，把假想的事情信以為真。中、大班幼兒想像與現實混淆的情況已減少，孩子們聽到一些事情後，常問：「這是真的嗎？」有些大班幼兒甚至不喜歡聽童話故事，希望老師「講個真的！」說明他們已經意識到想像的東西與真實情況是有區別的。

（三）學前兒童想像發展的階段特點

因學前兒童最喜歡想像，所以有人把學前時期看作想像最發達的時期。事實上，學前兒童的想像只是處於初級形態，水準並不高。各階段想像發展的特點如下：

1. 2～3 歲兒童的想像

2 歲是想像發展的最初階段。他們最喜歡想像，一會兒想像自己是解放軍戰士，一會兒又想像自己成了老師；一會兒把竹竿當馬騎，一會兒又把它當成大刀砍「敵人」……在這個階段兒童的想像具有以下特點：想像過程完全沒有目的，想像活動開展之前不能形成想像的表象；想像過程進行緩慢。想像和記憶非常接近，它們之間的界限並不是很明顯。想像的內容不豐富，且依賴於感知的形象，特別是視覺形象。由此可見，想像最初形態是想像開始從記憶中分化出來，其形成和發展需要成人的具體引導。除了依靠兒童已有的知識經驗以外，動作和成人的語言提示起重要的作用，而遊戲是一連串的動作和語言活動，又有情緒色彩，更是促進兒童想像發展的重要形式。

2. 3～5 歲兒童的想像

想像在三至四歲時迅速發展，這時期的想像基本上是無意的，是一種自由聯想，主要表現為想像活動沒有目的，沒有前後一致的主題。

四至五歲兒童的想像主要有以下幾個特點：

第一，想像仍以無意性為主，表現在想像過程常常伴隨著感知形象、外來因素和自己的情緒而變化。

第二，想像中出現了有意成分，有意成分主要表現在出現了有一定目的、一定範圍的自由聯想。

第三，想像的目的計劃非常簡單。

第四，想像內容較以前豐富，但仍然零碎。

3.5～6歲兒童的想像

五至六歲的兒童有意想像和創造想像已經有明顯的表現。

第一，想像的有意性相當明顯，大班幼兒在想像活動前已經有明確的主題，整個行動過程中能夠有秩序地按計劃進行。

第二，想像內容進一步豐富、有情節，五歲以後幼兒的想像內容涉及面比以前寬廣得多，幼兒的想像常常涉及了上天入地的各種內容，這個年齡的兒童想像一般都不只是有空泛的命題，而是有情節。

第三，想像內容新穎程度增加，五歲以後幼兒的想像內容開始有了較多的新穎性。

學前年齡是兒童想像發生並迅速發展的年齡，這階段的發展又有不斷發生的質變。單個年齡想像發展的特點並沒有截然劃分的界限，同一兒童身上有不同發展水準的交叉現象，不同兒童更有明顯的個別差異。

三、學前兒童想像的培養

（一）發展幼兒想像的思路

1. 豐富幼兒的感性經驗，使他們多獲得一些進行想像加工的「原材料」。

2. 啟發、鼓勵兒童大膽想像。同時又要加以正確引導，使他們的想像符合客觀實際。想像是創造的前提，要從小培養兒童敢想、愛想的習慣和性格，不要打擊想像的積極性。對他們過分誇張的和以假當真的想像要適當加以糾正，切忌故意引逗幼兒信口開河。

3. 積極組織、開展各種創造性活動（如遊戲、美工、音樂活動等），提供發展幼兒想像的必要條件。

（二）發展幼兒想像的具體措施

1. 圖形想像。拿出一個簡單的圖形如圓形，讓孩子想像它像什麼，鼓勵孩子說得越多越好，如像鐘、像球、像布娃娃的臉、像太陽等等。

2. 一物多用。找一些常見的物品，讓孩子想像它有什麼作用。如拿一枝鉛筆問孩子：「鉛筆有什麼作用？」孩子會馬上次答：「能寫字、能畫畫。」此時大人要加以引導：「寶寶真聰明，回答得很對。再想一想還有什麼作用？」孩子想得越多越好，如能敲鼓、能做螞蟻過河的小橋、能攪拌水、能當小尺用、能支撐小物品等等。這些都是具有發散性和創造性的答案。

3. 畫想像畫。教孩子畫一些想像畫，會極大促進孩子的想像力。這種畫不能以成人的眼光來衡量畫的內容是像還是不像，要讓孩子充分表現出他自己的意願、想法和生活體驗，想怎麼畫就怎麼畫，把太陽畫成黑色，把皮球畫成方的都認可。

4. 一事多解。在生活中遇見問題時，父母不要急於包辦，可讓孩子想幾種解決的方法。如外出突然下雨了，沒帶雨傘，讓孩子想出幾種不同的回家方法，以免遭雨淋。

5. 講童話故事。童話故事比較適合兒童的想像特點，因為它人物不多，內容誇張，情節生動。經常聽童話故事的孩子比起那些不聽的兒童，想像力要豐富得多，講完一個故事，可以讓孩子做簡單的複述。

第五節 學前兒童思維的發展

當你早晨醒來，推開窗門一看，發現地面上濕漉漉的，你就會得出昨天已經下過雨的結論，這是思維很常見的一個例子。思維的反映要求間接性、概括性，思維的過程要求嚴密性，思維的結果要求客觀性，這些特徵決定了思維過程的複雜性和精確性。思維的活動必須以其他認識活動為基礎才能完成。那麼，兒童的心理活動中這樣的高級認識活動何時具有？人類早期兒童

的思維是一種什麼樣的面貌,個體的思維是如何由簡單向複雜發展的?哪些因素會影響兒童思維的發展,兒童思維發展有無階段性特徵等問題都是發展心理學要解決的問題。

一、思維的特點

(一)思維的含義

一般的心理學著作都是這樣解釋思維概念的:思維是人腦對客觀現實間接的、概括的反映,是以詞為中介,透過概念、判斷和推理的形式反映事物的本質屬性和內在規律。顯然,這是指邏輯思維而言的。邏輯思維是人類典型的思維形式,在個體身上很晚才能完全形成,而且它的形成也非一蹴而就,有一個從無到有,從萌芽到成熟的發展過程。由於兒童心理學是以個體心理的發生發展規律為研究對象的,因此,它所使用的思維概念必須寬泛一些,應該能包含思維的萌芽以及邁向邏輯思維途中的各種過渡形態。

(二)思維的特點

思維與其他認識過程相比,最根本的不同在於它的間接性、概括性以及解決問題的特徵。這是思維最重要的品質。

所謂概括性,指思維是對一類事物本質特徵的反映,而不是對個別事物和個別特徵的反映。比如,一說到電燈,我們思考時頭腦裡出現的是電燈的一般表象,而不是某一個臺燈、地燈、吊燈、閃光燈等具體形象。人們借助「電燈」這個詞,把燈的本質特徵概括出來,才能進行思考。思維的概括性表現出不同的水準,兒童最初的概括水準很低,隨著思維的發展,他們才逐漸進行更高水準的概括,兒童的概括水準越高,越能反映事物的本質聯繫和規律。兒童能對事物進行分類,是在對事物進行概括的基礎上實現的。思維的概括性還表現在,思維不僅僅反映一類事物的本質特徵,也反映事物之間的本質聯繫和規律。比如兒童反覆多次地看見成人要開燈,就得先接通電源,透過感知只能瞭解電源和電燈之間的表面聯繫,而透過思維活動,才能瞭解電源接通和燈亮這一事物內部的因果聯繫。

思維的另一個特點是間接性。所謂間接的反映，是指思維不是直接的，而是透過其他媒介來反映客觀事物。比如上面已提到的「燈火」一例中，教師從燈滅了（思維的媒介）可以推斷出，一定是哪個地方的電源出了毛病。由於思維具有概括、間接的特點，因而，透過思維可以認識那些沒有直接作用於人的種種事物和事物的屬性，也可以考證過去、思考未來。

二、學前兒童思維的發生

兒童最初對客觀事物的概括和間接反映是依靠動作實現的，最初解決問題的方案也是用動作「設計」成的。1歲左右，兒童手的動作開始出現了新的功能——運用工具和表達意願，這兩種功能的出現為思維的萌芽提供了直接前提。

（一）表意性動作的間接性

所謂表意性動作，顧名思義，是用動作表達意願。11、12個月的嬰兒都會用手指向成人指出他想要的東西，或者指向他想去的地方。這類司空見慣的動作包含著兒童對一系列關係的認識和分析：自己的目的是拿取物體或出門玩耍，而依靠自己的力量達不到目的；成人有能力而且會幫助自己。於是用動作表明自己的目的，發出向成人求助的信號。這時，手的動作已不僅僅是獲得事物觸覺訊息的手段，也不僅僅是直接運用物體的工具，而成為一種具有像徵功能的類似語言的符號，並使得心理反應具有了初步的間接性。上述行為中所表現出來的心理機能——利用別人的力量達到自己的目的，無論如何也是一種高於感知和記憶的認知能力。

（二）工具性動作的概括性

工具性動作的概括性。工具性動作指的是按照物體的結構特徵和功能來使用物體的動作。這種動作本身具有一定的概括性：對同類物體使用同樣的動作。1歲以後，兒童拿到物體不再盲目地敲敲打打，而開始按照它們的性質進行活動；推或拉下面帶輪子的各種玩具車；餵娃娃或各種動物玩具；把碗和杯子端起來作喝水狀等等。這些動作可以說是一種帶有理解性的動作，因為它反映著兒童對於「類」概念的朦朧意識。

在以上兩類動作發展的基礎上，兒童開始能夠用「試誤」的方法尋找解決問題的手段。例如，一個物體放在毯子上嬰兒夠不到的地方。開始，他試圖直接夠取這個物體，幾次嘗試均未成功。一個偶然的拉動毯子的動作，使嬰兒觀察到毯子的運動與物體運動之間的關係，於是開始有意識地拽拉毯子，直至拿到物體。這裡，兒童不僅透過實際的嘗試解決了問題，而且多少累積了一些經驗。以後，當他再遇到夠取放在桌子中間的玩具之類的任務時，「試誤」的次數便會減少，甚至可能迅速地將拉毯子以取物的經驗遷移過來去拉臺布，或者自己選取一個中介物（如竹竿）為工具，達到目的。這類解決問題的智慧性動作的出現，一般在 1.5～2 歲，這標誌著個體思維的發生。

三、兒童的思維形式及特點

動作、形象和詞語的關係在學前兒童思維中的規律性變化，使得其思維方式呈現出三種不同的形態：直覺行動思維、具體形象思維和萌芽狀態的抽象邏輯思維。學前早期以直覺行動思維為主；學前中期以具體形象思維為主；學前末期開始出現抽象邏輯思維的萌芽。這三種水準的思維反映了兒童思維發展的一般趨勢。

（一）直覺行動思維

顧名思義，直覺行動思維是在對客體的感知中、在自己與客體相互作用的行動中進行的思維。動作和感知是思維的工具，活動過程即思維過程。兒童最早出現的萌芽狀態的思維，便是直覺行動思維，這種思維方式在 2～3 歲兒童身上表現最為突出。例如，看到水就要玩水，看到別人玩球又要玩球，一旦動作停止，對該動作的思維也就停止了。

直覺行動思維有以下主要特點：

1. 直覺性和行動性

直覺行動思維實際是「手和眼的思維」。一方面，思維離不開對具體事物的直接感知；另一方面，思維離不開自身的實際動作。離開感知的客體，脫離實際的行動，思維就會隨之中止或者轉移。小孩子離開玩具就不會遊戲，玩具一變，遊戲馬上中止的現象，都是這種思維特點的表現。

2. 出現了初步的間接性和概括性

在本章有關「思維的發生」部分，已經較詳盡地闡述了思維萌芽期間（直覺行動思維中）動作的初步間接性和概括性。

直覺行動思維的概括性除了表現在動作中之外，還表現為感知的概括性。小孩子常以事物的外部相似點為依據進行知覺判斷，比如，自己的爸爸是解放軍，看到穿軍裝的年輕人也喊爸爸，要人家抱；有了推動小汽車向前跑的經驗之後，凡看到帶輪子的東西（如算盤）就叫「車車」，就要推著玩等等，儘管這種概括性反映的只是事物之間簡單的、表面的相似處，但畢竟也是對事物之間關係的一種認識，也是對事物特性進行初步比較的結果。

3. 缺乏行動的計劃性和對行動結果的預見性

由於直覺行動思維是和感知、行動同步進行的，所以，在思維過程中，兒童只能思考動作所觸及的事物，只能在動作中而不能在動作之外思考。因此，不能計劃自己的行動，也不能預見行動的結果。思維不能調節和支配行動是只有直覺行動思維才有的特點。

4. 思維的狹隘性

直覺行動思維是以兒童的知覺為基礎，以具體動作為工具進行的，思維的對象僅僅侷限於當前直接感知和相互作用的事物，因此十分狹窄。而突破這種侷限的唯一途徑是改變思維的方式，具體形象思維的形成實現了第一次突破。

（二）具體形象思維

具體形象思維是依賴事物的形象或表象以及它們的彼此聯繫而進行的思維，這是從直覺行動思維向抽象邏輯思維發展的過渡形式。如計算 3+4=7，兒童不會對抽象數字進行加減，而是在頭腦中用三個手指加上四個手指，或三個蘋果加上四個蘋果等具體形象計算，具體形象思維是幼兒期典型的思維方式。

具體形象思維有以下主要特點：

1. 思維動作的內隱性

直覺行動思維是透過外部、展開的智慧動作進行的，是「嘗試錯誤」式的。當用這種思維方式解決問題的經驗累積多了以後，兒童便不再依靠一次又一次的實際嘗試，而開始依靠關於行動條件以及行動方式的表象來進行思維，思維過程從「外顯」轉變為「內隱」。這一轉變不是單純的位置的變換，而是質的變化，它意味著思維已從它的原始狀態中分離出來而成為「心理」活動。從此，思維開始擺脫與動作同步進行的局面而可以提到行動之前，於是，它開始對行動具有調節和支配功能，使「三思而後行」成為可能。雖然縝密的思考是邏輯思維的「專利」，但思在前，行在後卻是從具體形象思維這裡開始的。

2. 具體形象性

具體形象思維雖已開始擺脫與動作同步進行的局面，但還未能完全擺脫客觀事物和行動的制約，因為這種思維方式所依賴的形象或表像是對所感知過和經歷過的事物的心理印象，事物具體而形象的外部特徵影響著兒童的思考。有人觀察到這樣一個事例：某幼稚園小班原有6張寬面桌子，按縱2橫3的形式擺放著。一天，園裡為該班更換新桌，新桌約長度與舊桌相同，而寬度只是舊桌的一半。教師請小朋友想辦法將它們擺放成原來的樣式。起初，孩子們把桌子拉來拉去，總也擺不好。這時，老師提醒他們想一想新舊桌子的寬度，讓他們用手勢比劃比劃，再啟發他們想想怎樣把新桌擺成和舊桌一樣寬。這樣一來有的小朋友很快成功地把兩張新桌拼到一起，其他孩子也相繼完成了任務。這裡，幫助兒童解決問題的既不是實際的嘗試動作，也不是抽象的數量關係，而是表象活動，即新桌的形象和舊桌的表象之間的聯繫。

3. 自我中心性

無論是直覺行動思維，還是具體形象思維，都是一種以自己的直接經驗為基礎的思維，這就使得它們均帶有一種「自我中心」的特點。也就是說，處於這類思維水準的兒童傾向於從自己的立場、觀點認識事物，而不太能從客觀事物本身的內在規律以及他人的角度認識事物。

所謂自我中心，在瑞士著名兒童心理學家皮亞傑看來，是指某些主、客觀相互作用方面缺乏的鑑別能力，其實質上是一種在行為或觀念上完全以個人為主而不考慮他人的傾向，表現為不良的個性特徵，譬如：自私、任性、霸道、自滿等傾向。自我中心行為傾向明顯的兒童很難進行角色換位，不能從他人的角度思考、處理問題，按照皮亞傑的認知發展理論觀點，「自我中心主義」是個體心理發展的必經階段，在心理發展的每一階段，它都由一種形式向另一種形式轉變，即更高的形式代替了較低的形式。

拓展閱讀

三山實驗

瑞士著名兒童心理學家皮亞傑讓小朋友輪流接受測試，在他們面前有3座顏色、高度、風景都不甚相同的山，小朋友被安排在特定的座位，從座位上只能看到特定角度的風景；在小朋友的對面，皮亞傑也擺了一張椅子，上面坐著一個洋娃娃，從洋娃娃的角度所能看到的風景和小朋友位置所能看到的完全不同，皮亞傑先帶這些小朋友整個繞一圈，勘查與欣賞各個角度的風景後，再讓他們回到自己的定位。然而，測試後發現，每個小朋友都認為，坐在自己對面的娃娃看到的風景和自己所看到的完全一樣。反覆求證後，皮亞傑發現，這個時期的小朋友好像真的不太能夠感覺到，別人所看到的世界和他自己看到的不同。

自我中心的特點還伴隨有其他一些表現：

（1）不可逆性

即單向性，通俗地說是指不能翻過來倒過去地考慮問題，不能轉換思維的角度。比如，有人問一個小女孩：「你有姐姐嗎？」「有，我姐姐是安妮。」過了一會兒，再問她：「你們家的安妮有妹妹嗎？」她搖了搖頭。她只知道從自己的角度看安妮是姐姐，而不知道從姐姐的角度看，自己是妹妹。由於缺乏逆向思考的能力，才使得兒童很難獲得物質守恆的概念，不懂得一定量的物體（如一杯水或一塊橡皮泥）雖然形狀改變了（被倒進另一粗細不同的杯子或被按扁），但只要不添加或減去，還是可以變回原狀的，形狀的改變並不影響其量的穩定性。

（2）絕對性

由於具體性和直覺性，使得思維所能把握的往往是事物的靜態，而很難把握那種稍縱即逝的動態和中間狀態，缺乏相對的觀點。比如，皮亞傑設計了這樣一個實驗：讓兒童把一組反映小棍從豎立到倒下全過程的照片按順序排列起來，結果發現，幼兒基本只能擺對起始和終結的兩張。思維的絕對性在日常有許多表現，比如，對權威的遵從，對遊戲規則的盲目維護，對人物的非好即壞式的評價等。

（3）擬人化或泛靈論

自我中心的特點常使兒童由己推人，自己有意識、有情感、有語言，便以為萬事萬物也應和自己一樣有靈性。因此，他們常有一種看待事物的獨特眼光和一顆敏感、善良、充滿幻想的心靈。

（4）過渡性

具體形象思維是從感性認識向理性思維的過渡環節。

（三）抽象邏輯思維

抽象邏輯思維是指用抽象的概念（詞），根據事物本身的邏輯關係來進行的思維，它是人類特有的思維方式。嚴格地說，學前兒童尚不具備這種思維方式，但學前晚期（5～6歲）時，兒童開始出現這種思維的萌芽。例如，前面我們曾舉了「體積守恆」方面的兩個實驗，說明幼兒往往根據所看到的某些現象來判斷橡皮泥和水的體積，大部分幼兒看到泥和水的形狀變了，就

認為它的體積也變了。但實驗也發現，大班某些幼兒已能擺脫形象的干擾，做出正確判斷，但說不出更多的道理，只知道「這還是原來那塊橡皮泥」，「這還是那杯水」，水準更高些的，也只會說：「這塊大了，但薄了」、「這杯子裡的水矮了，但杯子粗了」。還不懂得「底面積乘高等於體積」的道理。所以說，學前晚期，兒童開始出現的只是抽象邏輯思維的萌芽。

隨著抽象邏輯思維的萌芽，自我中心的特點逐漸開始消除，即開始「去自我中心化」。兒童開始學會從他人以及不同的角度考慮問題，開始獲得「守恆」觀念，開始理解事物的相對性。

四、學前兒童思維發展的理論

皮亞傑的兒童智慧發展理論，是20世紀最重要的發展心理學理論體系。皮亞傑在講述思維發展時，往往把思維、認識、智慧作為同義語來使用。兒童的認識或思維是從哪兒來的？對這個問題有幾種不同的看法。唯心論者或成熟論者認為，思維來自先天的遺傳，思維水準的差異在於人的先天遺傳素質不同，思維的發展乃是有機體自身成熟的結果。經驗論者認為思維來自對客體的知覺，從思維的內容來說，它來自客體，從思維的形式來說，來自對客體的抽象，沒有客體就沒有對客體的抽象，也就沒有思維。

皮亞傑提出了與眾不同的觀點，他認為兒童的思維不是單純地來自客體，也不是單純地來自主體，而是來自主體對客體的動作，是主體與客體相互作用的結果。所以，人們把皮亞傑的發展理論稱為「相互作用論」。皮亞傑認為兒童思維的發展既是連續的，又是分階段的，每個階段都是前一階段的自然延伸，也是後一階段的必然前提，發展階段既不能踰越，也不能逆轉，思維總是朝著必經的蛻源的人有階段向前發展。

（一）感知運動階段（0～2歲）

這是語言和表象產生前的階段，這個階段的主要特點是兒童依靠感知動作適應外部世界，構建動作格式，開始認識客體永久性，末期出現智慧結構。這個階段又分為六個小階段。

1. 第一階段（出生至1個月）

第五節 學前兒童思維的發展

兒童出生後以先天的無條件反射適應外界環境，並透過反射練習使先天的反射結構更加鞏固（如吸吮奶頭的動作變得更有把握），還擴展了原先的反射（如從本能的吸吮擴展到吸吮拇指、玩具，在東西未接觸到嘴時就做吸吮動作等），這一階段稱反射練習期。

2. 第二階段（1 至 4 或 4.5 個月）

在先天反射的基礎上，兒童透過機體的整合作用，把個別的動作聯結起來，形成了一些新的習慣，如尋找聲源，用眼睛追隨運動的物體。這一階段稱習慣動作時期。

3. 第三階段（4.5 至 9 個月）

4 個月後，兒童在視覺與抓握動作之間形成了協調，以後經常能用手摸、擺弄周圍的客體。這樣一來，兒童的活動便不再圍於主體自身，而開始涉及對物的影響，物體受到影響後又反過來進一步引起主體對它的動作。

4. 第四階段（9 至 11 或 12 個月）

在這一階段，目的與手段已經分化，智慧動作出現。一些動作格式被當作目的，另一些動作格式則被當作手段使用。如兒童拉成人的手，把手移向他自己搆不著的玩具方向，或者要成人揭開蓋著物體的布。這表明兒童在做出這些動作之前已有取得物體的意向。

5. 第五階段（11 或 12 個月至 1.5 歲）

當兒童偶然地發現某個感興趣的動作結果時，不只是重複以往的動作，而是在重複中做出一些改變，透過嘗試錯誤，第一次有目的地透過調節來解決新問題。如將娃娃放在毯子上，嬰兒拿不到娃娃，用手東抓、西抓，偶然間拉動了毯子一角，兒童看到了毯子運動與娃娃間的關係，於是拉過毯子，取得了娃娃。兒童用新發現的拉毯子的動作，達到了目的，這是智慧動作發展中的一大進步。

6. 第六階段（1.5 至 2 歲）

161

這是感知動作結束、前運算階段開始的時期，它的顯著特徵是兒童除了用身體和外部動作來尋找新方法之外，開始在頭腦裡用「內部聯合」方式解決新問題。如有一只微微開口的小盒子，內裝一條看得見的項鏈，兒童先是把盒子翻來覆去地看，或用小手指伸進縫道去拿，但拿不到。後來兒童完全停止了動作，眼睛看著盒子，嘴巴一張一合，做了好幾次這樣的動作後，他突然用於拉開盒子門，取得了項鏈。這種一張一合的嘴的動作實際上是兒童在頭腦裡用內化了的動作模仿盒子張開的情形，只是當時他的表象能力還很差，仍須借助外部動作表示。運用表象模仿別人做過的行為來解決眼前的問題，這標誌著感知動作階段的結束，新階段的開始。

拓展閱讀

延遲模仿

關於嬰兒延遲模仿的一個最有名的例子是皮亞傑的女兒賈桂琳模仿別的小孩發脾氣。按計劃，在一個下午，賈桂琳去拜訪一個小男孩。這個小男孩整個下午心情都不好，當他試圖走出欄杆車時，尖叫著，踩著腳把欄杆推來推去。賈桂琳驚訝地站著看這個小男孩。第二天，她在自己的欄杆車裡尖叫著，連續輕輕地踩著腳，也試圖移走欄杆。

皮亞傑認為，較大的兒童能進行延遲模仿，是因為這時他們能建構榜樣行為的心理符號或表象，這些符號和表象被儲存在記憶中，並且能夠在以後提取出來，從而指導嬰兒對榜樣行為進行再現。

最初的嬰兒分不清自我與客體，客體對兒童來說只是忽隱忽現的知覺圖像，兒童不瞭解客體可以獨立於自我而客觀地存在。兒童只認為自己看得見的東西才是存在的，而看不見時也就不存在了。當客體在眼前消失，兒童依然認為它是存在的，這就是皮亞傑所說的「客體永久性」。客體永久性的建立標誌著兒童已把主客體分化開來（年齡約在1週歲），完成了「哥白尼式的革命」，即從以自我為中心變為把自己看成是無數客體中的一個。

（二）前運算階段（2～7歲）

前運算階段與感知運動階段相比有一個質的飛躍：前一階段的兒童只能對當前知覺到的事物施以實際的動作進行思維，後一階段的兒童，由於信號功能或象徵功能的出現，開始從具體動作中擺脫出來，憑藉象徵性格式在頭腦裡進行「表象性思維」。如當原型消失後，兒童用覺察不到的肌肉動作來模仿某個人做過的怪動作，進行各種象徵性遊戲，用詞語表示某個人或某物等。

皮亞傑又將前運算階段分為兩個小階段：

1. 前概念或象徵思維階段（2～4歲）

這一階段兒童已出現象徵性功能，運用象徵性符號進行思維，所以這一階段稱為象徵思維階段。兒童象徵性遊戲的產生是象徵思維開始的標誌，如兒童用小棒當「槍」、用碎紙片當「菜」、這裡的棒和紙就是意義所指的象徵符號，而「槍」和「菜」則是意義所指的被象徵物。兒童在進行象徵思維時完成的任務，已不是出於實際情境的要求，而是憑藉象徵格式來進行的。象徵思維階段又稱前概念階段，這時兒童運用的概念與一般成人用的概念不同，它往往是把最初學到的語言符號附加到一些事物上而形成的。這種概念是具體的、動作的，而不是抽象的、模式的。因此，兒童既不能認識同一類客體中的不同個體，也不能認識不同個體變化中的同一性。如孩子看到別人有一頂與他一模一樣的帽子，他就一定說，「這帽子是我的」。因為在他看來，「帽子」一詞就是指他專戴的那頂帽子。這時期的兒童掌握的語詞還很貧乏，又未形成類概念，分不清個別與一般。因此，他們還不會做出合乎邏輯的推理。

2. 直覺思維階段（4～7歲）

這是從前概念階段向運算思維過渡的階段。這個時期兒童思維的主要特徵是思維直接受知覺到的事物的顯著特徵所左右。皮亞傑曾做了這樣一個實驗：給兒童兩個同樣大小、同樣形狀的小杯子A和A1，由受試兒童（4、5歲）同時用兩手分別向兩個杯子放入同等數量（每次一顆）的木珠。兒童知道這兩個杯子裡裝的珠子一樣多。然後，主試把A1中的珠子倒入另一個又細又長的杯子B中，問兒童：A、B兩個杯子中的木珠是一樣多，還是不一樣多。

有一部分兒童說，B 杯中的珠子比 A 杯中的珠子多，另一部分兒童則說 A 杯中的珠子比 B 杯中的珠子多。為什麼會出現兩種截然相反的答案呢？皮亞傑認為，那是前一部分的兒童只集中注意 B 杯中珠子的高度超過了 A 杯中珠子的高度，而後一部分兒童只集中注意 A 杯中珠子的寬度超過了 B 杯中珠子的寬度。這兩部分兒童都只是把注意集中到事物變化的一個方面或一個維度，不能同時注意事物變化的兩個方面或兩個維度，他們只注意到事物的某種狀態，而看不到由一種狀態向另一種狀態變化的過程。不過從另一方面來看，兒童的直覺思維已開始從單維集中向兩維集中過渡，這意味著「守恆」即將形成，運算思維就要到來。

（三）具體運算階段（7、8～11、12歲）

「運算」一詞是皮亞傑理論中的一個特定概念，它有幾層含義。其一，運算是指一種內化了的動作，即能在頭腦中進行的思維活動。其二，運算是一種可逆的動作，它既能朝一個方向進行，又能向相反方向運轉。如 1+1=2，它的相反就是 2-1=1。其三，運算具有一種守恆性，當一個運算在變換時，體系中總有幾個保持不變的特點。這種在變換體系中恆定不變的量稱為「守恆模式」，而守恆的形成則是一個運算結構是否完成的指標。其四，是系統性，運算格式與前面幾個階段中提到的動作格式、象徵格式不同，運算格式是一個系統，它不能單獨進行，要協調成為一個整體（如一個類別、一個系列）。皮亞傑指出，運算開始具有決定性意義的轉折就是平衡的突然產生，這種平衡使得一些觀念的複合體形成一個單一的體系。具體運算階段的兒童雖然已實現了許多運算的群集，但是，兒童這時進行的運算還是不能脫離具體事物的運算，他們的群集還未構成形式邏輯，只能對於那些已經構造成功的內化了的觀念實現運算，而對那些尚未構造成功的、較為複雜的觀念還不能實現運算。

（四）形式運算階段（11、12歲～15）

形式運算階段又稱命題運算階段。它的最大特點是兒童思維此時已擺脫具體事物的束縛，把內容和形式區分開來，能根據種種可能的假設進行推理。

他們可以想像尚未成為現實的種種可能，相信演繹得出的推論，使認識指向未來。

形式運算階段不論在處理問題的方式上，還是在論證檢驗假設的方式上都與具體運算階段有著本質的區別。具體運算階段的兒童只能在聯繫具體事物時方能解決問題，形式運算階段的兒童能對命題進行運算。如主試問兒童：愛迪斯比蘇珊白些，愛迪斯比明麗黑些，在這三人中，誰最黑，誰最白？如果這三個人站在兒童面前，那麼即使是 6、7 歲的兒童也能解決，但是用命題形式表達出來甚至是 10 歲的兒童也感到困難。具體運算階段的兒童遇到多因素存在的問題時往往束手無策或回到無目的的嘗試錯誤的動作之中，而形式運算階段的兒童能把物體和物體，或命題與命題組合起來，最後透過對現實的考慮，不再侷限於事物具體的、有限的方面，而是依據某些可能或所有可能的組合去推論某一種現實性。

五、學前兒童思維的培養

思維是認知的核心，學前期是個體思維的發生和迅速發展的時期，應珍視這一時期，打好發展的基礎。思維的發展和感知、記憶的發展密切聯繫，感知、記憶是思維發展的基礎，兒童的感性經驗越豐富，思維的發展水準也就越高。因此，不能孤立地去發展兒童的思維，而應與豐富感性經驗、培養發展感知和記憶能力結合起來進行。思維的發展和思維的積極性密切相關，幼兒思維的積極性主要表現在他們好奇、愛提問題，有一種「打破砂鍋問到底」的精神，以及好動手動腳，喜歡從事探索活動等。成人應該保護、培養兒童的這種好奇心和求知慾，注意隨時啟發兒童積極思考，使之從小養成勤動腦、善思考的好習慣。思維是在動手動腦解決問題的過程中發展起來的，成人平時要有意識地為兒童創設一些「問題情境」，讓孩子學習獨立地去尋找答案，幫助他們分析答案的合理性、可行性，同時給予思維方法上的指導。

（一）創設鼓勵創造性思維的環境

創造性的本質就是標新立異、與眾不同。心理學的研究指出，有創造性的人往往會因為自己的思想和行動偏離了標準而感到焦慮和不安，兒童也會

如此。所以「心理安全」和「心理自由」是有利於創造性發展的兩個條件。幼兒期正是兒童創造思維能力迅速發展的時期，無論是幼稚園、家庭和社會都要造成一種鼓勵兒童發展創造性的氣氛。造成氣氛的方式很多，比如不要輕易指責兒童的好動、好問的行為，不要對幼兒做出更多的限制，要按照心理學中的「強化」原則，多鼓勵，少指責等等，使幼兒在一種輕鬆、愉快的環境中充分發揮自己的才智。

（二）透過訓練提高兒童的創造性思維能力

訓練的辦法有很多，比如，教師可以向兒童提出一些問題，讓他們透過自己的想像和思考來解決。教師可以問兒童：教室中的畫如何擺放更合適？讓兒童想像一下教室中不同的布置會有什麼結果。從小培養一種創造性的意識，讓他們知道任何事物都不是一成不變的。教師還可以用不尋常的辦法訓練兒童的感官、想像力和思維能力，提出一些假設性的問題。教師可以問：假如世界上沒有時鐘會怎麼樣？也可以提一些需要透過發散思維來解決的問題：「木頭做的東西有哪些？」「水有什麼用處？」等等，鼓勵兒童做多樣性、獨創性的回答。各種訓練要持之以恆，教師要把培養幼兒的創造性作為教育、教學的指導思想，不失時機地對幼兒進行熏陶和培養。

（三）透過創造活動發展兒童的創造性思維能力

遊戲是幼兒期的主導活動，要給兒童創設遊戲的各種條件：場地、時間等，在創造性遊戲中，教師和成人要注意觀察孩子的行為，當好嚮導。繪畫和美術也是提高兒童創造思維能力的重要活動。在繪畫活動中，教師要鼓勵兒童自由創作，小班的孩子還難以事先計劃自己的行動，他們有可能畫一個圓圈，一會兒說它是個蘋果，一會兒說是個太陽。教師要善於以讚賞的態度鼓勵他。也要讓兒童領受到創作後的喜悅，激發兒童進一步創作的動機。

本章小結

認知是人類最基本的心理過程。人的認知能力是一個發展的過程，具體來說，人獲得知識的能力和解決問題的能力隨著時間的推移而發生變化。人

類的認識能力不僅為我們提供有關物理世界的知識，還能使我們對人的心理和心理狀態本身形成認識。

感知覺是人生最早出現的認知，是人類複雜心理活動的基礎，是一切訊息加工的資料來源，在學前兒童的認識結構中，感知覺始終占據主導地位。注意是心理活動中意識的指向與集中，是各種心理過程所共有的特性。記憶是在頭腦中保存個體經驗和加工、提取訊息的心理過程。記憶與感知覺不同，感知覺是人對當前直接作用於感觀的事物的認知，相當於訊息的輸入，而記憶是對訊息的編碼、存儲和提取。在具備了一定的加工材料和加工能力後，學前兒童產生了想像，從無意想像到有意想像，從再造想像到創造想像，想像的發展在兒童階段至關重要。思維與感覺、知覺一樣，是人腦對客觀現實的反映。不過感覺和知覺是對客觀現實的直接反映，思維則是對客觀事物間接的、概括的反映，它所反映的是客觀事物共同的、本質的特徵和內在聯繫，皮亞傑的兒童智慧發展階段理論把思維的發展分為各個階段，每個階段都是前一階段的自然延伸，也是後一階段的必然前提。掌握兒童認知發展的各個特點，才能選擇適合兒童發展的教育方式。

複習思考題

1. 名詞解釋

（1）客體永久性

（2）有意想像

（3）直覺行動思維

（4）延遲模仿

（5）自我中心

2. 簡答題

（1）簡述注意對學前兒童心理發展的重要作用。

（2）簡述學前兒童觀察力的發展特點。

（3）簡述記憶對學前兒童其他心理機能發展的影響。

（4）簡述學前兒童思維發展的一般趨勢。

（5）簡述再造想像與創造想像的異同點。

3. 論述題

（1）選擇一所幼稚園，分別觀察小班、中班和大班兒童感知覺的表現，記錄下來，並與同學交流，分析兒童感知覺發展的規律。

（2）在幼兒期，無意注意和有意注意的發展有什麼特點？在教學中教師如何運用？

（3）如何理解想像在兒童心理發展中的意義？

4. 案例分析題

苗苗今年 3 歲，非常喜歡看路邊的廣告牌，指著廣告牌問媽媽上面的字是什麼。媽媽覺得苗苗喜歡認字，就買了許多識字卡片來教苗苗認字，苗苗很快就能按照媽媽的要求把一盒卡片上的字全認了下來，媽媽很高興。可是有一天媽媽無意中發現，如果把卡片上的圖片蓋住，苗苗就記不住上面的字了。請根據學前兒童記憶發展的特徵和一般規律，分析苗苗的記憶現象。如果你是苗苗的媽媽，你如何來教苗苗認字？

拓展練習

設計一個小實驗，對象是 2.5～3 歲的小孩，給他看一塊積木或是一根小棍，然後問他，這個東西在遊戲中可以當作什麼，可以用它怎麼玩耍。孩子給了幾個答案？孩子的不同答案取決於什麼？

第五章 學前兒童語言的發展

語言是人類最重要的交際工具，是人們進行溝通交流的各種表達符號。兒童早期語言得到飛速發展，七八個月左右開始咿呀學語，1歲左右可以用單個詞來表達自己的意思，4歲左右就能基本掌握本民族語言的口語表達。喬姆斯基提出，人腦中有一種先天語言獲得裝置，兒童的語言正是透過這套裝置習得的，但有學者對此提出了異議，一個單獨的語言獲得裝置是如何能讓兒童掌握世界上各類不同的語言呢？目前學術界對此還沒有形成定論。兒童的語言是怎樣獲得和發展的？兒童在那麼短的時間裡是如何獲取那麼大的詞彙量以及複雜的語法體系的呢？兒童早期閱讀和書寫能力是如何發展的？不同的理論學派對於兒童語言獲得的奧祕是如何解釋的？以上這些都是本章準備討論的問題。

案例

奶奶帶著1歲的豆豆在小區裡散步，一輛汽車向他們駛來，豆豆揮起小手指著汽車的方向喊「車！車！」看見李阿姨牽著狗狗也在散步，豆豆又不停地喊著「狗！狗！」這時候媽媽來了，豆豆焦急地一邊向媽媽伸出雙手，一邊叫著「媽！媽！」

媽媽帶著3歲的琳琳去姑姑家玩，見到了姑姑家的姐姐佳佳。琳琳媽媽對佳佳說：「佳佳，你長得可真甜。」琳琳看了看佳佳，然後轉頭對媽媽說：「媽媽，你舔過佳佳嗎？」媽媽一頭霧水，疑惑地回答道：「媽媽沒有舔過佳佳呀。」「那你沒有舔過，怎麼知道佳佳姐姐是甜的呢？」聽琳琳這麼說，全場的人都忍不住樂得哈哈大笑起來。

問題聚焦

豆豆和琳琳這時的語言是兒童語言發生與發展過程中具有的典型特徵，語言發展也是學前兒童心理發展的重要內容。透過本章內容的學習，可以瞭解幾種影響較大的語言獲得理論，認識學前兒童語言在語音、詞彙、句子三個方面的發展規律，從而能夠更科學地促進兒童語言能力的發展。

學前心理學
第五章 學前兒童語言的發展

學習目標

1. 理解語言獲得理論對兒童語言獲得的解釋。

2. 瞭解嬰兒語言準備期的發展階段。

3. 掌握兒童口語語音、詞彙、句子的發展特點。

4. 掌握兒童早期閱讀和早期書寫的發展特點,並能運用於自身的早期教育實踐。

第一節 語言獲得的基本理論

兒童為什麼能學會語言?雖然許多語言學家、心理學家、神經生理學家一直都在積極研究,但至今仍未完全探究出語言發展的奧祕。學者們對這一問題的解釋不同,就形成了不同的語言獲得理論,目前三種影響較大的傳統語言獲得理論分別是強化理論、模仿理論和生成轉換語法理論。近年來,關於語言學習的研究有了新的進展,即讀寫萌發理論和全語言教學理論,這兩種理論重點關注語言的學習與發展,倡導在真實、自然的情境中訓練兒童的聽說讀寫能力,本節就對以上幾種理論做簡要介紹:

一、兒童語言獲得的傳統理論

傳統的語言獲得理論是相對於近年來新興的讀寫萌發和全語言教學理論而言的,不同學派的研究者們從行為的強化、模仿學習、先天論和認知的視角分別對兒童語言的獲得進行了闡述,下面就對這四種理論做簡要介紹。

(一) 強化理論

強化理論源於行為主義理論,用操作性條件反射來解釋語言的獲得,代表人物是斯金納(B.F.Skinner)。他認為,語言像任何其他的行為一樣,都是透過操作性條件反射獲得的。所謂操作性條件反射(或稱工具性條件反射),是指對動物(包括人)的自發操作行為(反應)進行強化(如表揚、肯定或關注等)而形成的一種條件反射,一個操作發生後,接著呈現強化刺激,那麼這個操作再發生的強度就會增加。語言的操作性條件反射是建立在

由環境引起的、聲音和聲音連接的選擇性強化基礎上的，選擇性強化（對正確的給予正強化，不正確的給予負強化）是語言操作性條件反射中的核心問題，對兒童語言行為的形成、鞏固極為重要。如當嬰兒發音的時候，父母就用微笑、擁抱或其他反饋來正強化那些最像詞彙的聲音；反之，如果成人皺眉或表現出不理解則給予了負強化，正是在這種強化的過程中，兒童獲得了語言。

強化理論強調提供正確的語言範式和正確強化的作用，如嬰幼兒總是能夠在他們的強化下使用規範語言。然而從 60 年代開始，該理論受到越來越多的批評，對某些問題也無以作答，如：強化既是漸進、累積的過程，如何解釋兒童在短短幾年內就迅速獲得語言聽說的能力？強化理論過分強調兒童無目的的反應和強化的作用，忽略了兒童自身在語言學習中的能動性；另一方面，強化理論是斯金納從較低等的動物實驗中得出的類比，並非是真正觀察人類語言行為的結果，因此也帶有一定的片面性。然而，行為主義強化理論的觀點不應該被完全否定，透過本章的學習，我們瞭解到成人的回應是如何支持兒童的語言學習的，另外對於那些語言發展遲緩和有語言缺陷的孩子，用行為主義者的觀點來幫助他們克服困難也是很有價值的。

（二）模仿理論

模仿理論也稱社會學習理論，代表人物有奧爾波特（F.H.Allport）、布魯納（J.S.Bruner）、魯利亞（A.R.Luria）和班杜拉（A.Bandura）等，因模仿程度的不同，該理論分為機械模仿和選擇性模仿。機械模仿理論最早由奧爾波特提出，他認為兒童學習語言只是對成人語言的簡單翻版，兒童在這一過程中完全是機械的被動接受者。之後選擇性模仿對傳統的機械模仿理論加以改造：兒童不是在隔離的環境中學習語言的，而是在和成人的語言交往實踐即社會語言範式中觀察模仿而來的，社會模仿範式是兒童獲得語言的決定性因素。假如剝奪社會交往環境，兒童的語言便無從發展，世界各地報導的多起由野獸撫養長大的孩子都說明，絕對剝奪與人類社會交往環境會導致兒童不能獲得人類語言。

模仿理論提出了兒童語言獲得的另一種方式，充分強調了兒童語言發展中模仿的基礎作用，但是仍然不能解釋兒童語言學習中的一些問題。例如：兒童在沒有模仿範式的情況下仍然能創造性地產生和理解許多新詞和句子；另外有研究表明：兒童語言中模仿成人的比例隨著年齡的增長逐漸降低，羅杰·布朗研究表明，在 28～35 個月之間，兒童模仿成人的語言比例接近 10%，到了 3 歲時，下降到 2%～3%，3 歲以後模仿就更少了。可以看出，兒童在獲得語法結構之前（4 歲），模仿早已大大減少，開始有意義地創造自己的語言學體系，這種現象又如何解釋呢？因此，模仿理論揭示了兒童語言獲得的大前提，不乏一定的合理成分。但是，對於兒童怎樣透過社會交往來掌握語言的過程和機制，模仿理論還不能給出令人信服的闡述。

（三）生成轉換語法理論

生成轉換語法理論的創始人是喬姆斯基（N.Chomsky），該理論是當前影響最大的語言獲得理論。喬姆斯基對斯金納的強化理論進行了批判，和行為主義相比，強調先天稟賦在語言獲得中的影響，喬姆斯基提出：心理結構是我們理解及產生語言能力的核心，語言是一種生物基礎，是人類特別的才能。

喬姆斯基在其研究中發現：兒童掌握本族語言異常迅速、極其完善並富有創造性。儘管語言環境不同，但世界各民族兒童獲得語言，尤其句法結構的順序基本一致；儘管句子的形式不一樣，但它們都有著共同的普遍語言基本形式，即語法結構。因此，喬姆斯基假設：在人腦中，有一種先天語言獲得裝置（language acquisition device，簡稱 LAD），它是一種用於將來語言學習的先天的、生物基礎模塊。只要兒童已經獲得了足量的詞彙，語言獲得裝置就允許兒童將詞聯合成符合語法的句子、新奇的詞彙並且能夠理解他們聽到的句子的意思。一個單獨的語言獲得裝置是如何能讓兒童掌握世界上種類不同的語言呢？根據喬姆斯基的說法，語言獲得裝置內部有一個「普遍語法」以及適用於所有人類語言規則的倉庫，它在後天語言經驗的作用下，轉化成為使用某一具體語言的能力和該語言的具體語法，兒童就是在運用這種普遍語法以及自身體驗的過程中，才能發現語言的深層結構（與語義相連，

是語句的實質）及把深層結構轉換為表層結構（與語音、表達形式相聯）的規則，才能夠產生和理解無限多的新句子，並且創造性地使用語言。因此，與行為主義強化理論形成鮮明對比，生成轉換語法理論認為父母有意識地強化對兒童的語言發展是不必要的，因為語言獲得裝置就確定了嬰兒會很快地學會語言。

生成轉換語法理論於20世紀60年代提出後，就引起了學術界熱烈的爭論。該理論還得到了神經學研究的證實：語言的發展與大腦成長發育的速度具有一致性。但是，喬姆斯基所說的語言獲得裝置，完全是抽象的術語，一種預成的結構，認為語言獲得是由這種內在的生物機制來決定的，把語言獲得單純歸為內源性的、先天的因素是不正確的。同時，我們應該看到，喬姆斯基的生成轉換語法理論，是當前一個最有活力、最有影響的語言學和心理學理論，每一個研究者都不能無視它的成就和影響。

人物介紹

諾姆·喬姆斯基

諾姆·喬姆斯基（Noam Chomsky）出生於賓夕法尼亞州的費城。他的生成語法理論被認為是20世紀語言學研究上的重要貢獻，他採用以自然為本來研究語言的方法也大大地影響了語言和心智的哲學研究，這一理論對於理解兒童如何習得語言以及什麼是真正理解語言的能力都有深遠的意義，但這一理論同時也因過分強調先天而忽略了語言學習中的背景文化而受到爭議。

（四）認知理論

20世紀六七十年代以來，以皮亞傑（Jean Piaget）為代表的日內瓦學派對認知和語言發展的關係提出了新看法。皮亞傑認為，語言是兒童的一種符號表徵功能；語言產生於人類認知的成熟；認知結構是語言發展的基礎，語言結構隨認知結構的發展而發展，而個體的認知結構和認知能力源於主客體之間的相互作用。具體來說，語言和思維、認知的關係是：語言來源於思

維，認知結構發展到一定階段，才出現語言；語言只是認知發展的標誌之一，語言對思維的發展不起作用。認知發展的過程是「非語言動作思維—自我中心思維和語言—社會化語言和邏輯思維」。兒童語言的發展在個體和客觀環境因素共同作用下，透過同化和順應不斷從一個階段發展到另一個更高的階段。例如：本章開篇導航部分所舉的例子，1歲的豆豆處於感知運動階段，兒童所發出的詞都是以具體感覺到的物體為主；3歲的琳琳處於前運算階段，具有直覺形象思維，理解概念的時候常常依賴於感知的經驗進行匹配；7歲之後則進入具體運算階段，再發展進入抽象思維的形式運算階段。

皮亞傑的認知理論特別強調主客體之間的相互作用在兒童語言獲得中的作用，闡明了思維和語言之間相互影響、相互制約的關係，它使我們對語言發生的內在機制有了進一步的深層認識，但是這一理論也沒有完全解釋清楚語言發生的複雜過程和其中的錯綜關係。

二、讀寫萌發理論

讀寫萌發理論是近年興起的關於兒童語言學習的重要理論。讀寫萌發的概念起源於新西蘭的克雷，他在1966年奧克蘭大學完成的博士論文「萌發的閱讀行為」中第一次使用「讀寫萌發（Emergent Literacy）」這個詞，意指幼兒學習讀和寫不是限定在某一個特定的時間，而是在生活中持續萌發展現的過程。

兒童的讀寫能力在生活中會逐漸發展起來，最初他們借助表情、手勢與人溝通，接著是口語的溝通，然後逐漸發展到讀與寫。因此，兒童讀寫發展是社會化的過程，這個過程是在環境中漸漸萌發的。讀寫萌發理論將讀和寫視為一體，強調兒童在學習閱讀和寫字的過程中，就如同他們在學習說話一樣，是一個主動的參與者和建構者。在這一建構的過程中，兒童透過自然閱讀、畫圖和塗寫來表達自己的想法。

在讀寫萌發理論的指導下，我們要允許兒童犯錯誤，鼓勵他們用自己的方式來呈現讀寫，以溝通為目的，允許他們用畫圖自創文字，不強調正確工整，接受其書寫的結果。兒童讀寫能力萌芽於嬰兒時期，發展於學前階

段，學前階段對書面語言及口頭語言的認識即為日後正規學校的教育奠定基礎。這一理論打破了傳統語言教學者所認為的學習有閱讀準備度（Reading Readiness）之說，即認為兒童在閱讀之前要先具備與閱讀有關的認知技巧，如手眼協調，會分辨語音、字形和字義等，在這些技巧未成熟之前，兒童不宜閱讀或書寫，讀寫萌發理論則對此進行了批評，認為讀寫從嬰幼兒期就已經開始了。總之，讀寫萌發理論強調應激發幼兒內心產生讀寫的內在需要，這種需要是促使兒童自然發生讀寫的動力。在真實、自然、完整、有趣、有意義的情境中，兒童發展聽說讀寫能力，也能在這種互動中自然地運用口頭語言和書面語言，表達自己的想法，同時理解他人的思想。

三、全語言教學理論

全語言（Whole Language）的概念來自於有關讀寫萌發的研究，強調語言是「完整」的，不可簡單地割裂成語音、字詞和句子等片段，這些片段也不能拼湊成兒童日常生活的真實語言。因此，語言學習必須是整體的，很難劃分為語言內容或語言技巧。兒童在豐富的語言環境中，自然地進行談話、閱讀和書寫。當前全語言教學理論已經成為國際幼兒語言教育的代表性理論，該理論不僅能促進兒童母語的獲得，對於兒童早期的第二語言習得，也是一種十分可取的教學法。

全語言教學又稱整體語言教學，它不是一種教學法，而是一種觀念和態度。它有來自語言學、社會語言學、人類學、心理學和教育學等領域紮實的理論基礎，全語言教學觀不是單純根據某一家的學說形成的，它是綜合各相關領域多年的研究成果所發展出來的一套完整的教學觀。全語言教學在幼稚園中的實施，不是一星期安排幾天的語言教育活動，或在一天中某一時段，而是以主題單元式的活動將語言的學習融入兒童的一日生活中，幼稚園中的每一個環節都要求以全語言的理念進行。全語言課堂裡，教師提供豐富多樣的學習活動，鼓勵兒童與他人互動交談，尋求表達方式的多元化，例如兒童可以用說的、演的、跳的、唱的、畫的、寫的方式來講故事或表達自己的個人經驗。在這個過程中，教師的態度就成了兒童語言學習的關鍵，教師應將每一位兒童看作主動的學習者，包容兒童在語言學習過程中產生的自然錯誤。

因此，全語言教師對兒童學習的評價，常常採用形成性評價，透過觀察、記錄，聽說讀寫的多元呈現方式來評價兒童的語言發展。

第二節 學前兒童語言的發生

從呱呱墜地的那一刻起，嬰兒便開始了對語言的準備，直到 1 歲左右，他們產生了第一個能被理解的詞，這一時期即前語言期。在第一年間，天生的才能、認知和環境支持都會為口頭交流的開始提供支持。

一、語言發生的準備

兒童並非生來就具有語言能力，語言的發生需要兒童和成人共同在聽、說兩方面做好生理和語言環境的準備。在此對語言的發生和語言理解兩方面的準備，以及這個過程中成人的角色和作用做簡要介紹

（一）語音發生的準備

嬰兒語音發生的準備大致經歷了以下三個階段：

1. 簡單發音階段（1～3 個月）

出生兩個月左右，嬰兒開始「嘰嘰咕咕」地發出類似元音的聲音，由於他們的「oo」聲發得很好，所以才稱為「咕咕聲」。由此可以看出，嬰兒基本的韻母發音較早。四個月左右，嬰兒發音系統的形狀和結構已經成熟，開始出現了咿呀學語，他們把僅能發出的幾個聲母，如 b，m，h 和韻母聯合在一起並組成一串，比如「ba ba ba ba」和「ma ma ma ma」，類似於「爸」和「媽」的發音。

2. 連續音節階段（4～8 個月）

七個月左右，咿呀學語開始包括那些成熟口語的聲音，發音連續性增強。這一時期嬰兒的發音與他的生理狀態有關，如果基本的需要得到滿足，尤其是在成人逗他的時候，嬰兒會有發音行為，成人要注意保持嬰兒良好的情緒，對於嬰兒的發音會造成一定的促進作用。

3. 模仿發音——學話萌芽階段（9～12 個月）

十個月以上，嬰兒的咿呀語出現了更多的變化，明顯增加了不同音節的連續發音，音調也開始多樣化，近似語音的音更加頻繁出現，數量也增多，有了模仿發音的感覺。這一時期，在成人的引導下，一定的音開始與具體事物聯繫起來，逐漸有了一定的意義，如，「ㄉㄥ」與「燈」聯繫起來。但這時的一個一定的音只是與一個具體的個別的事物相聯繫，不具有概括性。逐漸地，嬰兒開始能用一定的聲音來表示一定的意思了，聲音對於這一時期的嬰兒來說已經具有了初步的交際作用了。大約在 1～1.5 歲左右，兒童的發音比較明確，正式進入了學話階段。

（二）語言理解的準備

1. 語音知覺能力的準備

新生嬰兒能不能辨別出不同的聲音？劉金花（1997）研究表明，嬰兒對語言刺激具有敏感性，不到 10 天的新生兒就能區別語音和其他聲音，並做出不同的反應。初生兒對人類聲音的音高範圍非常敏感，他們發現人類的說話比起其他的聲音來更令人愉悅；另外他們還有一種驚人的能力——語音範疇的知覺能力，即對屬於不同音位還是同一音位範疇的兩個聲音具有辨別能力。有研究表明，1 個月的嬰兒能夠在吮吸速率上表現出對 b、p 兩個音的辨別。「聽準音」，才可能「聽懂義」，語音知覺的發展為嬰兒語言理解提供了必要前提，使得語言理解成為可能。

2. 語詞理解的準備

7 個月左右嬰兒的注意力集中在大一些的語言單位上，他們能辨認出口語中相似的詞語，並逐漸地辨別出句子中的短語。9 個月左右，嬰兒擴大了對個別詞彙的敏感性，他們用自己語言中普遍的強調模式和語音次序來聽一些很長的句子，並且把句子分成類似詞彙的幾個小段來理解。這一時期嬰兒能根據成人的指示做出一定的反應，如「再見」——招手，「歡迎」——拍手等。語言理解的準備使得嬰兒能夠正確地理解並簡單地回應成人的話，這就為下一步的語言發生鋪好了道路。1 歲左右，兒童已經能夠理解幾十個詞，但能說出的很少，這種能理解卻不能主動說出（應用）的語言叫做被動性語

言。被動性語言很難發揮交際功能,只有出現主動語性言,即既能理解又能說出的語言時,才標誌著符號交際的開始。

嬰兒語言準備的情況和語言環境有直接的關係,父母要注意多和嬰兒對話,並且使他們聽到成人說一個物體的名稱時都能看到具體的實物。另外,嬰兒對母親的聲音特別偏愛,尤其對語速緩慢、語調高度誇張的聲音感興趣,這就是「媽媽語」。成人在與嬰兒交流時,要注意放慢速度、儘量用「媽媽語」的形式,可以提高嬰兒對談話的注意力和理解力。這樣,嬰兒的語言就會迅速發展起來。

拓展閱讀

「媽媽語」

「媽媽語」是指成人對嬰幼兒的說話,其特點是語速緩慢而清晰,用詞簡單、兒化。之所以稱為「媽媽語」,是因為這是一種專門說給兒童聽的語言,評議的內容和形式(詞句、語速、語調等)都需要適應兒童的語言能力和認識能力,因此,「媽媽語」又稱為「兒童導向語言」(child-directed-speech),它是幫助嬰幼兒理解成人語言的橋樑。任何父母不經學習都天然會使用「媽媽語」跟寶寶對話,隨著嬰幼兒年齡的增長,語言能力的提高,「媽媽語」在內容和形式上都會隨之發生變化。父母是胎兒最好的「語言教師」,胎兒聽到最多的是父母的語言,其節奏、語調、語速、詞彙等是最早被胎兒感知到的。因此,父母要盡可能注意自己的語言行為。

(三)前語言交流

嬰兒在開口說話之前,已經獲得了一定的交流技能,他們能夠透過哭、用手指或注視等方式吸引他們的注意,其中手勢是一種重要的交流方式。新生嬰兒可以透過眼睛接觸開始交流或透過視線離開終止交流,4個月左右,他們開始注視與成人相同的方向,這種親子之間共同的注意力使得嬰兒更早地產生了有意義的手勢和詞語,並且表現出了更快的詞彙發展。在視線共同關注的同時,親子之間的會話就開始了,我們常常可以看到母親與孩子之間這樣一種交流模式:剛開始嬰兒發出聲音時,母親也說話,嬰兒再說話,反

過來母親接著說話,等待嬰兒的回應,嬰兒再說話……在這樣一種輪流模式中,嬰兒認識到了其他人會注意他們的言語,慢慢地,嬰兒會成為積極的參與者。

到了一歲末時,嬰兒已經能夠做出一些複雜的行為,並且開始意識到可以用多種方式影響其他人的注意力,他們開始就前語言手勢的幾種形式來影響他人的行為。第一種是原始陳述:嬰兒觸摸一個物體,舉起它或者指向它,直到確信其他人注意到了為止。第二種是原始祈使:嬰兒透過觸摸,指向並且同時也發出聲音來讓其他人做些什麼。隨著時間的推移,一些手勢變得有明確的代表性,例如把手臂舉過頭頂來表示大,搧動手臂表示蝴蝶,透過這種方式,使得嬰兒和成人之間的交流更有效。

父母在嬰兒前語言經驗的累積中扮演著重要角色,親子之間的互動以及父母對嬰兒語言表達的鼓勵使得嬰兒能參與到對話交流中。隨著年齡增長,嬰兒的身體機能不斷成熟,在與周邊環境的互動中,他們的語言能力也有了迅速發展。

二、語言的發生——第一批詞的產生

心理學界和語言學界一般都以「第一批詞」的產生作為嬰兒語言發生的標誌,但對於這「第一批詞」的含義、特徵及其判別標準等問題,長期沒有一個明確而統一的看法。歐美心理學一般認為,嬰兒說出第一個與某一事物有特定指代關係的母語中的詞,就標誌著語言的發生;也有人認為,嬰兒能說出有一定意義的、與成人語言一樣的詞就說明語言開始獲得。相應的,持這兩種觀點的人就認為嬰兒語言的發生應該在 9～11 個月間。中國心理學家認為,嬰兒最早說出的具有最初概括性意義的「真正的詞」才是語言發生的標誌,時間大約在 11～13 個月之間,綜合多種材料,我們認為嬰兒語言發生的時間基本在 10～14 個月之間。

嬰兒最早可以在 9 個月時說出第一個有特定意義的詞語,最晚有可能在第 16 個月時才能說出,這一批詞已經具備了交流的意義,但這批詞實際上有很強的場合約定性,它們只能用來指代有限的某個特定情景下發生(出現)

的某一特定事物。如嬰兒只用「小熊」這個詞指代自己的玩具熊,而在其他場合下(如看到動畫片裡的熊或者其他玩具熊時)則不會使用「小熊」這個詞。逐漸地,嬰兒的第一批詞會不斷發展並開始具備初步的概括性,這一點在下一節會詳細講到。

到此,經過一年多的醞釀,兒童的語言就正式發生了。最開始說出的語言是不成熟的,但我們相信兒童是積極的學習者,在接下來的幾年裡,隨著身體的不斷發育,並且在與環境交互作用的過程中,兒童的語言得到了積極的發展,從單個發音到詞,再到句子,整個學前期,兒童的語言有了質的飛躍。

第三節 學前兒童口語的發展

經過一年多的醞釀,兒童終於能夠真正發音了,如果你聽到一個 1～2 歲的孩子試圖說出他的第一批詞時,你可能會聽到一個有趣的發音集合,例如:「媽媽,鞋」(媽媽,給我穿鞋),「爸爸,車」(爸爸給我買的汽車)。為了弄明白這些詞,你不得不請教孩子的父母。語言的發展是一個複雜的過程,從正確發音、運用詞彙、組織句子到正確理解以及順暢地交流,從 1 歲開始貫穿整個學前期,孩子在以上幾方面的能力都會取得很大的進步。

一、語音的發展

「說」是兒童語言發展重要的外顯標誌,從出生起能發出的無意義音節到能說出有意義的詞,語音學方面的專家把嬰兒掌握他們語言的發音看作是解決問題,他們在試圖像周圍人說話時一樣發音,在這個過程中,兒童的語音得到了迅速的發展。

(一)學話階段

兒童最初的詞彙僅限於他們所能控制的少量聲音。最簡單的聲音次序以聲母開始,韻母結束,並且包含重複的章節,比如「ma ma」「ba ba」「wang wang」等。另外,他們還會用相同的聲音來代表一系列的詞彙,比如,見到貓,叫「貓貓」,但如果見到其他帶毛的東西,如毛手套、毛領子一類的

生活用品，也會叫成「貓貓」。還有一種情況，這一時期的兒童，不僅會用一個詞代表多種物體，而且會用一個詞代表一個句子，比如，兒童說「拿」這個詞，有時代表他要拿奶瓶，有時代表他要拿玩具，還有時代表他要拿別的孩子手裡的食物。

1歲多的孩子說話的積極性還不高，只有在高興或尋求他人幫助時，才主動說話，而且他們說出的話常常發音不準，只有和他們比較親近的人，根據他們說話的表情和動作，以及情境才能理解。這一時期，父母要多與孩子交流對話，給他們練習的機會，並且有意識地糾正不規範的發音。

(二) 積極言語發展階段

2歲左右，兒童已經掌握了大量詞彙的發音，整個學前階段，兒童的發音進步很快，發音器官的成熟和兒童積極解決問題的努力在這當中起了主要作用。查閱相關文獻發現，這一階段內兒童的語音發展具有以下特點：

1. 發音水準隨年齡的增長逐步提高

幼兒正確發音的能力是隨著發音器官的成熟和大腦皮層對發音器官調節機能的發展而提高的，隨著兒童發音器官的進一步成熟，語音聽覺系統以及大腦機能的發展，兒童的發音能力迅速增強；這一時期內累積的詞彙數量急劇增加，也促使了語音的迅速發展。3～4歲期間，兒童的發音水準進步最為明顯，在正確的教育條件下，大概4歲左右，兒童能基本掌握本民族語言的全部語音。

另外，兒童語音的正確率與所處的社會環境也有關。方言是影響兒童正確發音的重要因素，比如，四川方言區「h」與「f」發音相同，兒童在發「飛機」時會發成「灰機」「湖水」發成「福水」。在同一方言區內，城鄉兒童發音正確率也有較大差異，如表5-1所示，這說明教育條件、家庭環境等因素也會影響兒童的正確發音。

表5-1　學前兒童時期聲母與韻母的發展

語音	年齡 正確率(%) 城鄉	3歲	4歲	5歲	6歲
聲母	城	66	97	96	97
	鄉	59	74	75	74
韻母	城	66	100	99	97
	鄉	67	85	87	95

2. 兒童對聲母、韻母的掌握程度不同

研究表明，4歲以後，城鄉大部分兒童都能基本發清韻母，而對聲母的發音正確率稍低。韻母中ㄟ和ㄛ發音部位相同，只有發音方法略有差異，因而容易混淆；而聲母中的翹舌音ㄓ、ㄔ、ㄕ、ㄖ和平舌音ㄗ、ㄘ、ㄙ等是幼兒最難辨別的，也是最容易出錯的。3歲兒童平翹舌發音錯誤較多，可能是因為其生理發育不夠成熟，導致不善於掌握發音部分與方法，因此發音時分化不明顯，常介於兩個音之間，如混淆ㄓ和ㄗ、ㄔ和ㄘ、ㄕ和ㄙ。再者，這其中可能也有方言的影響，一些方言的發音中對這些平翹舌沒有區別，兒童在模仿成人時也相應地不加區別地學習了。

二、詞彙的發展

詞彙是語言的基本構成單位，是語言的建築材料，詞彙數量多少、使用恰當與否直接影響到學前兒童言語表達能力的發展。因此，詞彙的發展是學前兒童言語發展的重要標誌之一。

（一）早期詞彙習得階段

學習詞語是一件在一個特定的語言中將語言符號與概念相配對的事情，觀察兒童早期最先掌握的詞彙可以發現，早期的語言是建立在皮亞傑描述的感知運動的基礎上以及嬰兒出生前兩年所接觸到的物體種類的基礎上的。最

初的詞彙主要指重要他人（「媽媽」「爸爸」），能夠移動或有用的物體（「球」「汽車」「狗」「鞋」），或是熟悉的行為（「再見」「拍手」），如表5-2所示，研究者發現，在嬰兒最初學會的 50 個詞中，他們幾乎不能說出靜止物體，比如桌子或花瓶。

表5-2　出現在嬰兒50個詞中的詞語類型

詞語類型	描述	典型的例子	詞語所占百分比
物體詞語	用來指代「物質世界」的詞	蘋果、球、鳥、船、書、汽車、餅乾、爸爸、小狗、小貓、牛奶、媽媽、鞋、雪、卡車	66
行為詞語	描述要求或是伴隨動作的詞，或者是表達注意，要求注意的詞	再見、去、嗅、看、更多、向外、向上	13
狀態詞語（修飾詞）	指代物體或事件的屬性或特質的詞	所有的不見了、大、髒、熱、我的、漂亮的、外面的、紅、濕的	9
個體─社會詞語	表達情緒狀態或社會關係的詞	不、請、想、是、謝謝你	8
功能詞語	執行語法功能的詞	是、為了、什麼、哪裡	4

（二）詞彙迅速發展階段

嬰兒慢慢地增加他們的詞彙量，以每個月 1～3 個詞的速度增長著，隨著時間的推移，學到詞的數量越來越多，在詞彙發展過程中，主要有以下幾個特點：

1. 詞彙數量不斷增加

學前心理學
第五章 學前兒童語言的發展

學前期是人的一生中詞彙量增加最快的時期。國內外關於兒童詞彙發展的研究很多，但因研究方法和兒童生活和教育環境的不同，研究結果並不完全一致，但都反映出了學前兒童詞彙發展的一般趨勢：3～6歲幼兒的詞彙量隨著年齡的增加呈直線上升趨勢，但詞彙量的增長率呈逐步遞減趨勢；3～4歲和4～5歲是詞彙量飛躍發展的時期；7歲兒童所掌握的詞彙大約是3歲兒童的4倍，從圖5-1這個折線圖可以清楚地看出兒童早期詞彙量的發展趨勢。

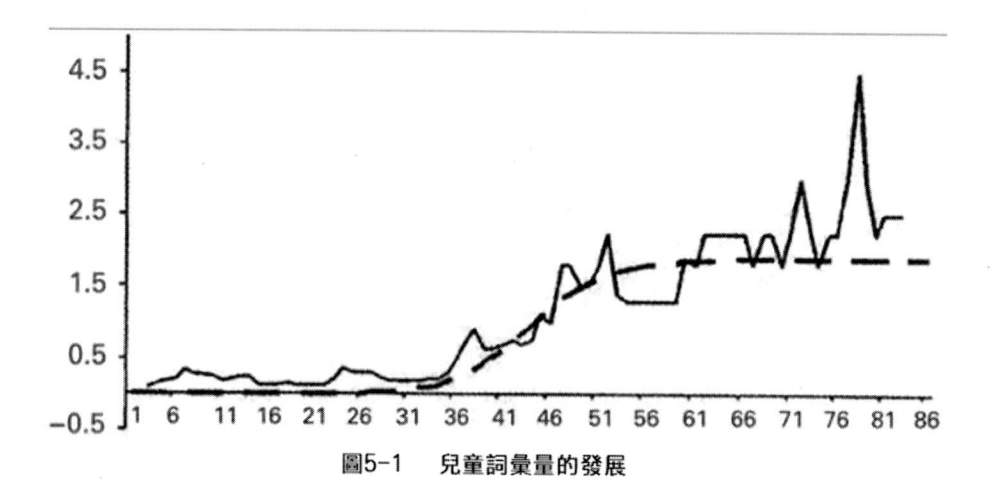

圖5-1　兒童詞彙量的發展

2. 詞類範圍逐漸擴大

隨著詞彙數量的增加，兒童獲得的詞類範圍也在不斷擴大，這主要體現在詞彙的類型上。兒童一般先掌握實詞，包括名詞、動詞、形容詞、數量詞、代詞、副詞等，順序是先掌握名詞，其次是動詞，接下來才是形容詞和其他實詞；後掌握虛詞，包括介詞、連詞、助詞、嘆詞等，從表5-3中可以看出隨年齡增長，兒童掌握的詞類變化。

表5-3　　2-6歲兒童各種詞類比例變化表(%) (朱曼殊等)

年齡(歲)	名詞	動詞	語氣詞	副詞	代詞	形容詞	象聲詞	助詞	助動詞	嘆詞	量詞	數詞	介詞	連詞
2	32.8	29.8	12.8	6.4	5.7	4.3	2.6	2.2	1.0	0.8	0.7	0.6	0.3	0
2.5	29.6	27.3	27.3	7.0	13.6	5.1	0.3	2.6	1.7	0.3	1.2	1.0	1.2	0
3	26.0	29.5	29.5	7.1	13.7	4.2	0.4	3.2	2.3	0.7	1.9	1.3	1.1	0.2
3.5	22.4	27.4	27.4	8.5	14.8	5.5	0.2	3.0	2.3	0	3.9	2.1	2.0	0.2
4	22.9	26.2	26.2	8.3	15.6	5.8	0.1	2.6	2.4	0.3	3.3	2.7	2.1	0.2
5	22.5	25.2	25.2	9.7	14.1	4.8	0.1	3.1	2.2	0	4.9	4.1	1.9	0.3
6	22.3	24.4	24.4	11.6	12.8	3.7	0.1	3.5	1.0	0.1	5.9	4.6	2.8	0.7

3. 詞彙內容侷限在生活範圍內

從詞彙的內容看，兒童最初掌握的基本是和飲食起居等日常生活活動直接有關的詞，以後逐漸累積了一些與日常生活距離稍遠的詞，甚至開始掌握與社會現象有關的詞，從具體的詞彙到抽象性、概括性比較高的詞。比如，兒童剛開始掌握的詞中絕大多數是「人稱類」「動物類」和「日常生活用品類」等與他們日常生活內容密切相關的詞，隨著年齡的增長，他們掌握了諸如「工

農業生產」、「技術」、「工具」等方面的詞。幼小的兒童只會說「狗」、「貓」等具體名詞，稍大一點的兒童就會用「動物」來代替。

三、句子的發展

兒童掌握語言不僅僅要掌握語音、詞彙，逐漸地還要組詞成句，人類所有的語言都具有複雜的語法結構，對語法的掌握正是透過句子的學習而進行。學前兒童語法句子的學習主要是透過模仿成人的語言和日常語言交流來獲得，經詞組發展到複合句階段，每個階段體現了不同的發展特點。

（一）詞組階段

1～2歲之間，兒童在詞彙突增之後，更多的動詞開始加入到兒童單個詞彙中，因而出現了最初的詞組式的句子。兒童用電報式的語言把兩個詞聯合起來組成一個詞組，例如「媽媽抱抱」等，這種句子的表現形式是斷續的、簡略的、結構不完整，好像成人的電報式文件，因此，也被稱為「電報句」或「電報式語言」。說出句子是兒童語言發展中的一大進步，雖然電報句中兩個詞語的表達是非常有限的，但是兒童可以靈活地用它來表達各種意思。這一時期兒童說出的句子有以下特點：

1. 句子簡單

這一階段兒童說出的句子都很簡單，主要有簡單的「主謂句」，例如：「媽媽來了」「皮球掉了」等；簡單的「謂賓句」例如：「要媽媽」「要車車」等。

2. 句子不完整

這一時期，兒童雖然透過電報句可以說出很多句子，但所表達的句子往往缺字漏字。例如：「媽媽，鞋」（媽媽，給我穿鞋），「爸爸，車」（爸爸給我買的汽車）。

3. 詞序顛倒

語言本身有一定的語法規則，其中很重要的就是各種詞彙的排列順序。電報句階段的兒童透過兩個詞的簡單組合來表達意思，有可能會打亂正常的表達順序，讓人無法理解。例如：「不拿動」（拿不動）「椅子我的」（我

的椅子）。這一時期，隨著兒童詞彙量的發展，說出的句子越來越複雜，逐漸地過渡到了複合句階段。

拓展閱讀

兒童語言發展中的「電報句」

電報句是嬰兒約從 15 個月～ 2 歲期間開始出現的雙詞或三詞組合在一起的語句。它在表達一個意思時，雖然比單詞句明確，但表現形式卻是斷續、簡略的，結構不完整，好像成人所發的電報式文件，故通稱為電報句。這一時期兒童在句中主要使用名詞、動詞、形容詞，具有語法功能的虛詞（如連詞、介詞）則用得很少。關於兒童為什麼出現電報句，語言學家布朗等人提出了語義關係說，認為兒童在電報句中所表達的是以兒童早期對事物間關係的認知為基礎的語義關係，這種語義關係是用一定的詞序來表達的，所以才會出現電報句。

（二）複合句階段

2 歲以後，在電報句發生「爆炸」的同時，兒童開始學習運用合乎語法規則的複合句（由兩個或兩個以上的意思相關聯的單句組合起來而構成的句子）來表達更為準確的意思，主要表現為在基本的「主謂」或「動賓」結構的電報句中，開始擴充進賓語、狀語、冠詞、介詞等輔助成分。這一階段，兒童的句子發展有以下特點：

1. 句子結構由簡單到複雜、由不完整到完整

前面已經提到，最初兒童說出的句子是電報句式的，通常只有簡單的「主謂句」或簡單的「謂賓句」，而後逐漸加入其他成分，最後出現結構完整、層次分明的複合句，例如：「我叫小明，我愛畫畫」，「我是個好孩子，是吧，媽媽？」

處於電報句階段的兒童說出的句子不僅簡單，而且結構不完整，這一點在前面也有提到，通常缺字或句子排列不當。一個 2 歲的兒童可能會這樣向家長轉述他所看到的情景：「摔了一跤，在樓梯上，哭了。」意思是說一個

小朋友在樓梯上摔了一跤,她哭了,造成主語省略的原因除了句子發展不成熟之外,也可能跟兒童這一階段的自我中心思維有關,他們以為自己明白的事別人也明白。一般到 5 歲左右,兒童說出的句子才會比較完整。

2. 由陳述句到其他句型

在學前兒童的語法句子使用中,最先學會使用的是陳述句。他們用簡單的詞或句子透過對事物的陳述來表達自己的思想。隨著年齡的增長和詞彙量的擴大,兒童開始慢慢使用形容詞、副詞、關聯詞等一系列詞修飾簡單句,從而使得句子結構變得複雜,感情色彩變得濃郁,於是疑問句、祈使句、感嘆句等也開始發展起來並逐漸增加。研究者對比了學前兒童時期不同句型的發展情況,結果見表 5-4 所示。

表5-4　學前兒童陳述句和非陳述句的比例 (%)

年齡(歲) \ 句型	陳述句 I	陳述句 II	疑問句 I	疑問句 II	祈使句 I	祈使句 II	感嘆句 I	感嘆句 II
3-3.5	76.7	70.8	8.8	8.4	9.6	11.6	4.9	9.3
3.5-4	65.5	72.2	12.4	10.4	10.3	9.7	11.8	7.7
4-5	65.3	66.5	13.8	12.7	10.3	10.3	10.6	9.9
5-6	66.3	65.1	15.8	13.4	8.6	13.9	9.3	7.6

3. 句子功能逐漸分化

兒童早期語言的功能中表達情感、意動(語言和動作結合表示願望)和指物三方面是緊密結合、未分化的,表現為同一句話在不同的場合可以表達不同的內容,例如:兒童說「餅餅」,既可以是指物的功能,意為「這是餅餅」、「我看到了餅餅」的意思;也可能是意動的功能,意為「我要吃餅」;還可能是情感的功能,意為「看見餅我很高興」。3 歲以後,這種句子功能不分化的現象越來越少。另外句子功能的分化還體現在句子結構的逐步分化上,最初兒童說出的是簡單的主謂結構或謂賓結構,一個成分可能充當了幾

個成分的功能,後來發展到層次分明的複合句,句子中主謂賓完整,還有了形容詞、副詞、介詞等輔助成分。

從咿呀學語到能說出完整的句子,兒童的語言有了飛躍性的發展,在這個過程中,家長和幼稚園教師可以透過多種方式來促進兒童語言的進步。0～3歲的兒童處於學話和詞彙學習階段,最重要的是要調動他們的多種感官來學習語言。首先家長要對嬰兒發生的聲音積極回應;使用「媽媽語」與嬰兒進行交流;並嘗試運用圖畫書講故事幫助嬰兒拓展語言。學前期的兒童,已經能夠基本完成正確發音,對於個別兒童發不好的音,家長和老師要耐心的做示範或糾正;培養兒童的語言表達和傾聽能力;另外,家長和教師可以透過兒歌、遊戲或閱讀欣賞圖畫書來幫助兒童進行閱讀準備,為下一階段的語言發展做準備。

四、語言理解的發展

語言活動是對話雙方的互動,這不僅是自己的語言表達,而且還要能夠充分理解別人所表達的意義,只有這樣,對話的雙方才能發生聯繫,將語言活動持續下去。

（一）對語音的理解——語音知覺逐漸增強

兒童要學會正確發音,必須建立起語音的自我調節機能。一方面要有精確的語音辨別能力,另一方面要能控制和調節自身發音器官的活動。兒童開始能自覺地辨別發音是否正確,自覺地模仿正確發音,糾正錯誤發音,就說明語音意識開始形成了。

2～3歲,兒童的語音意識逐漸開始發展,這時的兒童會積極努力地練習不會發的音,別人指出其發音錯誤時,他們會很不高興;或者有的兒童會聲稱自己不會發某個音,希望別人教他。語音意識的發生與發展,使兒童學習語言的活動成為自覺、主動的活動,這對兒童語言的學習來說有很大的促進作用。

3～4歲是培養學前兒童語音發展的關鍵期,在這個階段,幼兒幾乎可以學會世界各民族語言的任何發音,在此之後,發音就趨向於方言化。這時,

在學習和接受其他方言和外國語時就會出現困難，年齡越大，學習第二語言的語音就更容易受母語語音的影響。

（二）對詞義的理解——由混沌到分化

兒童開始學習新詞時，他們使用這些新詞的方式與我們平時不一樣。有時他們過於狹窄地使用一個詞。例如，兒童使用「小熊」這個詞就特指他的玩具熊，這種錯誤被稱為外延過窄（under extension）。1～2歲半的兒童更普遍的另一類錯誤是外延過寬（over extension），把一個詞應用到不太恰當的、更廣泛的表示物體和事情的集合中，例如，學話階段的兒童可能會用「車」這個詞表示許多物體，包括公共汽車、火車、卡車、消防車等，會用「狗」來代指長毛的、四條腿的動物。

出現外延過窄和外延過寬這兩種錯誤都是由於學話早期的兒童掌握的詞彙量過少，對於外形近似的物體，不能加以區別命名。隨著年齡的增長，兒童的詞彙量迅速提高，再加之生活經驗的豐富，兒童對詞彙的理解和運用也越來越精細。4～5歲的兒童就會對一些詞給出涉及功能或外觀的非常具體的解釋，例如，兒童說「小刀——當你切胡蘿蔔的時候可以用」「自行車——它有車輪，一個鏈條和一個把手」。

另外，學齡前兒童會透過比喻來延伸詞的意義，我們可以觀察到幾乎每天兒童的語言中都有比喻的出現。比如，3歲的孩子會用「我的肚子像火燒一樣」來形容近期的胃疼，另外還有像「雲就是枕頭」「葉子是舞蹈家」等。逐漸地，他們開始使用那些以非感性的比較為基礎的比喻。例如，「朋友像磁鐵一樣」，比喻使兒童以非常生動和便於記憶的方式來交流。到此，兒童對詞義的理解已經非常準確，對詞彙的運用也到了一個非常好的交流者的程度。

（三）對句義的理解——逐漸學會使用策略

在兒童語言發展的過程中，對句子的理解先於句子的表達，兒童在能夠說出某種句型之前，就已經能夠理解這種句子的意義了。4歲的兒童已經能夠與成人自由交談了，但對於一些結構複雜的句子，如被動語態句（蘋果被

小明吃了），雙重否定句（我不是不喜歡畫畫）還不能正確理解。在理解這些新句型時，兒童常常根據自己從經驗中總結出來的一些「策略」來理解它們，主要有以下幾種：

1. 按可能性方向理解

兒童常常只根據詞的意義和事件的可能性，而不顧語句中的語法規則來理解句子。例如：「小明在教王老師畫太陽」，相當多的兒童會認為是王老師在教小明畫太陽，因為在他們的經驗裡，「小明」顯然是個小朋友，而只有老師教小朋友才是合理的。即是說，事件在現實生活中發生的可能性，是他們理解句子的「鑰匙」，這種理解策略是建立在兒童經驗的基礎之上的，是一種獨立的較為穩定的主觀理解，語法的作用在此時是服從於事件發生的可能性的。

2. 按句子結構序列理解

兒童常常根據句子中的詞出現的順序來理解句子。這是由於兒童常常接觸到的是主動語態的句子，因此他們就形成了這樣一種策略：出現在動詞之前的名詞是動作的發出者，而其後的是動作的承受者。這種理解策略在遇到被動語態時就會出現錯誤，例如：「小玲被小華絆倒了」，相當多的兒童會理解成小玲把小華絆倒了。

3. 用經驗和習慣幫助理解

兒童在理解句義時，也常常使用一些非語言（與語言本身無關）的策略。克拉克（2006）研究表明，兒童在理解用 in、on、under 連接的指導語時，完全是按經驗和習慣進行的，如果給他的是盒子，不管是哪一個指導語，兒童總是傾向於把玩具放到盒子裡面；而如果是桌子，則傾向於把玩具放到桌子上面。

上述這幾種句子理解策略，兒童只是在理解尚未完全掌握的句型時才使用，他們在使用過程中會逐漸發現一些問題，進而將策略加以改進使之更符合語言規則。逐漸地，兒童對句子的理解能力就不斷發展起來了。

五、語言交流的發展

語言是為交流而生，並在交流中發展。用於交往的言語是「宣之於外」的外部言語，逐漸發展為內部言語，在這個過程中，兒童的語言從情境性的語言過渡到連貫性語言。在語言的正常發展之外，有一種語言流暢性障礙——口吃，在此對它的病因及矯正做簡單介紹。

（一）由外部言語到內部言語

兒童的外部言語包括對話言語和獨白言語。對話是兩個或更多的人之間進行的，3歲前，兒童基本上是在成人的幫助下進行對話的，因此大部分都是對話言語。獨白言語是一個人在比較長的時間內獨自進行的言語活動，由於沒有交談者的言語支持，因此必須用連貫準確的言語表達清楚自己的意思，是更複雜的語言活動，兒童期的獨白主要表現為講述。到了學前期，兒童常常能夠離開成人的幫助獨立進行多項活動，有時他們會向成人表達自己的體驗，這樣，獨白言語逐漸發展起來了。

內部言語是不出聲的言語，是在外部言語的基礎上逐漸內化形成的，它不直接用於和他人交往，但卻是人們言語交際活動的組成部分。兒童使用內部言語時，標誌著思維進入了新的階段。最早的內部言語就是獨白言語，到了小學之後，內部言語的發展一般以作文和默讀這兩項能力作為指標進行判斷。

從外部言語到內部言語的發展是一個緩慢的過程，這與兒童的認知思維能力的發展密切相關。學前期，兒童的語言主要是對話言語和獨白言語，為向內部言語發展打下基礎，在這一階段，家長和老師可以有意識地讓兒童做「複述」，講講一天在幼稚園裡發生的事等等，這樣能夠鍛鍊兒童的記憶力，也會逐漸提高兒童的獨白能力。

拓展閱讀

學前兒童言語交流中的「擇後」現象

所謂「擇後」，是指聽話者常常選擇說話者所表達言語中的最後一個詞作為對說話者提問的答案，它是三歲以前的兒童在進行言語交流時常見的一種現象。兩歲半到三歲是這種「擇後」現象的過渡期，到 4 歲時，「擇後」現象逐漸減少。以下是這種現象的一個實例。

老師把小汽車放在桌上，小青蛙放在椅上，問：「桌上放的是小汽車，還是小青蛙？」受試者答：「小青蛙。」

老師又重新呈現實物，每放一具實物就問一次受試者：「小汽車在哪裡？」受試者用手指桌子。

老師說：「對，小汽車在桌子上。小青蛙呢？」受試者又指椅子。

老師說：「對，小青蛙在椅子上。你告訴老師，小汽車是在桌子上，還是在椅子上？」受試者仍然用後項回答說：「椅子上。」

（二）由情境性語言到連貫性語言

我們知道，對話言語是在對話者之間進行的，是一個相互的過程，不需要連貫和完整的語言，因此，對話時常常用情境性語言。前面已經介紹到，3 歲以前的兒童只能進行對話，不能獨白，他們的語言基本上都是情境性語言，說話斷斷續續，缺乏連貫性、條理性和邏輯性。

學前初期的兒童仍然具有情境性語言的特點，在向他人講述一些事情時常常沒頭沒尾、句子不完整。例如一個 3 歲的兒童講述的情景：「摔了一跤，在樓梯上，哭了。」意思是說一個小朋友在樓梯上摔了一跤，她哭了。逐漸地，隨著兒童年齡的增長，情境性語言的比例下降，連貫性語言的比例逐漸上升，連貫性語言的特點是：句子完整、前後連貫、邏輯性強，聽者僅從語言本身就能完全理解所說的內容和要表達的思想。有研究者對兒童連貫性語言的發展做了研究，結果如表 5-5 所示：

學前心理學
第五章 學前兒童語言的發展

表5-5　各年齡兒童情境性語言和連貫性語言的百分比(%)

年齡	情境性語言	連貫性語言
4歲	66.5	33.5
5歲	60.5	39.5
6歲	51.0	49.0
7歲	42.0	58.0

從表中可以看出，整個兒童期都處在從情境性語言向連貫性語言過渡的時期，到6-7歲，兒童才能比較連貫地進行敘述，但敘述能力仍然不夠完善。語言連貫性是思維邏輯性的一個重要標誌，這一階段兒童語言的連貫性不夠好，表明其抽象邏輯思維的發展較低。逐漸地，兒童的連貫性語言發展越來越完善，使得兒童能夠獨立地、清楚地表達自己的思想，正是在這個基礎上，獨白言語也發展起來了。

（三）口吃的預防與矯正

口吃是一種言語流暢性障礙。世界衛生組織把口吃定義為：「一種言語節律障礙，在說話過程中，個體確切地知道他希望說什麼，但有時由於不隨意的發音重複、延長或停頓，而在表達思想時產生困難」。口吃是兒童期常見的語言障礙之一，主要表現是說話吃力，音節、單詞重複或延長，有時伴有跺腳、搖頭、拍腿、上身搖晃或嘴唇顫動等動作。

1. 口吃的病因

口吃的病因有多種，大體有以下幾類：

（1）生理器官發育不完善或生理疾病。與語言理解及讀寫有關的神經系統發育不成熟，語言發音器官及肌肉運動不協調有關，此類由生理方面的原因引起的口吃會隨年齡的增長而逐漸消失。生理上的疾病如腦部感染、頭部外傷以及百日咳、流感、猩紅熱等傳染病容易引起輕微語言障礙，時間長了就會形成口吃習慣。

（2）心理原因。精神緊張、焦慮或者性格內向的兒童因為過分注意自己的言行，唯恐會因此引起不良反應，所以容易口吃；另外，如果遇到了過度的驚嚇、恐懼也可能引起口吃。

（3）模仿。如果周圍有口吃患者（親人、鄰居、班級夥伴、電視中的口吃形象），兒童會出於「有趣」、「好玩」而加以模仿，一旦模仿，便很容易形成口吃。在幼稚園裡，口吃像是一種「傳染病」一樣蔓延很快，其主要原因就是因為兒童之間的不良模仿所導致的。

（4）家教過嚴。幼兒在開始學說話時，偶爾出現言語不流利的情況，在幼兒語言發展過程中是難免的，如果父母不善於引導，態度過於嚴厲，會使幼兒產生緊張心理，語言表達不流利加重，父母因而越著急，惡性循環下去，就會使幼兒最終形成習慣性口吃。家庭中另一個導致口吃的原因是強行矯正左撇子，部分口吃是由於幼兒的監護人在言語發展的關鍵期對左撇子強行矯正導致的。

2. 口吃的預防與矯正

根據上述提到的兒童口吃的病因，父母可以進行有針對性的預防及矯正。對於生理性口吃，此類患兒不經任何治療，隨年齡增長以及與語言理解有關的神經系統的發育，口吃現象會自行消失。模仿類口吃，應使幼兒脫離口吃的環境，儘量減少幼兒與周圍口吃者的接觸；避免讓孩子在學說話期間接觸有口吃情節的影視劇。對孩子的語言表現，家長要隨時關注，及時糾正。

由於家教過嚴或者家長強行改造兒童左撇子而造成的口吃，首先家長應該反省自己的教養方式，對於幼兒最初的語言表達不暢不應過分焦慮，孩子說話口吃時，即使家長非常著急，也不能急著去糾正，更不能對口吃兒童採用訓斥、指責、批評、打罵或懲罰等手段來矯正孩子口吃的毛病，這樣會導致孩子口吃更加嚴重，甚至會使孩子閉口不說話。因此家長應該耐心引導，建立和睦的家庭氣氛和學習氣氛，使幼兒生活在輕鬆愉快的環境中。對孩子採取正強化的方式，一旦孩子有所進步，對其進行鼓勵，使其體會到成就感。順應孩子的習慣，為幼兒創設一個良好的語言環境和輕鬆的心理環境，讓其自由發展。

消除說話時引起情緒緊張的因素，是矯正口吃的關鍵，有意識地進行一些語言訓練，是矯正口吃的重要手段。家長及教師用正確的態度對待幼兒口吃現象，並結合正確的矯正方法，大多數幼兒的口吃習慣都會得到糾正。

第四節 學前兒童書面語言的發展

一般意義上的書面語言是指閱讀和書寫，對學前兒童來說，書面語言的獲得包括早期閱讀能力和早期書寫能力的發展。長期以來，說到兒童語言的發展主要指的是口頭語言，近年來，隨著讀寫萌發理論和全語言教學的傳播，兒童書面語言即早期閱讀和早期書寫也引起了廣大教育者的關注，本節對兒童早期閱讀能力和早期書寫能力的發展做簡要介紹，並對當前幼稚園的語言教學活動中早期閱讀和書寫部分提出相應的建議。

一、早期閱讀能力的發展

研究表明，兒童早期讀寫起始於圖畫書閱讀，在閱讀過程中逐步提升閱讀水準並獲得讀寫文字的經驗。兒童在閱讀圖畫書時，最初認為文字和圖畫沒有差別；而後，兒童儘管能夠辨別文字和圖畫的不同，但是兒童會看著圖畫而非文字，並利用圖畫中的訊息做出回應；最終，兒童在閱讀中將逐漸地從文字中獲得訊息。綜合多項研究結果發現，在兒童早期圖畫書閱讀中，主要有關注焦點、內容理解以及語言表述三個方面的發展趨勢。

（一）視覺關注中心的發展

兒童圖畫書由圖畫和文字兩個部分組成，在閱讀圖畫書的過程中，兒童是如何關注閱讀的訊息？他們的視線關注點是否一成不變？這是我們首要關心的問題。周兢、劉寶根運用眼動儀研究了不同年齡兒童閱讀圖畫書時的眼動軌跡，結果發現兒童從視覺關注圖畫開始，在增加對於圖像關注水準的過程中，逐漸增長對漢語文字的視覺關注水準（如圖5-2所示）。

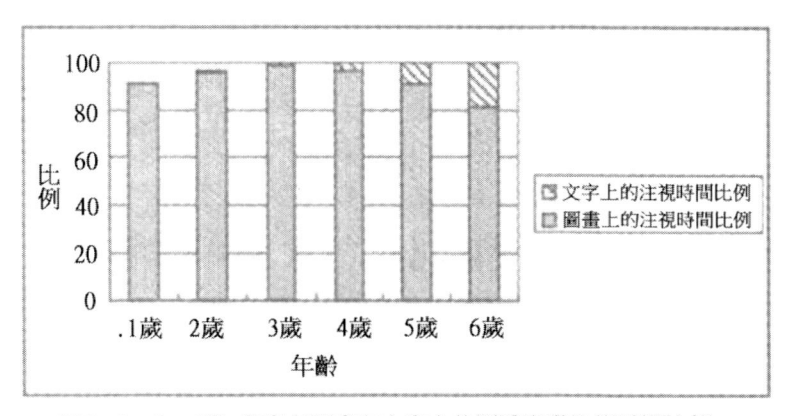

圖5-2 2-6歲 兒童在圖畫和文字上的閱讀眼動注視時間比例

　　另外還發現，兒童閱讀的視覺注視軌跡在學前階段後期逐漸呈現出文字和圖畫之間的聯合注視現象，聯合注視是指兒童在圖畫書閱讀過程中在文字和圖畫之間來回注視的一種注視現象，從圖畫—文字—圖畫（或從文字—圖畫—文字）的一次循環為一次聯合注視，這種視覺注視現象反映了兒童閱讀過程中確證或搜索訊息的有意注視能力的成長。

　　家長和教師可以根據兒童視覺關注中心的發展變化規律，適當的調整為兒童講述圖畫書的策略：對於年齡小的兒童，可以多向兒童講講書中的圖畫內容；隨著兒童年齡的增長，可以適當地引導兒童關注文字，這有助於培養兒童自主閱讀的興趣和能力。

（二）閱讀理解能力的發展

　　兒童對圖畫書內容的理解也是早期閱讀能力很重要的一部分。有學者從三個方面考察了學前兒童對圖畫書的閱讀理解能力的發展情況，分別是：圖畫形象理解水準（反映兒童視覺閱讀過程中圖畫建構意義發展狀況）、事件行動理解水準（反映兒童閱讀圖畫書時能否連接不同圖畫形象並推理圖畫形象之間的關係）以及角色狀態理解（反映兒童閱讀圖畫書過程中，對故事行動主體特徵及狀態變化理解情況）。結果如圖 5-3 所示，從圖中可以看出 3 歲兒童以理解圖畫故事書中的圖畫形象為主；4～6 歲兒童對事件行動的理解能力與對圖畫形象的理解能力一樣持續快速發展，並逐漸接近對圖畫形象

的理解水準；兒童對角色狀態的理解能力也持續發展，但與兒童圖畫形象和事件行動理解能力的發展相比速度較慢。這就反映出了3至6歲兒童對圖畫故事書的理解遵循由圖畫形象到事件行動再到角色狀態的發展順序。

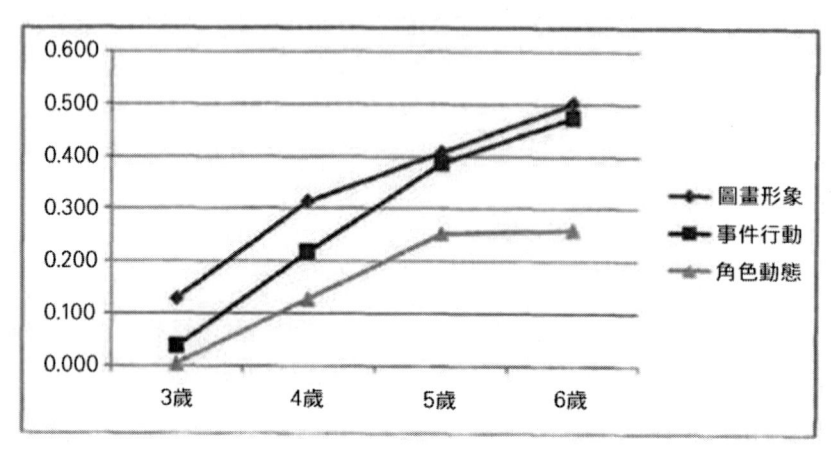

圖 5-3 不同年齡兒童圖畫形象、事件行動和角色動態理解比較

（三）圖畫講述能力的發展

我們知道在兒童語言發展的過程中，逐漸由外部言語過渡到內部言語，講述就是促進這個過渡過程的一個重要因素。隨著年齡的增長，兒童句子的表述不斷完善，他們會向成人講述自己的體會、經驗等，剛開始兒童的表述可能會缺字漏字，結構不完整，慢慢地會逐步趨於完善。兒童閱讀圖畫書時，講述圖畫所表達的故事的基本內容的量、語法結構都隨年齡增長而遞增。有學者對兒童圖畫講述能力的發展進行了研究，將兒童的圖畫講述能力劃分為三個水準：1.零散講述；2.抓住圖畫中的主要關係進行講述，簡明扼要；3.可以較好地組織圖畫內容，講述內容基本形成了由「時間＋地點＋人物＋事件」構成的一種故事結構。兒童的圖畫講述能力隨年齡增長，逐漸從水準1向水準3發展。

隨著對兒童早期閱讀越來越重視，很多幼稚園開設了專門的早期閱讀課程，然而，在早期閱讀活動中，許多教師只是狹隘地關注兒童對書面內容的感知與理解，忽視了兒童聽覺的發展以及對書面文字的感知和書寫能力的早

期啟蒙。這樣的早期閱讀教育僅僅幫助兒童獲得對圖畫書內容的理解，卻不重視讓兒童瞭解和掌握閱讀的基本形式。在幼稚園語言教育活動中有必要重視發展兒童的聽覺與口語表達能力，提高兒童對本族語言文字特性的高度敏感性，使兒童願意進行口頭和書面語言表達。

知識索引

繪本：促進幼兒語言表達能力的好幫手

繪本著重以圖敘事，文字並不是圖畫的主體，但繪本中的文字涉及很多動物、植物、人物及各種日常生活中的概念，這對擴大幼兒的詞彙量是非常有幫助的。另外，幼兒喜歡與他人分享自己喜歡的繪本，這種分享就需要幼兒將故事內容以口頭語言的形式表達出來，這個過程是提高語言表達能力和溝通技能的大好時機。

二、前書寫能力的發展

兒童前書寫是指學前兒童在正式接受書寫學習之前，透過觀察和累積環境中國字的知識，用塗鴉、圖畫、像字而非字的符號、接近正確的字等形式進行的書寫，從不會書寫到獲得初步書寫能力的發展過程。書寫作為兒童書面語言習得的重要部分在很長一段時間沒有得到應有的重視，直到近期，研究者和教育者才對早期書寫給予關注。雖然一般在進入小學之後，兒童才開始學習正式的書寫，但成人常常觀察到，兒童能使用無意義的線條、簡單的圖畫、和文字相似的符號，甚至是一些錯誤的「字」來表達自己的意思，並將之稱為自己的書寫作品，這就是兒童的早期書寫。研究發現，早期書寫的發展既有個體差異性，但也表現出許多一般的發展規律。

（一）塗鴉階段

兒童的書寫行為總是從塗鴉開始的。2～3歲時，兒童對塗畫發生了濃厚的興趣，這個階段的兒童，開始試著使用紙筆塗鴉，他們還不能分辨「字」和「圖畫」的區別。這些塗鴉在開始的時候可能是隨意的，但逐漸地，顯示

出從左到右的書寫順序，這一順序在拼音文字中是書寫習得的關鍵經驗之一，如圖 5-4。

圖5-4　圖文書寫階段

圖5-5　塗鴉階段

（二）圖文書寫階段

在進入到圖文書寫階段後，兒童的書寫中出現了一些文字，然而，此時兒童往往無法分清圖畫和文字的區別，因此他們使用圖畫來表現文字的現象十分頻繁。兒童能根據國字的意思畫出圖形，或者用同一個國字代替其他的字，如圖 5-5 中，雲、太陽、月、風等兒童都是以圖畫的形式來表現的。這種繪圖與兒童平時的繪畫存在一些區別，如以三條曲線代替「風」字的象形程度就較高。

（三）象形書寫階段

象形書寫階段，兒童能抽象出國字的字形，寫出「像國字而非國字」的符號，但很難僅僅憑藉這些符號瞭解兒童書寫的內容。這一階段的早期書寫進一步區分了漢語文字符號與圖畫，且具有非常明顯的象形文字特點，反映出兒童有關國字視覺表現的童年經驗，如圖 5-6。

（四）國字完整構型階段

在兒童結束學前階段的時候，他們的文字書寫開始呈現真正的國字完整構型。不排除存在國字部件或筆畫之間距離過大或過小、筆形與規範楷體有些區別等問題，但兒童書寫的國字已經非常接近規範國字，如圖 5-7。

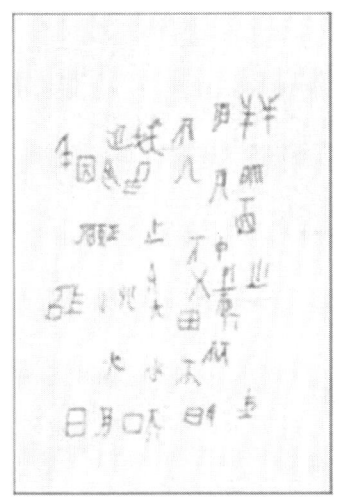

圖5-6　漢字完整構型階段　　　　　　　　**圖5-7　象形書寫階段**

　　兒童透過塗鴉、圖畫、象形一直發展到完整構型的前書寫能力的發展並不是自然而然實現的，教師為兒童提供相應的教育支持，是兒童前書寫能力發展必不可少的條件。應該強調的是，前書寫的教育不是要求兒童書寫正確、規範的國字，而是要鼓勵兒童勇敢地用紙筆表達自己的意思，透過塗畫來理解國字構型的潛在特點，以增加書面語言的知識，熟悉書寫的規範，為未來的學習作鋪墊。教師不應該著眼於教會兒童多少國字，而應該關注兒童前書寫的核心經驗，以此來促進兒童前書寫能力的發展，周欣教授提出了前書寫的三條核心經驗：（1）建立書寫行為習慣；（2）感知、理解國字結構；（3）學習創意書寫表達。幼稚園教師可以以此作為參照，科學設計教學活動，促進兒童前書寫能力的發展。

本章小結

　　語言是我們交流思想、表達情感以及思維的工具，學前期是一生中兒童語言發展最為迅速的時期。兒童在語言發生前，要進行語音和語言理解的準

備，這一階段的前語言交流中，父母要注意使用「媽媽語」和孩子交流，在這幾方面充分準備後，象徵語言發生的第一批詞終於出現了。進入語言發展期後，兒童口語在語音、詞彙和句子以及語言理解和語言表達方面都表現出突破性的可喜成績，4歲左右已經能夠基本掌握本民族的口語表達；書面語言方面，兒童早期閱讀和前書寫能力也有了一定的發展，教師和家長要注意科學合理地指導兒童的書面語言發展。

關於語言獲得這一問題，許多學派都對此做出瞭解釋。強化理論和模仿理論強調後天的學習環境對語言獲得的決定作用；喬姆斯基的生成轉換理論則強調先天稟賦的作用；以皮亞傑為代表的認知理論從主客體相互作用的角度來解釋語言的獲得。近年來，讀寫萌發和全語言學習理論是新興起的語言學習理論，對兒童語言的學習和教學提供了新的思路。

複習思考題

1. 名詞解釋

（1）語音知覺

（2）電報句

（3）複合句

（4）內部言語

（5）讀寫萌發

2. 簡答題

（1）如何根據嬰兒的語言學習特點來促進其語言學習？

（2）兒童對語言的敏感性以及有關「媽媽語」的知識對撫育者有哪些啟示？

（3）兒童句子發展的趨勢是什麼？

（4）你最認同哪一種語言獲得理論，為什麼？

3. 論述題

（1）語言獲得對兒童的發展有什麼意義？

（2）造成兒童口吃的原因主要有哪些？如何預防和矯正口吃？

（3）根據兒童掌握語音的一般規律，談談推廣普通話為什麼要從小做起。

4. 案例分析題

強強是一個4歲的幼兒，他喜歡自言自語。搭積木時，他邊搭邊說：「這塊放在哪裡呢⋯⋯不對，應該這樣⋯⋯這是什麼⋯⋯就把它放在這裡做門吧⋯⋯」搭完一個機器人後，他會興奮地對著它說：「你不要亂動，等我下了命令後，你就去打仗！」

請根據學前兒童語言發展的有關原理，對此案例加以分析。

拓展練習

觀摩一堂幼稚園語言教學活動，分析教師在語言教學活動中運用了哪些策略促進兒童的語言學習。

第六章 學前兒童情緒情感的發展

第六章 學前兒童情緒情感的發展

　　情緒是一種心理過程，是心理結構的組成部分。情緒是在物種進化過程中發生的，且又是人類社會歷史發展的產物。皮亞傑說：「沒有一個行為模式（即使是理智的），不會有情感因素作為動機；但是，反過來，如果沒有構成行為模式的認知結構的直覺或理解的參與，那就沒有情感狀態可言。」和認識活動一樣，情感也是人對客觀事物的反映，但是，它又不同於認識活動。因為，情感是客觀事物與人的需要之間關係的反映。伊扎德認為情緒的結構包括不可分割的內在體驗、表情行為和生理激起三種成分。國內研究者把情緒定義為一種由客觀事物與人的需要（包括生物的和社會的）相互作用而產生的包含體驗、生理和表情的整合性心理過程和心理動機力量。它是多種成分組成的、多維量結構和多水準整合的狀態。兒童有著廣泛的情緒反應範圍，他們有時候十分高興，有時候悶悶不樂，有時候還會變得憤怒、暴躁。兒童的情緒是怎樣產生和發展的？以及作為人際交流重要工具的情緒表達和情緒識別，在兒童的發展中具有什麼樣的作用？兒童情緒調控的內容等這些都是本章準備討論的問題。

案例

　　彤彤剛入園，她一進教室，就哭：「我想媽媽。」媽媽一走，她就會找個老師，抱住大腿就要往上爬，嘴裡不斷地說：「抱抱，抱抱。」老師還得做事，不可能總抱她，彤彤看到沒法抱了，還是跟著老師，拉著老師的手，喜歡單獨跟著一個老師或阿姨。老師要是抱抱她，她就不哭了或者哭得小聲了；要是老師抱別的小朋友，她又會使勁地哭。送她的東西不管是吃的還是玩的都一律拒絕、打掉在地上。當小朋友從她身邊經過或者有意去幫她撿玩具時，她都會主動用手或者東西砸小朋友，才一天下來就有幾名幼兒對她敬而遠之了。她的書包就像是她的寶貝，整天背著都不嫌累，一說要拿走書包就哭。但是下午媽媽來接她的時候，她就會很開心的和大家說再見，情緒也變好了。

學前心理學
第六章 學前兒童情緒情感的發展

問題聚焦

彤彤在幼稚園的情緒表現是幼兒的重要心理特點，情緒情感也是學前兒童心理發展的重要內容。透過學習本章，可以瞭解學前兒童情緒的產生及主要表現，認識學前兒童情緒調控的發展趨勢，從而科學理解學前兒童的情緒情感並採取合理方式積極應對。

學習目標

1. 瞭解學前兒童基本情緒的產生，以及複合情緒和高級情感的發展。
2. 思考學前兒童情緒的表達特徵與情緒識別的重要性。
3. 掌握學前兒童情緒調控的內容。
4. 結合實際生活中的觀察，思考如何有效地引導學前兒童正確地表達自己的情緒。

第一節 學前兒童情緒的產生

人類的每種基本情緒都能從高等動物原始情緒中看到它的延伸，也就是說從動物原始情緒中可以看到人類基本情緒的起源。兒童的基本情緒包括快樂、痛苦、悲傷、憤怒、恐懼等，是人類普遍共有的。情緒的發展有一個漫長的歷史，但不同文化的人卻擁有著相同的基本情緒。但是，嬰兒是否天生就具有表達情緒的能力？一般認為，情緒最初具有兩種普遍的喚起狀態：對愉快刺激的趨向以及對不愉快刺激的迴避。隨著時間的推移，嬰幼兒的情緒逐漸分化出不同的種類。

一、情緒的起源

行為主義心理學創始人華生認為，「新生兒的情緒是一種遺傳的『反應模式』，它包含整個身體機制，特別是內臟和腺體系統的深刻變化」。在對兒童進行觀察的基礎上，華生指出，新生兒具有三種習得性基本情緒反應：恐懼、憤怒、愛，並對這三種情緒進行了詳細的描述。華生認為引起恐懼的

原因是突然失去支撐、平衡以及突然的刺激；引起憤怒的原因來自活動、需要的受阻，產生屏息、尖叫的反應；引起愛的原因來自對幼兒身體，尤其是敏感區的柔和的輕拍或者撫摸，幼兒產生微笑和發聲的笑的反應。加拿大心理學家布里奇斯（1932）在對 62 名嬰兒的情緒反應觀察的基礎上，得出了一個新的觀點。布里奇斯認為，新生兒的情緒只是一種瀰散性的興奮或激動。一般性的激動反應約在 3 個月時首先分化為一般性的消極反應和積極反應，即快樂和痛苦。然後，隨著時間的推移，快樂和痛苦開始分化為特殊的反應。快樂分化為高興、喜悅和親愛；痛苦則分化為憤怒、恐懼、厭惡和嫉妒。斯洛夫（1979）在他的研究中提出了與布里奇斯相似的觀點。他認為，隨著嬰兒的發展逐漸成熟，嬰兒的各種情緒呈現開來，嬰兒開始懂得用微笑來表示高興，用哭來表示不安。伊扎德（Izard，1971）指出嬰兒有 8 至 11 種基本情緒，如快樂、驚奇、憤怒、悲傷、恐懼、厭惡、興趣、羞澀、羞愧、蔑視、內疚等。伊克曼指出只有 6 種基本情緒，即快樂、興趣、悲傷、憤怒、恐懼、厭惡。伊扎德（1982）利用攝影機記錄嬰兒在同母親一起玩的情景中出現的表情，以此作為材料研究嬰兒情緒表達的能力，然後讓未知事件發生原因的受試者觀看影片中嬰兒的表情來判斷嬰兒的情緒，結果與判斷一致。伊扎德根據實驗研究得出結論，嬰兒在出生時就已經具備了 5 種基本情緒，分別是驚奇、厭惡、苦惱、微笑、興趣，1 歲以後的幼兒有了更為複雜的情緒。

中國心理學家在幼兒情緒發展方面也做出了重大貢獻。孟昭蘭在總結前人研究的基礎上提出了嬰兒情緒的分化理論。她認為，首先人類嬰兒從種族進化中透過遺傳獲得了 8～10 種基本情緒，如興趣、驚奇、愉快、厭惡、痛苦、憤怒、悲傷、懼怕等。其次個體的情緒隨著個體在發展進程中的成熟相繼出現，有一定的時間次序和誘因。最後，兒童各種情緒的發生，既有一定的規律，又存在個別差異。

學前心理學
第六章 學前兒童情緒情感的發展

表6-1　兒童情緒發生時間表

情緒類別	最早出現時間	誘因	經常顯露時間	誘因
痛苦	出生後	身體痛刺激	出生後	
厭惡	出生後	味刺激	出生後	
微笑	出生後	睡眠中，內部過程節律反應	出生後	
興趣	出生後	新異光、聲和運動物體	3個月	
社會性微笑	3-6週	高頻人語聲(女聲)，人的面孔出現	3個月	熟人面孔出現面對面玩耍
憤怒	2個月	藥物注射痛刺激	7-8個月	身體活動受限制
悲傷	3-4個月	治療痛刺激	7個月	與熟人分離
懼怕	7個月	從高處降落	9個月	陌生人和帶來新鮮感的物體出現，如帶聲音的運動玩具出現
驚奇	1歲	新異物突然出現	2歲	同前
害羞	1-1.5歲	熟悉環境中陌生人出現	2歲	同前
輕蔑	1-1.5歲	顯示自己的成功的歡樂情況下	3歲	同前

| 自罪感 | 1-1.5歲 | 搶奪別人的玩具 | 3歲 | 做錯事，如打破杯子 |

人物介紹

孟昭蘭

孟昭蘭，女，1926年生。1948年畢業於燕京大學，獲學士學位，繼而在燕京大學心理學系、北京大學哲學系心理學專業任教。1978年負責組建北京大學心理學系，任心理學系常務副系主任、教授。曾任中國心理學會理事、常務理事，國際情緒研究學會（ISRE）執委，國際行為發展研究學會（ISSBD）執委。2006年獲國際嬰兒研究會頒發的嬰兒成就獎。孟昭蘭是中國情緒心理學研究的開創者，她的情緒心理學研究的特點是：注重實驗研究，從嬰兒著手，注重國際合作。

二、學前兒童的基本情緒

兒童的基本情緒主要包括快樂、痛苦、悲傷、憤怒、恐懼等，這是人類普遍共有的。人類情緒的發展有一個漫長的歷史，但不同文化的人卻擁有相同的基本情緒。因此下面將對學前兒童幾種主要的基本情緒進行講述與探討。

（一）快樂

快樂是個體追求並達到所期盼的目的時產生的情緒體驗。快樂是一種正向的情緒，是為人們帶來享受的重要來源，對兒童的心理發展具有積極作用。孟昭蘭認為，快樂的表情辨認具有明顯的特徵，顯示為額頭平展、眼睛閃光而微瞇，面頰上提，嘴角後拉。出聲笑時，面頰肌肉運動程度加大，眼睛更加明亮。研究指出，自然滿足得到的快樂還不是真正的快樂，真正的快樂包含著鮮明的社會內涵，如完成建設性的、有意義的活動時產生的快樂。當兒童經過自己的努力終於完成了有難度的事情時，他所體驗到的快樂比起自然滿足得到的快樂要強烈很多。另一方面，快樂在良好的人際關係中產生。比如讓兒童參加遊戲，同他人玩耍，就能夠引起兒童適時的快樂，甚至可以使兒童哈哈大笑，這樣的快樂對兒童來說是十分有益的。

兒童快樂情緒的表現形式以微笑和發聲的笑為主，出生一個月左右的嬰兒，開始對有趣的東西露出微笑，這種微笑的持續時間很短，但是卻包括了整個臉部，沃爾夫認為造成嬰兒微笑的有效刺激是人聲，尤其是婦女的嗓音；嬰兒發展到第五週時，有效的刺激就轉變為視覺的形象。大約在3-4個月時，嬰兒就會發出笑聲，這種出聲的笑也是對活動刺激的反應。6～10周以後，人臉引起嬰兒的笑，這種微笑被稱為社會性微笑。此後，隨著年齡的增長和社會性交往的增加，這種社會性微笑也逐漸增加。有研究發現，1歲半的幼兒主要是在自己玩得高興時笑，而3歲的幼兒則主要是對老師和同伴笑。

拓展閱讀

舒爾茨的快樂觀

開朗和誠實是實現自我滿足的潛在力量和體驗快樂的重要精神因素。誠實是指坦白、如實地對待自己、自己的事業、行為和評價，具有求實精神才能得到滿足。開朗是指向自己和他人開放自己的心靈，勇於面對自己、勇於面對他人和社會對自己的反饋評價，建立自知、自信。一個人若能打開長久關閉的、可能是痛苦的心靈世界，他將會被自我努力和快樂的潛在可能所代替，痛苦就會被快樂更替，其中個人的潛能是實現快樂的條件，它主要包括生物學功能、心理功能和社會功能。

（二）痛苦與悲傷

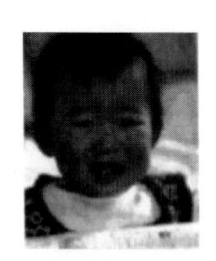

痛苦是由於持續的、超水準的不良刺激所引起的，痛苦是最普遍和最一般的負性情緒，痛苦的表情因為較少顯露而不易被察覺。嬰幼兒的痛苦常常伴隨哭泣，從而顯示出鮮明的外顯形式。痛苦的第一個表現形式是啼哭，啼哭是新生兒與外界接觸與溝通的第一種方式。在新生兒時期，伴隨生理和身體的不適，痛苦表現為先天的生理和心理反應。引起痛苦的原因是多種多樣的，包括物理、社會、心理和生理等多離例如與母親的過早別離，心理的分離受社會人際關係的干預，例如情感的剝奪、精神虐待、在團體中受到排斥以及不為集體所接納等，都會引起痛苦。嬰幼兒時期由分

離所造成的痛苦可視為失去安全感的適應性反應。另一方面，兒童學習的失敗也是引起痛苦的原因之一。

悲傷一般與痛苦同步發生，它與痛苦是同一種情緒的兩種表現形式。悲傷可以看作是痛苦的發展和延伸，強烈的痛苦忍耐不住會痛哭失聲，從而得到部分釋放和轉化為悲傷。早期幼兒由於飢餓、疼痛等引起的哭鬧一般稱為痛苦；當1歲幼兒因母親的離去而哭泣時，人們通常把它稱之為悲傷。悲傷經常在哭泣中表現出來，因此，悲傷比痛苦顯示出更鮮明的情緒色彩。悲傷的哭泣會使兒童感到失去力量和希望，從而處於無助和孤單之中。

（三）憤怒

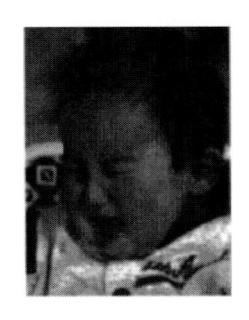

憤怒是一種常見的、激活水準很高的、爆發式的負性情緒。憤怒的原發形式常與攻擊行為相聯繫。憤怒的原型在嬰幼兒中仍然很明顯，表達形式為額眉內皺、目光凝視、鼻翼擴張，並在憤怒的大哭中表現得最為明顯。情緒研究指出，對嬰兒身體活動的限制能激發憤怒情緒。對於年齡大的兒童而言，強烈的願望受到限制，不良的人際關係常常是引發憤怒的來源。受辱、受壓制、受欺騙、挫折或者被強迫去做自己不喜歡的事情都會導致憤怒情緒。另外，情緒本身也會成為憤怒的原因，持續的痛苦或恐懼也可能會轉化為憤怒。例如，幼兒早期被送進幼稚園時常常哭鬧、反抗，這其中可能包含痛苦和憤怒兩種情緒反應。痛苦是來源於分離的反應，而憤怒則是由這種持續的痛苦轉化而來。低水準的憤怒可能會被各種因素所暫時抑制，但是這種憤怒卻具有殘留的效應，它很有可能在某種情境下被激活而導致攻擊行為。隨著社會文化的形成和演變，憤怒的原發形式被掩蓋，憤怒的功能也發生著改變，它可能會激發更大程度的活力和更高層次的追求作用。

（四）恐懼

恐懼是一種有害的具有壓抑作用、並伴隨著逃避願望的情緒。引發恐懼的原因有很多，有的是先天形成的，有的是後天習得的。凡是強度過大或者

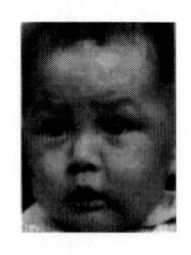

學前心理學
第六章 學前兒童情緒情感的發展

變異過大的事物都可能引發恐懼，比如說疼痛、突來的巨響、處境不明等都是引發恐懼的線索。

這些線索在兒童的身上派生出具體的恐懼對象：怕黑、怕陌生人、怕陌生環境等。其中，恐懼的分化經歷了以下幾個階段：

1. 本能的恐懼

恐懼是嬰兒出生時就有的情緒反應，可以說是本能的反應。最初的恐懼不是由視覺刺激引起的，而是由聽覺、皮膚覺、機體運動覺等刺激引發的。比如聽到尖銳刺耳的聲音、身體位置突然發生急劇變化、皮膚感受到高溫等。

2. 與直覺和經驗相聯繫的恐懼

4個月時，嬰兒出現了與知覺發展相聯繫的恐懼。引起不愉快經驗的刺激會引發恐懼，從這個時候開始，視覺引發的恐懼占主要地位。

3. 怕生

6個月左右，嬰兒產生對陌生刺激物的恐懼。這個時期，嬰兒的依戀情緒也同時出現。嬰幼兒在面對不熟悉的玩具，開始表現出猶豫，面對陌生人的時候也會感到害怕。

4. 預測性恐懼

2歲左右的幼兒隨著想像的發展，開始出現預測性恐懼，如怕黑、怕狼等等，這些與想像相聯繫的恐懼情緒往往與環境的影響分不開。與此同時，隨著幼兒語言在心理發展中作用的提高，成人可以透過講解來使幼兒克服恐懼。

恐懼雖是基本情緒，但是它的負性效應與焦慮相聯繫。恐懼的天然誘因在兒童早期就已經出現，因此成人要培養兒童自信、堅強的性格以及面對危險的能力。

第二節 學前兒童情緒的發展

一、複合情緒的發展

從動物的原始情緒中,我們可以看到人類基本情緒的起源,從基本情緒中,我們又可以看到社會化情緒的來源。基本情緒為理解複合情緒提供了基礎,社會結構理論家們又對社會結構的分析得出了對複合情緒的認識。複合情緒是在人的社會化過程中形成的,任何複合情緒,無論感受如何,都受到社會標準的檢驗,而在與社會交往相聯繫的基礎上所產生的情感中,兒童又發展著一些高級的情感。這些高級情感和複合情感的形成和發展對兒童個性的形成與發展具有重要意義。

兒童的複合情緒是在基本情緒發展的基礎上形成,並在人類的社會化過程中發展起來的。任何複合情緒,無論感受如何,它都受到它所賴以生存的社會標準的檢驗。下面我們將介紹四種複合情緒:愛、焦慮、羞怯與內疚。

(一)愛

愛是一種既有原始性,又是在基本情緒社會化中許多種情緒結合而成的複合情緒。它包括社會、生理、認知以及多種情緒的複合因素,並涉及個人與社會之間的複雜情感。研究指出,應該把愛(以及其他的情緒)看作是一種原型,這一原型可以概括某一種類理想模型的特徵。在此基礎上,研究者們認為,如果愛是一種情緒或者多種情緒的綜合,那麼它的功能就是用來建立和維持一種親密的關係。愛又可以分為激情愛和陪伴愛兩種。鑒於複雜的社會情境和人際關係,這兩種類型的愛均可以融入享樂、滿意等正性的複合情緒,也可以放入擔心、憂慮等負性的複合情緒中。另外,愛還包括認知、生理和行為等因素。

從愛的進化與發展方面來說,成人之間的愛大部分來自於母嬰的依戀。在母嬰的依戀中,來自嬰兒方面的依戀可以看作是激情愛的原型;來自母親方面的愛可以看作是陪伴愛的原型。鮑爾比關於對依戀、分離和丟失以及安斯沃斯的研究表明,兒童早期就表現出激情愛。當兒童焦慮、恐懼以及失去安全感時,特別容易激動地尋求與母親的依戀,即表現為尋求激情愛。研究

者指出，激情愛與依賴感和不安全感有著密切聯繫。陪伴愛與激情愛的不同之處在於，陪伴愛很少伴有強烈的情緒而表現為深切的依戀、親密的接近，陪伴愛典型地發生在母親與嬰兒之間。陪伴愛以中等程度的激活為特徵，這種母嬰之間的親密情景實際上是重建胎兒在子宮中的安全環境。這種愛的傳遞透過放鬆而溫和的聲音在母嬰中孕育和滋長，母親的愛透過對嬰兒的撫摸、親吻、擁抱等與孩子建立起交流親情的聯結關係。

（二）焦慮

焦慮是兒童情緒障礙的主要表現形式之一，是以生理性緊張的軀體症狀和對未來的憂慮為主要特徵的負性情緒狀態。研究發現，兒童期的焦慮症狀存在一定的持續性，兒童的許多嚴重焦慮障礙源於其生命的早期。坎斯基等人的研究發現，高焦慮兒童具有更多消極的社會預期。從強度上看，焦慮涉及輕重不等但性質相同的相互過渡的一系列情緒；從快感度上看，焦慮是一種負性情緒，給人的體驗是不愉快的；從複雜度上看，它是一種複合情緒，包含有悲哀、恐懼、憤怒等成分。目前，大部分研究者認為恐懼是焦慮的核心成分，恐懼與其他情緒成分相互結合，情緒與認知成分相互作用，才形成了焦慮。焦慮主要有三個方面的具體表現：一是行為上的表現，例如語無倫次，結結巴巴等；二是生理上的表現，如肌肉僵硬、寒戰、出汗等；三是心理上的體驗，如煩躁、不安、恐懼等。焦慮的種類依據不同的分類標準主要有以下幾種：按照焦慮的跨情境程度分，有一般焦慮（即焦慮特質）和特定焦慮（如考試焦慮、人際焦慮等）；按照意識程度分，有顯性焦慮（個體可以意識到的）和潛伏焦慮（個體意識不到的）等。

其中嬰幼兒出現最多的焦慮主要是分離焦慮與陌生人焦慮。當孩子成長到6～7個月以後，他們開始害怕陌生人，而且當他們與母親或其他親人分離時，會表現出明顯的不高興的情緒。這種反應就是嬰兒的分離焦慮。心理學研究證明，分離焦慮一般在3～5個月時達到頂峰，然後在整個嬰兒期和學前期，其強度逐漸減弱。陌生人焦慮和分離焦慮產生在同一時間，也就是當嬰兒形成最初的社會性依戀之時，它是嬰兒的認知能力和情緒發展的必然產物。心理學家認為，嬰兒可能是從他們的親人那裡學會害怕分離，當親人

離開時，他們的不舒適感（如飢餓、疼痛）就會增多。換言之，嬰兒會把痛苦的延長或加劇同親人的不在場聯繫起來，因此當親人要離開時，就表現出他們的「條件性焦慮」。另一些心理學家從行為學角度解釋了這種現象：當一些情境常常與危險相聯結時，對這些情境的恐懼與迴避就成為與生俱來的本能，這種本能就會作為一種「生物學的程序」透過遺傳傳給下一代。處在這些事件中的嬰兒就會按照事先編好的程序，從而害怕陌生人、陌生環境。一旦這種情況成為可能，嬰兒身上那種由遺傳獲得的「對不熟悉事物的恐懼」就會迅速表現出來。

知識索引

與陌生人焦慮做鬥爭：對醫生和兒童專家的有益建議

對幼兒來說，到醫院看病時經常會哭，並且緊緊地貼著他們的父母。有一些方法可以供照看者和醫務人員（或其他陌生人）採用，使得這樣一次相遇不會給幼兒帶來很大的恐懼。這些有利的建議主要包括：1.熟悉的照看者待在幼兒旁邊。2.安排照看者對陌生人做出積極的反應。3.把環境布置得更「熟悉」一點兒。4.成為一個敏感而又謹慎的陌生人。5.試著對幼兒表現得不那麼陌生。

（三）羞怯

自我意識情緒是指個體一些社會化情緒的產生必然受到自我的折射，這些情緒就被命名為自我意識情緒或者自我意識評價情緒。自我意識情緒的產生主要有以下因素：自我依據——標準、規則、目標；成功與失敗的認知評價；評價中的自我歸屬。這三個因素又涉及兩個維度：成功與失敗、整體歸屬與具體歸屬。因此形成了一個方陣圖（見表6-2）。

表6-2　自我意識情緒的歸屬

	成功	失敗
整體歸屬	傲慢	羞恥、羞愧
具體歸屬	自負、自傲	內疚

羞怯便是一種典型的自我意識情緒。從遺傳學的角度來說，學前兒童所表現的羞怯有著來自於父母的基因，但是卻很難描述它的確定的面部表情和獨特的情緒體驗，它常常與其他體驗伴隨，羞怯需從整體身體動作或者姿態來鑑別。1歲以後的幼兒會明顯地發生羞怯的情感，如果知道3～4歲以後的幼兒持續表現害羞的行為，就會被認定為是具有羞怯氣質與性格的兒童。

幼兒的羞怯可以從他的複合行為來辨認。在陌生人出現的場合，幼兒有時微笑，隨後頭和眼睛低垂，扭轉身體，躲在自己的母親和親人身後，或以不樂意的表情偷看陌生人。羞怯的人在社交場合容易產生自我脆弱感，羞怯者與社會化存在較少相關。他們常常遠離社交場合，對陌生人和陌生的情境感到危險，從而會產生不舒服的體驗，並與人保持距離。根據已有研究，羞怯與性格內向相聯繫。根據凱根的研究，大約10%～15%的人表現為極端羞怯，這被認為是持續的環境壓力作用先於先天氣質特徵的結果。

（四）內疚

當個體的注意力集中在特定的事件上，對自己的行為產生不快的體驗，但並不是感覺到自身的沮喪時，就會比較容易感受到內疚。因此，內疚是這樣的一種負性情緒體驗，當一個人失敗或者做了某些不道德的事情時，關注的是怎麼樣做出補救，以免將來再犯下同樣的過失時所感受到的情緒。內疚的體驗產生於個體評價自己的行為導致了失敗和傷害了他人。內疚傾向者會將更多的責任歸因於自己的行動本身，而且在「是否會再犯同樣的錯誤」這樣的命題上具有更加強烈的控制感。

兒童內疚情緒的產生往往與以下經歷聯繫在一起，比如沒有完成自己的事情，說謊、欺騙他人，糟糕的表現（某件事情做得不如其他小朋友好或不如預期好）等。內疚能夠透過行動去糾正錯誤行為並擺脫痛苦，糾正的行為使自我能夠指向自己或受傷害的他人．因此，對於兒童來說，只要下定決心，他們的內疚感就容易得到擺脫。

二、高級情緒的發展

隨著學前兒童社會化的不斷發展，自我意識和人際關係意識同樣得到發展，另一方面，兒童的自豪感、羞愧感和同情感以及委屈感等情感，也都相繼發展起來。學前兒童在與社會交往相聯繫的基礎上所產生的情感中，高級情感得到較大發展。這些高級情感的形成和發展對兒童個性的形成與發展具有重要意義。下面將主要介紹學前兒童的三大高級情感：道德感、美感以及理智感。

（一）道德感

道德感是由自己或別人的舉止行為是否符合社會道德標準而引起的情感。學前兒童道德感的形成是比較複雜的過程。兒童3歲以前出現了某些道德感的萌芽。比如說，當孩子看到別的孩子哭的時候他也會哭，心理學稱之為「情感共鳴」，這是兒童高級情感產生的基礎。3歲以後，兒童開始產生簡單的道德感。兒童在家庭、幼稚園的教育之下，逐漸掌握了一定的道德標準、行為規範。當兒童或者他人的行為和言論符合他自身所掌握的行為標準時，兒童會感到滿足和自豪；反之，則會產生內疚、羞愧等情緒。隨著兒童掌握各種行為規範，道德感隨之發展起來。幼兒在幼稚園的集體生活中，隨著對各種行為規則的認識和掌握，他們的道德感有了進一步的發展。小班幼兒由於對一些需要遵守的規則不太瞭解，他們的道德感主要是指向個別行為的，往往是由成人對行為的直接評價而引起。中班幼兒開始在形像水準上掌握了一些概括化的道德標準，他們不但關心自己的行為是否符合道德標準，而且開始關心他人的行為是否也符合道德標準，開始把自己和他人的言行與一定的規則相比較，並由此產生相應的情感反應。大班幼兒開始把自己的行

為與道德規則相比較，開始體驗到經過比較而產生的相應的情緒狀態，並且這種狀態成為以後兒童行為的動機。

總的來說，學前兒童的道德感從體驗的內容和範圍來看越來越豐富，兒童的道德感從外部的、被動的、未意識到的情緒逐漸轉化為內部的、主動的、自覺意識到的道德體驗。

（二）美感

美感是人對事物審美的體驗，它是人們在對審美的對象進行審美過後得到的一種愉悅的情感體驗。美感與兒童的知覺和思維的發展有著密切聯繫，同時，兒童美的體驗也有一個社會化過程。有研究發現，新生兒傾向於注視端正的人臉，而不喜歡五官零亂的人臉；對於純灰色的紙板，他們更傾向喜歡有圖案的紙板。在幼兒期初期，他們對色彩豔麗的東西容易產生美感，他們自發地喜歡漂亮的小朋友，而不喜歡形狀醜惡的事物。幼兒晚期對美的標準不再侷限於顏色的方面，而開始要求對顏色配備的協調，兒童對美的體驗有了進一步的發展。

學齡前幼兒美感的發展主要有兩個方面的特點：一是受事物的外部特徵所吸引，比如色彩鮮豔、新奇性等；二是事物的真實感。他們認為凡是同實物十分相像的東西都是好的，反之，則是不好的。現階段的兒童，他們對事物美的體驗與事物的具體形象相聯繫，他們還不會欣賞抽象的、概括化的作品。

（三）理智感

理智感是人們在認識客觀事物的過程中產生的情感體驗，它是人類社會所特有的高級情感。嬰兒時期就開始積極地向周圍的世界進行探索，7、8個月的嬰兒看見彩色的玩具就會用手去抓；拿到手裡的東西就會東敲西敲。隨著年齡的增長，3、4歲的幼兒完成一件事情時，他會很高興。並且這會成為促使幼兒進一步去完成新穎的、複雜認識活動的強化物。5～6歲幼兒的這種情感已明顯地發展起來，突出表現在幼兒很喜歡提問題，並由於提問和得到滿意的回答而感到愉快。好奇好問是幼兒理智感的特殊表現形式，因此有

的心理學家把幼兒期又稱為疑問期。這種對事物的強烈興趣，在使幼兒獲得更多知識的同時，也促進了理智感的發展。6歲的幼兒開始喜愛進行各種智力遊戲，即所謂的「動腦筋活動」，如下棋、猜謎語等等，這些活動能夠滿足幼兒的求知慾和好奇心，進一步推動理智感的發展。在日常生活中，一些很平常的事物在幼兒看來確是十分的新奇，所以他們會經常提問、動手，這是一種正常的現象。因此，成人應該鼓勵幼兒的這些行為，創造條件激勵幼兒的探索熱情，解放幼兒的雙手，促進幼兒理智感的發展。

拓展閱讀

伊扎德的「情緒動機分化理論」

伊扎德是當代美國及至世界都享有盛名的情緒發展研究專家。他關於嬰兒情緒發展的研究和據此提出的情緒分化理論，在當代情緒研究中有很大的影響。伊扎德認為：嬰兒出生時具有五大情緒：驚奇、痛苦、厭惡、最初步的微笑和興趣；4～6周時，出現社會性微笑；3-4個月時，出現憤怒、悲傷；5～7個月時，出現懼怕；6～8個月時，出現害羞；0.5～1歲時，出現依戀、分離傷心、陌生人恐懼；1.5歲左右，出現羞愧、自豪、驕傲、操作焦慮、內疚和同情等。

第三節 學前兒童情緒表達與識別

情緒表達是幼兒社會性發展的重要內容，新生兒的面部表情在很大程度上是反射性的，隨著年齡的不斷增長以及社會化過程中實踐經驗的增多，幼兒的情緒表達從最初較為簡單的形式（微笑、痛苦），向更為複雜多樣的形式轉變（輕蔑、罪惡感等）。幼兒的表情逐漸由籠統、呆板的本能反應轉化為一種有目的的可以表達特定意義、分化而靈活的社會性行為。但由於受發展水準及經驗的限制，幼兒所表達出來的情緒與其真正的情緒體驗往往是不一致的，這就容易導致他人難以正確識別和理解到他人情緒的內容，這樣就會影響幼兒在同伴間的地位、形成社交孤立。這就顯示出幼兒情緒表達與情緒的識別對學前兒童社會化發展的重要性。

學前心理學
第六章 學前兒童情緒情感的發展

一、學前兒童情緒表達

情緒表達的研究始於達爾文，在提出自然選擇的進化論後，達爾文對情緒狀態的表達又產生了興趣。關於情緒表達的研究在經過短暫的停頓以後，自20世紀以來，情緒表達的研究得到了蓬勃發展，Ekman等人則將情緒表達的研究推到了一個新的高度。Gross研究中認為情緒表達是指與情緒體驗相聯繫的個體行為（例如面部、言語、肢體）的變化，比如在情緒反應發生的時候個體的微笑、大笑、哭、皺眉和跑到屋外等。還有研究指出情緒可以被體驗以及不被表達，情緒表達的目的有兩個：情緒可以透過言語和非言語，以及生理的方式來展現個體內在的體驗；情緒表達可以促進人際交往的交流。另外還認為情緒表達是傳達或象徵某種情緒體驗的、可見的言語和非言語的行為。個體是透過面部、言語聲調、非言語線索來表達他們的悲傷、快樂、憤怒等情緒。

在國內，有研究提到：情緒表達即表情，是指個體情緒、情感的外顯行為方式。在個體的情緒活動中，人的面部、動作和語音、語調等會發生一系列的變化。這些變化是可以被人直接觀察到的，以此用來判斷個體的內心體驗，成為情緒活動的表徵。

拓展閱讀

達爾文《人與動物的情緒表達》

達爾文提出情緒表達並沒有進化，不道從於自然選擇的原則。他認為情緒表達要麼簡單地依賴於神經系統的興奮傳遞，要麼就是古老習慣的殘留物。這一結論來自於達爾文對情緒表達的跨物種研究，在這一研究中他將人類與其他動物看作是一個物種進化的連續體。同時，他指出情緒的面部表情不是一種真正的表達，僅僅是伴隨情緒反應發生的一些現象而已，根本不具有交流的功能。達爾文的情緒學說最持久的影響在於造就了許多持功能主義觀點的情緒理論學者。

（一）學前兒童情緒表達方式

Nelson等人研究指出，3～5歲幼兒的情緒主要以面部的、姿態行為的、聲音的，以及多種提示（包括面部表情、姿態行為、語言聲音）這幾種方式進行表達。言語與非言語的情緒表現方式，反映出幼兒當下的內在心理狀態。情緒表達是幼兒情緒能力的一個核心要素，情緒表達隨著個體的發展變化也變得越來越複雜。幼兒發展著自己特有的情緒表達的行為，而這些表達的模式要麼導致積極的同伴互動關係，要麼阻礙著良好的同伴互動。在Nowicki Duke（1992）的研究中，利用兩種任務模式：非言語靈敏度的簡介（PONS）和非言語準確度診斷分析（DANVA）來確定幼兒傾向於面部表情和姿勢表達來歸因預期的情感。學齡前兒童往往利用面部、姿勢和聲音提供的線索來進行日常交往，但大多數研究只集中在孩子面部表情的理解。儘管只存在較少的研究，學前兒童也被證明存在著利用姿勢線索來歸因預期的情緒，並且還區分了快樂和悲傷情緒的聲音語調。但是，還沒有研究可以證明這三個線索對於學前兒童來說哪種才是最容易辨識的。或者說，現存的幾種線索雖然可以為幼兒提供情感歸因的優勢，但是在離開成人的指導下，幼兒如何來理解情感暗示的不完全。在目前的研究中，有研究者從比較幼兒表現幾個單獨的情感線索（面部、姿勢、言語），以及動態合併這幾個標籤來解釋這幾個線索，肯定了它們在幼兒日常生活中的作用。下面將具體介紹情緒表達的幾種主要方式。

　　1. 面部表情

　　面部表情是指在情緒活動中，人的面部肌肉和腺體的活動模式。它能比較精細地表現出人的不同情緒，提供明確的表情線索，表達多種複雜的訊息。在人際交往中，面部表情為傳遞更多的精確的情感訊息提供依據。面部表情可以直接、清晰地表達個體的內心活動；而很少展示表情的人，證明其內心對環境的不安以及具有強烈的自我保護意識。研究者對情緒表達研究多集中在面部反應上，他們對面部表情的研究取得了一系列成就。Ekman在對不同文化族群的幼兒進行的跨文化研究中指出，在不同文化下的幼兒雖然有著不同的面部表情，但從中仍然可以找到表達快樂、悲傷、害怕、生氣、厭惡和驚訝的面部表情。研究者指出，個體的面部表情可以分為三個基本類型：（1）天生的特徵型，主要以面孔和顱骨的本身結構為基礎；（2）瞬間特徵

型,比如像暫時性的發怒或快樂時的表情;(3)性格特徵型,性格面孔就是由這種表情形成的,它主要反映個人習慣性情緒和表情以及他的習慣性反應。Ekman(1993)研究中提出了四個關於面部表情與情緒的問題:(1)表達通常傳達什麼樣的訊息;(2)有沒有無須面部表情傳達的情感;(3)情緒的面部表情是否不透過內心情感而流於表面;(4)個體的面部情緒表達有什麼不同。以此來證明不同的面部表情代表的不同情緒信號。

2. 姿勢表情

(1)手勢表情

手的動作(手勢)同樣可以傳達個體的情緒。研究者認為,手是人體器官中最為靈活的部位,它的活動範圍大而且靈敏自如。比起面部表情來說,手勢表情在表達內心情感時更直接坦白,可以表達頹然、沮喪或高興、快樂。

日常生活中的手勢表現因人而異,因此形式十分豐富。從表達的內容上來劃分,手勢大體上可以分為以下四類:象形性手勢,主要用於模擬某事物的形狀、大小等;象徵性手勢,主要用於表達具有特定的或特殊意義的事物;情緒性手勢,主要用於表達對事物或現象的情緒感受和反應;號召性手勢,用於表達命令或要求等。研究者根據個體自身情緒的變化不同來研究手勢的活動區域,發現手勢活動區域主要有上、中、下三個:上區主要是在肩部以上,用以表達張揚的情緒;中區主要用於肩部至腹部,一般情緒較為平靜,表示說明事物;下區主要指腹部以下,多表示不愉快或者厭惡等情緒。

(2)身體姿勢表情

除了面部情緒表達以外,行為也可以按照許多方式反映個體的情緒狀態。情緒活動中的身體動作已經得到了研究者的興趣,艾克曼、弗裡森和迪特曼等人都已經證明身體動作的表達以及表達的強度對情緒識別的重要性。

Winton觀察發現,面部表情的反饋效果還不是太清楚,因為在研究中所能運用的表達條件太缺乏了。解決這個問題非常重要的一點就是要瞭解情感產生的過程。從達爾文開始,許多理論家認為一種情緒的體驗是情緒事件中身體變化和行為發生過程的產物。大多的理論家認為,肢體表情可能會同

面部表情一樣以同樣的方式影響情緒。研究者探討了肢體表情在情緒體驗中的作用，研究表明，肢體表情的影響存在同面部反饋功能一樣的弱點，它可能只反映了單一維度的體驗。肢體規範著情緒的反應，因此，大多負面的結果發生在肢體表情與真實反饋存在差異的基礎上。總之，肢體表情是相對具體到每一個獨特的表現力的行為，對個體的情感產生影響，雖然對行為也可能產生影響，但在理論上也與情感有關。這些更廣泛的影響表現在行為表達與其他研究中所揭示的情緒的反應模式之間的關係非常密切。肢體表情的作用效果，似乎清晰地顯示是多方面的或多類型的，而不是單維的。在一項利用面部表情、肢體表情和言語表情來表達悲傷、憤怒和恐懼、幸福的情緒研究中表明，肢體表情往往會對情緒產生具體、明確的影響。儘管存在太多的限制，但是肢體表情同樣顯示出同面部表情一致的反饋效應。

3. 言語表情

言語表情是指在情緒活動中，人們運用說話時聲音的節奏、高低、起伏和腔調等方面的變化來表達情緒的一種方式。比如情緒激動時，說話聲音就會變得高、尖，並且具有起伏大、語速快等特點；悲傷時，說話的音調低、語速慢。情緒心理學家讓受試者判斷以各種語調念的英文字母的錄音的研究結果發現，言語表情的辨識率與辨認面部表情一樣高。從測謊的角度來看，言語表情同樣具有相當大的研究潛力。在不能夠掩飾全部行為細節時，說謊者只能掩飾人們最為注意的地方，因此說謊者最留意說話時的言辭選擇。比如重複地說某一個字詞、出現口吃，或者是說話聲音的語速、語氣、語調等突然的變化等。因而，言語表達有著不低於面部表達和其他非言語表達的訊息傳達和反饋的作用。

許多其他方式被用作研究人類情緒的交流，言語的情緒表達在 10 年前就已經成為一個主要的研究領域。Walker 的研究表明，不同於以往只運用面部表情的研究，這裡是否存在一個系統的模式能夠證明言語表達可以治療高焦慮孩子的社交技能。一個利用標準化的測試來測量接受並行語言（語音識別情感）刺激的研究證明，用悲傷的言語表達害怕的情緒的兒童（8~10歲）表現出較高的社會焦慮。這表明言語表情可以讓個體把他的情緒展示在同伴

面前。研究人員在一項關於結合聲音表達同情心的言語表達行為研究中指出，個體能夠很好地利用言語表情對他人傳達真實情緒。

在已有的研究言語表情的文獻中發現，對言語表情的測量方法和研究情緒聲音表情的策略已經出現。這方面主要有三種方法，使在留下非語詞成分的同時刪去說話中的語詞的內容：一是，要求受試者在背誦字母表的時候表現出各種的情緒；二是要求受試者對相同的、少量的中性句子用不同的方式表達；三是運用電子過濾技術來測量表達語言的語音變化。

（二）學前兒童情緒表達存在的問題

1. 情緒表達的縮小

情緒表達的縮小，是指表達出來的情緒沒有實際感受到的情緒激烈，情緒表達減弱了真實情緒體驗。Ekman 認為，情緒表達是透過肌肉的運動來實現的，比如微笑、悲傷、憤怒，人們不能夠輕易地去抑制或減弱內心情感的表達。顯然，當伴有主觀情感和生理表現時，可能會有人始終無法顯示出任何面部活動，這樣一來，我們就不知道這樣的人是否是因為聲源無效，還是存在一種主觀的脫節反應和生理變化的原因。這樣，情緒的社會交流功能及對心理活動的組織促進功能遭受阻礙，會導致一系列的諸如煩躁不安、焦慮的心理問題。

2. 真實情緒的掩飾

掩飾情緒的目的在於對同伴交往間的迴避。社會學家提出了詳盡的理論來說明，不管人們在普通的生活當中表現得多麼真實，他們還是在扮演一定的角色。在祕密的相面術中，面部儀態是最明顯的，戴上面具就不會暴露裡面的真正情況。比如幼兒表現出高興的情緒，就意味著他希望、同意被理解，如果幼兒具有掩飾和拒絕被識別的人格結構，這樣的結果會減弱情緒表達者和體驗者理解真實情緒訊息的能力。幼兒這樣雖然會獲得一定的「安全感」，但隨著幼兒情緒的不斷進化與分化，對真實情緒的掩飾往往帶來更多消極的後果。其中一個影響就在於，他會使自己的表情顯得單一化，表現為勉強的笑容。

3. 表達的限制

情緒表達的限制，指當情緒是混合的或者同時產生兩種不同的情緒時，只表達其中的一種情緒。因受表徵水準的限制，幼兒很難理解一個人可以同時有兩種不一樣的情緒，正如幼兒所說：「一個人不可能一邊哭、一邊笑，因為他沒有兩張嘴。」還有兒童這樣說：「你沒有兩個腦袋，你的腦袋不夠用。」幼兒只能以先後的方式描述誘發的兩種情緒。因此，在這樣的發展狀態下，幼兒的情緒總是顯得起伏不定、難以捉摸。他們的某一情緒表達僅僅是此時此地其中一種狀態而已，並不能涵蓋所有的內心情感。

4. 情緒無修飾

沒有修飾的情緒是對自己真實體驗的情緒表達。情緒的表現規則強調，個體的情緒表達要符合特定的社會團體、特定的文化背景下的成員所共同遵守的社會規範、社會習俗，從本質上來講，它是親社會的。比如，當得到一份禮物，或者到別人家做客的時候，不管你喜不喜歡，你都要表現出快樂的表情，並要真誠地表示感謝。因年齡及認知發展的關係，幼兒對情緒表達規則的理解能力是有限的，他們在面對不喜歡的事物時，會閉上眼睛、搗住耳朵或者直接表達出厭惡的表情。

5. 表達的誇大

情緒表達的誇大指的是表達的情緒比真實體驗到的情緒更加強烈，它包括對積極情緒和消極情緒的誇大。幼兒在情緒亢奮的時候，他們的言行會失控，極易發生故意挑釁和有意碰觸的行為，從而引發身體動作衝突。幼兒對不滿意的結果通常伴隨著激烈的情緒表現，而在安靜、緘默為主的同伴環境中，過度的積極情緒表達，比如欣喜若狂而不能控制好自己的情緒行為。同樣，那些被老師喜歡的幼兒如果表現得驕傲自大、過分滿意，也較容易產生不良行為。由於持續地受到干擾和挫折，不管是情緒表達者對於情緒的誇大表達，還是情緒體驗一方同樣會感到憤怒。

（三）學前兒童情緒表達的影響因素

1. 父母教養方式

美國心理學家鮑倫德認為，民主型的父母對幼兒具有回應性，他們會關注幼兒的需求，設定幼兒合理的行為範圍，而不是強制幼兒聽從父母的要求。基於長期的研究發現，在民主式教養風格生活下的幼兒身上可以看到正向的結果；而接受權威型和放任型教養風格的子女在社會關係和認知上趨向於負向的結果。父母對孩子情感的發展是重要的，不僅是因為他們之間的依戀，也因為他們認知和情感方面的專長。成人指導他們的孩子情感標籤的使用，用以評估、表達、調控策略。此外，父母將教予他們的孩子情感文化和次文化的規則。

2. 幼兒情緒理解能力

情緒理解能力是對所面臨的情緒線索和情境訊息進行解釋的能力，是個體認識他人及自己情緒狀態的過程。研究發現，在兒童早期，多數孩子開始具備了理解他人的情緒，並學會有效地調節自己的情緒、激勵自己表現出適宜的行為。但由於幼兒認知的不成熟和習慣以自我中心，幼兒感知和理解他人的情緒能力一直被認為是有限的。然而最近幾年，在使用更多有效測量工具的基礎上，這個假設已經得到了挑戰，並且更多細緻分析的能力參與進對情感敏感性的分析。

3. 幼兒恰當情緒表達方式的掌握

許多幼兒在需求無法得到滿足時，都試圖採取哭鬧等消極方式來解決問題，而當問題無法解決或者衝突升級時，這種消極情緒就愈來愈激烈。因此，幫助幼兒學會一種可以被接納的方式表達情緒就具有重要意義。Elliot 等人的研究證明，透過平靜地回應幼兒的憤怒與悲傷，可以使幼兒接受自己的情緒並找到方法同它們和平相處，這就要求幼兒學習怎樣去解決他們自身的問題。

拓展閱讀

鮑倫德的家教「八字訣」

美國心理學家鮑倫德（Baumrind）將父母教育子女的方式按類型來分類，提供了一個供人們參考的視角。他的研究發現，所有父母對子女管教時，基本上離不開四個向度：

1. 管束。指父母為孩子立下規矩，要求孩子遵守規矩，以及孩子違反規矩時的處理方式。

2. 冀望。父母對孩子行為的冀望，是以孩子的年齡為參照架構的。父母對孩子行為所表達的冀望，有的高於孩子的年齡（提早賦予孩子責任），有的低於孩子年齡（過分保護孩子），也有的正適合孩子年齡。

3. 教導。父母在管教孩子時，如何說明行為規範的意義，如何糾正孩子的過失，如何讓孩子表達自己的意思，是一個溝透過程。

4. 關愛。在孩子的養育過程中，在親子情感互動中，最重要的是父母傳達出關愛子女的親情。

(四) 學前兒童情緒表達的引導策略

1. 引導幼兒接受自己的情緒

引導幼兒接受、理解自身的情緒是培養幼兒正確的情緒表達能力的基礎。幼兒是自己情緒的主人，成人不能以強制的手段制止，阻礙幼兒情緒的表達。比如面對孩子的大哭大鬧，「不許哭了」並不是一個好的方法，我們可以問問他，「如果哭了一會兒後不那麼難過了，我們就停下來好不好」。以此讓幼兒學會在緊張的氛圍當中接受自己的情緒，並控制自我負面情緒的出現，減少人際衝突的發生。成人在幫助幼兒接受自己的情緒時還要為幼兒創設一個信任、安全的環境，這樣才能引導幼兒正確地表達情緒，而不是隱藏情緒。當幼兒學會了接受自己的情緒時，他們對自身的認識和行為控制力就加強了，這樣就能減少衝突行為的發生。

2. 提高幼兒的情緒理解能力

在引導幼兒接受、理解自身情緒的基礎上，成人還要提高幼兒的情緒理解能力。情緒理解能力是對所面臨的情緒線索和情境訊息進行解釋的能力，是個體認識他人及自己情緒狀態的過程。成人要幫助孩子學會命名和認識自己的情緒，以便他們可以明確某個時刻自己正經歷的情緒感受，能夠把它作為一種能被觀察和認識的對象去理解。比如在幫助孩子準備飯菜的時候可以對他說：「寶寶餓了，所以寶寶著急了。」而且還要引導幼兒盡力理解別人的情緒，要幫助孩子認識到人們對同一種情緒有不同的表達方式，其中有些反應可以幫助我們更快樂，交到更多的朋友，而有些則讓我們感到糟糕。當幼兒學會了在特定的情境下正確地表達情緒，就能在很大程度上避免人際衝突行為的發生。

3. 幫助幼兒掌握恰當的情緒表達方式

隨著情緒表達的認知能力不斷增長，幼兒能正確地與自身的情緒和平相處。比如，可以告訴幼兒有很多好的方式可以表達自己的憤怒，可以大聲地說「我生氣了」「我很難過」；當幼兒控制不住自己激烈情緒的表達時，成人可以允許他大聲地喊叫，直到幼兒感到自己不那麼憤怒、難過為止。以恰當的方式宣洩掉自己的負面情緒後，幼兒面對人際交往時會顯得更為平穩、和諧，自然而然就能避免和減少人際衝突的發生。

4. 引導幼兒在體驗中正確表達情緒

在遊戲中，幼兒願意按照遊戲規則進行活動，因此成人透過鼓勵和指導幼兒從同伴遊戲活動中學習自我控制。當幼兒將要以激烈的方式宣洩情感時，成人應該給予及時提醒，並教導幼兒以正確的方式表達情緒。成人可以對幼兒提出一個期望的建議，使幼兒能夠產生一定的情緒體驗，以便他在將來的同一場合或者人際交往中自發地使用這一情緒體驗。比如在社交中希望他們表現得禮貌、姿態平和等。另外，還可以利用遊戲培養幼兒的自制力、堅持性以及延遲滿足等能力，增強幼兒的自控能力，適時地調節自己的情緒狀態。當遇到衝突情境時，幼兒就傾向於理解情境，而且能以恰當的方式表達情緒，從而避免人際衝突的發生。

二、學前兒童情緒理解

情緒理解是指個體對情緒的信念和反應的認識，包括個體識別各種情緒表達、理解自己和他人情緒產生的原因，以及與情緒有關的線索（如表情、情境等）。秦金亮（2008）認為，對於學前兒童來說，情緒理解是兒童理解情緒原因和結果的能力，以及怎樣運用這些訊息對自我和他人產生合適、恰當的情緒反應。兒童的情緒理解包含不同的層次：簡單情緒表情的識別、基於外部情境線索的情緒理解、基於願望和信念的情緒理解、複雜情緒的理解等。由於複雜程度的不同，兒童不同層次的情緒理解能力所出現的時間順序相對穩定。

研究表明，學前階段是兒童情緒理解能力迅速發展的時期。3歲兒童已經能根據表情線索和情境線索判斷他人的情緒狀態；隨著年齡的增長，兒童逐漸能夠理解混合情緒。已有研究表明，情緒理解可以促使兒童與他人的良好相處。3～5歲幼兒的情緒理解與親社會行為呈正相關。大量研究表明，情緒理解能力對兒童的日常生活和社會交往具有不容忽視的作用。

（一）情緒理解的類型

1. 表情識別

表情是情緒的外部表現形式，人們的表情具有信號傳遞的作用，屬於非言語性的社會交際。憑藉表情人們可以傳遞自己的訊息、理解他人的情緒狀態，還能對他人的情緒進行辨別並做出不同的反應。幼兒的表情識別能力是幼兒區別不同情緒的有力證據，隨著年齡的增長，幼兒的表情益豐富多彩，在社會化的發展進程當中，幼兒對表情的識別具有重要意義。

尼爾森（1979）提出，表情識別反映出兒童透過表情推測他人內在情感狀態的能力。7～9個月的嬰兒就開始把面部表情知覺表現為有組織的模式，他們能夠把說話者的語調與面部表情相匹配。面部表情的研究通常是讓兒童命名和再認高興、悲傷、生氣和害怕四種基本情緒圖片，考察兒童識別基本情緒的能力。兒童最初學會的是區分高興與非高興的表情，然後再從非高興的類別當中分化出對生氣、害怕表情的理解。3～6歲幼兒對四種基本情緒

的識別順序為高興，生氣，傷心，害怕，表情識別不存在顯著的性別差異。姚端維等人的研究發現，4歲組的幼兒對於高興、生氣和害怕這三種表情的識別要高於3歲組。同時他們還發現，幼兒識別積極表情的能力高於識別消極表情的能力，並且幼兒在識別情緒表情方面不存在性別差異，這與國外的研究結果相一致。兒童面部表情識別的研究說明，兒童最早理解他人的情緒狀態是基於外部世界的，是與事件一一對應的關係，它不涉及其他複雜的心理活動。

2. 情緒線索

情緒是人際交流的重要手段，兒童可以根據表情、情景、個體等多種線索來推斷表情。已有研究發現，4歲的幼兒開始掌握了一套情緒的典型情景，比如，吃自己喜歡的食物時很高興，要打針時很害怕等等。隨著兒童的不斷發展，他們推斷他人情緒的水準也越來越高。

一般來說，表情線索與情景線索的匹配有利於幼兒情緒推斷能力的提高。比如，傷心、害怕的情緒很難識別，但是如果同情景線索相匹配，就能促進幼兒對他們的識別。但是，在面對衝突情景時，幼兒往往無法正確地理解他人的情緒。所謂衝突情緒理解也叫混合情緒理解，是指個體對同一情景可同時誘發兩種不同的甚至矛盾的情緒反應的理解。衝突情緒的理解表明兒童已經逐漸擺脫對情緒的單維度反應，達到情緒理解的相對高級階段。根據皮亞傑的認知發展理論，幼兒更多關注衝突情景中比較明顯的部分，而相對忽視其他訊息。因受表徵水準的限制，幼兒很難理解一個人可以同時有兩種不一樣的情緒，正如幼兒所說：「一個人不可能一邊哭，一邊笑，因為他沒有兩張嘴。」還有兒童這樣說：「你沒有兩個腦袋——你的腦袋不夠用。」幼兒只能以先後的方式描述誘發的兩種情緒，比如說：「開始很害怕，後來很高興」。刁潔的研究發現，5歲是兒童衝突情緒理解快速發展的年齡。同樣，張玉梅（2007）的研究也表明：3～4歲幼兒沒有對衝突情緒理解的能力，4～5歲幼兒有對衝突情緒的意識，5～6歲幼兒有一定的衝突情緒理解能力。

3. 基於願望與信念的理解

基於願望的情緒理解是指個體對於自己或他人在情景是否滿足自己的願望時所產生的對於情緒的理解。有研究者認為，3歲左右的兒童就能夠理解情緒和願望之間的聯繫。如有研究發現，2.5～3歲的兒童知道故事中的人得到他期盼已久的兔子時，感到高興；但當兔子換成小狗時，將感到難過。甄煒的研究表明，3歲以前兒童在情緒理解中已經能夠認識到他人願望的作用，3～4歲是兒童願望情緒理解發展的快速時期，5歲幼兒的願望情緒理解基本上完全發展起來。刁潔的研究也說明了3歲兒童已經能夠理解願望與情緒之間關係。這些研究表明，3歲可能是兒童獲得基於願望的情緒理解能力的關鍵年齡，即兒童在3歲時就能夠根據個體的願望來判斷由此產生的情緒。基於信念的情緒理解指個體對於情境與自己或他人所持信念是否一致時所產生情緒的理解。中國對信念情緒理解的研究也發現，4～6歲是兒童信念情緒理解發展的快速時期。刁潔的研究說明，4歲左右是兒童基於信念的情緒理解能力發展的關鍵年齡。信念情緒理解的研究表明，信念情緒的理解要晚於願望情緒的理解，兒童大約在4歲以後逐漸開始發展對信念情緒的理解能力。

第四節 學前兒童情緒的調控

兒童能夠恰當地表達自己的情緒、理解他人的情緒，他也能學會用多種方法來控制自己的情緒。情緒調節即將自己的情緒狀態調整到合適的程度，從而使之能夠有利於完成自己的目標。幼兒的情緒調控能力是有限的，當他們情緒發作的時候，成人應該及時進行引導，幫助幼兒控制和調節情緒。這樣就可以使幼兒感到他們是被關注的，有益於幼兒對外部環境形成安全感、信任感，也有利於幼兒形成良好的情緒調控方式，促進社會能力的進一步發展。

一、學前兒童情緒調控的作用

情緒調控的重要功能是控制情緒的喚醒和表達。目前關於情緒調控主要從以下方面進行定義：一是為了達到目標而適當地調控喚醒的能力；二是以社會適應性的方式控制情緒的行為表達的能力。另有研究者指出，情緒調控

包含兩層意思：一是指根據場合，個體對情緒的表達方式、情緒反應的狀態進行調整和控制；二是指對蘊涵在個體內的情緒發生的過程、外在的表現方式以及同社會的相互作用三者進行的調整和控制。

兒童的情緒調控具有促進其情緒適應性的作用，而不只是簡單地減輕或抑制情緒。從執行程序上，幼兒的情緒調控主要涉及調整情緒，包括增強或減弱情緒、調整積極或消極情緒。情緒調控能力好的兒童能做出被社會接受的行為，過高和過低的控制都不是最佳的調控。兒童獲得了調控情緒的能力才不會過於情緒化，兒童能夠自然而然地發展起自主性、能力和關係，控制的發展有自動調節和自我調控兩種形式。情緒調控在某些方面並不是自發的，如果環境支持兒童的自主性、能力和關係的需要，就會促進內在動機和內化。Garber 認為在情緒調控中需要一些特殊性的認知步驟，這些步驟是：

（1）知覺到情緒被喚醒並需要調控；

（2）解釋導致喚醒的原因；

（3）建立目標，決定需要做什麼；

（4）對達到目標產生反應；

（5）根據自己的能力對結果進行評價；

（6）執行做出的反應。有研究表明，對於這些步驟，年齡大的兒童比年齡小的兒童完成得更好。

二、學前兒童情緒調控的發展

兒童對自身情緒的控制有一個發展的過程。嬰兒的情緒控制能力是很有限的，這一點需要照看者能夠及時地感知到他們的需求。讓他們對外界環境形成安全感和信任感，這有利於嬰兒形成良好的自我情緒控制能力。2 歲兒童已經能表達他們的情緒感受，並學會了採用一定方式來控制情緒。3 歲的兒童開始運用控制的表情來表達快樂、驚訝等情緒。兒童學會控制自身情緒的過程，實質上是一個不斷觀察與學習、不斷形成新的條件反射和不斷接受強化的過程。因此，成人要尊重兒童正當的情緒表達方式，尊重兒童的體驗，

對於一些不良的情緒反應要教導及時，對於兒童良好的情緒表現和轉變要及時表揚。學前兒童的情緒理解和情緒調控實質上就是情緒與認知和意志的關係，它體現了心理過程的協調發展，也體現了人際關係與兒童情緒發展的本質聯繫。

三、學前兒童情緒調控的影響因素

（一）家庭教養方式

作為家庭環境的重要組成因素，家庭情緒氣氛是由每位家庭成員共同創造的。父母作為家庭的核心成員以及子女的主要撫養者，他們形成的溫暖、互助、疏遠或冷漠的家庭情緒氣氛對幼兒今後的社會性發展具有潛移默化的影響。在父母對兒童情緒社會化的影響中，父母的情緒信念被認為是指導養育行為的重要因素，它直接或間接地影響著兒童社會能力各方面的發展。在兒童情緒化過程中他們將父母關於情緒的信念納入到自己的信念和行為的系統中。一個和諧的家庭環境是幼兒生存與發展的前提。若父母給予孩子溫暖的照顧，並以合理的方式教養孩子，家庭情緒氣氛和諧，其子女就容易形成良好的情緒風格。相反，如果其父母本身就存在著行為或情緒上的問題，就難以形成溫暖的家庭情緒氣氛，從而使得子女安全與愛的需要無法得到滿足，並對人際交往產生不信任感，就有可能出現情緒方面的問題。家庭情緒氣氛的質量代表著家庭環境的質量，構建合理、良好的家庭情緒氣氛對幼兒的情緒調控有著重要影響。良好的情緒環境可以提供安全感從而降低恐懼，可以使幼兒在其中自信地探索。

基於長期研究發現，父母積極地與幼兒談論消極情緒，可以幫助他們正確應對消極情緒。在談論過程中，父母可以引導幼兒學會控制消極情緒的策略以及時地解決問題。另一方面，談論情緒問題還可以豐富幼兒對情緒的認知，促進他們情緒調控能力的發展。

拓展閱讀

家庭教育的重要性

中國古諺語有：「染於蒼則蒼，染於黃則黃。」幼兒期是成長熏陶的開始，人的許多基本能力，如語言表達、基本動作以及某些生活習慣以及性格等，基本上都是這個年齡階段形成的。古往今來，許多仁人志士，卓有成效的名人在幼年時期受到良好的家庭教育是他們日後成才的一個重要原因。如德國大詩人、劇作家歌德的成才，得力於家庭的早期教育。古代以「父子書法家」著稱的王羲之、王獻之，有1350多項發明的大發明家愛迪生，一代文學巨星郭沫若、茅盾等名人的成長過程，都說明了家庭教育對早期智力開發是十分重要的。反之，人的幼年時期得不到良好的家庭教育而影響智力正常發展的事例也不少，例如印度「狼孩」卡瑪拉等。所以，不可忽視早期家庭教育的作用。

（二）兒童的氣質

有研究認為考察兒童情緒調控的過程時，一個不可忽略的方面是兒童體驗到消極情緒的傾向性，即兒童的氣質。氣質具有先天生物基礎，體現在反應性和自我調節的個體差異上。在兒童情緒調節研究中，影響兒童情緒調節發展的最重要氣質因素之一就是兒童情緒性的發展，情緒性是指個體對情緒反應的程度。消極情感性或消極情緒性特徵包括憤怒、恐懼和傷感。那些傾向消極情緒表達、低適應性、高活動性以及低情緒調控能力的兒童被認為是氣質「困難型」兒童，反之則認為是氣質「容易型」兒童。眾多研究表明，區分兒童個體差異的早期氣質性特徵能夠影響兒童情緒性能力的發展。Calkins Johnson（1998）認為那些對特定事件體驗到極度痛苦的兒童會變得更為脆弱，導致他們無法產生有效的情緒調節行為，針對學齡前兒童的研究也呈現了類似的結果，如 Garner Power（1996）對學齡前兒童的氣質類型以及情緒調節能力進行的評估，研究結果發現，消極情緒水準低並且情緒理解力高的兒童在面對失望的禮物時，表現出較好的情緒調節能力。Morris Silk（2007）研究也發現，那些傾向於體驗到消極情緒的兒童往往不能夠使用成功的情緒調節策略來調節自己的憤怒情緒。

（三）兒童的認知

個體的解釋風格會影響其情緒的產生、表達和情緒調節策略的運用。面對同樣的情緒喚醒，不同的情緒個體會做出不同的解釋，而人們對事件意義的認知也會影響到情緒反應的產生。情緒的功能理論將情緒理解和情緒調節作為情緒能力的兩個方面，該理論認為情緒理解與情緒調節兩者是相輔相的。研究發現，情緒理解與兒童情緒調節能力和情緒調節策略相互影響。比如 Barrett 提出，在各種情緒事件面前，個體不僅要理解自己的情緒，還要認識到自己並不是孤立的，應與外界環境相整合，在此基礎上才能恰當利用情緒的調控策略。差別情緒理論則認為情緒理解和情緒調節是個體情緒發展過程中的整體，兩者是相互促進的。在對學前兒童進行研究時發現，當積極情緒的強度與表現並不顯著相關時，情緒理解可以幫助兒童調整自己的情緒表現，但情緒理解不能使兒童對消極的情緒表現進行調整。還有研究發現，兒童能夠準確地利用情緒理解能力對他人的情緒狀態進行推斷，從而更好地使用情緒調節策略來避免對他人造成傷害。其他的研究工作也證實了，由於兒童表徵能力和訊息加工能力的提高，促進了情緒的理解和適應性的應付能力，使兒童的情緒調控能力得到了發展。

四、學前兒童情緒調控能力的培養

（一）為幼兒營造安全的心理環境

幼兒具有獲得安全、關愛、尊重、自我實現的心理需求。只有當這些需求得到滿足時，幼兒才會形成良好的心理感受，產生積極的情緒體驗，這是幼兒成功調控自我情緒的基礎。如果幼兒經常處於挫折情境中，他很難產生積極的心態和情緒。所以，在幼稚園，教師要常常以關懷、理解、接納的態度與幼兒交往，使每個孩子有一種被關愛、被接納的心理感受，讓他們的情感需要得到實現。自我實現、獲得成就感是幼兒更高層次的心理需要，因此，教師應為幼兒創造條件，尊重幼兒，使他們在各種活動中充分展示自己的才能，獲得成就感，這樣幼兒才會產生持久的愉快情緒體驗。

（二）提高幼兒覺察自身情緒變化的能力

一個人只有能夠覺察、分辨自己的情緒，瞭解情緒的來源，才有可能採取適宜的策略調節自己的情緒。幫助幼兒覺察自身情緒的變化，可從熟悉情緒的用語與解讀面部表情、肢體動作開始，比如，讓幼兒觀察不同的面部表情、身體姿態，請他們說一說這是什麼表情動作，想想在什麼情景下，自己或他人會出現這樣的表情。教師還可以結合幼兒的具體活動，利用或創設某些情境，讓幼兒明確感知他在這種情境中的情緒狀態，並做出相應的反應。如在比賽時可引導幼兒討論：贏了的小朋友和輸了的小朋友各有什麼感覺？他們為什麼會有這些感覺？為提高幼兒認識自己情緒情感的能力，成人還應幫助幼兒認識那些沒有顯露出來的、正在感受的情緒。

（三）引導幼兒學會宣洩自己的情緒

每個孩子在生活中都會存在著消極情緒，這是他們成長的一部分。作為成人，重要的任務不是要求幼兒控制消極情緒，而是需要幫助他們學會選擇對自己和他人無傷害的方式去疏導和宣洩這種消極的情緒。一個人如果要保持心理的健康，那麼把情緒表達出來就顯得尤為重要。「說出來」的方法為幼兒緩解心理壓力提供了支持和幫助。所以成人可透過多種方式為幼兒提供機會訴說自己心中的感受，引導幼兒表達自己的情緒。比如兩個幼兒在為唯一的一個小推車爭搶，這個時候成人過來制止他們的打鬧，並幫助他們自己認識到分歧，讓他們說出自己內心想要表達的真實情感，最後他們兩個自己達成協議。成人也可以找一張紙，讓幼兒撕掉它，或者大聲地喊叫，直到幼兒感到自己不那麼憤怒、難過為止，從而讓幼兒明白他們是可以自由地宣洩自己的情感，而使他們不至於感到那麼壓抑。在幼兒因爭執產生憤怒、悲傷等情緒反應時，成人能夠支持鼓勵他們充分表達各自的感受，耐心傾聽他們對爭執的解釋，將有利於幼兒及時發洩消極情緒，以平和的心態面對矛盾，積極尋求解決問題的辦法。但是，由於幼兒還不具備完善的認識和表達情緒的能力，因此運用轉移注意力，開展繪畫、遊戲等活動對幼兒疏導、緩解消極情緒具有積極作用。

思考討論

我不會反省

3歲的豆豆故意衝向一堆擺好的積木,原本好好的積木瞬間飛得滿地都是。老師讓他坐下來好好反省自己剛才的行為,他卻一本正經地回答:「我不會反省」。當老師問他原因時,他告訴老師:「因為我媽媽還沒有教過我怎麼反省。」如果您是豆豆的老師,您該如何處理這件事?您是否只是制止了不好的行為呢?還是正確引導幼兒進行思考,從而意識到並改正錯誤行為呢?

本章小結

情緒是心理活動中的一個重要方面,它是個體對客觀事物的一種反映。它是對客觀事物與個人需要之間關係的反映。利用情緒方式可以表達一個人當前的需要,同時也可以調節人與人之間的社會距離。幼兒階段是情緒發展的關鍵時期,兒童有著廣泛的情緒反應範圍,它在幼兒的心理活動中起著非常重要的作用。

幼兒是情緒性的個體。嬰兒最初具有兩種普遍的喚起狀態:對愉快刺激的趨向以及對不愉快刺激的迴避。隨著年齡的發展,兒童逐漸能表達出興趣、苦惱和歡樂等基本情緒。兒童會因為追求並達到所盼望的目的而感到高興,也會因為願望和目標不能實現而傷心,也會因為受到威脅而感到害怕。在第一年中期的時候,其主要情緒如高興、傷心、驚訝和恐懼等開始出現。在幼兒基本情緒發展的基礎上,幼兒的高級情感和複合情緒也逐漸得到了發展,幼兒的情緒發展關係到其將來的發展。兒童的情緒表達和理解能力對其社會適應性有很大的作用。兒童可以透過他人的表情來推斷其情緒狀態,以此作為自己行動的社會參照。除了表情,兒童還可以根據情景線索等來識別他人的情緒,年長的兒童開始認識到同一個體身上所出現的兩種不同情緒。為了達到某種目標,幼兒開始使用策略,把自身的情緒狀態調控到一個合適的水準,以便使自己能夠更好地與同伴相處。

學前心理學
第六章 學前兒童情緒情感的發展

複習思考題

1. 名詞解釋

（1）情緒

（2）情緒表達

（3）情緒理解

（4）情緒調控

2. 簡答題

（1）簡述恐懼的分化階段。

（2）簡述學前兒童高級情感的內容。

（3）簡述愛的情緒原型及類型。

3. 論述題

（1）結合幼兒實際，談談成人應該如何引導幼兒掌握恰當的情緒表達方式？

（2）學前兒童情緒控制的發展是如何體現心理過程協調發展的？

4. 案例分析題

佳佳今年4歲，是個非常聽話的小女孩。可是一天吃午飯時，由於心愛的小狗不見了，佳佳哭了很久。起初媽媽還耐心地勸她，可後來媽媽有些不耐煩了，就說：「你再哭，小狗就永遠也不回來了！」佳佳一聽，越哭越凶，使平時一向認為佳佳是個乖女孩的媽媽也覺得無法理解了。

結合該幼兒的行為表現，分析佳佳為何越哭越厲害？談一談學前兒童對情緒的理解有何特點？

拓展練習

在幼稚園選取不同年齡的幼兒各三名,讓他們談談什麼事情會使他們感到快樂、傷心、害怕;並試分析不同年齡幼兒情緒發展的特點。

第七章 學前兒童個性的發展

在日常生活中，我們經常會聽到有人說：「這個人好有個性呀」「真有個性」「發展兒童的個性」等生活中的個性一般是指人的個別性、特殊性或個別差異。而心理學中所講的個性是指一個人全部心理活動的總和，或者是具有一定傾向性的各種心理特點或品質的獨特結合。個性的發展是一個漫長的過程，2歲左右，隨著各種心理過程、心理成分的發生發展，個性開始萌芽。3歲以後，兒童個性的發展逐漸呈現出一些特點：個性的各種結構成分，尤其是自我意識、性格和能力等已經初步發展起來；有穩定傾向性的各種心理活動已經開始結合為一個整體，形成獨特的個性。但是直到成熟年齡，大約18歲左右，個性才基本定型，並且以後還可能會發生變化。本章主要介紹學前兒童的氣質、性格、能力、自我意識以及性別角色發生發展的特點，並在此基礎上提出一些相適應的教育措施。

案例

程程是個5歲的男孩，但是膽子特別小，性格內向，尤其害怕與人對視，身材瘦弱，喜歡玩具又調皮。在幼稚園裡，他總是靜靜地坐著，和老師幾乎不交流，與小朋友在一起遊戲也很少說話，即使說話，也總是低著頭，因此沒有什麼特別要好的朋友，在自由活動時，他也總是一個人。早上入園時，媽媽要他向老師問好，程程總是低著頭或是躲在媽媽身後。他的學習積極性不高，課堂上經常開小差，從不舉手發言，每次老師提問他都默不作聲，當老師的目光掃到他時，他總是立刻低下頭避免與老師對視。

問題聚焦

程程在日常生活中的表現與他的個性有著非常緊密的關係。個性是學前兒童心理發展的重要組成部分。透過本章學習，可以瞭解學前兒童個性發展的有關方面——氣質、性格、能力、自我意識以及性別角色等的形成與發展特點，從而根據不同兒童的個性特點進行有針對性的教育。

學前心理學
第七章 學前兒童個性的發展

學習目標

1. 瞭解並認識學前兒童氣質的類型與意義
2. 掌握學前兒童性格的特點與塑造方法
3. 理解學前兒童能力的結構與差異
4. 理解並掌握學前兒童自我意識的特點與培養途徑
5. 認識學前兒童性別角色的相關概念與性別角色教育方法

第一節 學前兒童的氣質

氣質是人的三大個性心理特徵之一，是指一個人心理活動動力方面所特有的穩定特徵。心理活動的動力特徵表現為心理活動的強度、速度、穩定性以及指向性等方面的特點。與其他個性心理特徵相比，氣質和人的解剖生理特點有直接聯繫，具有較突出的生物性。「脾氣」「性情」「秉性」等都是氣質的通俗說法。

一、學前兒童氣質的類型

對嬰幼兒氣質類型的劃分有多種標準。傳統的劃分方法以高級神經活動類型為標準，近年來也有不少西方研究者以兒童的基本生活的活動模式等為劃分標準。

（一）傳統的氣質類型

傳統的氣質類型以古希臘醫生希波克利特的體液說為代表。他認為人體內有四種體液：血液、黏液、黃膽汁、黑膽汁，其分布的多寡造成了個體氣質的差異，如有的人易激動、易發怒，這是由於體內黃膽汁過多；有的人熱情，活潑好動，這是由於體內血液過多；有的人易敏感憂鬱，這是由於黑膽汁過多；有的人冷靜沉穩，這是由於體內黏液過多。因此根據不同的體液在人體內所占的優勢不同，他將人的氣質分為多血質、黏液質、膽汁質以及憂鬱質四種類型。近似某種類型的人稱為「一般型」；具有兩種或兩種以上類型的人稱

為「混合型」；具有這四種氣質類型典型特徵的人稱為「典型型」。一般來說，典型型和兩種以上類型的混合型氣質占少數，而一般型氣質和混合型氣質的人占多數。

巴甫洛夫透過實驗研究發現，高級神經系統具有強度、平衡性和靈活性三個基本特點。這三個基本特點的不同結合形成了四種最典型的高級神經活動類型。這四種神經活動類型與希波克利特所劃分的四種氣質類型相對應。具體如下表所示：

表7-1　神經活動類型與傳統氣質類型

神經類型	氣質類型	心理表現
弱	抑鬱質	敏感、畏縮、孤僻
強、不平衡	膽汁質	反應快、易衝動、難約束
強、平衡、不靈活	黏液質	安靜、遲緩、有耐性
強、平衡、靈活	多血質	活潑、靈活、好交際

1. 興奮型。即強而不平衡型，與膽汁質的氣質類型相對應，其特點是興奮占優勢，易怒，難以抑制。

2. 活潑型。即強、平衡且靈活型，與多血質的氣質類型相對應，其特點是條件反射形成或改變均迅速，且動作靈敏。

3. 安靜型。即強、平衡、不靈活型，與黏液質的氣質類型相對應，其特點是條件反射易形成但難以改變，遲緩有惰性。

4. 弱型。與憂鬱質的氣質類型相對應，興奮和抑制都很弱，難以承受強刺激，膽小並顯神經質。

人物介紹

巴甫洛夫

巴甫洛夫因消化腺生理學研究的卓越貢獻而獲得諾貝爾獎。他又是用條件反射方法對動物和人的高級神經活動進行客觀實驗研究的創始人，也是現

代唯物主義高級神經活動學說的創立者。他建立了高級神經活動的新學說，認為人除了有第一信號系統，即對外部世界的印象產生直接反映之外，還有第二信號系統，即引起人的高級神經活動發生重大變化的語言和符號反映功能。他把人腦的「第二信號系統」看作是先天性大腦機能，不僅對醫學界和生理學界產生了巨大影響力，而且也對辯證唯物主義哲學體系的發展產生了巨大影響，尤其是對哲學的有關語言和思維的相互聯繫影響較大。至今，辯證唯物主義哲學有關感覺反映和邏輯認識之間的聯繫依然是建立在巴甫洛夫高級神經活動的理論基礎之上的。

(2) 根據活動模式劃分的氣質類型

研究發現嬰兒就已存在氣質上的個別差異，如有的活潑好動、易接近陌生人；有的易煩躁、易激動；而有的嬰兒則較為安靜和平穩。

托馬斯（A.Thomas）和切斯（S.Chess）等人透過對大量嬰兒的考察和追蹤，提出活動水準、生理機能的規律性、反應強度等九項指標，並根據這九項指標將嬰兒的氣質類型劃分為以下三種：

1. 容易照看型。大多數嬰兒屬於這一種，約占75%。他們的生物節律比較有規律，較為活潑，易適應新環境，喜歡與陌生人親近；情緒比較穩定，通常喜悅的情緒占主導；求知慾強，在活動中較專注，不易分心。這類嬰兒容易得到成人的關愛。

2. 難以照看型。這一類嬰兒的人數很少，約占10%。他們的生物節律混亂，對新環境不易適應；情緒不穩定，愛吵鬧，易煩躁、激動，通常消極情緒占主導，焦慮緊張強烈；難以與成人合作，與成人關係不密切，難以接受成人的安慰。

3. 行為緩慢型。這一類嬰兒約占15%。他們不活躍，也並不像前類嬰兒那樣總是哭鬧，對環境刺激的反應不強烈，表現為安靜和退縮。但是如果堅

持和他們積極地接觸，他們會產生良好的反應，對新刺激發生興趣，並慢慢活躍起來。隨著年齡的增長，這類嬰兒的發展情況因成人撫愛和教育情況的不同而分化。

需要指出的是，有些兒童並不屬於典型的容易照看型、難以照看型或者行為遲緩型，他們屬於中間型或者混合型，即其氣質是屬於上述兩種或者三種氣質類型的混合。

近年來，中國學者也對兒童的氣質類型做了一些探討。劉文、楊麗珠、鄒萍（2004）採用問卷法請教師對3～9歲兒童的氣質類型進行評定，發現3～9歲兒童的氣質有以下五種類型。

類型	典型特點
活潑型	精力旺盛、好動、活動量大且時間長；情緒易激動、不穩定、耐受性差；對外界的刺激包括認知活動的反應一般；對環境和人的適應性、靈活性表現一般；堅持性差，注意力易分散。
專注性	注意力持久，堅持性強，注意力不易分散，喜歡安靜的活動，活動量小；情緒穩定，不易激動，耐受性強；對外界刺激的反應包括認知活動反應一般；對環境和人的適應性、靈活性一般。
抑制性	對環境和人的適應性、靈活性較差、退縮、害羞；不喜歡大運動量的活動；情緒穩定、不易激動；對外界刺激反應包括認知活動的反應水準低；堅持性強、注意力不易分散。
均衡型	情緒基本穩定；活動的強度與時間適中；對各種刺激反應一般；對環境和人的適應性、靈活性一般；注意力持久的程度中等。
敏感型	對外界各種刺激的感受性強、敏銳、反應快、接受新事物快；注意力持久，易集中、不易分散；活動強度和時間適中、對環境和人適應快、靈活；情緒表現比較穩定，積極情緒占主導。

表7-2　兒童氣質類型

二、學前兒童氣質的影響因素

在人的各種個性心理特徵中，氣質是最早出現的，也是相對穩定的，但是氣質並非一成不變的，在後天環境、教育的影響作用下，兒童天生具有的活動或情緒行為模式是可以改變的。氣質是遺傳因素與環境因素相互作用的結果。

（一）遺傳因素

研究表明，遺傳因素在氣質的發展中具有重要作用。高級神經活動透過遺傳因素代代相傳。因此，一般來說，血緣關係相同或相近的人比無血緣關係或血緣關係遠的人在高級神經活動特徵上互接近。

林崇德以 24 對同卵雙生子和 24 對異卵雙生子（其中同性異卵和異性異卵各一半）為受試者，以 12 對有關氣質的問題為測試材料，透過對在類似或相同環境中不同雙生子的氣質進行研究，探討了遺傳因素對氣質的作用。結果表明，遺傳因素對氣質的影響非常大，無論是同卵或者異卵雙生子，他們的平均相關係數都超過 0.50，達到顯著相關。同卵雙生子的相關係數大於異卵同性雙生子的相關係數，異卵同性雙生子的相關係數大於異卵異性雙生子的相關係數。這說明雙生子的遺傳因素越接近，在氣質表現上也越接近。

美國紐約縱向研究所透過對 231 名兒童從嬰兒期直至青春期的追蹤研究發現，兒童一出生在氣質特徵上就表現出巨大的差異，這體現在活動水準，生理機能的規律性，對陌生人和新環境的敏捷性，對環境變化的適應性，心境特點、反應的強度、注意力的穩定性等方面。隨著年齡的增長，這些特徵基本能保持相對不變，這顯然是遺傳因素的作用。

（二）環境因素

氣質不是不變的，兒童天生的活動或行為模式是可以改變的，學前兒童的神經系統正處在發育過程中，其氣質的形成也往往是先天和後天因素共同作用的結果。環境和教育在氣質的培養和改變中，起著決定性作用。下面將著重介紹父母的教養方式以及早期教育對氣質的影響。

1. 父母教養方式

父母教養方式是父母的教養觀念、教養行為及其對子女的情感表現的一種組合方式，是家庭環境中影響氣質類型的重要因素。這種組合方式是相對穩定的，不隨情境的變遷而變化，它反映了親子交往的實質。研究表明，父母教養因素確實對兒童氣質的發展產生影響。Belsky Fish Isabella（1991）研究發現嬰兒在出生第一年，如果父親與嬰兒溝通較少，嬰兒的負面情緒就會變高；而如果負面情緒占主導的嬰兒其母親有較強的敏感性，那麼他們的負面情緒就會降低。國內也有一些關於父母教養因素對兒童氣質影響的研究。張鳳、姚凱南（2003）等透過對 3～7 歲兒童氣質的研究發現，不同的管教方式對兒童的情緒反應有不同的影響，採用耐心說服的教育方式比用命令、罰站方式培養出的兒童情緒反應更溫和；另外有學者研究發現父母教育方式以批評為主或教育態度不一致容易導致兒童的注意力分散。

2. 早期教育

這裡的早期教育既包括早期家庭教育，又包括在早期教育機構實施的教育。接受早期教育的兒童氣質突出表現為規律性強、堅持度久、情緒控制能力好，因此這些兒童不論在生活上還是學習上都會表現出較強的規律性，使父母和老師容易掌握其個體情況，從而表現為關心理解的教育占主導，懲罰、過分干涉的教育方式相對減少，在親子間、師生間形成良好的相互作用關係，有利於兒童形成良好的個性。

三、學前兒童氣質的教育意義

氣質並無好壞之分，但是它能影響兒童的全部心理活動和行為。如有的兒童在面對新任務時會覺得有困難，有挫折感，需要慢慢熱身，而有的兒童卻能夠很快投入學習中。研究兒童氣質的意義便於成人正確認識他們的氣質特點，並對其進行培養和教育。

（一）正確認識兒童的氣質特點

雖然氣質類型並沒有好壞之分，但是作為個體重要的個性心理特徵，在社會生活中會表現出各種適宜或不適宜的行為。如多血質的兒童通常表現得熱情活潑，機敏靈活，但是有時不夠沉穩，容易馬虎；膽汁質的兒童多大膽、

直率，但有時候愛逞強、易激動、易怒；黏液質的兒童安靜，自制力強，有耐心，個性沉穩，但不夠靈活，較執拗，做事遲緩；憂鬱質的兒童敏感細緻，但較孤僻、易退縮。

（二）因勢利導，揚長避短

每個兒童的氣質有相對穩定性，但並不是一成不變的，在後天環境、教育的影響下，兒童天生所具有的這種個性特徵在一定程度上並沒有充分地表露或可以被改變，這在心理學上被稱為氣質的掩飾。對待憂鬱質的兒童要多表揚其成績，培養自信心，激發其活動的積極性；對黏液質的兒童，要多引導他們與同伴或成人的交往，鼓勵他參加集體活動；對待多血質的兒童要培養他們對人、對物的細心和耐心；對待膽汁質的兒童要著重培養他們的自制力，並幫他們逐步養成安靜、遵守紀律的習慣。成人應當在充分認識和瞭解兒童氣質特點的基礎上，尊重兒童的個性，採取恰當的教育措施，以促進兒童良好的發展，實現真正的素質教育。

思考討論

小明的氣質類型

小明性子很急，每次拿小人書總是拿很多，翻得很快；喜歡運動量大的活動，是全班扔沙包扔得最遠的一個；上課時坐不住，喜歡隨便站起來，或在椅子上亂動，即使有老師的提醒，仍然克制不住；有時還愛逞能……

根據上面的描述，小明應當偏於哪種氣質類型？成人又當如何對其進行引導？

第二節 學前兒童的性格

性格是個性中最重要的心理特徵，代表個體個性的本質。心理學上將性格界定為一個人對現實的穩定態度和習慣化的行為方式中表現出來的個性心理特徵。它表現在對客觀現實的穩固態度和習慣的行為方式中。性格是人與人之間個性不同最明顯的特徵，性格是後天形成的，是主體與客體相互作用的結果。

一、學前兒童性格的特點

如上節所述,氣質在很大程度上是受遺傳因素的影響從出生就具備的,而性格則主要是在先天氣質的基礎上,在與周圍環境相互作用的過程中形成的。兩歲左右,隨著各種心理過程、心理狀態和自我意識的形成和發展,兒童出現了最初性格的萌芽。

個性的典型性和獨特性是辯證統一的,每個兒童有個人獨特的性格,相同年齡的兒童又有共同的性格。由於生活時間、生理發育和生活範圍的限制,幼兒生活經歷的共同性很大,因此性格的共同性也很多。幼兒期的典型性格最突出的特點是:

(一)活潑好動

幼兒喜歡做各種動作,不停地變換活動方式。一般情況下,幼兒往往會因為活動單調、枯燥而感到疲倦,但不會因為自己不斷變換活動而疲倦。如他想到吃,會馬上去找東西吃;他聽到門外有歡呼聲,就會想要立刻跑出去看。這是因為幼兒的自制力還很弱,其行為受衝動和感覺所支配。研究發現,幼兒的好動對教育有重要意義,他在不斷的活動中能增加與事物的接觸,得到各種刺激,從而滿足其認知、情感等各種心理發展的需求。因此如果限制幼兒的活動,往往會引起幼兒的不悅,而如果健康的幼兒在活動上得到滿足,他們就會感到心情愉快。

(二)好奇好問

幼兒對新事物都會有一種新鮮感,他們會很有興趣去瞭解它,但是兒童的好奇心並非是一成不變的,而是會隨著年齡的增長而變化,這種變化主要表現在兒童問句的改變上。好問是好奇心的一種重要表現。兒童的問句經歷了從「是什麼」到「怎麼樣」到「為什麼」的發展過程,在三四歲是「為什麼」的問題特別多。陳鶴琴認為兒童的好問在其心理發展過程中有重要的意義:第一,從問句中可以知道兒童的知識和經驗的累積量;第二,由問句可以看出兒童的興趣;第三,好問是求知的鑰匙。由此可知,好問是兒童好奇心的正常表象,若對其正確引導,會很容易形成勤奮好學、進取心強的良好性格。

（三）易衝動

幼兒很容易受到外界環境或者他人的影響，情緒易激動，行為易衝動，自我控制能力較差。抗拒誘惑和延遲滿足被認為是幼兒自制的兩種形式。抗拒誘惑是指抑制自己，不從事能夠得到滿足，但不被社會允許的行為。延遲滿足是指為了滿足長遠利益自願延緩當前的享受。

與易衝動這一特徵相聯繫的是缺乏深思熟慮。如有的幼兒做事時急於完成任務，常常比較馬虎、粗心大意。又如有的幼兒喜歡提問題，但常常從自己的情緒出發，為提問題而提問題，並沒有認真思考。

（四）易受暗示，好模仿

幼兒往往受外界環境的影響而改變自己的意見，受暗示性強。陳鶴琴指出暗示分為內外兩種，外暗示是由外界刺激引起的，內暗示是由自己內部引起的。如畫中的婦女並沒有戴帽子，如果問幼兒那位阿姨戴了什麼帽子？幼兒回答是黑帽子，這就是外暗示的作用。他還指出「消極暗示」的作用，如孩子跌了跤，母親把他抱起來說「不要哭」，孩子可能會立即哭起來。

模仿是低齡兒童最重要的學習方式，言語、技能等可以透過模仿習得。如上課時老師說，「某某小朋友表現好，坐得直」，頓時就會有許多幼兒挺起腰來坐直，而不需一個一個點名讓他們坐直。但是兒童的模仿是毫無選擇的，班杜拉觀察學習的經典實驗發現兒童在模仿攻擊性行為方面沒有差異，榜樣行為的結果對學習幾乎沒有影響，只會影響模仿的表現。一般情況下，兒童的善惡觀念、是非觀念都很淺薄，所以他們在模仿時很難分辨哪些是不好的，不應被模仿的，所以這要求成人既要給他們創造良好的環境，又要以身作則，樹立良好榜樣。

二、學前兒童性格形成的影響因素

性格是遺傳因素與環境因素共同作用的結果。遺傳透過氣質影響兒童性格，為其形成提供了生物前提；而環境則把這種可能性變成現實，在性格的發展上起決定作用。

(一) 遺傳因素

前面一節已經提到，氣質是透過社會實踐，在遺傳的基礎上建立起來的高級神經活動類型，主要表現在心理活動的強度、速度、靈活性以及平衡性上，它透過對態度和行為方式的影響而影響性格的形成和發展。儘管氣質提供了性格的自然前提，但它並不能等同於性格。林崇德（1982）透過對雙生子的研究發現，遺傳因素對性格特徵各方面的影響是不一樣的：在性格的態度特徵上，相同環境中長大的同卵雙生子的表現差異明顯比異卵雙生子小；在性格的情感特徵上，相同環境中長大的同卵雙生子表現的差異明顯比異卵雙生子小；在性格的意志特徵上，不同雙生子的表現雖有差異，但並不顯著。這說明遺傳對性格的態度和情感特徵影響顯著，而對性格的意志特徵影響並不明顯。由此可知，遺傳透過氣質為性格的形成提供了可能性，但並不能夠決定性格的發展和變化。

(二) 環境因素

環境包括自然環境和社會環境，而對兒童性格的形成和發展起重要作用的主要是社會環境，主要包括家庭和幼稚園。

1. 家庭

家庭是兒童最初的生活環境，社會和時代的要求都透過家庭影響著兒童。出生到五六歲是性格形成的重要階段，這個時期兒童主要的生活環境是家庭，與父母和其他家庭成員共同生活。

(1) 父母的教養方式。父母不同的教養方式對子女心理，特別是性格特徵有不同的影響。溺愛型家庭的孩子往往缺乏對現實生活的正確認識，缺乏社會性和競爭性，容易形成怯懦、盲從、依賴等性格弱點；專制型家庭的孩子常常情緒起伏較大，缺乏安全感，缺乏獨立性和自主性，難以建立自尊和自制；放任型家庭的孩子容易變得冷漠、自制力差、易衝動、不遵守紀律和社會規範，情緒不安定，攻擊性強；民主型家庭的孩子更易具有獨立性、自信心，情緒穩定，對人親切，有較強的進取精神和自制力。

(2) 家庭結構。核心家庭、大家庭和破裂家庭是家庭的三種主要結構。核心家庭是指一對夫婦和一個孩子組成的家庭，這種家庭沒有傳統的隔代溺愛，孩子可能會形成獨立、自主等良好的性格。但由於年輕父母一般都是雙職工，沒有教育和愛撫孩子的時間，也缺乏必要的教育經驗和方法，可能有的嬌寵，有的管教過嚴。大家庭是幾代同堂的家庭，在大家庭中長大的孩子長期受家風、家規的影響，可能會形成謙讓、自制等良好的性格，但是可能會存在隔代溺愛和教育態度不一致的問題，從而使孩子無所適從，形成焦慮、恐懼等不良的性格特徵。破裂家庭是父母中可能有一人死亡或被判刑監禁，也可能是父母離異。研究表明，破裂家庭的孩子由於不能得到正常的家庭溫暖和教育，更容易形成孤僻、悲觀等不良的性格特徵。

2. 幼稚園

幼稚園是幼兒教育的專門機構。在幼稚園這個集體環境中，集體的意志與要求制約著幼兒對周圍事物的態度和行為方式，並培養他們遵守紀律、尊重集體的意識，並糾正已形成的不良性格特徵。幼兒在同伴中所處的地位、教師與同伴對待幼兒的態度等都能影響到幼兒性格的形成和發展。在與同伴、與教師交往的過程中，幼兒不斷地「去自我中心」，分享共同的興趣和快樂，也宣洩著不良的情緒，獲得安全感。有研究發現與沒有進入幼稚園的幼兒相比，幼稚園中的幼兒性格比較開朗，環境適應能力、獨立自主能力等進步較快，自信、自尊等自我意識發展較好。

此外，在幼稚園中是以活動為主要的教學形式的。在活動中良好的性格特徵可以用讚揚、鼓勵等加以穩固，不良的性格特徵也可以透過批評、懲罰等方式得以糾正。同時，在新的活動中，幼兒還能形成新的態度和相適應的行為方式，從而使性格不斷得到完善。

三、學前兒童良好性格的養成

性格主要是在社會環境和教育的影響下逐步發展起來的，良好的性格是一個長期教育的結果，因此良好性格的培養要從小做起。

(一) 重視家庭教育

家庭是孩子的第一所「學校」，父母與孩子接觸最早家長對孩子的發展有著不可估量的影響，孩子良好性格的培養是一項十分持久的工作，父母必須為之付出心血，持之以恆。具體來說：首先，父母對孩子的愛要把握尺度。現在很多孩子都是家庭中的「小皇帝」「小公主」，父母對他們關懷備至，百般溺愛，千方百計滿足他們各種合理、不合理的要求。過分的愛護和關懷，往往會形成孩子自私自利、好逸惡勞的性格。《顏氏家訓》中提到：「父子之嚴，不可以狎；骨肉之愛，不可以簡。」這就是說父母對待孩子時，應該把握分寸，否則就會成為溺愛。此外，在教育孩子的過程中，父母應該多使用一些讚揚、鼓勵的手段，慎用懲罰。

其次，父母要為孩子樹立良好的榜樣。「孩子的心靈是一塊奇怪的土地，播下行為的種子，就會得到習慣的收穫；播下習慣的種子，就會得到品格的收穫；播下品格的種子，才能得到命運的收穫。」父母的言傳身教是心靈的聲和形，孩子會在耳濡目染中產生共鳴。孔子說：「其身正，不令而行；其身不正，雖令不從」。這些都說明了榜樣的作用，因此，父母要做好孩子的榜樣，給孩子正確的引導。

拓展閱讀

最能引起兒童模仿的榜樣

1. 兒童最喜歡模仿他心目中最重要的人，在生活上對他影響最大的人。如家庭中的父母、幼稚園裡的教師等。

2. 兒童最喜歡模仿與他性別相同的人。在家庭中，女兒模仿母親，兒子模仿父親；在幼稚園裡，男孩子模仿男教師，女孩子模仿女教師。

3. 兒童最喜歡模仿曾經獲得榮譽或者受到老師表揚的兒童及其行為。

4. 同伴群體內，有獨特行為、受教師批評懲罰的，不是兒童喜歡模仿的對象。

5. 同齡階段、同社會出身的兒童，喜歡互相模仿。

（二）優化幼稚園教育

俄國教育家烏申斯基曾經說過「教育的任務就是培養性格」，這說明了學校教育對兒童良好性格塑造的重要意義。在建設社會主義和諧社會的時代背景下，人們傳統的思想觀念、行為方式已經發生深刻變化，這就對兒童的性格教育提出了更高的要求。培養兒童良好的性格是全面實施素質教育的需要，具有重要的現實意義。

1. 重視幼稚園環境創設。

幼稚園環境是培養幼兒良好性格的外在條件。良好的環境給幼兒整潔、清新的感覺，使幼兒在潛移默化中形成積極向上的性格。如有的幼稚園在室外懸掛幼兒優秀的繪畫作品，室內懸掛國旗和愛國主義教育圖片，草坪前豎著有關愛護花草的圖片……力求讓幼稚園的每一面牆，每一株花，每一棵草都有積極的教育功能，用間接的、潛移默化的方式感染教育幼兒。

人際環境也是環境的一種。個性在健康的、安全的環境中得到發展，良好的人際關係是良好性格的表現，也是良好性格形成的必要條件。教師應當經常與幼兒進行情感溝通，對其多鼓勵，少斥責，力爭與其建立和諧、親密、融洽的人際關係。另外，教師還應當引導幼兒積極、真誠與同伴交往，在積極的同伴關係中促進幼兒良好性格的形成和發展。

2. 組織積極的實踐活動

人的性格不是與生俱來的，而是在後天的生活實踐中形成和發展的。遊戲對幼兒良好性格的形成和發展有重要影響，尤其是在角色遊戲中，幼兒模仿成人從而反映社會生活，表現出社會生活中人際交往的各種規範。在此過程中，幼兒對人、事以及對自己的正確態度和行為習慣得到穩固，同時糾正不正確的態度和習慣。例如，有些兒童在日常生活中比較固執任性，而在遊戲中，為了使自己不被同伴排斥，便主動抑制自己的性格缺點，學著隨和與合作。另外，幼稚園中各領域的教育活動都對幼兒提出一定的要求和任務，以此培養幼兒的堅持性、獨立性以及責任感等。綜上所述，幼兒能夠在各種積極的實踐活動中促進自身良好性格的形成和發展。

第三節 學前兒童的能力

能力是個性心理特徵之一，是指人們成功完成某種活動所必需的條件。綜觀以往研究，主要有兩種觀點：一種觀點認為，能力可以分為實際能力和潛在能力，潛在能力是實際能力形成的基礎和條件，而實際能力則是能力的展現。另一種觀點認為，能力可以分為一般能力和特殊能力，一般能力是指在各種活動中都能表現出的能力，如智力等；特殊能力是指從事某種專門活動所需要的能力，如繪畫能力、音樂能力等。

一、學前兒童的智力

智力是能力的重要組成部分，是兒童完成各種活動最基本的心理條件，在兒童心理活動中有著重要地位，因此，本書中將對學前兒童的智力作專門的介紹。兒童智力一般是指認識能力，如注意力、感覺能力、記憶力、想像力、思維能力等。人的智力是相對穩定的，但並非是一成不變的，兒童智力的發展主要表現在智力結構的發展和智力發展曲線上。

（一）學前兒童智力結構的發展

學前兒童的智力隨年齡的增長而越來越複雜化、複合化、抽象化。新生兒已表現出一定的智力活動，具有巨大的潛能。如幾個月的嬰兒就能表現出對聲音的敏感性，能夠轉頭尋找聲源。幼兒前期，隨著動作和語言的發展，擴大了他們的認識範圍，並使兒童的智力活動開始有自覺性。對兒童智力結構的變化發展，研究者們從不同的角度提出不同的理論。

1. 智力分化論

這種觀點的代表人物是格雷特（Garrrett）。他認為斯皮爾曼的「二因素論」適用於嬰幼兒，而瑟斯頓的「群因素論」適合解釋年長兒童和成人的智力結構。智力分化論認為兒童的智力在最初是混沌不分的，兒童智力因素的數量隨年齡增長而增加，從一般化的智力逐漸發展為一些智力因素群。

2. 智力複合論

此觀點認為兒童的智力最初已經是複合的，智力的發展是指各種智力因素的比重和地位不斷變化，隨著年齡的增長，知覺—運動因素所占的比重下降，言語因素的比重上升。其代表人物霍夫斯塔特（Hofstatter）提出了兒童智力結構的三個階段：0～20個月，在智力活動中占最重要地位的是感知運動能力和感覺敏銳性；20～40個月，在智力活動中占最重要地位的是「持久性」，主要包括「堅持性」和「剛毅性」；48個月以後在智力結構中占最重要地位的是語言思維能力。

3. 智力內容變化論

研究者認為同一智力因素本身隨年齡的增長而發生變化。同是智力的一般因素，在嬰兒期的內容是感知動作性質的，以後則是認知性質的。這種「智力因素內容變化論」的研究者把注意力更多地放在一般（共同）因素的變化上，即各年齡的兒童智力都有共同因素，但共同因素的具體內容是隨年齡變化的。麥柯爾等人提出早期智力發展的五個階段：0～2個月，主要是對某些有選擇的刺激做出反應；3～7個月，更積極地探索環境，但不能做出客觀探索；8～13個月，能夠根據事情的結果區分活動方法；14～18個月，能夠不用動作就將兩個物體在頭腦中聯繫起來；21個月以上，能夠掌握符號關係。

（二）兒童的智力發展曲線

兒童智力的發展曲線涉及不同年齡智力發展的速度，發展的加速期、高原期等問題。一般來說，個體出生後的頭幾年是智力發展非常迅速的時期，甚至是最迅速的時期，由此形成先快後慢上升的發展趨勢。

布魯姆（Bloom）透過對20世紀前半期多種兒童智力發展的縱向追蹤材料和系統測驗的分析，發現兒童智力發展有一定的規律，得出一條兒童智力發展的理論曲線。他以17歲為發展的最高點，假定其智力為100%，那麼50%的智力發展完成於4歲之前，30%的智力發展完成於4～8歲之間，最後20%的智力發展完成於8～17歲之間。上述數字說明出生到4歲之間智力發展速度最快，能夠完成一半，其後隨著年齡增長以不同的速度逐漸減慢。

布魯姆用量化的方法說明學前兒童智力發展的速度和重要性，其理論經常被引用。但是應當意識到布魯姆的「智力成熟百分率」實際上是從智力測驗分數的增長曲線上演變而來的，其曲線只是假設的理論的曲線，且智力的數理化只在一定程度上有參考價值，不能絕對化。因此，布魯姆的兒童智力發展曲線是牽強而有明顯缺陷的，只能作為分析的參考，不能將其作用誇大。

二、學前兒童能力的差異

能力是重要的個性特徵，在一定程度上體現著一個人的價值。人的各種能力並不是齊頭並進發展，也並不是所有人的能力都是一樣的，學前兒童的能力在類型、水準以及年齡上的發展和表現存在個體差異。

（一）能力類型上的差異

人透過運用各種能力與客觀環境建立聯繫，而每個人在運用能力時也有各自的特點。事實上幾乎每個兒童都有自己特定的能力類型，在日常生活中，我們透過觀察可以發現。有的兒童記憶力比較強，很長的兒歌、很複雜的故事都能很快記住；有的兒童理解能力比較好，對故事的內容能很容易瞭解。在記憶時，有的兒童善於視覺記憶，有的善於聽覺記憶，有些人對形象的東西能夠過目不忘，有些人更容易記住抽象邏輯性強的內容。在一些特殊能力上也存在明顯的個別差異，有的兒童繪畫能力突出一些，有的兒童對音樂、韻律特別敏感，還有的兒童善於動手操作。

個體間這種能力類型的差異是一種普遍的現象。霍華德·加德納針對傳統智慧理論提出了著名的多元智慧理論，他認為「智慧是在某種社會或文化環境的價值標準下，個體用來解決自己遇到的真正難題或生產及創造出有效產品所需要的能力。」並不只是一種，而是多種多樣的，有八種或八種以上的智慧（語言智慧、音樂智慧、邏輯—數理智慧、視覺—空間智慧、身體運動智慧、人際智慧、自我認識智慧、自然觀察智慧）。對兒童來說並不是每種智慧他們都具備，也不是每一種智慧都很突出，大多數兒童都只會具備其中的幾種。

（二）能力發展水準上的差異

除了能力在類型上存在差異之外,兒童在能力發展水準上也存在不均衡現象。以智力的發展為例,史丹福大學心理學家推孟（L.W.Terman）透過對 2904 名 2～18 歲兒童的智力測驗結果,列出了一張智力分級表。

智商	級別	百分比
139以上	非常優秀	1
120－139	優秀	11
110－119	高於平常	18
90－109	中等智力	46
80－89	低於平常	15
70－79	臨界	6
70以下	智力遲鈍	3

表7-3　2-18 歲兒童智商分布

從上述分布情況看,兒童的智力分布基本屬於常態分布:兩頭大中間小,即大多數兒童的智力處於中等、高於或低於平常的水準,少數兒童智力處於優秀及以上或者臨界及以下的水準。

1. 超常兒童

超常兒童是指智力發展明顯高於同年齡大多數兒童的智力水準,或具有某種特殊才能的兒童,能創造性地完成某種或多種活動。隨著智力測驗的發展,主要以智商（一般把智商 130 作為劃分超常兒童的最低界限）作為天才兒童的指標。20 世紀 50 年代以後,心理學家提出僅把智商作為鑑別超常兒童的指標是不夠的。中國超常兒童研究協作組的研究表明,超常兒童應當具有五個方面的特點:一是要具有敏銳的感知覺和良好的觀察力；二是應當能夠注意集中,記憶力強；三是思維敏捷,理解能力強,有獨創性；四是有旺盛的求知慾,很早就好奇好問,愛追根究底；五是神經過程強度強,興奮和抑制過程都比較集中,均衡性和靈活性好。

2. 低常兒童

低常兒童是指智力發展明顯低於同齡兒童平均水準，並有相應行為障礙的兒童。現代心理學將智力明顯低下（智商低於 70），社會適應不良（不能適應社會環境，不能從事簡單勞動，不能生活自理，不能跟班學習等）以及問題發生在早期（16 或 18 歲以下）的兒童稱為低常兒童。低常兒童一般較缺乏邏輯與意義的聯繫，辨別力、記憶力、注意力較差；言語出現遲，發展緩慢，意義含糊，缺乏連貫性；情緒不穩定，容易表現出沮喪，對人有敵意，高度焦慮，缺乏自信心和自制力，易衝動。另外，有時他們會表現為固執、刻板和墨守成規。

其實，成人應當意識到無論是超常還是低常兒童都是正常的兒童，只是他們需要成人更耐心、更謹慎的對待。學者們對兒童智力發展水準的研究對教育工作者的啟示在於，要能夠有效地分辨兒童能力的高、中、低分布，因材施教，尤其要注意給予兩端的孩子更多關注和愛心。

（三）能力發展年齡上的差異

能力發展在年齡上的差異主要表現在兩個方面：一是指不同兒童同一能力出現的早晚，二是指同一兒童不同能力出現的早晚。這主要涉及前文中「關鍵期」的概念，在此就不贅述了。

三、學前兒童能力的培養

良好的遺傳素質為能力的發展提供了重要前提，但是後天的環境和教育，尤其是兒童早期的環境和教育能夠影響其一生能力的發展。一般來說，對學前兒童能力的培養，主要從以下幾個方面進行。

（一）提供豐富多彩的環境刺激

如同需要給兒童豐富的營養一樣，提供豐富的環境刺激對幼兒大腦的發育也很重要。兒童腦的機能有很大的可塑性，是在環境的影響下發展完善起來的。環境刺激的數量、質量和強度決定著兒童腦的發展，豐富的環境刺激能夠最大限度激發兒童的興趣。兒童對事物的興趣直接影響到其能力鍛鍊，凡是感興趣的事物或活動，兒童都會更投入，使能力得到更多鍛鍊。從這個

意義上講，為了促進兒童能力的形成和發展，成人必須要給兒童提供豐富的環境刺激，激發兒童積極有益的興趣愛好。

例如，在幼稚園內，可以利用植被分布的環境特點，設立「小山坡」「樹墩」等充滿野趣的環境，讓幼兒在「山中」盡情攀爬、捉迷藏等，激發幼兒對跑、跳、爬等各種運動的興趣，體驗運動的快樂，從中發展幼兒各種運動能力。再如中班幼兒的突出特點是角色遊戲，因此可以在開放性走廊上創設「角色遊戲一條街」「小舞臺」等，在每個中班設置建構角，進一步激發幼兒對角色遊戲的興趣，給幼兒提供充分的機會，在遊戲中發展幼兒組織、編排、創新等各方面的能力。

（二）進行有目的有計劃的早期教育

能力和知識緊密相連，知識可以促進能力的發展，能力是透過掌握知識發展起來的。一個人對某個領域的知識技能掌握得越多，那麼他在這個領域內解決問題的能力就越強，而如果缺乏必要的知識技能，也許會阻礙相應能力的發揮。例如，兒童言語表達能力的發展要依賴於他們所掌握的詞彙量，以及必要的語音、語義、語用技能。早期教育是根據兒童生長發育規律及其神經心理發育的特點，有目的、有計劃地對兒童的感官施以豐富刺激和訓練。早期教育的目標不僅僅是幫助幼兒掌握知識，還包括培養兒童的感知、動作、語言等能力，從而促進兒童的神經發育和智慧發展。

早期教育的形式多種多樣，有在家庭中實施的教育，還有在專門機構中進行的教育，這要求成人要有一定的辨別力，不能只是灌輸知識、拔苗助長，應當在瞭解兒童能力發展水準的基礎上進行科學合理、適時適度的教育。早期教育對兒童能力的培養是啟蒙性的，也是全方位的，不是教給孩子多背幾個「3.14」後面的小數就是智力開發的成功。早期教育的重點應當是培養兒童強烈的求知慾，對學習的興趣以及適應社會的能力。

（三）培養兒童良好的非智力因素

廣泛穩定的興趣，強烈的求知慾與能力的發展密切相關；堅強的意志，頑強的奮鬥精神對能力的發展有積極作用。上海師範大學的燕國材教授認為

非智力因素有廣義和狹義之分，廣義的非智力因素是指智力因素以外的全部心理因素的總稱，狹義的非智力因素主要包括動機、興趣、情感、意志以及性格五個基本的心理因素。李慧（2012）認為非智力因素有以下幾個方面的功能：動力功能─人們進行某種活動的動力；定向功能─確定方向，規劃目的；引導功能─透過一些穩定的心理取向引導人們達成一定的目標；維持功能─使活動得以長期堅持；調控功能─控制不利因素；強化功能─使人們保持旺盛精力、昂揚鬥志和不斷進取的精神。

在教育和社會實踐中發展和鍛鍊兒童的能力是一個規律，其中透過非智力因素培養能力是非常重要的。現代社會需要一個人不僅有才能，而且要大膽敢為，勇於表現自己的能力。培養兒童的非智力因素要從一點一滴的小事做起，有人認為，只有驚天動地的大事才能鍛鍊人的意志，其實認真對待日常生活中的每一件小事照樣能夠培養良好的非智力因素，如一個人可以從按時完成作業、按時起床等小事鍛鍊自己的毅力和堅持力。參加活動也是培養兒童非智力因素的基本途徑，可以讓兒童參加一些有挑戰性的活動和遊戲，透過親身實驗和親手操作，磨煉他們的意志。

思考討論

怎樣處理傳授知識和發展智力的關係？

有些孩子還沒上小學就已經開始認識了相當多的國字，就會計算 20 以內甚至 100 以內的加減法。但是，他們的語言表達能力不行，不會有條不紊地講清楚一件事，也不會有次序地觀察一個對象，不能集中注意力去完成一項工作，更不會在日常生活和學校中主動發現問題或者提出問題。這種現象是怎樣造成的呢？近年來，由於重視早期教育，一些幼稚園教師和家長把早期教育誤認為就是提早傳授知識和技能。於是，他們把盡可能多的知識灌輸給孩子甚至把小學乃至中學的一些教學內容也搬出來。他們往往只關注孩子的讀、寫、算的能力，卻忘了要在傳授知識、技能的同時，有意識地引導孩子智力的發展，培養優良的智慧品質。

那麼，究竟應該如何來處理傳授知識和發展智力的關係呢？

第四節 學前兒童的自我意識

自我意識是人類特有的意識,是指主體對其自身各方面的認識,如對物質自我、精神自我、社會自我的認識等,主要包括三個方面的內容:自我認識(狹義的自我意識)、自我評價和自我調節。自我意識是個性的重要組成部分,是個性形成水準的標誌,也是推動個性發展的重要因素。

自我意識不是天生的,也不單純是個體生理成熟的結果,它受社會生活環境的制約,是一個從無到有、從低級到高級逐步發展的過程。自我意識積極的人在人群中會感到安全自信,能以「真實的我」的面目出現,能夠正確地認識自己,並以肯定的態度接納自己,他們既能接納自己的長處與發展潛力,也能接納自己的缺點。自我意識與維持、恢復個體心理健康有重要的關係。擁有積極的自我意識是心理健康的人的核心特質。心理健康的人能對自我做出客觀的分析,對自己的體驗、感情、能力和欲求等做出正確的判斷和認識。有研究發現兒童自我意識水準與心理健康狀況成負相關,即自我意識低的兒童易發生憂鬱、焦慮等心理問題,自我意識高的兒童心理健康狀況較好。因此,要使兒童個性獲得健康發展就必須從小重視他們自我意識的發展。

一、學前兒童自我意識的特點

自我意識不是天生的,受社會生活條件制約。新生兒沒有自我意識,1歲左右的嬰兒能夠逐步認識到自己動作的原因,區分自己的動作和動作的對象,區分自己和他人,這是自我意識開始出現的表現,隨著語言的發展,兒童可以正確使用人稱代詞「我」,標誌著兒童自我意識的發展進入一個新階段。學前期是兒童自我意識發展的重要階段,學前兒童自我意識的發展在於他們能夠意識到自己的外部行為和內心活動,並且能夠恰當地評價和支配自己的認識活動、態度情感以及動作行為,在此基礎上逐漸形成自我滿足、自尊心和自信心等性格特徵。

(一)自我認識的特點

自我認識包括對自己身體的認識、對自己動作、行為的認識以及對自己內心活動的認識。兒童認識自己需要經過一個比認識外界事物更為複雜、更

為長久的過程。剛出生的嬰兒沒有自我，隨著認識能力的發展和成人的教育，出現了客體永久性現象，兒童關於「自我」的概念逐漸形成。掌握人稱代詞「我」是自我意識形成的主要標誌，嬰兒從知道我的名字到知道「我」，表明他們能夠意識到自己是各種行動和意識的主體。

1. 對自己身體的認識

兒童最初不能夠意識到自己，不能把自己與周圍的客觀環境區分開，較小的嬰兒甚至不能意識到自己身體的存在，不知道自己的「鼻子」「眼睛」「耳朵」「嘴巴」等是屬於自己的。隨著成人的教育和自己經驗的增長，一歲左右的嬰兒透過撫摸自己身體的各個器官能夠逐漸認識到自己身體的各個部分，但是仍不能區分自己身體的器官和別人身體的器官。當媽媽抱著孩子問他的嘴巴在哪裡？孩子會用手摸摸自己的嘴巴，然後再摸摸媽媽的嘴巴。嬰兒對自己的面貌和整個形象的認識也要經歷一個長期的過程。年齡較小的嬰兒在照鏡子時會以為鏡中的娃娃是自己的小夥伴，可能會對他笑、對他皺眉，隨著年齡的增長才能意識到鏡子裡的人就是自己。對自己身體的認識是兒童認識自我存在的開始，也是兒童認識物體與自己關係的開始。

2. 對自己行動的意識

動作的發展是兒童能夠意識到自己行動的前提條件。一歲左右，嬰兒透過偶然性的動作逐漸能夠把自己的動作和動作的對象區分開來，並且從中體會到自己的動作和物體的關係。一個嬰兒在遊戲時偶然間碰到一輛小車，發現小車往前移動，以後當他需要小車移動的時候，他就會主動用手去推。1歲以後，嬰兒出現了最初的獨立性，他經常會拒絕成人的直接幫助，而是要自己來。培養兒童對自己行動的意識，是發展其自我調節和自我監督能力的基礎。

3. 對自己心理活動的意識

相比對自己身體和對自己行動的意識，對自己內心活動的意識需要較高的思維發展水準。兒童從 3 歲開始出現對自己內心活動的意識，他們開始能夠意識到「願意」和「應該」的區別，以前他只知道「我願意」怎麼做就怎

麼做，現在他們開始懂得了有些事情即使「願意」也不「應該」做。4歲以後，他們開始能比較清楚地意識到自己的認識活動、語言、情感和行為。上課時老師說「大家請坐好」，他們就知道要開始上課了，要停止打鬧和遊戲。但是，學前兒童往往只能意識到心理活動的結果，而不能意識到心理活動的過程，能做出判斷卻不知道判斷的依據在哪裡。

（二）自我評價的特點

自我評價是自我意識的一個重要方面，包括三種形式：①掌握別人對自己的評價；②社會性比較，從與別人的比較中對自己做出評價；③自我檢驗，即狹義的自我評價。2～3歲兒童的自我評價開始出現。幼兒自我評價的發展和幼兒認知及情感的發展緊密相連，其特點如下。

1. 依賴性和被動性

幼兒的自我評價依賴於成人對他的評價，特別是幼兒初期，他們往往不加考慮地輕信成人的評價，其自我評價只是單純重複成人的評價。他們評價「自己是好孩子」，是因為「老師經常表揚我，說我是個好孩子」，並且這種評價不是出於自發的需要，而是成人的要求。幼兒晚期開始出現獨立的評價，如果成人對他的評價不符合他對自己的評價，他會提出質疑，甚至表示出反感。

2. 情緒性和不穩定性

幼兒自我評價時往往是從情緒出發，而不是從具體事實出發。在評價值日生工作時，有個幼兒說：「我和某某是最好的值日生，因為他值日的時候總是發給我帶金邊的碗，而我值日的時候也總發給他帶金邊的碗。」幼兒的自我評價往往偏高，他們在評價自己的作品時總是「覺得比別人的好看」。但是隨著年齡的增長，有些幼兒對自己過高的評價逐漸隱蔽，不好意思說自己的作品最好，就說「我不知道」。幼兒自我評價帶有主觀情緒性，再加上評價的依從性和被動性，幼兒的自我評價並不穩定，有些時候可能覺得「自己是個好寶寶」，有的時候可能又會覺得「我不是個聽話的好寶寶」。

3. 表面性和局部性

受認識水準的限制，幼兒的自我評價帶有極大的表面性和局部性，他們的自我評價大多侷限在自我的外部行為表現，還不能正確評價自己的內心活動和個性品質，如小班幼兒說自己是個好孩子是因為「我吃飯吃得好，睡覺睡得好」「我會自己穿衣服」。

（三）自我調節的特點

個性發展的核心問題是自覺掌握自己的行為活動，所以兒童自我意識的發展必須體現在自我調節和監督上。指向心理環境的自我調節是指借助於心理過程，縮小個體與環境之間的差異，實現心理平衡的功能。自我調節包括許多方面的內容，如動作的協調，積極性的加強與削弱，行為舉止的自我監督和校正等。兒童的自我調節能力是逐漸產生和發展起來的，開始時幼兒完全不能自覺調控自己的心理與行為，後來在教育和環境的影響下，他們逐漸能夠在成人的指導下調節自己的行為，再後來他們能夠自覺地調整自己的心理與行為。

二、學前兒童自我意識的發展階段

美國心理學家奧爾波特（G.W.Allport）認為學前兒童自我意識的發展有以下幾個階段：

1. 對身體的自我感覺（1 歲）

這個階段的兒童逐漸認識到自己的身體與其他物體不同，從而知道自己身體的存在，這是一種自我感覺。如當媽媽問道：「寶寶，你的耳朵在哪兒啊？」他能很快地用手去摸自己的耳朵。

2. 對自我同一性的意識（2 歲）

這個階段的兒童逐漸對自己的身體形成一種連續感，雖然自己的身體大小、高矮在變化，經驗在發展，但兒童總感到他是同一個人。奧爾波特認為，自我同一性的形成與語言的發展緊密相連，名字使兒童形成其在社會群體中獨立地位的意識。

3. 對自我尊重的意識（3 歲）

這個階段的兒童在他能獨立做一些事情時會產生自豪、自尊和自愛的心理。這個階段的兒童經常追求擺脫成人的控制，尋求自立。這個階段的兒童說得最多的話語就是「我要自己吃飯」「我要自己做」……

4. 對自我擴展的意識（4歲）

這個階段的兒童知道了「我的」這個詞的意義，容易把自我意識擴展到外部事物上，不僅認識到身體是屬於自己的，還認識到小汽車、洋娃娃等都是自己的。

5. 自我意象的形成（4～6歲）

這個階段的兒童形成了「好的我」「壞的我」的概念。他們能夠把自己做的和別人對他的期望進行比較，即兒童這時有一個真實的自我和理想的自我。這一階段的兒童可以計劃未來，可以有自己的理想，如大班的兒童能夠說出自己長大了想做警察而不是小偷。

思考討論

我的「便便」

幾天前，某幼稚園的一個小朋友，在走廊裡拉了便便。就在老師去給她拿褲子的時候，她把自己的便便包了起來，老師來時發現便便不在了，就以為是打掃衛生的阿姨來收拾了。在衛生間裡，老師幫她洗屁股，她告訴老師，便便已經被她扔了。拉完便便後，她再也沒有讓任何人動過她的書包，包括平時可以動她書包的老師，她也拒絕不讓動。幼稚園的老師都知道她這段時間一直是這樣，所以沒有太留意。放學回家後，爸爸媽媽打開書包一看，大吃一驚。原來，她把她的便便帶回了家。詢問孩子原因時，孩子的回答更令人驚詫：「這是我的」。

上述案例中的小朋友為什麼要把「便便」帶回家？

三、學前兒童自我意識發展的影響因素

學前兒童的自我意識不是與生俱來的，其產生和發展受多方面因素的制約，如個體自身的因素、家庭因素、學校因素和社會因素等，其中對學前兒童來說，家庭、幼稚園和同伴關係是影響其自我意識發展的最重要因素。

（一）家庭因素

家庭是最小的社會單位，是開始兒童接觸社會的第一個場所，父母是孩子的第一任教師。兒童與父母朝夕相處，其自我意識在很大程度上是透過家庭這個小環境產生和發展起來的。家庭環境中的父母教養方式、兒童與父母之間的關係、家庭氣氛、父母性格、父母文化程度等都對學前兒童的自我意識有明顯作用。

1. 父母教養方式

中國學者張秀閣（2004）研究發現，孩子的自我意識與父母採取情感溫暖的教養方式呈明顯正相關，與嚴厲、懲罰、否認式的教養方式呈負相關。父母對孩子的情感和關注多一些積極態度，多用鼓勵和賞識的方式，可以使孩子趨於肯定自我，以提高孩子的自信心，有利於孩子更好的發展。另外，父母對孩子教養態度一致也能使孩子形成統一的價值觀，促進其良好自我意識的發展。

2. 父母的文化程度

文化程度高的父母更加注重優生優育、優養優教，其本身的文化素質和修養也在潛移默化地影響著孩子。研究表明，父母的文化程度越高，其子女的自我意識水平也越高。高文化水準的父母往往給孩子更多理解和尊重，善於與子女溝通，較少運用簡單粗暴的教育方式，子女能夠清楚地瞭解父母的期望，從而建立良好的自尊，並對自己充滿自信。

3. 父母的性格

有研究發現，外向型父母的子女自我意識水準顯著高於內向型父母的子女。一般來說，外向型父母在生活中熱情、開朗、樂觀，他們能夠主動與子

女交流、遊戲，容易與子女溝通，更容易與子女建立信任的關係，子女也更容易在父母那裡得到支持與安全感，從而產生較高水準的自我意識。

（二）幼稚園因素

幼稚園是兒童進入社會的第一個大環境，老師對待幼兒的態度與方式、師幼關係等都對幼兒自我意識的形成和發展有重要影響。

師幼關係是幼兒重要的社會交往形式，是促進幼兒發展和減少幼兒問題行為的關鍵因素。在師幼交往中，老師對幼兒的評價、情緒反應和行為表現等都影響著幼兒的發展，尤其是對幼兒個性發展中的諸多心理因素（如自我意識、自尊等）都有重要的作用。親密型的師幼之間能夠親密溝通，相互接納，教師對待幼兒時更多採用和善的態度和溫和的方式對待幼兒。幼兒從中能夠獲得安全感，形成較高的自尊、較為客觀的自我認識和自我評價，也更容易進行良好的自我調節。

另外，同伴在兒童人格的形成和發展中也有著不可忽視的影響力。在與同伴的相互交往中，兒童會依據同伴的看法和反應不斷地重新認識、評價和完善自己。兒童在同伴中的地位、所扮演的角色以及在遊戲中的交往能力和情感體驗都能影響他們自我意識的發展，如當幼兒在同伴中比較受歡迎，就會對他形成積極的自我評價有極大的促進作用。

四、學前兒童自我意識的培養

自我意識是在與環境的相互作用，尤其是與社會環境的相互作用中逐漸形成和發展起來的，其發展情況直接關係到兒童健康個性的形成，因此有必要採取有力措施促進兒童自我意識的發展。

（一）創造良好的家庭環境

首先，父母應當給孩子樹立正確的榜樣。如父母經常對自己進行客觀、正確的評價，經常反省自己不當的行為，潛移默化地使幼兒形成正確的自我評價，並養成善於反省的習慣，其次，父母應儘量用積極、樂觀的態度對待

孩子，避免使用簡單粗暴的教育方式，經常與孩子溝通，給予孩子必要的安全感。同時，父母的教育態度應協調一致，不要使孩子感到無所適從。

此外，家長還要給予孩子必要的責任，也要給他充分的自由。學前期兒童自我意識的發展需要廣闊的天地和豐富的生活，他們正確的行為也需要有一定的空間透過模仿獲得。現代社會的孩子大多屬於獨生子女，這使得父母極力將子女控制在自己的視線之內，但這是缺乏理智的做法，他們需要透過成功來獲得自信，需要挫折來磨煉自己，需要風險考驗自制等，而這些都只能靠他們自己的親身經歷和體驗獲得，因此父母應當給他們充分經歷的機會，讓他們在實踐中鍛鍊自己。

（二）重視幼稚園教育

首先，教師應當平等對待每一位幼兒。教師要把幼兒當作一個獨立完整的社會人看待，特別要尊重幼兒的自尊心，任何情況下都不能傷害到他們的自尊心，因為這是兒童自我意識發展的表現。教師還要信任他們，相信他們都有各自的優點和長處，相信他們經過努力都會成功。

其次，教師與幼兒建立親密的關係。教師要善於瞭解每一位幼兒，深入熟悉和掌握幼兒的心理特點和個性差異。在此基礎上，與他們建立良好的合作關係，讓他們時時刻刻都能感受到教師在與他們共同發展和進步。

思考討論

自我意識越強越好？

好好是小(1)班的小女孩，她聰明伶俐，長相可愛。但就是這樣一個女孩，她自私，以自我為中心，把什麼玩具都歸為己有，人家要玩，她就又打又咬，嚇得其他孩子哇哇大哭。經過家訪，得知她是由外祖母帶大，父母很少回家，難得回家一次，自然把自己的女兒寶貝得不得了，總是事事依著她，使她養成了自私、好攻擊的心理。孩子的自我意識是越強越好嗎？對於這樣的孩子，我們該採取怎樣的教育方式呢？

第五節 學前兒童的性別角色

現代社會中的許多衝突都來自兩性之間的溝通不良，許多問題都來自於兩性性別角色的認知差異。兒童的性別是一個確定的生物學事實，也是一個普遍的社會事實。兒童對自己性別的認識，對自己在社會生活中應起的作用的認識是他們社會化發展的一個重要部分，不僅影響到兒童期的心理活動和行為特點，而且關係到他們最終形成的個性，直至影響他們的一生。因此，應當重視學前兒童性別化的過程，為健康的性教育提供科學的心理學依據，培養兒童正確的性意識和情感，為他們將來正常的戀愛、婚姻打下良好基礎。

學前期是性別角色形成的關鍵時期。兒童早期形成的性心理定勢和性別觀念，是成年人高度明確性概念形成的基礎，也是影響成年性行為的重要因素。

一、學前兒童的性別角色發展

學前階段所接受的性別教育對人一生的性別特徵都有重要影響，這種影響會擴展到一個人的身份、性別角色行為、性反應和性別差異等方面。在學前期不正確的性別教育甚至是導致成年時期各種性問題和心理問題的根源。

（一）性別刻板印象

性別刻板印像是人們對男性或女性「應當」具有的特定行為和特徵的相對穩定的印象。雖然社會環境不斷地在發生變化，但是實際上，人們對男性和女性的心理差異、擁有的能力等都有明顯的近似刻板的印象。人們通常認為男性具有積極、愛冒險、有支配性、獨立等特徵；認為女性具有體貼、情緒化、溫柔、善解人意等特徵。

性別刻板印象包括性別刻板知識和性別刻板靈活性。大約兩歲左右，兒童開始標示自己及他人的性別。在 3 歲時就已經具有了外貌、玩具、職業等領域的刻板印象知識，並且隨年齡的增長不斷增加。另外，兒童擁有的性別印象刻板知識在不同領域是不同的，如兒童關於外貌和玩具的性別刻板知識多於職業和特質領域。在性別刻板靈活性方面，3～5 歲的兒童性別刻板，

靈活性發展水準較低，且不存在顯著年齡差異，而隨著年齡的增長，6～8歲兒童各個領域的性別刻板印象變得越來越靈活，如當問到一位4歲左右的小朋友，男孩子和女孩子各喜歡什麼玩具，他會說男孩子喜歡「汽車」「手槍」或「飛機」等，而女孩子喜歡「洋娃娃」等；但是7歲左右的小朋友已經能夠知道並不是所有的男孩子都喜歡「汽車」和「手槍」，也並不是所有的女孩子都喜歡「洋娃娃」。隨著年齡的增長，兒童性別刻板印象越來越靈活，但是這不代表這一現象就此消失，尤其體現在「找朋友」上。一項研究發現，無論幼兒還是成人，對違反性別角色行為的男孩，表示十分不滿，拒絕與他交朋友；而對於違反性別角色行為的女孩，則表現得較為寬容，這說明社會對男性的要求要比女性高。

（二）性別角色

張春興（1995）認為性別角色是指在某一社會文化傳統中公認男性或女性應有的行為。性別角色與性別有關，但並不是性別之間所有的行為差異都是性別角色的一部分，由生物性差異造成的行為差異不屬於性別角色的內容，只有社會期望所決定的性別行為才是性別角色的內容。

隨著年齡的增長，兒童逐漸學習社會期望對男性和女性的行為要求，並利用這些訊息指導和控制他們自己的行為，適應社會交往。戴蒙（W.Damon）曾經研究4～9歲兒童對性別角色理解的特點。他給受試者講了一個故事：有一個名字叫做喬治的男孩喜歡玩玩具娃娃，他的父母告訴他，男孩不應該玩娃娃，只有女孩才玩娃娃。他們為喬治買了許多男孩子的玩具，如手槍、汽車等，但喬治仍然堅持玩娃娃。然後問受試者：喬治玩娃娃對不對？別人告訴喬治別玩娃娃對不對？如果喬治堅持玩娃娃，那將會發生什麼事？等等。結果發現，4歲的兒童對上述問題的回答是不明確和不完整的，他們認為喬治玩娃娃是對的，因為「他想玩」。大多數6歲的兒童認為喬治是錯的，因為這樣會受到父母的指責，會讓別人不喜歡他。

對性別角色真正理解並在行為和性格中體現出來，是一個長期的發展過程。在實際社會中，男性角色和男性品質受到高度的重視，一個像男性一樣獨立堅強的女性會受到社會的讚賞。在男女平等的社會中，由於教育、生產

勞動、經濟收入等方面的平等權利，男女性別角色的分化正在減弱，性別角色並不是影響男女關係的唯一基礎。

（三）性別認同

性別認同是對自身性別的正確認識，是指一個人接受並認可自己在社會中應扮演的性別角色，並將與其相對應的態度行為內化為自己性別角色觀和信念的過程。在正常情況下，兒童進入這個世界的時候都有自己特定的性別身份。從兒童出生開始，他們的父母用與性別身份一致的方式對待他們，如姓名、服飾、玩具，乃至以後的生活方式和道德準則等。性別認同對個體心理發展有重要的意義，如果性別認同與生物學意義上的性別是吻合的，兒童就比較容易適應正常的社會生活，安然地接受自身的特徵；但是如果性別認同發生障礙，可能不能平靜地適應社會生活，甚至會形成「異性癖」，即生物學上確定的男人或女人拒絕自己的性別，堅持認為自己是個異性。

兒童把髮型、服飾等作為區別性別的根據，當髮型或者服飾等改變之後，他們可能會認為性別也隨之改變，這就是關於性別的不守恆。性別守恆在很大程度上受到兒童理解能力的影響，需要一個發展過程，大約在七歲之前達到。科爾伯格把兒童性別守恆的發展劃分為三個階段：

第一個階段：性別標誌。早期的兒童能正確標誌自己以及他人的性別，但是這一階段的兒童是根據一些外部的、表面的特徵來認識性別的，如一個洋娃娃是長頭髮，他們會認為這個洋娃娃是個小女孩，但是洋娃娃的髮型改變後，他們會認為它變成了小男孩。

第二個階段：性別固定。這一階段兒童的性別「守恆」有了一定發展，知道男孩長大後會變成男人，女孩長大後會變成女人，但是他們仍然相信服飾、髮型等的改變就會導致性別轉變。

第三個階段：性別一致性。幼稚園大班的幼兒和小學低年級的兒童性別守恆進一步發展，已經開始確信性別的一致性，他們知道即使一個人「穿了高跟鞋」「留了長頭髮」也不一定是女人。

（四）性別差異

美國史丹福大學心理學家麥科比（M.Maccoby）將男女兒童的性別差異歸納為四點：①女孩的語言表達能力較好；②男孩的視覺、平衡覺較強；③男孩的數學能力較好；④男孩更為好鬥。他指出，所發現的性別差異是平均的，在每一個性別中有很大的變差，兩性的特徵在很大程度上是交叉的，定性的性別差異在生理特徵中是確實存在的，但是就心理特徵來說，兩性間的相似多於差別。

二、學前兒童性別角色的教育

家庭教育對兒童的影響最為直接。在家庭中進行性別角色教育要講究一定的策略，父母要努力克服性別角色刻板觀念的束縛，做好角色示範。幼稚園中的性別角色教育要加強教師的作用，還要不斷地創設有利於發展正常同伴關係的環境。社會大眾傳媒包括電影、書刊、電視等是傳播性別角色觀念的有效渠道，要警惕傳媒兩性生理、心理差異絕對化以及將女性邊緣化的趨勢。

拓展閱讀

「雙性化」不等於「中性化」

一個人的性別傾向可以分為四種：男性化、女性化、雙性化和中性化。雙性化理論認為雙性化是一種最為理想的性別模式，它集合了男性和女性的性別優點。本姆認為：「中性化」可以說是「無性化」，是社會性別最不突出的一類群體，它沒有顯著的男性氣質和女性氣質。因此，本來是個很好的理念──男女相互學習，有助於男女兩性擺脫傳統文化對性別的束縛，但到了中國，「雙性化」卻被許多人誤讀為「中性化」，結出男孩女性化、女孩男性化的惡果。在此誤導之下，男孩變得越來越陰柔、越來越「娘娘腔」，而陽剛則日漸遠離。女孩變得越來越剛強，越來越「假小子」了，女性特有的溫柔也越來越稀少了。

傳統觀點認為男性化和女性化是同一程度相對的兩極。1878 年心理學家本姆提出了心理雙性化學說，即在同一個人身上同時存在男性和女性的特徵。

在現代社會,「雙性化教育」的觀念越來越受到專家和學者的認可。在實踐中,進行雙性化教育主要可以從以下幾個方面進行:

1. 重視父母榜樣示範的作用

3歲以後的幼兒性別認同能力發展較為迅速,在這一過程中,他們開始模仿父母的角色行為,從而獲得社會所期望的態度和行為方式,形成和父母一樣的性別角色觀念。這要求父母在教育孩子的時候要儘量避免典型男性化和典型女性化的傾向,即父親在家庭中也要承擔一定的家務,母親也要有自己的事業,避免當家庭主婦。另外,父母還要調整自己教養孩子的方式,除了鼓勵孩子玩各種適合本性別玩的遊戲和玩具,還要鼓勵他們玩異性特點明顯的遊戲和玩具。

2. 改變幼稚園教育的女性教育模式

教師是幼兒模仿的對象,教師對待不同性別兒童所採取的不同態度和方式,在很大程度上能夠對兒童性別角色的發展產生影響。現代幼稚園普遍以女性教師為主,對幼兒的教育也屬於女性特徵明顯。針對這種情況,一方面要採取各種措施加大力度引進男教師,同時廣大女教師要努力克服已經形成的性別意識的影響,努力創設適合培養幼兒雙性化性格的環境。

3. 堅持適度原則

兒童的心理特徵尚未定型,對自我性別的認同比較模糊,如果教育幅度過大可能會導致兒童對性別角色的認知產生偏差,引發一系列不當的行為。另外,「雙性化」學說中的某些性別觀念、性別期待可能會發生變化,從而引起一些角色衝突,成為兒童被社會接納和進行社會融合的阻力。因此,在雙性化教育的實施過程中,要警惕「過度」所造成的負面影響。

本章小結

如同「世界上永遠也找不到兩片完全相同的樹葉」,人的個性也是千差萬別的,表現出一定的獨特性,但個性中必然包含著共性的成分。總體來說,學前期是其開始形成的時期,這一階段個性的各種心理特徵如氣質、性格、

能力、自我意識等已經初步發展起來。但是，個性的形成和發展是一個漫長的過程，直到成熟時期即大約 18 歲左右個性才基本定型。

　　個性的發展並不是固定不變的，受到多方面因素的制約。如在家庭氛圍上，民主寬容的家庭比專制或冷漠的家庭更有利於兒童良好個性的形成；接受了較為科學的早期教育的兒童比沒有接受過早期教育的兒童更容易形成良好的個性；同伴關係融洽的兒童比同伴關係緊張的兒童更易形成良好的個性……兒童個性的發展是先天遺傳因素與後天環境因素共同作用的結果。作為孩子第一任教師的家長以及作為兒童發展的重要他人的教師，應當給兒童樹立良好的榜樣，同時創設有利於兒童個性發展的環境，多方合作，共同促進兒童良好個性的形成。

複習思考題

　　1. 名詞解釋

　　（1）個性

　　（2）氣質

　　（3）能力

　　（4）自我意識

　　（5）性別角色

　　2. 簡答題

　　（1）影響學前兒童氣質發展的因素有哪些？

　　（2）幼兒期典型性格的突出特點有哪些？

　　（3）學前兒童能力的差異主要表現在哪些方面？

　　（4）影響學前兒童自我意識發展的因素有哪些？

　　（5）哈特認為兒童早期自我認識發展都有哪些階段？

　　3. 論述題

(1) 結合實際，談談遺傳與環境在學前兒童性格發展中的影響。

(1) 結合實際，談談你怎樣看待兒童智力測驗？

(2) 談談應當如何正確進行雙性化教育？請舉例說明。

4. 案例分析

冉冉是家裡的小公主，每天都會穿著漂亮的新衣服入園，在上幼稚園的路上，冉冉昂首挺胸，從不和老師、小朋友打招呼。在班上，冉冉像隻橫行霸道的「小螃蟹」，從不把小朋友放在眼裡，小夥伴們經常被她撞得摔跤。她還責怪小夥伴：「她不讓我走，她不讓我走⋯⋯」在和小朋友一起玩遊戲時，冉冉只要稍不順心，就對別人動手。在集體遊戲中，把什麼玩具都占為己有，人家要拿，她就又打又罵又抓，每天被她抓過的孩子都傷心地哇哇大哭。老師批評她，教育她也無濟於事，她還朝老師翻白眼來示威。往往這些時候，小朋友們都不喜歡和她一起玩，她就一個人鼓著小嘴巴，站在那兒幾分鐘都不理人。

結合本章所學的內容，闡述幼稚園教師應當如何對冉冉進行引導？

拓展練習

瞭解中國當代著名的早期教育理論家、「0歲方案」創始人、中國第一個早期教育研究所創辦者馮德全教授關於智力開發的早教思想，並嘗試運用本章所學內容對其分析。

第八章 學前兒童社會性的發展

　　在人的生物屬性和社會屬性中，社會屬性占有更重要的地位，但人的社會性不是與生俱來的，而是後天逐漸形成和發展的。社會性是作為社會成員的個體為適應社會生活所表現出的心理和行為特徵，也就是人們為了適應社會生活所形成的符合社會傳統習俗的行為方式，如對傳統價值觀的接受，對社會倫理道德的遵從，對文化習俗的尊重以及對各種社會關係的處理。社會性與個性相比，個性強調的是獨特性，是個人的行為方式；社會性強調的是人們在社會組織中符合社會傳統習俗的共性的行為方式。社會性發展是指兒童在一定的社會歷史條件下，逐漸獨立地掌握社會規範，恰當處理人際關係，從而能客觀地適應社會生活的心理和行為發展過程。兒童社會性發展的過程又稱為兒童社會化，它是在個體與社會群體、兒童集體以及同伴的相互作用、相互影響的過程中實現的。學前兒童社會性發展的交往經歷，直接取決於交往的對象，包括人、動植物、非生物。本章選擇兒童在社會性發展中，與三方面的「重要他人」的交往並建立的人際關係如親子關係、同伴關係、師幼關係等進行分析介紹，同時分析社會行為和道德發展等問題。

案例

　　樂樂3個月大時，媽媽逗她玩，她能咯咯咯地笑出聲來；6個月大時，只要一看到媽媽拿起包準備出門，就會哇哇大哭，這以後媽媽出門時都會小心翼翼地避開她的視線；10個月大時，看到同年齡的孩子，會主動朝對方看看、笑笑或抓抓，對方對她笑時，她也能夠朝對方笑以示回應，看到對方哭時，也會情不自禁地哭起來；3歲左右時，上幼稚園了，每天入園時都會哭得聲嘶力竭，在老師的安慰和擁抱下，才逐漸好轉；5歲時，別人故意問她爸爸、媽媽哪個好？她會想一想，看看爸爸媽媽誰在場，爸爸在場時就會說爸爸好，媽媽在場時就會說媽媽好，爸爸媽媽都在場時，就說爸爸媽媽都好。

第八章 學前兒童社會性的發展

問題聚焦

樂樂在不同年齡階段表現出的不同行為是學前兒童社會性發展的重要表現。透過本章學習，可以瞭解學前兒童親子依戀、同伴關係、師幼關係的產生及主要特點，掌握學前兒童的道德發展水準，同時在實際生活中採取針對性措施有效訓練兒童的社會行為。

學習目標

1. 掌握學前兒童親子依戀的形成與發展階段。
2. 思考同伴關係的重要性，掌握其測量方法與劃分類型。
3. 結合幼稚園的實際，思考學前兒童師幼關係的特點與類型。
4. 理解並掌握兒童道德發展的相關理論。
5. 結合在實際生活中的觀察，思考如何有效地培養和訓練學前兒童的社會行為。

第一節 學前兒童的親子依戀

一、依戀的含義與特點

從出生之日起，學前兒童就被包圍在各種社會關係裡。對大多數學前兒童來說，生活中最經常、最主要的接觸者是父母、教師和同伴，其中，與父母的關係可能是人生早期唯一的社會聯繫。發展心理學家認為，早期的發展，尤其是良好親子關係的建立，為個體獲得良好的社會適應開闢了一條健康的道路，維繫著個體的終身發展，而依戀則成為親子關係的最初情感紐帶。

（一）依戀的含義

在我們的日常生活中，依戀是普遍存在的。與依戀對象相處，我們會感到安全、愉快；當分離時，我們會感到焦慮、遺憾。相互依戀的人在交往過程中總會感到愉快、興奮。對人類而言，依戀是親子、情人和朋友之間交往

中最突出的表現。而就學前兒童來說，依戀是社會性發展的開端和組成部分，是學前兒童早期生活中最重要的社會關係。

依戀主要是指嬰兒與撫養者之間建立的一種積極的、充滿深情的情感聯結，由於嬰兒的撫養者多為其父母，故又稱為親子依戀。依戀主要表現為啼哭、微笑、吸吮、喊叫、咿呀學語、抓握、身體接近、依偎、跟隨等行為。依戀一旦建立，與依戀對象交往時，嬰兒往往表現出情緒歡快、活躍、喜好探索、操弄玩具，喜歡嘗試新事物、新情景，甚至嘗試與陌生人交往，這都有助於使嬰兒形成積極、健康的情緒情感，養成自信、勇敢、勇於探索的人格特徵。另外，依戀對於激發父母和照顧者更精心地照料後代，對形成兒童最初信賴和不信賴的個性特點也有重要影響。

（二）依戀的特點

與其他社會關係相比，依戀具有以下顯著特徵：

1. 在對象上，依戀具有選擇性

嬰兒傾向於依戀那些能夠引起特定的情感體驗與行為反應、滿足自身需要的個體，而並非依戀所有的人。如嬰兒容易對能滿足自身需要的反應性高和敏感性強的父母形成依戀，而稍大的兒童則可能會對那些能共同玩耍、遊戲的同伴形成依戀。

2. 在行為上，依戀具有親近性

依戀者尋求與依戀對象身體的接近，如嬰兒尋求與母親在身體上的接觸，傾向於依偎在母親的懷抱裡，對著母親發聲、微笑，或在母親身旁活動。

3. 在關係上，依戀具有相互性

依戀雙方具有某種和諧性，他們能保持行為與情感的呼應與協調。

4. 在結果上，依戀具有支持性

依戀雙方尤其是依戀者，可以從依戀關係中獲得一種慰藉和安全感以及心理支持，當嬰兒遇到壓力、困難和挫折時，母親的保護、撫慰能有效地使

他平靜下來。這種結果上的支持性既是依戀行為的必然報償，同時也是鞏固和加強依戀關係的情感基礎與內在動力。

5. 在影響上，依戀具有長期性

在依戀雙方的交往中，嬰兒建立了一個內部工作模型，該模型內化了對依戀雙方及兩者關係的內在心理表徵，具有穩定的傾向，對兒童的發展產生了長期的影響。

對學前兒童來說，尋求親近是依戀的核心與基本的外在行為表現，而強烈的相互依存的情感則是依戀基本的內在心理表徵。依戀在本質上是一種融情緒、情感、態度及信念於一體的複雜系統，其進化與發展的基礎是未成熟、弱小的兒童趨近父母的需要，其生物意義在於個體可以從中獲得關愛、安全感等生存的「必需品」，依戀的社會意義是極為複雜而深刻的，它是個體探索外部環境、謀求未來發展的重要「資本」。

二、依戀的形成與發展

（一）依戀建立的前提

依戀不是突然發生的，也不是天生就有的，它是兒童的感覺、知覺、記憶、想像等心理過程發展到一定階段的產物，是兒童與其所處的社會環境相互作用的結果。依戀的發生與建立有其特定的標誌，其前後相繼的階段性發展過程也是兒童心理逐漸趨向成熟的過程。

1. 識別記憶

兒童對周圍事物的認知有一個從未分化到分化的過程。當兒童能把作為依戀對象的特定個體與其他人區分開來時，就有可能形成對特定個體的集中依戀。這種使知覺對象從知覺背景中分化出來的認知技能，就是兒童的識別記憶。

兒童識別記憶產生的時間可以因感覺器官性質的不同而有所差異。隨著兒童認知能力的發展，各種感覺器官的活動逐漸協調起來發揮作用，透過對

多渠道訊息的收集、加工、鑑別，兒童能更準確、更生動、更完整地確認依戀對象。

2. 客體永久性與人物永久性

在兒童認知發展的過程中，獲得客體永久性的概念是一個重大成就。正是這種認識能力使嬰兒在頭腦中始終保持著母親的形象，我們稱之為「人物永久性」。於是，當母親離開嬰兒時，嬰兒才會尋找。客體永久性的認知能力，是兒童依戀形成的認知前提。

嬰兒的識別記憶和客體永久性的出現並非彼此孤立，兩者具有發展上的繼承相性以及功能上的相輔相成性。

（二）依戀形成的標誌

以什麼樣的行為反應作為判斷依戀真正建立的標誌，直接影響到依戀形成時間的確定，以及對依戀關係的特殊性乃至依戀質量與性質的判定。因此，科學地確立依戀形成的標誌在依戀研究中具有特殊重要的意義。英國心理學家謝弗認為，依戀形成的標誌需要遵從以下三條原則：

1. 代表性，即能反映依戀這一行為表現不同於其他社會關係的本質規定性；

2. 穩定性，即在依戀一般應出現的時期內能保持相對穩定的存在，如孩子的行為今日出現，明日消失，則不具有穩定性；

3. 普遍性，即不因個體間的差異而影響該依戀現象的普遍存在，如在一般情況下某種行為甲具有，而乙在同期並不出現，那麼這種標誌就很難認為具有普遍性。

（三）依戀的發展階段

在兒童的早期發展過程中，依戀不是突然發生的，而是在嬰兒與母親的相互作用中逐漸建立的。鮑爾比提出依戀的發展分為四個階段。

1. 無分化階段（0～3個月）

該階段嬰兒對人反應的最大特點是不加區分，沒有差別，嬰兒對所有人的反應幾乎都是一樣的，同時，所有的人對嬰兒的影響也是一樣的。此時的兒童沒有實現對人際關係客體的分化，並不介意被陌生人抱起。

2. 低分化階段（3～6個月）

嬰兒開始識別熟悉的人（如父母）與不熟悉的人的差別，也能區別一個熟悉的人與另一個熟悉的人。兒童能從人群中找出母親，仍舊不會介意和父母分開。

3. 依戀形成階段（6個月～2.5歲）

從這時候起，孩子對母親的存在尤其關注，當母親離開時則感到非常不安，表現出一種分離焦慮。同時，當陌生人出現時，孩子則會表現出怯生、無所適從。不過，這個時候的孩子已經明白成人不在視野範圍內後還會繼續出現，所以他們以母親為安全保障，在新環境中探尋、冒險，然後又回來尋求保護。

4. 修正目標的合作階段（2.5歲以後）

隨著認知水準和語言能力的提高，兒童的自我中心減少，親子之間形成了「目標—矯正」的「夥伴關係」。兒童能認識並理解母親的情感、需要、願望，能夠理解父母離去的原因，也知道他們什麼時候回來，這樣分離焦慮便降低了。總之，這時候的兒童會同父母協商，向成人提出要求，親子之間的合作性加強。

人物介紹

約翰·鮑爾比

約翰·鮑爾比（John Bowlby，1907～1990），英國精神病學家、心理學家，母愛剝奪實驗和依戀理論的創始人。生於英國倫敦一個外科醫生家庭，早年在劍橋大學攻讀醫學和心理學。1933年在倫敦完成其醫生資格訓練後，專攻兒童精神病學和精神分析。1946～1972年以陸軍精神病學家的身份長期在塔維斯托克診所和人類關係研究所工作，主要從事兒童和家庭精神病方

面的醫療、教學和臨床研究。在關於母愛剝奪對人格發展的不良影響上,提出兒童對母親的依戀理論。

三、依戀的類型及影響因素

(一) 依戀的類型

為了充分描繪依戀的性質,安斯沃斯等人利用母嬰分離反應,即利用嬰兒在受到中等程度壓力之後接近依戀目標的程度以及由於依戀目標而安靜下來的程度,設計了一個「陌生情境」,以測定每個嬰兒的依戀反應和類型,具體見表8-1。

場景	事件	觀察的依戀行為	持續時間
1	實驗者把孩子和父母帶進遊戲室,然後離開		30秒
2	父母坐著看孩子玩玩具	父母是安全保障	3分鐘
3	陌生人進入,坐下和父母交談	對不熟悉成人的反應	3分鐘
4	父母離開,陌生人和孩子交流,如不安則安慰他	離別焦慮	3分鐘
5	父母回來,和孩子打招呼,有必要的話安慰他,陌生人離開	重逢的反應	3分鐘
6	父母離開房間	離別焦慮	3分鐘
7	陌生人進入房間安慰	接受陌生人撫慰的能力	3分鐘
8	父母回來,和孩子打招呼,有必要的話安慰他,並再次激起孩子玩玩具的興趣	重逢的反應	3分鐘

表8-1　陌生情境實驗的場景

根據孩子在這些陌生情境中的表現,將學前兒童的依戀分為三種類型:

1. 焦慮—迴避型依戀

這類兒童在陌生情境中，母親是否在場對他們的探究行為沒有影響。母親離開時，他們沒有表現出明顯的分離焦慮；母親返回時，往往也不予理會；母親接近時反而轉過身去，迴避母親的親密行為。這類兒童大約占 10%。

2. 安全型依戀

這類兒童在陌生情境中，把母親作為「安全基地」，母親在場時，能安逸地玩玩具，感覺非常安全，主動探索周圍環境；母親離開時，表現出苦惱和不安，探究活動明顯減少；母親返回時，會立即尋求與母親的接觸，並且很快就平靜下來，繼續進行遊戲和玩耍。這類兒童大約占 70%。

3. 焦慮—抗拒型依戀

這類兒童在陌生情境中，難以主動地探究周圍環境，表現出明顯的陌生焦慮；母親離開時，兒童表現得非常苦惱、極度反抗，任何一次短暫分離都會大喊大叫；母親返回時，尋求與母親的接觸，但同時又抗拒與母親接觸，不能把母親作為「安全基地」，不太容易重新回到遊戲中去。這類兒童大約占 20%。

在這三類依戀中，安全型依戀是良好的、積極的依戀，焦慮—迴避型依戀和焦慮—抗拒型依戀又稱為不安全型依戀，是消極的、不良的依戀。依戀對於兒童及其以後的發展具有重要影響，研究表明，安全型依戀的兒童比不安全型依戀的兒童更容易對事物產生積極的興趣，更喜歡主動探索，具有更強的社會適應能力。

（二）影響依戀的因素

兒童的依戀受多個因素的影響，討論最多的是兒童自身的特徵和撫養特徵。

1. 兒童自身的特徵

兒童的先天特性尤其是氣質在很大程度上賦予兒童依戀行為以特定的速度和強度，制約著兒童的反應方式和活動水準。研究者發現，正是由於氣質的影響，有些兒童從出生起，就不易撫慰、易煩躁、哭鬧、難照料，容易受

到父母的冷落,形成穩定依戀的時間較晚,而且在依戀關係中,多採用注視與交談的方式,很少採用身體接觸的方式。而有些兒童從小就喜歡別人抱、親吻、撫摸,他們與父母交往積極,容易獲得父母的關心,形成安全依戀。

2. 撫養特徵

兒童的氣質確實對依戀有影響,但安斯沃斯認為,撫養經驗可以轉變兒童的氣質特性。撫養特徵可以從以下幾方面進行分析:

(1) 穩定的撫養者

依戀對象是有選擇性的。但研究表明,在嬰幼兒時期,經常調換撫養者,就剝奪了嬰兒發展選擇性依戀的機會,將對兒童依戀的形成造成破壞性作用。安娜·佛洛伊德曾研究過二戰期間歐洲一些孤兒的依戀發展,發現戰時看護幼兒的護士不穩定,導致這批兒童無法形成對撫養者的正常依戀,對社會適應能力的形成產生很大困難。因此,穩定的撫養者是兒童依戀形成的必要條件,通常這個人是母親,母親在兒童依戀的形成過程中扮演著重要角色。

拓展閱讀

代理媽媽

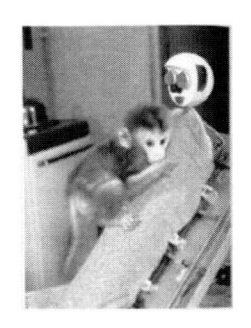

美國威斯康星大學動物心理學家哈洛用恆河猴做的「母愛剝奪」實驗是心理學界的經典實驗。他們將剛出生的「嬰猴」脫離母親的哺養,單獨關在籠子裡。籠子裡裝有兩個「代理媽媽」:一個用鐵絲編成,身上裝有奶瓶;另一個用絨布做成,身上不設奶瓶。小猴飢餓時在鐵絲媽媽身上吃奶,但當小猴歇息或恐懼時便趴到絨布媽媽身上去。研究發現,小猴不僅需要食物,

還有一種先天的需要便是與母親親密的身體接觸。哈洛稱之為「接觸安慰」。從這個實驗推斷人類嬰兒也具有接觸安慰的先天需要。

(2) 撫養的質量

首先，撫養態度對依戀形成有重要影響。嬰兒與撫養者之間互動的方式，決定著依戀形成的性質。若撫養者採取關心的、溫馨的、適時的撫養，有助於嬰兒形成安全型依戀。其次，撫養環境對依戀的形成也有重要影響。撫養環境是指嬰兒在家庭中由母親或親屬單個兒照看還是把嬰兒送到托兒所集體照看。集體照看的兒童依戀行為少，焦慮水準低；家庭照看的兒童依戀行為多，焦慮水準高。

(3) 撫養者的情緒

這也是撫養特徵中的一個重要因素。Termine Izard (1988) 報告，9個月的嬰兒會對母親的高興和憂傷做出不同的反應。如果母親表現高興，他們會花更多的時間玩玩具。艾默生研究認為，經常提供遊戲刺激的父親或其他人比那些常與嬰兒保持疏遠的家庭成員，更可能成為嬰兒的依戀對象。而那些有情緒沮喪、患精神疾病等問題的母親，因缺乏良好的反應性與敏感性，對嬰兒的依戀產生了極大的消極影響。

(4) 撫養者的依戀經驗

研究揭示，父母自己早年的依戀經驗與其子女的依戀類型之間存在明確的聯繫，在AAI中被評定為不安全依戀心態的父母，其子女亦常表現出對父母的不安全依戀模式，顯示出依戀的代際傳遞性。而在AAI中被評定為安全型依戀的母親，婚姻關係更積極，對孩子顯得更溫暖、更敏感，有利於孩子形成安全型依戀。

四、依戀對學前兒童心理發展的影響

早期依戀的性質對兒童後來乃至一生的發展都有重要影響，但是由於研究方法的侷限，心理學家對這些問題還沒有達成完全一致的看法。現有研究表明，早期依戀對兒童心理尤其是社會性的發展確實存在著某種程度的影響。

（一）對認知活動的影響

在特定的問題情境中，不同依戀類型的兒童會有不同的表現。有的研究評定了一些 12 個月和 18 個月的兒童的依戀類型，在這些兒童 2 歲時，把他們置於有關工具應用的問題情境中，以揭示早期依戀質量與以後發展的關係。安全型依戀的兒童對問題充滿好奇心，主動積極地克服困難，適當尋求成人的幫助；不安全型依戀的兒童面對困難時情緒低落，容易放棄，極少求助於成人；焦慮—抗拒型兒童缺乏獨立性，過分依賴母親，遇到問題逃避、退縮。由此可見，兒童依戀的性質在一定程度上會影響兒童的認知活動。

（二）對情緒情感的影響

依戀在本質上是一種情感關係，這種早期持久的情緒經驗對兒童一生的情緒發展至關重要。具體而言，依戀對情緒情感的影響表現在兩個方面：第一，兒童的社會情緒和情感與依戀行為有著密切關係。安全型依戀的兒童更有可能在學步期、學前期和小學階段，在同伴中展示出社會才能，焦慮—迴避型依戀的兒童在以後的幼稚園環境中表現出更多敵對的、憤怒的、侵犯的行為。第二，安全的依戀關係有利於親子間良好的情感互動關係的建立，也有助於兒童有效地進行情緒調節。Kobakl（1988）研究表明，安全型依戀的兒童會建設性地發展控制消極情感的能力，表現出有益於同伴相互交往的積極情緒；相反，不安全型依戀的兒童則以一種不恰當的方式表達情感，較少產生積極的同伴關係。

（三）對社會行為的影響

嬰兒期對父母安全的依戀會導致兒童在幼稚園有較強的社會能力和良好的社會關係。麥克唐納和帕克觀察了 3～4 歲兒童在家庭中與父母的遊戲和在幼稚園中與同伴的交往，同時獲得了教師對兒童受歡迎性的評價等級，結果發現，家庭中的積極經歷，父親的體育遊戲和積極參與兒童活動、母親的語言交流，預示著兒童，特別是男孩在幼兒期會有良好的同伴關係。因為早期依戀關係導致兒童對關係對象的期待，兒童以較早的依戀所產生的期待去選擇同伴，並與他們互動，從而獲得同伴的確認。比如，有安全型依戀經歷的兒童就會期待同伴有積極的回應，同時他們的社會行為也確實對引起正面

回應有幫助。而有不安全型依戀經歷的兒童在與同伴的活動中，會變得孤獨或充滿敵意，同時，同伴對他們的負面行為的回應，增強了他們確認自己不被他人接受的預期。

第二節 學前兒童的同伴關係

在任何文化背景中，學前兒童都面對著兩種社會領域，一是成人世界，二是兒童世界。在成人世界中，兒童主要與父母、教師交往，形成了親子關係、師幼關係，在這兩種關係中，兒童在心理上是不平衡的，處於求助、服從和被關注、受保護的地位；在兒童世界中，兒童與同伴交往，形成了同伴關係，兒童所處的地位是共存的、平等的、互惠的，他們的關係建立在自主、協商、合作的基礎上。在這些關係中，同伴關係對兒童的發展具有十分重要的影響作用。

一、同伴關係的性質及功能

（一）同伴關係的性質

同伴是指與幼兒相處的，且具有相同或相近社會認知能力的人。同伴關係是指年齡相同或相近的幼兒之間的一種共同活動並相互協作的關係，或者主要指同齡幼兒或心理發展水準相當的個體之間在交往過程中建立和發展起來的一種人際關係。在成長過程中，透過與周圍人們的交往，幼兒主要與他人形成了兩種不同性質的關係——垂直關係和水準關係。這兩種人際關係對幼兒的社會化具有不同的作用。

垂直關係是指幼兒與擁有更多知識和更大權利的成人（父母、教師）之間形成的一種關係，主要功能是為幼兒提供安全和保護，使幼兒學習知識和技能，這種關係的性質具有互補性，即成人控制，幼兒服從；幼兒尋求幫助，成人提供解決。水準關係即同伴關係，指幼兒與具有相同社會權利的同伴之間建立的一種關係，其性質是平等的、互惠的，不存在誰要服從誰的問題，幼兒之間的活動和交往可以自由互換角色，活動過程可以自由控制，同伴關係的主要功能是為幼兒提供學習技能和交流經驗的機會。

垂直關係和水準關係既有聯繫又有區別。前者主要體現了成人和幼兒之間的一種「權威—服從」關係，在心理上、地位上是不對等的；而後者主要體現了幼兒和生理心理方面處於相同地位的同伴之間的一種「平等—互惠」的關係。心理學認為，在幼兒社會化過程中，水準關係的影響比垂直關係的影響更強烈、更廣泛。

（二）同伴關係的功能

1. 同伴關係促進幼兒社會技能的發展

在與同伴交往的過程中，一方面幼兒表現出社交行為，如微笑、請求、邀請等，從而嘗試練習自己已經學會的社交技能和策略，並根據對方的反應做出相應的調整，使之不斷熟練和鞏固。另一方面，幼兒透過觀察同伴的社交行為而學習和嘗試對自己而言是新的社交手段，從而豐富了自身的社交行為，使之在數量和質量上得到了進一步發展。此外，幼兒在與同伴交往中有時還會出現衝突，解決衝突的過程可以使幼兒意識到積極的、富有成效的社會交往是透過與同伴合作而獲得的，從而促進幼兒社會觀點選擇能力的發展。

社會技能是交往的產物，在與同伴交往的過程中，幼兒逐漸認識到自己的特徵以及自己在同伴心中的形象和地位，學會與其他人共同參加活動，學會如何與他人建立良好的關係，學會怎樣處理敵意和專橫、怎樣對待競爭和合作，學會如何保持友誼和解決衝突，學會如何堅持自己的主張或放棄自己的意見。

2. 同伴關係滿足幼兒的情感歸屬需要

在同伴交往的過程中，每一個幼兒都處於平等的地位，擁有自由和互惠互利，學習和內化各種社會規範，選擇和建構自己的行為模式。研究發現，幼兒在與同伴交往時，常常表現出愉快、興奮和無拘無束的交談，能夠放鬆自主地投入到各種活動中。幼兒在與同伴交往時，被同伴接納，受到同伴的讚許或尊重，可以使幼兒產生一種心理上的成就感，滿足幼兒的社交需求，從而使幼兒獲得社會性的支持，產生一種歸屬感，歸屬感是指一個人屬於某個群體並被其接納的感受，這種感受只有在群體交往中才能獲得。幼兒在同

伴交往中獲得的這種情感歸屬，是一種積極的社會情感，可以幫助幼兒克服情緒上和心理上可能出現的問題，有助於幼兒心理的健康發展。

3. 同伴關係對幼兒自我概念的發展具有獨特影響

20世紀初，庫利研究發現，個體對自己的認識是先從認識別人的評價開始的。別人對個體的評價就像一面鏡子，使個體從中瞭解自己，界定自己，並形成相應的自我概念。如一個幼兒被他的父母疼愛，被他的老師重視，被他的同伴尊重，大家都喜歡和他交往，那麼這個幼兒很可能就會認為自己是一個具有某些令人喜愛的品質的人。古語所講的「以銅為鏡，可以正衣冠；以人為鏡，可以知得失」說的正是此意。

同伴既可以提供給幼兒有關自我的訊息，又可以作為幼兒與他人比較的對象，同伴關係對於個體自我意識的發展具有非常重要的作用。幼兒在認知上常常具有自我中心的特點，只有在與同伴交往的過程中，才會認識到別人的觀點、需要與自己並不相同，學從而會瞭解並理解別人，約束自己，改變自己不合理的想法與行為，學會與同伴和諧相處。可以說同伴關係提供給了幼兒「去自我中心化的平臺」從而有利於幼兒自我概念的發展。

拓展閱讀

同伴成了依戀對象

20世紀40年代，安娜·佛洛伊德和丹恩對6名德籍猶太孤兒進行了一項研究。這6名孤兒的父母在他們出生不久後都死在了納粹的毒氣室裡。他們在一個集中營裡共同生活了幾年，在此期間失去了與成年人的直接聯繫。二戰結束後，他們被帶到英格蘭的一個鄉村裡，在這裡他們受到了人們的照顧，直到他們能適應新的環境。觀察表明，他們彼此間的內部關係非常親密，自由共享，並且相互慰藉和幫助，一旦被分離片刻就會表現出不安。同時他們也具有很多焦慮的症狀，包括經常吸吮指頭、煩躁不安、幼稚的遊戲以及對護理人員的間歇性攻擊，同時也伴隨著對同伴的安全依賴。當這些孩子與成年人建立起信賴關係後，他們的遊戲能力、言語能力和探索能力也得到飛速的發展。

（一）0-1 歲嬰兒同伴交往的產生

嬰兒自出生後，就有明顯的社會交往跡象。從 2 個月起，嬰兒就表現出對同伴的關注，如社會性微笑。6 個月左右，嬰兒能和同伴相對微笑並發聲，儘管有時彼此間互不理睬，或只有短暫的接觸，如看一看或抓一抓同伴等，但這是真正交往的第一步。

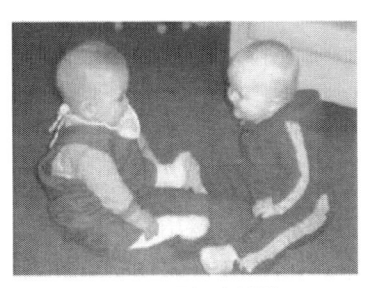

圖8-1 初次見面，多多關照

二、同伴關係發展的趨勢

10 個月左右，嬰兒可以直接用表情和動作進行交往，嬰兒的微笑、手指動作和咿呀學語會得到其他遊戲夥伴適宜的連續的反應和模仿，如微笑注視對方，而對方也會模仿這種方式將訊息返回，最初的這種模仿指向某個物品，代表了同伴間第一次出現了事物的「意義」的分享，為今後合作性的同伴活動奠定了基礎。

總體來看，在嬰兒出生的第一年中出現了幾種重要的社會交往行為和技能：（1）有意指向同伴，向同伴微笑、皺眉並使用手勢；（2）能夠仔細觀察同伴，對社會性交往有著明顯的興趣；（3）經常以相同的方式對遊戲夥伴的行為做出反應。

（二）1～3 歲幼兒同伴交往的發展

1 歲後，幼兒對其他幼兒臉部注視的時間更長，似乎對其他幼兒比對鏡子中的自我更感興趣。從 1 歲起，幼兒就變得更喜歡與同伴交往了，與同伴的交往逐漸增加，持續時間越來越長，影響的內容和方式也越來越複雜。2 歲後，同伴間的互動更多，出現了互惠性遊戲，如你跑，我追；你藏，我找；

你給予,我接受等等。這一時期幼兒的遊戲包括大量的、模式化的社會性交往,如眼神交流、輪流行為等,幼兒在遊戲中尤其喜歡模仿對方的動作。學會獨立行走後,幼兒的交往範圍日益擴大,言語交往不斷增加。當然,他們主要是在擺弄玩具和遊戲中相互交往,雖然會為爭奪或獨占玩具而吵鬧,但很快就會忘記不愉快而和好如初。在母親與同伴都在場的情況下,幼兒與同伴一起遊戲的時間和交往的數量明顯多於與母親遊戲的時間和數量,而且隨著年齡的增長,幼兒與同伴一起遊戲的時間會越來越多,與母親遊戲的時間會越來越少。

(三)3～6歲幼兒同伴交往的發展

幼兒期的同伴交往頻率進一步增加,互動質量不斷提高,但還常常沒有固定的遊戲夥伴。雖然在遊戲中還表現出自我中心主義,但在教師的指導和同伴的影響下,他們逐漸學會謙讓、輪流與合作。由圖8-2可以看出,2歲幼兒只從事單獨的遊戲或平行遊戲,或站在一旁觀看。4歲幼兒一直從事平行遊戲,但與2歲幼兒相比,在相互作用和從事合作遊戲方面表現得更多一點。帕騰發現,隨著年齡的增加,單獨的遊戲和平行遊戲下降,而聯合遊戲和合作遊戲變得更為平常。5歲以後,幼兒的合作遊戲開始出現,同伴交往的主動性和協調性逐漸發展。在合作遊戲中,幼兒逐漸學會圍繞某個共同目標(如角色遊戲「醫院」)一起玩耍,既分工又合作,服從一定的指揮,遵守共同的規則,分享遊戲的快樂。這一時期,幼兒主要是與同性別同伴的交往,並且隨著年齡的增長,這種趨勢越來越明顯。女孩在遊戲中的交往水準高於男孩,主要表現為女孩的合作遊戲明顯多於男孩,而男孩對同伴的消極反應明顯多於女孩。另外,這一時期,幼兒還沒有形成真正的友誼,好朋友之間的交往比較表面化,滿足於時間、空間上的密切聯繫,情感上的親密性和穩定性還很欠缺。

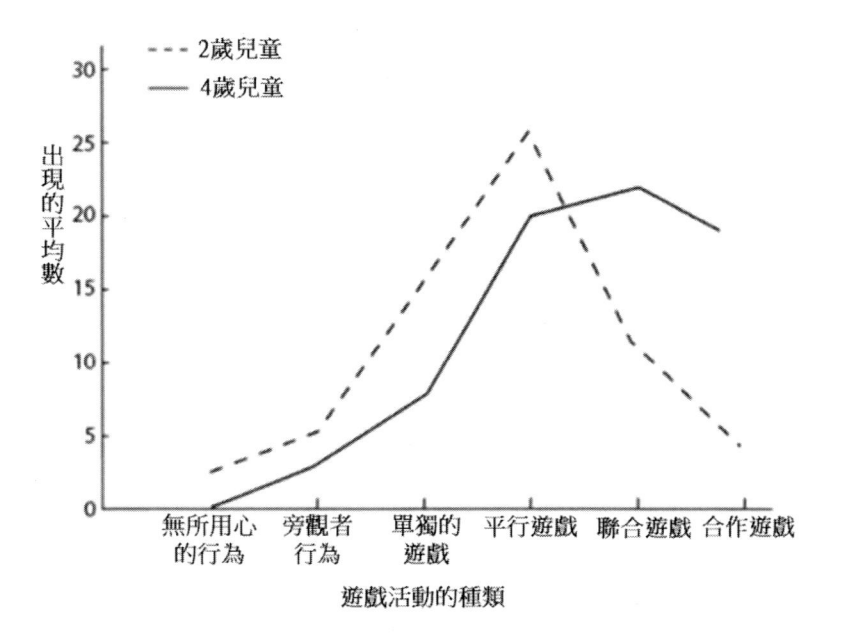

圖8-2　2-4歲兒童遊戲類型的差異

三、同伴關係的測量及類型

（一）同伴關係的測量

對幼兒同伴關係的測量，目前心理學界使用的主要方法有：

1. 觀察法

即對自然狀態下幼兒的同伴關係進行觀察。研究表明，使用觀察法雖然能感受到同伴之間的不同密切程度的關係，發現多數群體中同伴接納性的差異，但這種方法比較費時，且常常因帶有主觀性而影響結果的科學性，因此，這種方法較少使用。

2. 社會測量技術

即幼兒自己主觀來評價對同伴的喜歡程度，是一種自我報告式的測量技術。主要包括：

（1）同伴提名法

指在幼兒的某一社會群體，如幼稚園一個班中，讓每個幼兒根據給定的名單或照片進行限定提名，一般是讓每個幼兒說出自己最喜歡或最不喜歡的同伴，如「你最（不）喜歡與誰玩」等問題，然後根據從每個幼兒處所獲得的正負提名的數量多少，對幼兒進行分類。這種方法雖然可以測出同伴地位的重要差異，但可能因測量過程中幼兒由於某種原因遺忘或不能說出最（不）喜歡的同伴名字而造成研究結果的不準確；另外，對一些中間的幼兒缺乏測量。基於這種方法的侷限性，多數學者提倡使用同伴評定法。

（2）同伴評定法

即要求每個幼兒根據具體化的量表對群體內的其他所有同伴進行評定，如「你喜歡不喜歡與某某玩」並給出喜歡、不喜歡的評定等級，如很喜歡、喜歡、一般、不喜歡、很不喜歡等級別。這種方法比較可靠有效，獲得的結果與實際同伴交往情況以及實際觀察數據具有較高的正相關。但評價身邊的同伴往往會引起不舒服，會涉及一些個人隱私等道德倫理問題，需引起特別注意。

（二）同伴關係的類型

用上述方法對幼兒的同伴關係進行分類描述，一般把幼兒分為五類：

（1）受歡迎的幼兒：指那些獲得許多同伴積極提名或評定的幼兒；

（2）被拒斥的幼兒：指那些獲得許多同伴消極提名或評定的幼兒；

（3）被忽視的幼兒：指那很少些被提名（包括積極和消極的提名）的幼兒；

（4）一般的幼兒：指那些在同伴提名中沒有獲得極端的等級（最喜歡或最不喜歡）的幼兒；

（5）矛盾的幼兒：指那些被某些同伴積極提名或評定，同時又被另一些同伴消極提名或評定的幼兒。

龐麗娟採用同伴提名法對 4～6 歲幼兒的同伴關係類型進行研究，得到了較為一致的結果，她將學前幼兒的同伴關係分為受歡迎型、被拒絕型、被

忽視型和一般型四種基本類型，並且針對每一種類型幼兒的基本特徵進行了詳細描述。

1. 受歡迎型：性格一般比較外向，不易衝動和發脾氣，活潑、愛說話，喜歡與人交往，在交往中積極主動，並表現出友好行為，掌握使用的社交技能與策略較多，有效性、主動性、獨立性、友好性均較強，因而被多數同伴接納和喜愛。在同伴中的地位較高，具有較強的影響力。

2. 被拒絕型：性特別向，但脾氣急躁、容易衝動，過於活潑好動，在交往中雖主動活躍，但不善於交往，常常表現出不友好的交往方式，如強行加入其他小朋友的活動、搶奪玩具、喜歡推打等等，由於攻擊性行為較多，友好行為較少，因此被多數幼兒拒絕。

3. 被忽視型：性格內向，不太活潑，不愛說話，不喜歡交往，常常獨處或一人活動，在交往中缺乏主動性，表現退縮或畏縮，對同伴既很少友好、合作行為，也很少不友好、侵犯性行為。因此，沒有多少同伴喜歡他們，也沒有多少同伴討厭他們，實際上是被多數同伴忽視的幼兒。

4. 一般型：在同伴交往中表現一般，既不特別主動、友好，也不特別不主動或不友好；同伴有的喜歡他們，有的不喜歡他們，他們既不為同伴所特別喜愛，也不為同伴所討厭，在同伴心中的地位一般。

研究發現，受歡迎幼兒約占 13.33%，被拒絕幼兒約占 14.31%，被忽視幼兒約占 19.41%，一般型幼兒約占 52.94%，可見，積極、受歡迎的同伴關係所占比例並不是理想的（不到五分之一），而消極、不良的同伴關係約占三分之一（被拒絕型、被忽視型合計 33.72%），多數幼兒處於一般化狀態。隨著年齡的增長，受歡迎的幼兒人數呈增多趨勢，而被拒絕幼兒和被忽視幼兒的人數呈減少趨勢。在受歡迎的幼兒中，女孩明顯多於男孩；在被拒絕的幼兒中，男孩則明顯地多於女孩；而在被忽視的幼兒中，女孩又多於男孩。

四、教師對幼兒同伴關係的指導

同伴關係對幼兒的發展具有獨特價值，教師應該予以足夠的正視與重視，有意識地為幼兒提供同伴交往的機會，並進行有效的指導，改善幼兒的同伴關係。

（一）仔細觀察

指導的前提是深入細緻的觀察，只有瞭解每一個幼兒的社交地位，具體的交往過程，以及整個群體的交往特點，做到心中有數，才能進行有針對性的指導。在各種活動中，教師應注意現場觀察幼兒與同伴的交往活動，幫助幼兒建立良好的同伴關係。

（二）及時指導

幫助幼兒在交往的過程中感受交往的愉悅，並從中學會關心、分享、合作以及公平競爭。對於幼兒在交往中出現的困難和矛盾，教師要及時進行干預；對於被忽視的幼兒，教師要主動關心或給予特別注意，發掘其才能，鼓勵他們勇敢地表達自己的觀點，引導性格活潑的幼兒帶領他們一起活動，提高他們的自信心，讓他們重新認識自己，同時也改變同伴對他們的看法；對於被拒絕的幼兒，教師可以透過與他們的個別談話，告訴他們受排斥的原因，提醒其自我約束，並提供給他們與同伴相處的一些技巧。教師還可以提供給他們為班級服務的機會，並當眾誇讚其良好行為，以獲得同伴的認同與接納。總之，對於這些擁有不良同伴關係的幼兒，教師應鼓勵他們並提供大量嘗試和練習的機會，讓他們體驗關心和幫助他們的快樂。當然，指導的最終目的是要培養幼兒主動、積極的交往態度，幫助幼兒掌握謙讓、分享、合作、輪流等基本的交往方式和社會技能，提高社會適應能力。

（三）積極評價

幼兒往往以同伴作為參照標準或榜樣，從而進行自我評價、自我約束。而幼兒的榜樣往往來自於教師的評價，他們對教師肯定的同伴的行為很快就會去模仿，以尋求教師的表揚。所以教師要注重表揚幼兒的良好行為，這有利於促進幼兒社交技能的提高和良好同伴關係的發展。

思考討論

「純屬誤會」

中午起床後,歡歡拿著貝貝的褲子想要送給貝貝,而這時貝貝正在為褲子找不到了而著急,蹲在地上找著。歡歡走過去拍了貝貝的背一下,想說的話還沒說出口,貝貝立刻大叫一聲:「為什麼打我?討厭!」歡歡生氣的扔下褲子,坐到一邊生氣地說:「我以後再也不跟你玩了!」

針對歡歡與貝貝在交往過程中發生的問題,教師該如何指導呢?

第三節 學前兒童的師幼關係

幼兒在人際發展的垂直關係中,還有一個重要的既區別於父母親情又不同於同伴友情的師幼關係。師幼關係是幼兒進入托幼教育機構之後,在教育教學和交往過程中形成的一種比較穩定的人際關係,與親子關係和同伴關係相比,它的獨特之處在於蘊含著由明顯的目的性和計劃性而構成的「教育教學關係」。

一、師幼關係的特點

師幼關係是指在托兒所或幼稚園等托幼教育機構中,教師與幼兒在保教過程中形成的比較穩定的人際關係。因托幼教育機構與基礎教育其他階段教育機構的培養目標、內部人際互動方式的區別,師幼關係除了具有雙向性(即幼兒與教師的雙向交流)、雙重性(即效果可能積極也可能消極),差異性(即與不同性別、年齡、能力、品行的不同關係)等一般表現之外,還有以下幾方面的特點:

(一)遊戲性

幼兒早期的身心發展水準決定了托幼教育機構的活動以遊戲為主,教育目標和內容的實現大多以帶有遊戲性的教育活動為載體,這明顯地區別於學校教育階段的上課形式,因而早期的師幼關係更強調幼兒和教師在活動中獲

得的遊戲性體驗。按照劉焱（1999）的分析，遊戲性體驗包括興趣性、自主性、勝任感或成就感、幽默感和生理快感等體驗。

（二）穩定性和親密性

托幼教育機構中的教師與幼兒之間關係的建立，貫穿於一日生活的每個時間段、每個活動中、所有場景裡，教師既是幼兒心靈的教育者，也是幼兒生活的照顧者，遠比中小學教師與學生的接觸長久、廣泛、全面，因而與幼兒建立的人際關係也更穩定和親密。

（三）內隱的長久性和外顯的單向性

托幼教育機構中的幼兒在順利進入下一階段的學習生活之後，因身心發展迅速，常會出現不能再清晰記憶早年的師幼關係、對以前教師的感情迅速轉變、不再依戀等現象，表現出外顯缺失但內隱長期的影響，常造成托幼教育機構教師單方面的情感回味等現象。

二、師幼關係對幼兒發展的影響

在托幼教育機構中形成的師幼關係對幼兒自身的發展具有重要影響，教師在師幼關係中處於權威地位，因而在師幼關係中，教師起著主導作用，而且幼兒年齡越小，這種影響越大。

（一）影響幼兒入園適應性

與親子關係和同伴關係相比，師幼關係對幼兒入園適應方面的影響最為突出。融洽、密切的師幼關係會使幼兒感到安全和溫暖，體驗家庭和父母懷抱以外新的快樂源泉，從而喜歡幼稚園生活，身體生長發育良好，飲食睡眠良好，認知活動正常開展，具有強烈的學習動機，參與遊戲的興趣高漲，對自己的能力比較自信。反之，如果哪天被教師體罰或責罵了，幼兒就會情緒低落，活動遲緩，懼怕老師甚至拒絕再上幼稚園。不同的師幼關係提供給幼兒的社會性資源不同，因而對幼兒的學校適應造成的影響也不同。一般來說，和諧的師幼關係提供給幼兒的是支持、幫助和安全感，不和諧的師幼關係給幼兒帶來的是壓力、衝突和緊張感。

（二）影響幼兒親子關係和同伴關係

研究表明，積極的師幼關係對幼兒形成安全依戀的親子關係有促進作用，對不安全依戀的親子關係有彌補或調整作用。根據吳放、鄒泓等人的研究，師幼關係和同伴關係之間存在很大的相關性，處於良好師幼關係中的幼兒對同伴更友善，更易為同伴所接納，而這種良好的社會交往行為又會給幼兒帶來積極的反饋。相反，那些在師幼關係中被冷淡、常受斥責的調皮幼兒常被同伴排斥。究其原因，一方面可能與同伴的交往方式不恰當，另一方面，教師的評價往往也影響了他在群體中的地位。教師對調皮幼兒訓斥、冷漠的態度不僅會傷害幼兒的自尊和自信，同時也潛移默化地影響同伴對他們的態度。

師幼關係、同伴關係等構成了托幼教育機構的精神環境，它是無形的，卻是可感受和可體驗的，對學習生活發展在其中的幼兒提供著活動進行的心理背景與基調，深刻地影響著其情感、社會性及個性的發展和改善。已有研究表明（Pianta，2001），幼兒與幼稚園教師的關係對幼兒發展有著更為重要的意義，其重要性遠遠超過了兒童以後建立的師生關係。

（三）影響幼兒社會性發展

幼兒早期對教師權威的高度迷信，決定了他們更易受到教師期望、評價、批評與表揚，甚至情緒、態度的影響，教師與幼兒的積極交往，透過教師的直接指導，幼兒能夠獲取社會知識，學習一定的社會行為規範和價值標準；透過教師的示範以及幼兒的觀察學習，幼兒能習得分享、合作、同情、謙讓等親社會行為，並且能夠無意識地把教師的某些社會行為納入自己的經驗體系之中。幼兒最喜歡模仿心中崇拜的人，而教師往往就是他們的模仿對象。家長常會聽到孩子說：「這是我們老師說的。」「老師就是這樣的，我也這樣。」可見，教師在幼兒心中居於權威地位。所以，教師必須重視表率作用，當與幼兒相處時，哪怕是一個小小的動作，或是一個細微的表情，都會引起幼兒足夠的注意和模仿。所以，教師要求幼兒做到的自己必須先做到，說到必須做到，要表裡一致，持之以恆。另外，研究證實，那些感受到教師關愛和高期望的幼兒更可能具有高水準的自我意識，更傾向於自信、自尊。

三、師幼關係的類型

師幼關係的類型是研究者們比較關注的問題，由於研究角度的不同，建立了許多關係模式。隨著測量方法的綜合，關於類型問題的研究越來越深入。

師幼關係是教師和幼兒在互動過程中形成的一種主觀體驗較強的人際關係。因此，有關體驗者都可以作為這一關係的評定者，如教師、幼兒、同事及觀察者。Pianta 等人 1992 年編制的「師幼關係量表」是目前使用比較廣泛的量表之一，該量表的標準版由 28 個項目構成，包括親密性、依賴性以及衝突性、憤怒等三個主要因素，從溫暖、安全、憤怒、依賴、焦慮、不安全等三個維度，將師幼關係的類型分為六種：依賴型，積極參與型，不良型，普通型，憤怒、依賴型，不參與型。

劉晶波（1999）以依戀性與主動性為分類指標，透過觀察分析將師幼交往分為：假相倚型、非對稱相倚型、反應相倚型、彼此相倚型等四種類型。姜勇等（2004）主要運用研究者觀察、教師訪談和問卷調查的方法，從師幼交往的目的（即教師在交往過程中關注哪些重要方面）、師幼交往的情感性（即教師在交往中積極投入自身的情感程度、注意與幼兒情感互動的程度）、師幼交往的寬容性（即教師對幼兒的理解和寬容程度）、交往中教師的發現意識（即教師在與幼兒交往互動中發現幼兒的優點與長處，向幼兒學習的意識程度）、師幼交往的方式（即教師在師幼交往中合理運用豐富的表情與動作的程度）等五個維度，將中國幼稚園教師與幼兒的師幼關係劃分為以下四種類型：

（一）嚴厲型

這一類型的教師在師幼交往的目的、發現意識、交往方式方面得分較高，但在交往的寬容性方面得分比其他 3 類要低很多，交往的情感性方面得分中等。表現在師幼交往中，教師缺少對幼兒的情感支持，通常比較冷漠，而批評和懲罰較多。

（二）灌輸型

這一類型的教師除了寬容性略高於嚴厲型之外，其他幾項得分都很低，特別是在師幼交往的目的、情感性上與其他類型差異很大。表現為重知識傳授，很少根據幼兒的實際情況調整教育活動，在集體教育活動中總是說得多，使幼兒的自主探究很少。

(三) 開放學習型

這一類型的教師在師幼交往的方式、寬容性、發現意識、情感性等方面的得分也很高，特別是在寬容性和情感性上得分是四種中最高的，在交往的目的性上以知識為中心，表現為非常重視幼兒知識的獲得，並鼓勵幼兒自主探究、自我發現。

(四) 民主型

此類型的教師在各方面的得分都較高，特別是在師幼交往的目的性、發現意識方面處於最高水準，表現為更重視幼兒的全面發展，並能充分理解和尊重幼兒的興趣和需要。

思考討論

回去坐好

一天，當教師拿出新穎的玩具時，一部分好奇心強的孩子興高采烈，要求看看、玩玩。這時教師立即批評道：「你們要幹什麼？回去坐好！瞧晶晶坐在那裡一動也不動，表現多好。」像這種好奇心強的孩子挨批評，無動於衷的孩子受表揚並被老師樹為學習榜樣的現象在幼稚園十分常見。

你如何看待上述現象中的師幼關係？

四、新型師幼關係的建立

當今幼教界風靡的瑞吉歐方案教學、法國科學活動「做中學」等新思潮無一不是建立在一種新型的師幼關係上，這是一種平等、友好、共生共長的互動關係。教育活動中的認識活動不只是幼兒單向的認知過程，而是師幼雙

方訊息反饋與互動的過程。現在,「教學」是師幼交往、積極互動、共同成長的過程」的現代教學觀正在被教師們所認同。

　　建立新型師幼關係,就要教師打破長期固有的「師道尊嚴」「嚴師出高徒」等傳統思想,與幼兒建立平等、民主、尊重和信任的關係。如果教師把幼兒看作是有獨立人格的人,尊重他們的人格,就會與幼兒平等對話、互相依賴,進而幫助幼兒建立起安全感、歸屬感,促進他們與他人、與同伴的正常交往。

　　建立新型師幼關係,就要在師幼交往中,轉變不利於師幼身心發展的交往模式,面向每一個幼兒,平等、公正地對待每一個幼兒;牢記「一切為了幼兒,為了一切幼兒,為了幼兒的一切」;包容幼兒成長中的錯誤行為,耐心等待他按照自己的時間表成長。相反,訓斥、體罰或變相體罰都有損幼兒的身心發展。

　　建立新型師幼關係,是以師愛與互動為基礎的,具體表現為關心、愛護、尊重、理解、溝通,營造民主和諧、寬鬆愉快的氛圍。教師要學會「哄」孩子,設法讓幼兒感受愛並學會愛,從而建立起親密的師幼關係。師幼之間的相互溝通與信賴,對於幼兒來講,最重要的是教師的積極關注,傾聽幼兒的發言,觀察幼兒的行為,保持目光接觸,說出自己內心的感受與期望;樹立親和力強、具有人性化特徵的教師「新權威」。這種新型師幼關係的建立,不僅使幼兒更願意接受教育,同時也是幼兒心理健康的要求。

第四節　學前兒童的社會行為

　　社會行為是指人們在交往活動中對他人或某一事件表現出的態度、言語和行為反應。它在交往中產生,並指向交往中的另一方。在幼兒成長的過程中,會產生許多社會行為,心理學著重研究兩類社會行為:親社會行為和攻擊行為,它們是學前兒童社會行為研究的重要問題。

一、兒童的親社會行為

親社會行為通常指對他人有益或對社會有積極影響的行為，包括分享、合作、助人、安慰、捐贈等。它是一種個體幫助或打算幫助其他個體或群體的行為傾向。親社會行為是個體社會化的重要指標，又是社會化的結果。

（一）親社會行為的發生

幼兒在出生後的第一年，就能透過多種方式表現出親社會行為，尤其是同情和幫助、分享、謙讓等行為。研究發現，3個月的嬰兒就能對友善和不友善做出不同的反應。5個月的嬰兒已經開始有認生現象，他們對較為熟悉的人發出微笑，對不熟悉的人表示拒絕。像前者那種積極性行為反應就是他們最初表現出的親社會行為傾向。當嬰兒看到別的孩子摔倒、受傷、生病、哭泣時，他們會加以關注，並表現出皺眉、傷心等，甚至會出現共鳴性情感表現。1歲左右時，嬰兒還可能會對那些孩子做出一些積極的撫慰動作，如走過去站在他們身旁，或者拉一拉對方的手，或者輕拍或撫摸一下對方受傷的地方等。2歲左右時，幼兒已經基本具備了各種基本的情緒體驗，在一定的生活環境中越來越明顯地表現出同情、分享和助人等親社會行為。如一個2歲幼兒會說：「他哭了，他想要糖。」在成人的教育下，幼兒會把自己的玩具拿給別人玩，或者拿出一點食物分給別的孩子吃，這些行為反映了幼兒給予他人及與他人分享的早期能力，表明幼兒已經開始參與人際交往活動。2歲以後，隨著生活範圍和交往經驗的增多，幼兒的親社會行為進一步發展，逐漸能夠根據一些不太明顯的細微變化來識別他人的情緒體驗，推斷他人的處境，然後做出相應的安慰行為。如當一幼兒哭泣時，有的幼兒會關切地詢問：「你怎麼了？」「你為什麼哭？」等等，有的幼兒還馬上將自己手中最喜歡的玩具讓給他玩，或邀請他參加自己的遊戲。

近年來，一些研究表明，親社會行為並非一定隨著幼兒年齡的增長而增多，有些不僅不增多，還可能出現減少的趨勢。如面對一個摔倒在地的小朋友，較小的幼兒比較大的幼兒更多地表現出同情的行為反應。可見，同情等親社會行為並非自然隨著年齡的增長而增多，需要借助於教育，幼兒不可能離開教育而自發成長為符合社會要求的社會成員。

（二）親社會行為的特點

幼兒的親社會行為表現出以下幾個基本特點：

1. 親社會行為主要指向同伴，極少指向教師

王美芳、龐維國研究表明，幼兒的親社會行為88.7%是指向同伴，指向教師的僅為6.5%，主要原因是親社會行為多發生在自由活動時間。在自由活動時，幼兒的交往對象基本上是同伴，而且同伴之間地位平等、能力接近、興趣一致，因此他們有機會、有能力做出指向同伴的親社會行為。幼兒與教師之間是服從與權威、受教育者與教育者的關係。在幼兒與教師的交往中，幼兒一般是處於接受教育的地位，更多表現出遵從行為，而較少有機會做出親社會行為，因此指向教師的親社會行為較少。

2. 親社會行為發展不存在性別差異

通常認為女孩比男孩更喜歡幫助別人，更喜歡表達關懷與慷慨，雖然女孩確實比男孩更多地表現出同情或擔憂的面部表情，但研究發現，幼兒的親社會行為並沒有性別差異。王美芳、龐維國研究表明，小、中、大班幼兒的親社會行為均不存在性別差異。這與中國一些透過家長和教師的評定來研究幼兒的親社會行為所得結論並不一致。這些研究認為，女孩的親社會行為要多於男孩。他們認為，這一結論與傳統的性別角色期待有密切關係，一般的社會文化期待女孩更富有同情心、更敏感，因此應表現出更多的親社會行為。但現實中幼兒親社會行為的性別差異可能比人們想像的要小。

3. 親社會行為指向同性夥伴和異性夥伴的次數存在年齡差異

在幼稚園小班，幼兒的親社會行為指向同性、異性夥伴的次數比較接近，這是由於小班幼兒的性別角色、認知水準處於同一階段，他們並不嚴格根據性別來選擇交往對象。因此，他們的親社會行為指向同性夥伴和異性夥伴的次數之間不存在明顯差異。而中、大班幼兒的親社會行為指向同性夥伴的次數不斷增多，指向異性夥伴的次數不斷減少。這是由於從中班起，幼兒的性別角色認知已經相當穩定，他們開始更多地選擇相同性別幼兒作為交往對象，因此，他們的親社會行為自然也就更多指向同性夥伴。

4. 親社會行為中，合作行為最為常見

在幼兒的親社會行為中，發生頻率最多的是合作行為。合作行為是一種基本的社會互動形式，多數研究指出，在幼兒出生後的第二年，合作行為開始發生並迅速發展。許多研究表明，幼兒的合作行為隨著年齡增長而不斷增加。如有人對幼兒與父母的合作遊戲進行研究，發現 12 個月的幼兒很少進行合作性遊戲，而多數 18～24 個月的幼兒開始進行合作性遊戲。還有研究也發現，2 歲幼兒在與同伴交往的過程中，能夠與同伴相互協調行動以達到共同目標，而 18 個月的幼兒還比較困難。2 歲以後的幼兒能更有效地進行社會性交往，更經常地表現出合作行為。

二、兒童的攻擊行為

思考討論

早操風波

早操時間，每個幼兒站在固定的小方格裡邊聽音樂邊跟著老師鍛鍊身體，只見陽陽突然雙手放在前面的小朋友身上，將其往前推去，前面的幼兒一個趔趄，差點摔倒在地。這時，前面的小朋友回過頭瞪了他一眼但他不僅沒有停止，反而雙腳往前踢，踢到了前面幼兒的腿，前面的幼兒轉過身用手推他的腳，他猛地起身，雙手張開向前撲去，前面的幼兒被推倒在地上，他又笑又跳。陽陽的行為是屬於哪一類社會行為？教師應該如何指導？

攻擊行為是指他人不願接受的、出於故意或工具性目的的傷害行為。兒童的攻擊行為有兩種表現形式：一種是工具性侵犯，即兒童渴望得到一種物體、權力或空間，並且努力去得到它，他們推、喊或者攻擊擋路的人；一種是敵意性侵犯，它意味著傷害另一個人，如打、踢，或威脅別人去痛打一個同伴。

（一）攻擊行為的出現和發展

學前心理學
第八章 學前兒童社會性的發展

　　1歲以內的嬰兒會表現出憤怒，偶爾也會打別人，但這些行為不一定具有攻擊性意圖，而更可能是對障礙物的移除、推開等處理行為。嬰兒在1歲左右時開始出現工具性攻擊行為，如他們會為了搶奪玩具而爭鬥。學前兒童已經出現了敵意性攻擊和工具性攻擊兩種形式，由於學前幼兒經常因玩具而產生衝突，他們的攻擊行為大多是工具性的。

　　兒童攻擊行為的特徵隨著年齡的增長會發生很大的變化，在一項對攻擊行為的研究中，研究者要求母親在日記中記錄自己的孩子憤怒時的詳細情況。結果發現，兒童的身體攻擊在3～5歲之間逐漸減少，取而代之的是言語攻擊，語言發展對這種變化起了一定的作用。哈杜普的研究表明，年齡較小的兒童的侵犯性要高於年齡大一些的兒童，而且前者的工具性侵犯的比率高於後者。年齡大些的兒童與年齡較小的兒童相比，他們更多地使用敵意性侵犯或以人為指向的侵犯，整個學前期兒童的工具性侵犯呈減少趨勢，敵意性侵犯呈增多趨勢。

　　（二）攻擊行為的特點

　　到幼兒期，兒童的攻擊行為在頻率、表現形式和性質上都發生了很大的變化，具有以下特點：

　　1. 攻擊行為表現以身體動作為主

　　觀察發現，兒童的攻擊行為表現以推、拉、踢、咬、抓等身體動作為主。小班幼兒常常為爭搶玩具而出手抓人、打人、推人，甚至用整個身體去擠、撞妨礙自己的人。到了中班，隨著言語的逐步發展，開始逐漸出現言語攻擊。如在遊戲中發生衝突時，幼兒常沖對方嚷嚷：「你太討厭了，我不跟你玩了」；當想得到一件玩具而沒有成功時，常常會說：「你不給我玩，我也不讓你玩

等等。幼兒時期這種帶有攻擊性的語言在人際衝突中表現得越來越多，而身體動作的攻擊行為逐漸減少。

2. 攻擊行為存在明顯的性別差異

男孩比女孩更容易進行公開性的攻擊，這種趨勢出現在許多社會文化中。有研究認為，只要2歲的兒童開始意識到性別刻板印象，期望男性和女性在行為上不同。女孩的攻擊行為就大大減少了，而男孩的攻擊行為下降得不多。另外，一項觀察研究表明，男孩的攻擊行為普遍比女孩多，而且他們很容易在受到攻擊後採取報復行為，而女孩在受攻擊時則表現為哭泣、退讓，或是向老師報告，而較少採取報復行動。

3. 中班兒童的攻擊行為明顯多於小班和大班

研究發現，4歲前兒童攻擊行為的數量隨著年齡增長，呈逐漸增多的趨勢。中班兒童攻擊行為最多，但此後隨著年齡的增長，其攻擊行為數量逐漸減少，尤其是兒童身上常見的無緣無故發脾氣、扔東西、抓人、推開他們的行為會逐漸減少。

4. 攻擊行為以工具性攻擊行為為主

觀察發現，幼兒期以工具性攻擊行為為主，兒童常常為了玩具、活動材料或活動空間而爭吵、打架，但是隨著年齡的增長，他們也會表現出敵意性的攻擊行為，有時故意向自己不喜歡的小朋友說難聽的話，或者在被他人無意傷害後，有意罵人或打人、扔玩具等以示報復。

三、社會行為的培養和訓練

親社會行為和攻擊行為都不是生來具有的，也並非隨著年齡的增長，親社會行為就必然增多，攻擊行為就必然減少。要減少兒童的攻擊行為，促進其親社會行為，需要進行相應的教育和培養。

（一）移情訓練

移情是對他人情緒情感狀態的識別和接受。具有移情能力的兒童不僅能察覺出他人的情感，而且能設身處地地為他人著想，產生與他人相同的心情。

因此，移情與社會行為的發展密切相關。透過移情，兒童可以體驗他人的情感，感受他人的需要，想像某一行為可能對他人帶來的後果，從而更有效地促進親社會行為和抑制可能對他人造成傷害的攻擊行為。

移情訓練是一種旨在提高兒童善於體察他人的情緒、理解他人的情感，從而與之產生共鳴的訓練方法。訓練的具體方法有：聽故事、引導理解、續編故事、角色扮演等等。其中，角色扮演是讓兒童根據一定的情節，扮演某個角色，並透過言語、行為、姿勢動作、表情等表現該角色的特徵，從中體驗在某些情境下該角色的心理感受，進而在現實生活中遇到類似情況時能做出恰當的反應。如，讓一個攻擊性較強的孩子扮演一個經常遭受他人攻擊的角色，他會更容易理解攻擊行為對人造成的傷害和被攻擊時的心理感受，進而在現實生活中能更加自覺地抑制攻擊行為。

（二）交往技能和行為訓練

交往技能是指採用恰當方式解決交往中所遇問題的策略和技巧。許多兒童之所以在交往中表現出不恰當的交往行為，往往是因為缺乏相應的交往技能。交往技能的訓練首先要使孩子學會正確識別交往中存在問題的原因和特點，如「為什麼他不讓我和她一起玩？」雖然對較小的兒童來說，這種訓練有些複雜，但對於較大的幼兒來講，教會他們根據交往的具體情境和問題的具體情況來選擇合適的反應方式是完全可能和必要的。技能訓練應該使孩子認識到，解決某個問題可以採用很多的方式，而我們則是要選擇其中最合適的、最好的。學前兒童的自制力較差，有的幼兒雖然知道正確的做法是什麼樣的，但在實際交往中卻做不到。因此，交往技能訓練必須與加強兒童的行為訓練相結合，使兒童在練習中鞏固那些有利於交往順利進行的親社會行為，以便在需要時使用。行為練習最好在日常生活的真實情境中持之以恆地進行，如分享和謙讓，可以在孩子自由遊戲時設置這樣的情境：5個孩子就剩3個蘋果，讓孩子練習分享和謙讓。

（三）善用精神獎勵

獎勵對行為的鞏固作用和懲罰對行為的減緩作用是眾所周知的。恰當地運用精神獎勵，能有效地促進學前兒童親社會行為的發展，並在一定程度上抑制他們的攻擊行為。

所謂精神獎勵，是指透過對集體中對的幼兒的口頭表揚、言語肯定、鼓勵或評選好孩子等，在集體中創造一種溫暖的氣氛，即集體中的每個人都應該想到別人，關心、愛護、幫助別人，與別人分享、合作，誰做到了誰就受歡迎。透過集體輿論來強化、鞏固兒童的親社會行為傾向。如果教師在激勵兒童親社會行為的同時，能對攻擊行為表示厭惡和不理睬，持以明確的否定態度，那麼會有效地減少攻擊行為的發生。

第五節 學前兒童的道德

兒童社會化的核心內容就是使兒童成為一個有道德的人，能遵守社會規定的道德規範和行為準則的人。道德包含兩種意義：其一是「知」的道德，即對是非善惡事理的判斷；其二是「行」的道德，即對道德理念的具體實踐。由於道德行為只有在生活情景的偶然機會才會表現，不易在實驗情景下進行研究。因此，心理學研究比較偏重於兒童的道德認知發展。

一、皮亞傑的道德發展理論

皮亞傑是第一位系統考察兒童道德規範形成和道德認知發展的心理學家，他採用了開放式的臨床訪談，對 5～13 歲之間的兒童在打彈子遊戲中對於規則的理解提出問題。另外，他給出幾個成對的故事，故事中人物的行為意圖與行為後果是衝突的，以獲得兒童的道德判斷。

拓展閱讀

哪個更壞？

故事 A：一個叫約翰的小男孩正在房間裡玩。家人叫他去吃飯。他走進餐廳。但門背後有一把椅子，椅子上有一個放著 15 個杯子的托盤。約翰並

不知道門背後有這些東西。他推門進去，門撞倒了托盤，結果 15 個杯子都撞碎了。

故事 B：從前有一個叫亨利的小男孩。一天，他母親外出了，他想從碗櫥裡拿出一些果醬。他爬到一把椅子上，並伸手去拿。由於放果醬的地方太高，他的手搆不著。在試圖取果醬時，他碰倒了 1 個杯子，結果杯子倒下來打碎了。

當兒童聽懂故事後，皮亞傑提出兩個問題：

1. 這兩個孩子的過錯是否相同？

2. 這兩個孩子中，哪一個更壞一些？為什麼？

研究發現，年幼兒童注重事情的結果，而不關注行為的動機。皮亞傑稱這種現象為「道德實在論」。

根據以上研究中兒童的反應，皮亞傑將兒童的道德發展分為以下三個階段：

第一階段——無律階段（出生到 5 歲以前）

此階段的兒童以自我為中心，道德沒有規範，道德價值混亂，分不清公正、義務和服從，沒有真正的道德概念，不能把自己從他人中分化出來，其行為直接受行為結果的支配。因此，這個階段的兒童還不能對行為做出一定的判斷。他們常常滿足於從諸如彈子遊戲中的彈子多種操作方法中獲得樂趣，極少考慮去遵循統一的規則並在此規則下獲勝。如兩名 3 歲幼兒在玩彈子遊戲時，可能會使用不同的遊戲規則。

第二階段——他律階段（5～10 歲）

此階段的兒童認為規則是萬能的、不變的，是需要嚴格遵守的。在評定是非時，兒童持有一種極端的態度，要麼是好的，要麼就是壞的。兒童對道德的看法是遵守規範，只重視行為後果，而不考慮行為意向，其道德判斷受外部的價值標準所支配和制約。如兒童認為打彈子遊戲的規則是不能改變的，他們這樣解釋「你不能用其他的方式玩」。

第三階段——自律階段（10歲以後）

　　此階段的兒童開始認識到規則是由人們根據相互之間的協作而創造的，可以依據人們的願望加以改變。兒童也不再盲目服從權威，開始認識到道德規範的相對性，同樣的行為是對是錯，除看行為結果之外，也要考慮當事人的動機。他們對行為的判斷建立在行為的意圖和後果上，在懲罰時能注意照顧弱者，提出的懲罰與所犯錯誤更貼切。

　　對於道德發展的三個階段，皮亞傑認為他律階段以強制和單方面尊重為基礎，這一階段兒童的道德判斷受自身以外的價值標準所支配；自律階段以協作和相互尊重為基礎，這時兒童的道德判斷受自己主觀的價值標準所支配。兒童道德的發展過程是從順從向協作轉化的過程，是由他律階段向自律階段發展的過程。雖然社會因素與文化背景等可以加速兒童的發展，改變道德發展的內容等，但都無法超越這三個階段。

二、科爾伯格的道德發展理論

　　科爾伯格認為，在道德發展過程中，兒童的道德發展遵循著一種普遍的順序原則而產生變化。同時，道德判斷並不單純是一個是非對錯的問題，而是在面對具體的道德情境時，個人從他人、自我、利弊以及社會規範等多方面考慮所做的價值判斷。他採用道德兩難故事研究不同年齡階段兒童的道德發展問題。

拓展閱讀

海因茨偷藥

　　在歐洲，一個婦女由於得了癌症快要死了，醫生認為有一種藥可以救她。同城的一個藥商有這種藥，但是他要索取高於藥本身十倍的價錢來賣它。得病婦女的丈夫海因茲向他認識的一個人去借錢，但是他僅僅湊夠了藥費的一半。藥商拒絕便宜一些賣這種藥並且讓海因茲以後來買，海因茲很絕望，為了救妻子的命，他闖進這個人的藥店把藥偷了出來，結果被警察逮捕。

　　在兒童聽完故事後，科爾伯格提出兩個問題：

1. 海因茨應不應該這樣做？為什麼？

2. 法官該不該判他的罪？為什麼？

科爾伯格關心的不是兒童回答「是」或「不是」，他真正關心的是兒童回答「是」或「不是」的原因是什麼，根據此研究，他提出了著名的三水準六階段道德發展理論。

第一級水準——前習俗水準（出生到 9 歲）

第一階段：服從與懲罰定向階段。此時，兒童認為規則是由權威制定的，必須無條件服從，主要根據行動造成的後果來判斷行動的好壞。兒童會為逃避懲罰而遵守權威，對於未被發現或者沒有受到懲罰的行為，他們不會認為該行為是不恰當的。

一個行為造成的傷害越嚴重或受到的懲罰越嚴厲，這個行為就越不恰當。因此，處於這一階段的兒童認為兩難故事中的海因茨偷藥是不對的，因為這樣做是「違法的」。

第二階段：相對功利主義定向階段。這一階段的兒童不再把規則看成是絕對的、固定不變的東西。認為凡是滿足自己需要的行動就是正確的，行動的動機是想得到讚揚。因此，他們認為海因茨愛妻子就可以去偷藥，如果他想和另外一個女人結婚就不必去偷。

第二級水準——習俗水準（9～15 歲）

第三階段：好孩子定向階段。這一階段的兒童認為人與人之間的關係應該是和諧一致的，能夠使別人喜歡的行為就是好行為。如果問一個兒童「為什麼畫畫」，回答是「媽媽希望我學」。這時，兒童能根據行為的動機和感情來評定行為。在兩難故事中，兒童強調海因茨偷藥是因為他愛妻子，想挽救妻子的生命，而藥劑師只想賺錢，只關心自己的利益而不管別人的生命，所以藥劑師是壞的。

第四階段：遵守法規和維護社會秩序階段。這一階段的兒童注意的中心是維護社會秩序，尊重權威，認為好的行為就是盡到個人的職責，尊重權威，

維護社會普遍的秩序。在回答海因茨的問題時，兒童一方面很同情他，認為他應該去偷，但另一方面又認為他觸犯了法律，必須受到應有的懲罰。

第三級水準——後習俗水準（15歲以上）

第五階段：社會契約定向階段。這一階段的兒童認為正確的行為是按照社會公認的標準行為，認為法律是為了使人們和睦相處，如果法律不符合人們的需要，可以透過民主的程序進行改變。兒童在回答海因茨事件時感到很矛盾，一方面認為一個人必須遵守法律，但另一方面又模糊地意識到還有一個比法律更高的原則—維護生存的權利，回答比較混亂。

第六階段：普遍倫理定向階段。這一階段的兒童不只認識到社會秩序的重要性，也領悟到不是所有的社會都能實行完美的原則，他們根據在良心基礎上形成的道德原則來判斷是非。因此，他們認為海因茨雖然沒有為救妻子而偷竊的權利，但他有一個更高的權利—生存，這個原則是普遍的，適用於任何人。

科爾伯格認為，道德發展的順序是固定的，可是並不是所有的人都在同樣的年齡達到同樣的發展階段，事實上有許多人永遠無法達到道德判斷的最高水準，有些成人仍在前習俗水準上進行思考。

三、影響兒童道德發展的因素

影響兒童道德發展的因素有很多，總的說來有以下幾種：

（一）自身的認知能力

幼兒的思維以具體形象思維為主，3歲的孩子還保留著很多直覺行動思維的成分，而5、6歲的孩子也才僅僅有抽象邏輯思維的萌芽。所以，幼兒只能在形象具體的事例和直接經驗中逐漸認識到什麼是對，什麼是不對，什麼該做，什麼不該做，從而形成道德認識。幼兒自身的特點決定了其道德認知水準是不高的。

（二）年齡因素

學前心理學
第八章 學前兒童社會性的發展

幼兒由於年紀小，缺乏知識經驗和生活經驗，認識能力也較低。這使得他們的道德認知處於初級階段，水準較低，認識膚淺、簡單。如幼兒在看電視或圖書的時候，常常喜歡問哪個是好人，哪個是壞人。

（三）環境影響

1. 家庭

家庭常常被認為是幼兒發展最具影響力的因素，父母是孩子的第一任老師。父母的特徵、教養方式以及親子關係、婚姻關係、家庭氣氛等都會對幼兒的發展有直接影響。如父母之間經常發生衝突容易使幼兒產生消極情緒，還關係到幼兒的攻擊行為和在同伴中間的不受歡迎程度。洛克等與一年級到十年級的兒童討論道德困境時，兒童評價了道德判斷的級別以及父母的交流方式。一組父母經常透過有意識地聽、問一些澄清性的問題，提供高一級別的判斷以及使用讚揚和幽默來創造出一個支持性的氛圍，他們的孩子與家長面談兩年後，在道德理解方面取得了最大的進展。一組父母經常訓斥、使用威脅或者做出諷刺性評論，他們的孩子變化很小或者根本沒什麼變化。

2. 幼稚園

幼稚園承擔著教養和教育的雙重任務，幼稚園生活不僅影響幼兒的知識水準，而且對於幼兒組織其思想和認知方式有著重要影響。幼稚園教育對於道德發展來說是一個必不可少的場所，因為它將幼兒引向一些社會問題，這些問題超越了個人關係而延伸到政治或文化群體，從中使得學前兒童逐漸地內化道德認識，樹立道德信仰，培養道德情感，指導道德行為，逐漸成長為一個對社會有用的人。

3. 同伴交往

與親子交往相比，幼兒的同伴交往更自由、更平等。這種平等的關係使幼兒有可能從事一種新的人際探索，形成社交能力。另外，同伴交往對兒童道德判斷的發展具有不可替代的作用。同伴交往使兒童在發現自我、形成社會知覺、獲得情感支持的同時，也促進了道德理解。因為正是同伴相處過程中的矛盾、不協調、衝突等障礙，兒童借助於協商、對話、交流等形式，瞭

解了其他人的觀點、思想，同伴互動形成了「成熟的道德骨架」從而促進道德發展。

本章小結

　　社會性是一種靜態形式，而社會性發展則是動態的過程，是一種逐漸建構的過程。社會性發展是兒童作為人類社會群體中的一員在成長發展過程中必然面臨和必須解決的重大課題，是在兒童同外界環境相互作用的過程中逐漸實現的。兒童社會性的發展涉及多方面，其中人際關係的發展是其核心主線，尤為影響深遠的是兒童早期與「重要他人」的交往並建立的人際關係，如親子關係、同伴關係、師幼關係等，另外，學前兒童的社會行為與道德也是兒童社會性發展的重要內容。

　　兒童早期與父母建立的親子依戀，直接並深刻地影響著兒童以後人際關係的建立。親子依戀的形成和發展經歷了無分化階段、低分化階段、依戀形成階段以及修正目標的合作階段，並且受到兒童自身的特徵與撫養特徵的影響。同伴關係在兒童社會性發展中有著成人無法取代的獨特作用，積極的同伴關係有助於幼兒社會技能、情感歸屬以及自我概念的發展。師幼關係是教師與幼兒在保教過程中形成的比較穩定的人際關係，在幼稚園的人際交往中處於核心地位，起主導作用。社會行為是指人們在交往活動中對他人或某一事件表現出的態度、言語和行為反應。學前兒童的社會行為主要表現為親社會行為和攻擊行為，教師需要對親社會行為進行培養，對攻擊行為進行一定程度的抑制。兒童社會化的核心內容就是使兒童成為一個有道德的人，能遵守社會規定的道德規範和行為準則的人。皮亞傑與科爾伯格的道德發展理論比較具有代表性，對兒童的道德發展進行了較為詳細的理論闡述。

複習思考題

　　1. 名詞解釋

　　（1）依戀

　　（2）同伴關係

(3) 師幼關係

(4) 親社會行為

(5) 攻擊行為

2. 簡答題

(1) 簡述依戀形成的標誌。

(2) 簡述同伴關係的功能。

(3) 簡述師幼關係的特點。

(4) 簡述親社會行為的特點。

(5) 簡述皮亞傑的道德發展理論。

3. 論述題

(1) 結合實際生活，運用科爾伯格的道德發展理論來分析幼兒道德發展的現狀。

(2) 結合幼稚園實踐，談一談如何提高被忽視兒童的同伴重視程度。

(3) 結合生活中的幼兒攻擊行為案例，談一談如何有效地抑制幼兒的攻擊行為。

4. 案例分析題

在小蝌蚪音樂園實習的時候是在托班，托班的第一個星期是非常艱難的，孩子剛入園，第一次離開家和熟悉的人，投入到一個十分陌生的新環境去接受新鮮事物，哭鬧是不可避免的，並且很容易失去從家庭和熟悉的人那裡得到的安全感，處在一個非常緊張和不穩定的情緒之中，此時孩子很容易想找一個依戀的對象。經過一段時間的適應，情況慢慢好轉，但也有個別孩子，哭鬧持續較久，玉兒就是一個。由於年齡小，才二十幾個月大，早上姥爺送來的時候，哭鬧得特別厲害，於是我就把她抱起來，坐在我的腿上，安慰她，說：「玉兒最乖了，不哭的，我叫姥爺第一個來接你回家，如果你一直哭的話，

姥爺就不來接你了。」她聽了我的話，慢慢地停止了哭泣。在上午早鍛鍊的時候，寶寶們都開心地在玩小豬車，玉兒伸著手哭著走過來說：「姥爺呢？姥姥呢？爸爸呢？媽媽呢？我要抱抱。」於是我又抱起她，繼續早上安慰她的話，她漸漸地停止了哭泣，但是我叫她和其他小朋友一起玩小豬車的時候，她卻不肯，一直要我抱著。

結合該幼兒的行為表現，談一談如何用親子依戀來解釋該行為？

拓展練習

在幼稚園大班選取 10 名幼兒，運用同伴提名法測量其同伴關係的類型，並分析原因，然後針對不同類型的同伴關係，提出針對性的解決策略。

第九章 學前兒童的遊戲心理

第九章 學前兒童的遊戲心理

　　遊戲作為幼稚園最基本的活動,其與幼兒的身心發展密切相關,遊戲過程也是一種心理過程。遊戲對幼兒心理發展的價值巨大,可以說,任何形式的心理活動最初總是在遊戲中進行。透過遊戲活動我們可以看到幼兒的行為表現和心理發展狀況,幼兒在遊戲活動中不僅能釋放不愉快的情緒及過剩的精力,還能塑造良好的行為習慣和培養良好的情操,使幼兒樹立積極、健康、向上的心理。因此,對於兒童遊戲的概念兒童遊戲的本質及分類,遊戲在兒童心理發展中的價值和作用及如何來把握兒童遊戲心理的特徵、發展過程及趨勢等問題,都是本章準備討論的問題。

案例

　　幼稚園小朋友佳佳、浩浩和軍軍正在教室的娃娃角玩扮家家。浩浩當爸爸,佳佳當媽媽,軍軍年齡最小,很不情願地同意當小寶寶。

　　佳佳:寶寶看上去餓了,我們弄點東西給他吃吧。

　　浩浩:好的。

　　佳佳:(對軍軍說)你要哭,說你餓了。

　　軍軍:但是我不餓啊。

　　佳佳:你要假裝餓了。

　　軍軍:(裝成嬰兒的聲音)我餓了。

　　佳佳:(對浩浩說)爸爸,我們晚餐吃什麼呢?

　　浩浩:吃雞蛋好嗎?

　　佳佳:好吧,那我到冰箱裡拿些雞蛋吧(她走到一個壁櫃那裡拿了幾塊積木)。

　　軍軍:哇!我好餓啊!

佳佳：（假裝責備軍軍）不要吵！（她把積木放在玩具平底鍋裡，把鍋放在玩具爐上）已經在煮雞蛋了，爸爸，你去準備餐具。

浩浩：好的。

軍軍：爸爸，我來幫你。

浩浩：不行，寶寶不能做這些，你只要坐在那裡裝哭就行了。

然後，浩浩就用模擬玩具盤子和杯子來布置餐桌，沒有筷子和裝牛奶的容器，他就用冰棍棒和空罐子來代替，軍軍仍扮演小寶寶，不時地裝哭，而佳佳則繼續在做晚餐，最後，佳佳在每個盤子裡放一塊積木，而浩浩假裝從空罐子裡倒牛奶，孩子們假裝吃雞蛋，並喝著那看不見的牛奶。

問題聚焦

遊戲不僅是科學家揭示幼兒心理奧祕的一把「鑰匙」，更是教育家制定幼兒發展計劃的常用「法寶」。上述案例中，孩子們在玩以角色遊戲為主要形式的象徵性遊戲，很顯然，幼兒在遊戲中能按自己的理解和需要來選擇合適的替代物（即以物代物），遊戲的目的性與預測性也隨著增強。

學習目標

1. 瞭解兒童遊戲的基本理論、含義、特點及其分類。

2. 熟悉遊戲在兒童心理發展中的價值和作用。

3. 掌握兒童遊戲心理的特徵、發展過程與趨勢。

4. 結合實際生活中的觀察和實踐，思考如何在遊戲中促進幼兒身心健康發展。

第一節 遊戲的基本理論

理論往往是透過概括行為的表現和探索行為原因，從而對行為的做出一定的解釋和回答，在兒童遊戲的研究中，研究者們主要圍繞著兒童為什麼要遊戲、兒童遊戲行為意味著什麼、兒童遊戲的意義何在等問題進行了深入的

探討和大量的研究，試圖解釋「遊戲的本質」問題。但由於他們研究的基本觀點不同、出發點不同、角度不同、立場不同、方法不同等，因而也出現了各種不同的遊戲理論。

一、傳統遊戲理論

傳統遊戲理論又稱經典遊戲理論，其主要產生於19世紀末和20世紀初，這是這一階段出現的最早得一批遊戲理論，這些理論影響深遠，在理論界占據著重要的地位。

（一）精力過剩說

精力過剩說又叫剩餘精力說。其主要代表人物是18世紀德國的思想家、詩人席勒（F.Schiller）和19世紀英國哲學家、心理學家斯賓塞（H.Spencer）。該理論認為，遊戲是由於機體內剩餘的精力需要發洩而產生的。生物體都能產生一定的精力以滿足其生存所需，當需求滿足之後，若還有剩餘精力，那就變成了多餘的精力，過剩的精力必須尋找方法消耗掉，否則就像不透氣的蒸氣鍋，要發生爆炸，於是被視為「無目的的行為」的遊戲就成為人和動物用來消耗能量的最好方式。因此，該理論可以解釋為什麼兒童在教室裡上了一定時間的課後，需要到遊戲場上去追逐、打鬧、奔跑等（如果兒童過剩的精力不能透過有效的方式得到發洩，則可能轉化為不良行為，如衝突性行為、攻擊性行為等）。

（二）鬆弛消遣說

鬆弛消遣說又稱鬆弛說或娛樂論。其主要代表人物是德國的心理學家拉扎魯斯（M.Lazarus）和帕特里克（Patrick）。鬆弛說與精力過剩說恰恰相反，該理論認為，遊戲的目的是為了恢復工作所消耗的能量。腦力勞動會消耗大量的能量，使人身心疲憊，為了消除疲勞、恢復能量，就產生了遊戲。該理論可以解釋為什麼成人的休閒娛樂活動如此流行，倘若某人疲於做一種類型的活動，換一種不同的活動可能會有效的緩解疲勞。因此，在幼稚園的一日活動中應把教學活動和遊戲活動相互穿插著進行和組織。

（三）生活預備說

生活預備說又叫預演說或練習論。其主要代表人物是德國的心理學家格羅斯（K.Groos）。該理論認為，遊戲是對未來生活的一種無意識的準備。兒童具有天生的本能，但本能不能適應將來複雜的生活，遊戲的目的是給兒童提供一種安全的方法，去幫助他們練習和完善成人生活所需要的本能。兒童在社會戲劇性遊戲如娃娃家中扮演父母的角色，即是為其日後為人父母所需技巧做準備練習。兒童不是因為年幼才遊戲，而是因為他們要遊戲，所以才給予他們童年。

（四）復演說

復演說又叫重演論。其主要代表人物是美國的心理學家霍爾（G.S.Hall）。該理論認為，遊戲是人類生物遺傳的結果，遊戲是遠古時代人類祖先的生活特徵在兒童身上的重演。遊戲的目的是消除那些不應在現代生活中出現的原始本能，從而為當代複雜的生活做準備，例如兒童玩棒球，可幫助兒童消除用棒子攻擊之類的原始打獵的本能。

（五）生長說

其主要代表人物是美國的心理學家阿普利登（Appleton）和奇爾摩（Gilmore）。該理論認為，遊戲是兒童能力發展的一種模式和手段。遊戲是兒童練習生長的內驅力，生長的結果就是遊戲，兒童可以透過遊戲生長。

（六）成熟說

其主要代表人物是荷蘭的心理學家、生物學家拜敦代克（F.Buytendijk）。成熟說與生活預備說恰恰相反，該理論認為，遊戲不是本能，而是兒童一般慾望的表現。引起遊戲的慾望有三種：求解放的慾望；適應環境的慾望；重複練習的慾望。由於遊戲的特點與兒童的身心發展特點很相近，因此兒童才會如此的熱衷於遊戲，是因為童年才會遊戲，而不是因為遊戲才有童年。

早期遊戲理論，深受達爾文進化論的影響，基本上都是從慾望、本能等生物性的角度來分析和解釋遊戲，因而都帶有濃厚的生物學色彩，缺乏一定的全面性和科學性。但早期遊戲理論基本上肯定了遊戲是兒童的一種重要活

動，是兒童心理發展的重要手段和力量，這對後人研究兒童遊戲具有很大的參考價值和借鑑意義。

二、現代遊戲理論

現代遊戲理論是 20 世紀 20 年代以後發展起來的，其不僅解釋遊戲為什麼而存在，而且也嘗試定義遊戲在兒童發展中的角色，現代遊戲理論反映了我們在理解遊戲現象方面取得的進展。

（一）精神分析理論

精神分析理論又稱發泄論或補償論。其主要代表人物是佛洛伊德（S.Freud）、伯勒（L.E.Peller）、蒙尼格（K.Menninger）及艾瑞克森（E.H.Erikson）。該理論認為，一切生物生存的基礎都是一些與生俱來的原始衝動和慾望，這些慾望和衝動在動物界可以赤裸裸地表現出來，如隨意爭搶、隨意發生性行為等。但在人類社會，由於受社會道德規範的約束，這些原始慾望和衝動不允許隨意的表現出來，兒童天生也有種種內在的慾望需要得到滿足和發泄，但由於兒童所生活的客觀環境不允許兒童為所欲為，兒童內心便產生憂鬱，從而導致兒童自私、愛搗亂、愛發脾氣、愛攻擊等各種不良行為。因此，遊戲就成為兒童發泄情感、發展自我力量、減少憂慮、補償現實生活中不能滿足的慾望和需求的重要手段。可見，兒童可以透過遊戲解決內在的心理衝突和矛盾，緩和內心的緊張，從而得到身心的愉快和發展，並逐步適應現實的環境，如兒童在遊戲中給布娃娃打針就是在幫助自己克服打針時產生的恐懼和緊張的心情。

（二）認知理論

認知理論的主要代表人物是皮亞傑（Piaget）、維果斯基（Vygotsky）及布魯納（Bruner）等。該理論認為，遊戲是兒童學習新的複雜客體和事件、發展新的認知結構、鞏固和擴大概念與技能、使思維和行為結合起來的一種重要方法與手段。用認知發展階段理論的術語來說，遊戲就是同化超過了順應。另外，皮亞傑認為，遊戲的發展水準與兒童的認知發展水準是相適應的，在認知發展的不同階段，遊戲的類型也不同。如在感知運動階段，兒童主要

是透過身體動作和擺弄有形的物體來進行具體的練習性遊戲；在前運算階段，兒童發展了象徵性思維，就可以進行假裝遊戲；在具體運算階段，兒童就可以進行有規則的遊戲了。因此，遊戲不僅能反映兒童的認知發展水準，還能推動兒童認知水準的發展。

（三）學習理論

學習理論的主要代表人物是美國的心理學家、行為主義的代表人物桑代克（E.L.Thorndike）。該理論認為遊戲也是一種學習行為，遵循著效果律和練習律，受教育要求和社會文化的影響。各種文化和次文化對不同的行為給予不同的強化或懲罰，各種文化的差異不同也反映在兒童的遊戲中。因此，在遊戲中，兒童接受成人的獎勵或懲罰，從而增加或減少甚至消退某類行為反應發生的可能性。

（四）其他理論

覺醒遊戲理論和元交際遊戲理論又稱為「後皮亞傑理論」，反映了近年來心理學及相關學科在遊戲研究中的延伸和影響。

1. 覺醒遊戲理論

覺醒遊戲理論又稱內驅力理論、激活理論或喚醒理論。其主要代表人物是伯萊因（Berlyne）、艾利斯（Ellis）、亨特（Hutt）及費恩（Fein）等。該理論認為環境刺激是覺醒的重要源泉，當環境刺激是新異刺激（即覺醒水準增高）時，發生的行為是探究；當環境缺乏刺激（即覺醒水準低下）時，發生的行為是遊戲，其作用在於尋求刺激，避免厭煩等不良的狀態，提高覺醒水準。所以，遊戲是機體所控制的行為，是機體主動影響和同化環境的傾向，類似於早期的「精力過剩說」。該理論啟示我們應當重視幼稚園遊戲環境的合理創設，環境刺激不能太多也不能太少，應注意其合理性和適當性；此外，該理論對緩解幼兒入園焦慮、做好新生入園工作等也有一定的啟示意義。

拓展閱讀

探究和遊戲的區別

研究性的、探究性的或者具體的探索是指向某個目標的，如這種活動指向環境中某個變化，目的是為了「瞭解特徵」，探究的特定反應是由物體的特性來決定的。而遊戲則只發生在熟悉的環境中，並且，動物或孩子是能感覺到或知道環境中物體的特徵的。很明顯，漸漸地，他們的情緒得到放鬆，這不僅可以透過面部表情的變化來辨別，還可以透過接下來遊戲活動的豐富多樣和變化來辨別。在遊戲過程中，他們關注的重點不是「這個物體是什麼」而是「我可以對這個物體做什麼」。

2. 元交際遊戲理論

元交際遊戲理論的主要代表人物是貝特森（Bateson）。該理論認為，遊戲的本質是一種「元交際」活動，其本身就是有價值的。遊戲活動的開展以「元交際」過程為基礎，遊戲活動的開展和進行，都需要以遊戲雙方能夠識別對方的遊戲意圖（即「這是玩啊！」或「這不是真的。」）為前提。遊戲活動作為「元交際」具有適應意義和機能。遊戲過程需要「元交際」能力，同時，遊戲過程也是幼兒獲得「元交際」能力的重要途徑。正如貝特森（Bateson）所說，「遊戲是一種途徑，透過這種途徑，我們習得了什麼東西不是什麼，掌握了『非』某物的多層次的概念系統」。因此，該理論對發展幼兒的觀點採擇能力、移情能力、幼兒心理理論等有很大的啟示作用。此外，用這種觀點來評估兒童的角色遊戲等具有重要的意義。

（五）中國的遊戲理論

中國遊戲理論的主要代表人物是陳鶴琴、張雪門、朱智賢等。陳鶴琴認為，「兒童以遊戲為生活」「遊戲從心理方面說是兒童的第二生命，五、六個月大的小孩子就表現出遊戲的興趣，遊戲從教育方面說是兒童的優良教師」，兒童在遊戲中認識環境、鍛鍊身體、學習做人等。張雪門認為，「要樹立兒童基本的情操，培養民族的必需人格，在幼稚園中更不得不賴於遊戲」，並認為遊戲和幼兒的生活相聯繫，遊戲對幼兒身體和心理兩方面的發

學前心理學
第九章 學前兒童的遊戲心理

展均具有重要作用。朱智賢認為，遊戲是在假象或想像中完成的一種現實活動，是想像和現實生活的一種獨特的結合，遊戲是適合於學前兒童特點的一種獨特的活動形式，也是促進兒童心理發展的一種最好的活動形式，兒童在遊戲中，能促進其身體、心理及個性品質的健康發展。

現代遊戲理論從不同的角度闡述了遊戲的實質和作用，對我們從不同方面認識遊戲的本質和兒童的遊戲現象具有重要啟示。

拓展閱讀

陳鶴琴論幼兒遊戲

陳鶴琴認為，對於幼兒來說，「遊戲就是工作，工作就是遊戲」。因此，他提出了幼兒遊戲的十大原則：

原則一：小孩子應有畫圖的機會。

原則二：小孩子應有看圖畫的機會。

原則三：小孩子應有剪圖的機會。

原則四：小孩子應有剪紙的機會。

原則五：小孩子應有著色的機會。

原則六：小孩子應有錘擊的機會。

原則七：小孩子應有穿珠的機會。

原則八：小孩子應有澆花的機會。

原則九：小孩子應有塑泥的機會。

原則十：小孩子應有玩沙的機會。

這裡的十大原則，即孩子的十大遊戲方式，每一種都蘊含著豐富的教育價值。

三、當代西方遊戲理論

當代西方遊戲理論，在這裡主要是指德國福祿貝爾的遊戲理論、義大利蒙臺梭利的遊戲理論、義大利瑞吉歐的遊戲理論、美國華德福的遊戲理論。

（1）福祿貝爾的遊戲理論

1840年，德國著名幼兒教育家福祿貝爾（Frobel）在勃蘭根堡創辦了世界上第一所幼稚園（Kindergarten，意為「兒童的花園」），其教育方案不是一所「學校」，而是兒童透過遊戲進行發展的地方。福祿貝爾強調遊戲的教育價值，他是第一位闡揚遊戲功能及價值的人，福祿貝爾把遊戲的教育價值提高到了前所未有的地位，並為幼兒進行遊戲和作業設計了一套教具（玩具）：即「恩物」（Gifts），在他看來「兒童早期的各種遊戲，是一切未來生活的胚芽，因為整個人的最純潔的素質和最內在的思想就是在遊戲中得到發展和表現的。人的整個未來生活，直到他將要重新離開人間的時刻，其根源全在於這一生命階段」。

此外，福祿貝爾還認為遊戲是兒童內在需要和衝動的表現，是發展兒童自動性和創造性的最好的一種活動方式，因而強調成人要允許幼兒自由地、盡情地遊戲，不可以隨意干涉和破壞。同時他要求成人要關注和指導幼兒的遊戲，他說幼兒時期的遊戲並非是無關緊要的小事，它有高度的嚴肅性和深刻意義。他懇切地呼籲：「母親啊，培養和哺育兒童遊戲的能力吧！父親啊，保護和關心兒童的遊戲吧！」因此，幼稚園和家庭應當透過遊戲的培育來實現教育目的和任務，讓遊戲活動成為幼兒活動的主要表現形式。

知識索引

福祿貝爾的恩物

恩物一：6個小線球，每個球的顏色都不一樣，分別是紅黃藍三原色和橙綠紫三間色。

恩物二：一個小的木質球體、木質圓柱體和木質立方體。

恩物三：一個小的木質立方體，以及8個拼在一起正好填滿這個木質立方體的大小一樣的更小的立方體。

恩物四：一個與恩物三大小一樣的木質立方體，以及8塊拼在一起正好填滿這個木質立方體的大小一樣的長方形積木。

恩物五：一個稍大些的木質立方體，以及27塊拼在一起正好填滿這個木質立方體的大小一樣的小立方體。

恩物六：一個和恩物五大小一樣的立方體，以及27塊拼在一起正好填滿這個大木質立方體的長方形積木。

恩物七：一個分成若干格的木盒子（不同的格子裡裝著正方形、直角等邊三角形、三角形、直角不等邊三角形、鈍角等腰三角形）。

恩物八：木質細棒（線）和金屬環（圓形、半圓形、扇形）。

恩物九：點（豆子、種子、小石子、紙上的洞）。

恩物十：用細棒將豌豆（或珠子）構造成立體框架。

（二）蒙特梭利的遊戲理論

1907年，義大利著名幼兒教育家瑪利亞‧蒙特梭利（Maria Montessori，1870～1952）在羅馬平民區建立了第一個「兒童之家」，進行了從研究智力缺陷兒童轉向正常兒童的教育實驗。蒙特梭利認為遊戲特別是假想遊戲會把兒童引向不切實際的幻想，不能培養兒童嚴肅、認真、準確、求實、責任感和嚴格遵守紀律的精神和行為習慣。她在「兒童之家」裡發現兒童「喜歡工作，甚於喜歡遊戲」。因此，在她看來，只有「工作」才是兒童最主要和最喜愛的活動，而且只有「工作」才能培養兒童多方面的能力並促進兒童心理的全面發展，幼兒的發展是在「工作」中實現的。遊戲與「工作」是不同的兩個概念，遊戲是運動的中間狀態，是活動轉向工作的一種過渡形式。

蒙特梭利雖不重視兒童的遊戲，但並不能認為她無遊戲思想，她的教學法實際上是從兒童自然遊戲中概括出來的。她在觀察了大量兒童自然遊戲以後，根據兒童遊戲主要是操作物體的特點，把一系列在遊戲操作過程中所涉

及的動作特點和物體特性的基本要素抽取出來，並使之系統化，創造了一套操作材料，用於兒童的遊戲。儘管他們所創造的操作性，並不是兒童自由表達的遊戲形式，但活動的基本要素卻完全來自兒童的自由遊戲。此外，蒙特梭利也採用了一般幼稚園的某些遊戲，如具有想像力的社交遊戲等。

總之，蒙特梭利思想蘊含的價值是一方面預示著遊戲本質觀從本能觀過渡到遊戲社會性本質觀的趨勢；另一方面它成全了當代遊戲在遊戲思想史上的學術地位，使遊戲成為廣大幼稚園中教育教學的一種手段。

（三）瑞吉歐的遊戲理論

瑞吉歐·艾米里亞教育，由洛利斯·馬拉古茲（Loris Malaguzzi）在20世紀60年代創立。其精神和教育理念反映的是一種學前教育新文化。該理論認為，幼兒階段的認知發展更多依靠自己感官的參與，以及身體、動作的親身經歷、體驗，從而獲得豐富的表象和認識。教師不必刻意地教幼兒任何東西，因為幼兒自己可以學習。他們反對傳統教育把幼兒的心靈看作是逐漸填滿的容器，而主張幼兒在與他周圍的一切因素（包括環境、材料，同伴、教師、家長和社區）的互動中逐漸建構、累積經驗，獲得初步的概念、知識。由於幼兒的身心發展水準和認知特徵，幼兒的學習內容表現出一個顯著的特點，即非文本結構。因此，應使幼兒的學習方式更多地依靠各種實際活動，如遊戲、生活、探索、交往，依靠「做中學」來實現。

此外，該理論還主張幼兒要圍繞自己感興趣的事物和問題來開展研究（即「項目工作」），兒童，尤其是年齡小一些的孩子還從事許多其他活動：積木遊戲、角色遊戲、聽故事、遊戲表演、烹調、家務活動以及穿衣打扮等自發性的活動，還有許多如畫顏料畫、拼貼畫和黏土手工等等，讓幼兒在遊戲或探索活動中促進自身的全面發展。

（四）華德福的遊戲理論

華德福教育，由奧地利的思想家、人類學家和教育家魯道夫·斯坦納（Rudolf Steiner，1861～1925）創立，經過90多年的發展，其影響已波及全世界。斯坦納認為，遊戲作為兒童最基本的活動，是兒童藝術表現的載

體之一。遊戲絕非是打發時間，在遊戲中，兒童不覺得自己是兒童。兒童將生命經驗轉變成遊戲，在遊戲中建構、統整新經驗。並指出7歲之前兒童遊戲可分為三個階段：身體的遊戲、想像模仿的遊戲及有目的的假裝遊戲。遊戲不僅是藝術創作的手段，而且本身就是藝術的一部分。在遊戲過程中，兒童全身心投入藝術創作，既可以豐富兒童的心靈生活，又能喚醒兒童的洞察力和判斷能力。華德福教育對遊戲的定義比較寬泛，幼兒練習使用身體、對他人的模仿、對物品的使用都算作遊戲。

遊戲的重要性從華德福幼稚園的作息安排中可見一斑。上午入園後有一個小時的自由玩耍，午餐前有一個小時的戶外自由遊戲。自由遊戲幾乎占到整個上午時間的三分之二。兩個時間段中間的晨圈也以詩歌、手指謠、遊戲為內容，類似於在教師的帶領下進行集體遊戲。整個上午都是在遊戲的氛圍中度過，這在其他幼稚園幾乎難以想像。有研究者觀察了四到五歲幼兒在同情景不同遊戲時間中的表現，表明在短時間遊戲中幼兒更多的出現閒散、旁觀、過渡性行為，而在長時間遊戲中，幼兒的遊戲顯得有創造性、有較高的認識水準與創造水準，因此研究者認為幼兒每天用於自由遊戲的時間應該不少於1小時。華德福幼稚園充足的遊戲時間為幼兒自由遊戲的質量提供了保證。

第二節 兒童遊戲及其分類

成人和兒童都要遊戲，遊戲是每個人都非常熟悉的一種娛樂活動，特別是對於兒童來說，遊戲在他們的生活中具有非常特殊的意義，遊戲的發生發展與兒童身心發展有密切的關係。然而遊戲卻是一個難以捉摸、高度抽象的概念。對於什麼是兒童遊戲、兒童為什麼遊戲及如何對兒童遊戲進行分類等問題，從柏拉圖時代一直到現在，都始終是人們關注的問題，因此，給兒童遊戲下一個精確的定義就顯得尤為必要，而且這也有助於我們對兒童遊戲本質及其意義的理解。

一、兒童遊戲的含義與特點

（一）兒童遊戲的含義

不同的研究者對兒童遊戲進行了大量的研究，因此，對兒童遊戲也有不同的看法，但縱觀現有文獻，可以得出關於兒童遊戲定義的如下觀點：

1. 兒童遊戲是一種主動的行為

遊戲是對於兒童來說是自願的、主動的，被強制參加的遊戲不能稱之為遊戲。遊戲是由兒童的內部動機引起的，他們之所以遊戲，是因為他們喜歡遊戲，有主動的遊戲需要，遊戲能給他們帶來身心的愉快。當兒童可以自主選擇遊戲（包括自主選擇遊戲的內容、同伴、玩法、材料等）時，兒童才能真正成為遊戲的主人，並在遊戲中實現全面發展。

2. 兒童遊戲是一種虛構的行為

兒童遊戲是假裝的、虛構的，它與我們平常真實的生活有很大的不同。正如元交際遊戲理論中兩個同伴「打雪仗」的遊戲，所告訴我們的遊戲信號「這只是玩啊！這不是真的」一樣，遊戲只是一種獲得愉快體驗的手段。兒童注重自己在遊戲中的玩耍過程，不注重遊戲的結果，兒童在遊戲中，可以不受日常生活的約束，可以利用模仿、想像等創造性地表現周圍世界。正是由於遊戲這種假象的、虛構的情境深深地吸引著我們的兒童。

3. 兒童遊戲是一種有序的行為

儘管兒童的遊戲有時會顯得亂七八糟、毫無秩序，但兒童在遊戲中並非毫無限制和約束，每個遊戲都隱含著一定的規則和秩序，兒童在遊戲中也有一定的自我約束，包括兒童遊戲的時間、地點、形式、內容等，這看似與兒童遊戲的自願性相矛盾，其實不然，正是有了這種規則的約束，才能使兒童的遊戲能夠和諧、有序地開展和進行。可以說，任何遊戲都是有一定的規則的，一旦規則遭到破壞，必將影響遊戲的有序開展。

綜上所述，我們認為兒童遊戲是指在某一固定時空內，兒童主動、自願進行的活動，它有別於日常生活，並伴有積極、愉悅的情緒體驗，是遵循一

定遊戲規則的有序活動。此外，我們判斷兒童的行為是否屬於遊戲，還可以透過兒童的表情、動作、角色扮演、言語及材料等外部行為特徵觀察到，這部分內容會在「兒童遊戲特點」部分詳細講到。

（二）兒童遊戲的特點

相對於成人遊戲來說，年幼兒童的遊戲具有鮮明的年齡特點，這種特點不僅表現在年幼兒童遊戲的外部行為上，也表現在年幼兒童的內部遊戲性體驗上。總之，兒童的遊戲特點是顯而易見的。而這也有助於我們判斷一種行為或活動到底屬不屬於遊戲。

1. 兒童遊戲的外部行為特點

我們透過觀察幼兒在遊戲活動中的表情、動作、言語及材料等外顯行為特徵來判斷幼兒是否在遊戲。

（1）表情愉悅

表情通常被作為人們用來判斷一種活動或行為是否屬於遊戲的一項外在指標。著名心理學家皮亞傑就曾用微笑作為遊戲發生的一種標誌，用以區分遊戲和探究。幼兒在遊戲中，通常伴隨著大笑、微笑及自我感覺非常良好的愉悅，所以，遊戲往往被人們看作是一種快樂而愉快的活動。但必須指出的是，幼兒在遊戲時也並不總是在笑，有時他們的表情是非常認真和專注的。但不管是哈哈大笑、微笑、嬉笑、扮鬼臉還是專注的表情，兒童在遊戲中的表情特徵就能說明幼兒在遊戲中身心總是處於一種積極主動的活動狀態，而不是消極被動的狀態。這一點有助於我們把遊戲與坐著發呆、閒逛、無所事事等無遊戲行為有效的區分開來。這對我們透過觀察表情來更好地組織幼兒遊戲具有很大的啟示意義。

（2）動作多樣

相對於其他行為特徵，動作往往是幼兒遊戲活動中最引人注目的部分。在遊戲中，兒童對遊戲材料或物體的使用通常不同於日常生活中我們對物體的使用方式，且具有重複性、個人隨意性和非常規性等的特點。重複性是幼兒遊戲動作的特徵之一，例如爬樓梯本身並不是遊戲，但如果看到一個孩子

來來回回地不停地爬樓梯，並伴隨著開心、愉悅的表情動作，我們就可能會判斷說「這個孩子在玩」。而隨意性和非常規性也造成了遊戲動作的靈活性及豐富多樣性。例如椅子的常規使用方式是「坐」，但在遊戲中，幼兒往往不按常規來，而是按照自己的意圖和想法去使用它們，如騎在椅子上假裝開火車、把椅子當馬騎等，而且不同的人有不同的玩法，同一個人每次的玩法也可能不一樣，具有極大的個人隨意性。

（3）言語豐富

幼兒的遊戲往往伴隨著言語。這種言語可能是同伴之間的交流對話，也可能是幼兒的自言自語。總之，注意觀察傾聽幼兒在遊戲中的言語，不僅有助於我們判斷幼兒是否在進行遊戲活動，而且也可以幫助我們判斷幼兒在遊戲活動中的狀況與水準。這樣，教師就可根據幼兒在遊戲活動中的實際狀況，進行適宜的介入指導，從而深化幼兒的遊戲活動，實現幼兒在遊戲中更好發展。此外，幼兒在遊戲中的言語伴隨率的高低也可以作為評價班級的心理環境質量和幼兒活動自由度的一個有效指標。

（4）材料適宜

玩具或遊戲材料是幼兒遊戲的物質載體，幼兒的遊戲往往依賴於具體的遊戲材料或玩具來進行。遊戲材料的種類繁多，根據材質的不同可以分為木製、塑料制、金屬製及磁性等的材料。雖然任何東西都可以成為幼兒的遊戲材料，但遊戲材料也有一定的年齡適宜性，因此，應為2～3歲的幼兒提供大量高真實性玩具以刺激其玩假裝遊戲，同時也應為4～6歲的幼兒提供數量足夠的低真實性玩具以鼓勵其進行創造性的假裝轉換。總之，有無遊戲材料或玩具經常成為人們判斷幼兒是否在遊戲的一項重要指標。

（5）角色扮演

角色扮演是幼兒以自身或他物為媒介對他人或他物的行為、動作及態度等的模仿。角色扮演是一種特殊的遊戲動作，也可以說是一種象徵性動作。幼兒透過角色扮演、模仿和想像等，再現自己的生活經驗，幼兒的遊戲內容是幼兒現實生活經驗的反映。在幼稚園中，當我們看到幼兒在模仿別人的態

度、行為（如扮演理髮師給客人理髮、模仿醫生給娃娃打針）時，就能透過這一鮮明的外部特徵判斷幼兒是否在做遊戲。

2. 兒童遊戲的內部特點

兒童遊戲的內部特點主要是指兒童在遊戲活動中的主觀感受或內部心理體驗。遊戲性體驗是遊戲不可或缺的重要心理成分，如果說遊戲的外部行為特徵是外在於遊戲者的，是他人的觀察、判斷與解釋，那麼，只有遊戲性體驗才是內在於遊戲者的，可根據幼兒的遊戲性體驗來判斷一種活動是不是遊戲。

（1）生理快感

遊戲的內部體驗包括生理快感。「動即快樂」，遊戲的生理快感主要來源於身體活動的需要及中樞神經系統維持最佳喚醒水準的需要的滿足。由於幼兒的年齡特點和肌肉系統生長發育的特點，所以，幼兒在生理需要上有身體活動的需要，好動是幼兒的特點，在遊戲中，幼兒可以隨意變換動作和姿勢。因此，能產生生理快感的「動」就可以與無所事事、長時間呆坐不動等無遊戲行為區分開來。

（2）興趣性

興趣性體驗是一種情不自禁地被吸引、被捲入的心理狀態，是一種為外界刺激物所捕捉和占據的體驗。興趣性是遊戲體驗不可缺少的成分，興趣性表現為幼兒喜歡遊戲，對遊戲充滿興趣，遊戲讓幼兒很愉悅，如果幼兒沒有了這種體驗，遊戲可能就會停止。

（3）成就感

成就感又稱勝任感，是幼兒對自己能力的一種體驗。在遊戲中，幼兒不僅可以自由地選擇與決定遊戲的內容和方式方法；也可以透過反覆嘗試選擇適合自己能力與興趣的活動內容和方式方法，不擔心被成人責備；還可以透過想像來實現對環境的改造與轉換，重構和控制自己與外部環境的關係，用自己的方式來解決矛盾與衝突，變出自己想要的任何東西。而這也是遊戲吸引幼兒的地方。

(4) 幽默感

幽默感是由玩笑、嬉戲、詼諧等引起的心理快感。幼兒的幽默感有一個發生發展的過程，最初的幽默感來源於嬉戲行為的偶然結合，當熟悉的情景出其不意地出現了一種讓幼兒覺得新奇有趣的因素時，幼兒馬上會重複這種新的因素，並表現出一種故意取樂的傾向。以後隨著幼兒認識能力的提高和知識經驗的豐富，逐漸能理解文學作品中的幽默並應用於遊戲。如 2 歲幼兒會穿著媽媽的高跟鞋或爸爸的大皮鞋故意在他人面前走來走去，演出許多「滑稽劇」，3 歲兒童會故意光著屁股走到家長面前，邊笑邊說：「屁屁」等。

拓展閱讀

什麼能使生活變得圓滿

隨著兒童年齡的增長，其幽默感的發展大致經歷了以下過程。1 歲幼兒對臉部表情十分敏感；2 歲幼兒已能從身體或物體的不和諧中發現幽默；3 歲幼兒的智力已發展到能認識概念不和諧中潛藏的幽默；4 歲幼兒特別喜歡幽默角色扮演，如過家家或扮卡通人物；5～6 歲的孩子開始敏感於語言中的幽默成分，如滑稽的押韻字；7 歲的孩子喜歡講或聽笑話；8 歲以後的兒童已初具幽默感，幽默的理解與創造程度已顯著提高。

(5) 自主性

自主性體驗是幼兒遊戲性體驗的重要組成部分。自主性體驗是由遊戲活動可以自由選擇、自主決定的性質所引起的主觀體驗和感受。表現為「我想怎麼玩就怎麼玩」「我想玩就玩，我不想玩就不玩」或「我想玩什麼就玩什麼」的自主體驗，強制幼兒參與的就不能稱之為遊戲。

二、兒童遊戲的分類

對事物進行分類，是為了更好地認識事物本身。因此，對兒童遊戲進行科學的分類，是為了幫助我們更好地認識和瞭解遊戲。但由於研究者依據的標準和角度不同，因而對兒童遊戲的分類也不同。

（一）自我發展分類

艾瑞克森（Erikson）認為，幼兒的身體和社會性技能可以在遊戲中得到發展，身體和社會性技能的發展能使幼兒的自我概念得到發展，遊戲有助於自我的形成。因此，他根據兒童自我發展的理論，把兒童遊戲分為自我宇宙遊戲、微觀宇宙遊戲、宏觀宇宙遊戲三種類型，三種類型也分別代表了兒童自我概念發展的三個不同階段和水準。

（二）認知分類

皮亞傑（Piaget）認為遊戲是隨認知發展而變化的，他根據兒童認知發展的階段，把兒童遊戲分為感覺運動遊戲（練習性遊戲或機能性遊戲）、象徵性遊戲（想像遊戲、假裝遊戲或表演遊戲）、結構性遊戲和規則遊戲四種類型。

（三）社會性分類

以社會性發展為依據的遊戲分類主要以帕頓（Parten）和豪伊斯（Howes）為代表。帕頓認為，幼兒之間的社會性互動隨著年齡的增長而增加。因此，帕頓從兒童在遊戲中社會性參與水準的角度，把兒童遊戲分為無所事事（或偶然的行為）、旁觀、獨自遊戲（或單獨遊戲）、平行遊戲、協同遊戲（或聯合遊戲）、合作遊戲六種類型。

豪伊斯則根據幼兒之間接觸的密切程度把兒童遊戲分為互不注意的平行遊戲（或簡單的平行遊戲）、互相注意的平行遊戲、簡單的社會性遊戲、互補的社會性遊戲、互補互惠的社會性遊戲五種類型。

（四）情緒體驗分類

這種分類以奧地利心理學家比勒的觀點為代表，他根據兒童在遊戲中的不同體驗形式，將兒童遊戲分為機能遊戲、想像遊戲（或模擬遊戲）、接受性遊戲（美感或欣賞遊戲）、創作遊戲（或結構性遊戲）四種類型。

（五）遊戲活動功能分類

這種分類以薩頓-史密斯（Brian Sutton-Smith）的分類為代表。薩頓-史密斯認為，遊戲具有社會文化的適應功能。遊戲不僅可以幫助幼兒適應社會文化生活，還是幼兒獲取各種不同類型的社會文化經驗的中介。他根據遊戲行為的不同經驗指向，將兒童遊戲分為模仿遊戲、探索遊戲、檢驗遊戲、造型遊戲四種類型。

（六）遊戲活動對象分類

這種分類以加維（C.Garvey）的分類為代表。加維認為，觀察遊戲的一個很重要的角度就是看幼兒究竟在用什麼玩，不同的遊戲材料或對象，構成了幼兒經驗的不同來源和等級。她根據遊戲的不同對象，將兒童遊戲分為以身體運動為材料的遊戲、以物體為材料的遊戲、以語言為材料的遊戲、以社會生活為材料的遊戲、以規則為材料的遊戲五種類型。

第三節 遊戲在兒童心理發展中的價值

遊戲不僅是年幼兒童的一種特有的快樂的活動，也是最符合幼兒的心理特點、認知水準和活動能力的。它對幼兒的成長和發展更是具有不可替代的價值和作用。

一、遊戲可以促進兒童動作的發展

動作發展作為兒童身體發展的一部分，其發展好壞直接制約著兒童身心的健康發展。在幼稚園的各種遊戲中，都包括有各種大小不同的動作和活動，尤其是戶外體育遊戲，能鍛鍊兒童的走、跑、跳、鑽、爬、投擲、平衡、攀登等基本動作。生理學家早已研究發現，人體的各個部位在大腦皮質上都占有相應的代表區域，其區域的大小與身體該部位活動的精細、複雜程度成正比，身體哪一部位的活動越精細、越複雜，它在大腦皮質上所占的區域就越

大。精細而靈巧的動作，不但能把大腦中某些富於創造性的區域激活起來，還能促進思維能力的發展，而思維的發展又反過來使動作更加靈敏和精確。兒童經常在戶外、在陽光下、在新鮮空氣中活動，天天鍛鍊著基本動作，如跑、跳、鑽、爬、穿等。這不僅有利於增強幼兒大肌肉、小肌肉運動的控制能力。而且還有利於幼兒動作的靈活與協調。此外，透過對已經習得的協調動作的練習、遷移和運用，還能使兒童不斷地掌握新的技能。總之，兒童時期特別是學齡前時期，基本動作的練習都是在遊戲中進行的。遊戲是發展幼兒基本動作的重要途徑。

拓展閱讀

促進嬰幼兒動作遊戲的建議

1. 在搖籃上放玩具給孩子看、觸碰和踢。

2. 放撥浪鼓和其他玩具，讓孩子抓、敲和咬。

3. 為孩子提供豐富多樣的玩具。

4. 確保所有的玩具和操作物品都是安全的、可以讓孩子隨意擺弄。

5. 鼓勵孩子做新的動作，如翻身、坐、爬。

6. 給孩子提供椅子或其他結實的物體，練習停、站、行走。

7. 給較大的孩子提供小的食品，比如穀片、餅乾等，練習精細動作和自己進食的能力。

二、遊戲可以促進兒童認知的發展

遊戲是兒童認知發展的動力，它能保證兒童認知的發展。兒童透過遊戲和玩具材料，可獲得日常生活環境中各種事物的知識，促進兒童記憶、思維、想像、注意、語言等的發展。皮亞傑認為兒童遊戲是同化超過順應的產物。馬斯洛和羅伊德（1972）也指出，兒童早期是奠定智力發展基礎的令人興奮的、有效的時期，遊戲的過程正是智力發生的特殊的過程。兒童在遊戲的氛圍中與環境相互作用，能夠在客體與觀念之間形成一些獨特的關係和聯想。

在遊戲中，幼兒按照自己的興趣和願望去接受外部環境的訊息，並進行加工，使之適應自己的內部模式來認識世界，促進認知發展。同時遊戲也給幼兒提供了各種機會，如使幼兒獲得和鞏固知識、提供安全自由的氛圍等。在遊戲中兒童學會了推理，開始發展邏輯思維的能力，他們的詞彙量增加了，語言能力發展了，發現了有關數的知識及事物之間的簡單關係，學會瞭解決問題的方法，鍛鍊了處理問題的能力，這為今後幼兒進入學校學習作了經驗、知識及能力上的必要準備。

拓展閱讀

遊戲與兒童認知發展關係的相關研究

恩道維茨卡婭用帶有缺口的蘭多里特環對4～7歲幼兒的視敏度進行了研究。結果表明，兒童在遊戲中透過練習，視敏度有明顯提高（提高15%～20%，幼兒晚期可提高30%），錯誤明顯減少。伊斯托米娜研究了遊戲對有意識記憶的影響，發現兒童在遊戲條件下的有意識記憶的數量都超過實驗室條件下的有意識記憶。

布魯姆與凱西西爾瓦和帕爾吉諾瓦對3～5歲幼兒解決問題的研究表明，遊戲在兒童問題解決中起著重要作用。而鄧斯克對4歲兒童的遊戲與兒童發散思維能力的研究也證實了遊戲，特別是象徵性遊戲可以提高幼兒在發散思維測驗中的成績。

三、遊戲可以促進兒童社會性的發展

遊戲是兒童進行社會性交往的主要形式，也是他們社會性發展的重要途徑。兒童在遊戲中，由於需要且必須要與他人發生關係，如理解對方動作的意圖和意義、理解和遵守遊戲規則、協調與分享自己與別人關於遊戲的、想法及行為等。在遊戲過程中，有時幼兒還不可避免地與他人發生各種衝突，已有研究成果發現，幼兒人際衝突對幼兒的發展具有正麵價值。幼兒為了更好地化解衝突，就不得不去認識和理解他人的觀點、情感與願望，協調自己與他人的關係，並學會採擇他人的觀點等。從而在這種具有社會性交往特徵的遊戲中，逐步學會輪流、協商、合作等社交技能。有研究表明，角色遊戲

的數量和複雜程度可預示兒童的社會性技能、聲譽及積極的社會活動。總之，遊戲能促使兒童從自我為中心中解脫出來，逐漸認識自我、認識別人、與別人友好相處、學會分享、助人和合作等社會性技能，獲得社交的規則與技巧，學會自己解決人與人之間的關係問題。

四、遊戲可以促進兒童良好情緒情感的發展

　　情緒情感是客觀事物是否符合人的需要而產生的態度體驗，是心理活動的重要構成因素，其不僅影響人際關係的性質與發展方向，也影響人對待生活的態度。現實生活中有些事物使人高興歡樂；有些事物使人憂愁、悲傷；有些事物則使人驚恐、厭惡。因此，情緒情感具有強烈的動機和適應性功能。愉快地遊戲，是兒童心理健康的標誌。兒童的遊戲活動帶有情緒情感色彩，遊戲成為兒童表現積極情緒、調整消極情緒的媒介。透過遊戲我們可以瞭解兒童的情緒狀態。當幼兒積極投身於遊戲中時，遊戲能帶給幼兒極大的快樂和滿足，體驗著成功帶來的自豪感和成就感；當衝動的行為或實現願望受阻而產生挫折時，幼兒則可以在遊戲中學會調適挫折情緒，釋放緊張和焦慮，保障幼兒身心健康發展。此外，幼兒還可在遊戲中透過模仿成人的各種言行，體驗成人的情感，在同情和移情的基礎上形成積極、良好的情緒情感。

五、遊戲可以促進兒童完整個性的發展

　　遊戲對兒童身心發展的價值，不僅體現在身心發展的各個方面，也體現在一個「完整的兒童」的個性特徵上。在遊戲中，幼兒自然地表現其興趣、態度和能力等，並表現出自己的特長與不足，這有利於教師抓住教育契機，有針對性地對幼兒進行指導。同時，遊戲還有利於幼兒形成合作、謙讓、遵守規則等良好的個性品質。已有研究表明，玩想像遊戲較多的兒童活潑、快樂、有探索的興趣，在任務的堅持性、語言的流暢性、移情、合作、領導能力、區別幻想與現實的能力、自控能力等方面都擁有良好的發展優勢。此外，遊戲還有利於培養幼兒的遊戲性的個性品質，所謂遊戲性是指對待人生和生活的一種積極開朗、樂觀向上的態度。遊戲性伴隨人的一生發展過程，遊戲

性強的兒童不僅可以在當下擁有一個快樂幸福的童年，而且也預示著他們在未來也擁有健康幸福的成年生活。

第四節 兒童遊戲心理的特徵

心理學家側重於關注和研究兒童遊戲心理的過程，並傾向於用心理學的概念來描述兒童遊戲特徵。那究竟什麼是兒童遊戲心理呢？諾伊曼（Neumann，1971）首次把不同的遊戲現象的描述規則化為心理學概念，並把遊戲描述為具有各種不同方式和行為的過程。其中，遊戲方式包括感覺運動、表達感情、口頭和認知的方式；遊戲行為包括重複、探索、複製和變換等。因此，兒童遊戲心理是多種心理成分參與並以某種行為方式表現出來的複合性心理活動。

遊戲是最適宜兒童發展的活動形式，也是兒童主要的社會生活方式。在遊戲活動過程中，兒童心理在其認知、情緒情感、社會化等三方面表現出不同的特點。

一、遊戲中兒童認知發展特徵

皮亞傑的遊戲認知發展理論認為，兒童遊戲與認知發展是一種雙向互動的關係。在遊戲中，兒童的認知技能不斷發展，認知結構不斷完善，而透過順應形成的新的認知結構又進一步提高兒童的遊戲水準。因此，本部分主要探討遊戲中兒童語言能力、創造性想像能力及智力發展的特徵。

（一）兒童語言發展特徵

觀察研究顯示，年幼兒童通常以不同語言形式和語言規則進行遊戲（Weir，1962）。兒童遊戲過程實質上是一個語言交往的過程，在這個過程中，兒童的語言發展表現出如下特徵。

語用技能快速發展。兒童的語用技能主要包括說話和聽話兩種技能。兒童遊戲中的語言很口語化，也具有很大的靈活性和開放性，它很少涉及語法規則的探討，幾乎不關注語言表達的規範性。因此，在遊戲中，幼兒可以根據遊戲情境，盡情地表達自己的所思所想，包括與同伴之間的交流，也包括

幼兒的自言自語。於是，幼兒的說話和聽話就獲得了一個自由、輕鬆的語言環境，在這樣一個邊做邊學的遊戲過程中，幼兒的詞彙、口語表達能力、傾聽技巧能得到快速發展。

語言功能協調發展。言語具有調節、概括和交流等的基本功能。已有研究證明，社會性戲劇遊戲與學前兒童的語言藝術技能有關。因此，遊戲，尤其是角色遊戲的開展，有必要同時發揮語言的三種基本功能，兒童在同時使用遊戲語言和角色語言的過程中，不僅可以用同伴的語言作為參照系來組織自己的語言（包括內部語言和外部語言），還可以根據對角色的理解來組織語言，並透過角色語言來完成角色扮演遊戲。因此，這兩種遊戲語言形態為語言功能的協調發展提供了適宜的語言環境。

（二）兒童創造性想像發展特徵

幼兒的創造性想像最早在遊戲中顯現，遊戲中幼兒創造性想像發展的特點主要表現在表演遊戲和結構遊戲中。

表演遊戲為幼兒創造性想像的發展提供了一種情境氛圍。在該遊戲中，幼兒可根據作品提供的基本訊息自編、自導和自演，使表演的戲劇性、假裝性與遊戲的娛樂性得到有機結合。雖然作品為幼兒遊戲提供了基本線索和素材，但在遊戲中，幼兒必須借助想像性思維將作品中的故事情節與人物性格，創造性地運用語言、動作等轉化為活生生的藝術形象和情境。表演遊戲構成了幼兒創造性想像能力發展的一種特殊活動。

結構遊戲又稱創造性遊戲。在該遊戲中，幼兒的創造性想像能得到全面的激活和綜合地的運用。由於建構遊戲的材料結構不明確，建構方法（即玩法）也不確定，因此，兒童就必須借助創造性想像思維對材料進行自由構思、自由操作。華愛華（1998）認為，低結構材料更有助於兒童發散思維的發展。幼兒在使用低結構材料時較多的是創造。由此可見，建構遊戲材料不僅不能塑造兒童的遊戲行為，反而被兒童所控制，使其滿足兒童的遊戲目的，這就是低結構化、低真實性遊戲材料的特徵對兒童具有吸引力的哲學原理。

（三）兒童智力發展特徵

任何遊戲都不同程度地包含著智力的成分。如幼兒在遊戲中積木代替小人、用拼板當米飯等等。關於遊戲中智力發展的研究，往往是透過考察象徵性遊戲來進行的。Sutton-Smith（1967）認為，假裝遊戲中的象徵性轉換是遊戲促進智力的一個關鍵性因素。皮亞傑也認為，兒童在遊戲中的以物代物是象徵性思維出現的主要標誌。因此，象徵性遊戲中智力的發展主要取決於幼兒以物代物的假裝能力。

象徵性遊戲中兒童的一物多用或對物品的替代情況（即以物代物），之所以能夠提高兒童的智力，是因為以物代物本身就是表徵，是一種心理結構。它是一個特殊的智力操作過程，包含了潛在關係或模式的知覺、原有訊息的重組與改造、意義的轉換與操作等因素。而這些正是構成智力的主要因素，而這些因素的共同性正是促進幼兒智力發展的內在心理機制。

二、遊戲中兒童社會化發展特徵

遊戲作為兒童期的一種主要活動，總是與兒童的社會化進程緊密聯繫在一起。遊戲與兒童社會發展之間是一種雙向的關係。社會環境會對兒童遊戲的類型產生影響，同時，遊戲也會影響兒童在社會環境中取得進步的能力。因此，對遊戲中兒童社會化發展特徵的探討，將圍繞兒童性別角色、社會能力、觀點採擇三個方面來進行。

（一）兒童性別角色發展特徵

性別角色社會化是幼兒學習社會角色規範並形成相應的行為模式的過程。可以說，遊戲是幼兒性別角色社會化的天然「人生實驗室」，例如成人在遊戲中對待不同性別兒童的不同方式、具有性別差異的遊戲材料等，都傳遞著社會對不同性別兒童的不同標準和期望。兒童在遊戲中的性別角色社會化主要體現在初步形成一定的社會角色。

蘇聯心理學家艾里康寧著重研究了角色遊戲中兒童形成角色的過程及其機制。艾里康寧突出強調了遊戲的社會性本質。他認為，在象徵性遊戲中，至少有兩種象徵的表現形式，首先是以人代人，其次是以物代物。從遊戲的整體結構上看，以物代物是被包含在以人代人的象徵結構中的，而兒童的性

別角色的形成孕育於實物活動之中。所謂實物活動，是掌握和操作物體的社會所規定的用途和使用方法的活動，任何實物活動的內部結構都是雙向的，一方面它與實物聯繫，而另一方面它又聯繫著人的動作。兒童在實物活動的發展過程中，最初只注意到實物的社會使用方法，隨後，隨著對具體物品的使用方法的掌握、動作的概括化形成，幼兒才逐漸開始注意到作為動作主體的人，當幼兒開始模仿成人的活動，也就出現了性別角色。

（二）兒童社會能力發展特徵

任何社會性遊戲都需要兒童具備一定的社會技能，如學會協調並整合自我情感與社會現實之間的關係，學會理解、輪流及合作等。在社會性遊戲中，同伴之間相互協作，幼兒逐漸學會了理解他人的思想、情感，並能站在他人的角度看問題，這有利於幼兒從自我中心的狀態中解脫出來，形成良好的同伴關係。

在遊戲中，兒童最基本的社會能力是理解遊戲規則的能力。所有社會性遊戲都受到規則的制約，即使最簡單的親子遊戲如躲貓貓也要求建立輪流的規則。幼兒在角色遊戲的扮演過程中，其遊戲的價值不在於其扮演的具體角色、內容。例如兒童玩「醫生」的遊戲，並不是在學習如何做醫生，並不是在學習某個特定的角色或掌握特定的行為方式，而是在學習關於角色的概念，在區分一種角色與其他角色的不同，瞭解角色與其相應的行為方式之間的制約關係，在角色遊戲中，逐步學會移情、合作、輪流等，並獲得社會能力。

（三）兒童觀點採擇發展特徵

幼兒的觀點採擇是指幼兒能夠區分自己與他人的觀點，並進而根據當前或先前的有關訊息對他人的觀點（或視角）做出準確推斷的能力。觀點採擇分為空間觀點採擇與社會觀點採擇等。這些能力在社會性方面扮演了重要角色。假裝遊戲或角色遊戲是發展幼兒觀點採擇能力的重要途徑。

在假裝遊戲中，如「下雪了，地面上積了厚厚一層雪，一個幼兒在地面上抓了一把雪，揉成一團，出其不意地擲向另一個幼兒，然後停下，並笑著，等待對方的反應。被積雪打中的幼兒吃了一驚，板著個臉，剛要惱怒，但看

到同伴的表情,似乎明白了什麼,隨即把書包一放,並笑嘻嘻地抓起一團積雪,向對方扔去,於是,兩個小孩玩起了打雪仗的遊戲。」在這個案例中為什麼兩個幼兒不但沒有發生衝突,反而做起了遊戲呢?這其實是觀點採擇的一個例子,這其中涉及一個「遊戲信號」的發送和理解問題。第一個幼兒停頓的動作,臉上的表情實際上就構成了一個遊戲的信號:「這是玩啊!不是真的要打你,我是想和你做遊戲。」而第二個幼兒覺察並正確理解了這個遊戲信號的內涵,並做出了適宜的行為反應,於是,兩個幼兒之間的社會性互動遊戲發生了。試想一下如果第二個幼兒沒能正確地理解和辨識出這種「遊戲信號」,兩個幼兒很可能就真的打起來。

因此,在遊戲交往過程中,幼兒能從認識上逐漸脫離自我為中心,並能借助自身已有的知識及經驗對表象進行推理,對自我進行控制和約束,獲得觀點採擇能力。

思考討論

打打鬧鬧到底好不好?

許多家長都不喜歡孩子打打鬧鬧,幼稚園教師更是明令禁止兒童打打鬧鬧,某些教育工作者甚至公然提出培養紳士、淑女要「從娃娃做起」。有研究者認為,兒童之間打打鬧鬧的遊戲是有價值的,因為這種行為是社會溝通的一種方式,至少給兒童帶來了身體的接觸。也有學者認為,這類遊戲可以幫助兒童學會處理自己的情緒,使兒童透過正向情感過濾負向情感,並學會控制自己的衝動,學會自我調控。

在幼稚園中,孩子之間可能經常會發生打打鬧鬧的行為,作為幼稚園教師,你認為這種行為好不好,該怎樣處理呢?

遊戲與兒童情緒發展之間是一種雙向的關係。情緒是影響兒童遊戲的一個重要因素,從某種程度上說,沒有情緒,就沒有兒童遊戲。但遊戲也能給予兒童快樂,促進幼兒積極情緒的發展。因此,對遊戲中兒童情緒發展特徵的探討,將圍繞兒童自我概念發展、應對挫折和宣洩壓力兩方面來進行。

三、遊戲中兒童情緒發展特徵

（一）兒童自我概念發展特徵

遊戲是兒童自尊及自我概念形成和發展的重要途徑。遊戲具有整體的自我建構功能，幼兒的個體人格和自我特徵能夠在遊戲中得到很好的整合。Erikson（1977）認為，遊戲創造了「一種模範情境，在這個情境中，過去被解脫，現在被表徵和更新，而未來被期望」。因此，在遊戲中，幼兒透過對一些衝突情景的表演，來幫助自己解決諸如焦慮一類的自我衝突。例如，玩物遊戲就是幼兒探索和減少對其能力擔心的一種行為。

此外，遊戲，尤其是以未來為導向的角色遊戲，能很好地幫助兒童樹立對於人類未來的內在信念，認清自身正在發展的個人特徵。Sutton-Smith（1980）認為，遊戲中的角色轉換方式有利於培養兒童的控制力和自主性。相對於成人來說，兒童處於一種弱勢，因而有必要讓兒童知道，他們有機會推翻那些由於自己的不成熟或個子矮小而讓他們感到自卑的生活方面，遊戲是建立自我能力的一種媒介，遊戲及幻想讓兒童有機會擁有力量，成為環境的主人。在遊戲中，兒童可以帶著相應的情緒和心態重新體驗過去的個人經驗。因此，這種遊戲式的重複是幼兒自我概念形成的關鍵一步。

（二）兒童應對挫折和宣洩壓力的特徵

佛洛伊德是最早提出透過遊戲釋放心理能量（他稱之為力比多）以緩解緊張和焦慮的人。後來，精神分析學派的研究者們進一步發揮了佛洛伊德的思想，認為人有一種本能的攻擊性內驅力，需要不斷地尋求表現。如果這種內驅力在哪裡被否定，哪裡就會出現病症。因此，強調遊戲最重要的價值就是宣洩幼兒被壓抑的攻擊性，降低焦慮。遊戲是釋放和宣洩這種攻擊性內驅力的合法形式和有效途徑。幼兒透過攻擊性遊戲可以降低攻擊力，從而得到內心的平衡。同樣，幼稚園遊戲環境與幼兒攻擊性行為之間也存在密切的關係。

已有研究發現，在幼稚園遊戲環境創設過程中，遊戲環境的社會化功能不足、色彩運用雜亂無章、內容頻繁的更換或整個操作老師一手包辦等，都

可能會引發幼兒爭奪別人的物品、座位、活動場所，違反紀律和遊戲規則，無故挑釁、甚至踢、打、擠他人等多種攻擊性行為。因此，為減少幼兒的攻擊性行為，需要在幼稚園遊戲環境的創設過程中，體現教育功能取向的多元化、注重環境色彩選擇的針對性、做到環境更換的適時性、激發幼兒在活動中的參與性等。使幼兒在遊戲環境中透過遊戲能更好地宣洩壓力和釋放焦慮情緒，從而降低攻擊性，增強自信和自尊。

第五節 兒童遊戲心理的發展歷程與趨勢

兒童遊戲心理的發展作為人類心理發展整體的一個方面，在遵循心理發展一般規律的同時，也表現出一定的獨特性。

一、兒童遊戲心理的發展歷程

兒童遊戲心理的發展歷程，主要考察兒童認知發展過程和兒童社會化發展過程。

（一）認知發展過程

皮亞傑著力從兒童認知發展的層面來考察兒童遊戲心理的發展過程。他認為，兒童遊戲的發展取決於認知的發展並與認知發展過程相對應。因此，皮亞傑把兒童遊戲的發展劃分為如下三個階段。

1. 機能性遊戲階段

機能性遊戲是兒童最早出現的一種遊戲，一般處於幼兒出生到 2 歲這一階段。該階段相對於認知發展的感知運動階段。幼兒在遊戲中，主要是透過感知和動作來認識環境、與人交往的。該遊戲的主要表現形式為徒手遊戲或重複的操作物體遊戲。其作用是透過遊戲使自己的感知動作得到訓練，使已獲得的技能得到鞏固，並將已掌握的動作重新組織。在反覆的擺弄和練習中，獲得愉快的體驗，因為遊戲的驅力就是獲得「機能性的快樂」。

2. 象徵性遊戲階段

象徵性遊戲是2～7歲學前兒童最典型的遊戲形式。該階段相對於認知發展的前運算階段。處於此階段的幼兒，語言已獲得很大發展，思維已具有表徵功能。這表明兒童已能用假想的情境和行為反映客觀事物或主觀願望，即用具體的事物表現某種特殊意義。於是，兒童有了「以物代物」和「以人代人」為表現形式的象徵性遊戲的能力。幼稚園中最常見的象徵性遊戲，如幼兒坐在椅子上開汽車、跨在棍子上騎馬、將積木當作電話等等。

3. 規則性遊戲階段

規則性遊戲是7～11、12歲的兒童按照一定的規則進行的、帶有競賽性質的集體性遊戲，參加遊戲的兒童必須在兩人以上。如下棋、打牌、貓捉老鼠、老鷹捉小雞等。由於對遊戲規則的理解與把握，需要兒童具備一定的邏輯運算能力和社會交往的協調能力。因此，規則性遊戲通常出現在兒童的認知進入具體運算階段以後，該遊戲是兒童遊戲的高級發展形式。

（二）社會化發展過程

美國學者帕頓著力從兒童社會行為發展的角度來考察兒童遊戲心理的發展過程。他認為，兒童遊戲的發展取決於幼兒在遊戲中的社會性參與水準。因此，帕頓將兒童遊戲的發展劃分為以下六個階段。

1. 無所事事階段

處於該階段的幼兒行為缺乏目標，他不是在遊戲，而是注視著身邊突然發生的使他感興趣的事情，若周圍沒有能夠吸引其注意的事物，他就擺弄自己的身體，或從椅子上爬上爬下，到處亂轉，或是坐在一個地方東張西望等。

2. 遊戲的旁觀者階段

處於該階段的幼兒大部分時間是在看他人玩，聽別人談話或向別人提問題，但並沒有表示出要參加遊戲的意思。只是明確地觀察、注視某幾個兒童或群體的遊戲，對所發生的一切心中有數。

3. 獨自遊戲階段

此階段的幼兒通常是獨自一個人在玩玩具，其所使用的玩具與周圍夥伴的不同。他只專注於自己的活動，不和附近的幼兒交談，也沒有做出想與其他兒童接近的行為表現。

4. 平行遊戲階段

處於該階段的幼兒仍然是自己獨自在玩，雖然他玩的玩具與周圍夥伴所玩的玩具是類似的，但還是各玩各的，而不是與同伴一起玩。

5. 協同遊戲階段

處於該階段的幼兒仍以自己的興趣為中心，幼兒個人的興趣還不屬於集體，但開始有較大的興趣與其他幼兒一起玩，想做自己願意做的事情。

6. 合作遊戲階段

處於該階段的幼兒開始以集體共同目標為中心，在遊戲中，他們能一起圍繞一個共同的主題，相互合作並努力達成。遊戲中有明確的分工、合作及規則意識，並有一到兩個遊戲的領導者。

總之，兒童遊戲心理的發展同兒童遊戲的發展一樣，是一個經歷了不同階段的過程，當遊戲從一個階段向另一個階段演化時，也標誌著兒童遊戲心理的不斷發展。

二、兒童遊戲心理的發展趨勢

兒童遊戲心理的發展趨勢呈現出特殊性和多樣性。本部分主要考察嬰兒遊戲心理、幼兒遊戲心理及兒童遊戲活動的發展趨勢。

（一）嬰兒遊戲心理的發展趨勢

嬰兒從剛出生時候的不會遊戲，到能夠對周圍環境中的某些事物或玩具產生好奇，並主動操作這些玩具以獲得心理滿足感的過程，嬰兒的遊戲產生了，嬰兒的遊戲心理呈現出如下三個發展趨勢。

1. 嬰兒遊戲的類型以機能性遊戲為主

機能性遊戲又稱練習性遊戲，是由簡單的、重複的動作所組成的，其動因在於感覺和運動器官在活動過程中獲得的快感。該遊戲是人一生中最早出現的一種遊戲。最初嬰兒往往用相同的動作對待所有的物品或玩具，如看到什麼東西都喜歡用嘴巴去咬，或偶爾用手碰到了小床上方的一個會發聲的玩具，便會連續、重複用手去觸碰玩具讓它再度發生聲響。以後，隨著嬰兒年齡的增長，逐漸開始對物體本身的功能或外形特徵產生了濃厚的興趣，如物體的鮮豔的顏色、奇特的形狀、響亮的發聲等。於是，嬰兒的遊戲動作開始分化，並形成初步的遊戲動作技能。

2. 嬰兒遊戲的認知結構不斷分化

練習性遊戲既包括大肌肉動作的練習，也包括小肌肉動作的練習。如幼兒在臺階上來來回回地跑上跑下、串珠子等。由於兩歲左右幼兒動作的重複練習，語言及具體形象性思維的發展，在擺弄或操作物體的基礎上，幼兒逐漸出現了象徵性思維的萌芽，即開始出現以物代物的遊戲活動，如用積木當作蛋糕。這種替代動作的出現，表明幼兒的認知結構開始出現分化，幼兒的遊戲已初步具有假裝的功能。

3. 嬰兒遊戲的社會性因素不斷增加

最初嬰兒的機能性動作，如不斷吮吸手指、玩弄腳趾等，都是針對自己的身體的。後來，才逐漸指向周圍環境，在此過程中，嬰兒的象徵性或假裝動作開始產生並逐步發展起來。同樣，最初嬰兒的假裝都是與他自己有關，並以自己為中心。到了嬰兒晚期，兒童才開始出現對他人假裝動作的模仿，而且模仿動作也變得日益複雜起來。

拓展閱讀

嬰兒的遊戲

馨馨是一個 3 個月大的女孩兒。夏天的一個上午，她躺在嬰兒床上環顧左右。突然，一陣微風將蚊帳上連接著的風鈴的帶子吹到她的手邊。她無意中拉動帶子，蚊帳上的風鈴擺動並發出悅耳的聲音。她被這種現象吸引住了，全身興奮起來，四肢運動使連著帶子的風鈴不斷發出聲音。如此循環往復，

她更加興奮了，張開雙臂，嘴裡還不時發出「啊啊啊」的歡呼聲。這一過程大約持續了兩分鐘。

(二) 幼兒遊戲心理的發展趨勢

隨著幼兒活動範圍的不斷擴大，認知水準、運動技能、語言能力等的不斷提高。幼兒的遊戲也開始發生著顯著的變化，並呈現出如下三個明顯的發展趨勢。

1. 幼兒遊戲的類型以假裝遊戲為主

假裝遊戲與象徵性遊戲在性質上是相似的，象徵性遊戲的主要特徵就是「假裝」。處於幼兒期的兒童精力旺盛、富於想像、興趣廣泛、樂於交往、敢於探索等，他們對透過以物代物、用某個動作代表真實的動作、將自己假裝成別人或虛構的角色等手段來進行遊戲樂此不疲。可以說，在幼兒期，各種類型的遊戲都逐步開始形成，但整個幼兒期的主要遊戲類型還是以角色遊戲為主要表現形式的假裝遊戲為主。

2. 幼兒遊戲的象徵性功能不斷豐富

學前初期，幼兒在遊戲中的象徵性活動主要採取與實物相近的替代物或替代品，包括實物外形和功用上的相似性，而且遊戲缺乏目的性和主題性。到了幼兒中期以後，幼兒才開始逐漸脫離具體的替代物，並進而按照自己的需要和理解來選擇合適的替代物。在遊戲活動中，幼兒不僅能以物代物，還能以物代人、以人代人，如用積木當作小人兒、把自己當作醫生等。在遊戲中，幼兒的象徵性功能明顯增強。同時，遊戲的目的性和預測性也增強了。

3. 幼兒遊戲的社會化因素日益多樣

表演遊戲和角色遊戲在幼兒期的發展是相當迅速的。在遊戲中，幼兒從最初的主要反映實物動作本身發展到儘量讓自己的行為動作符合所要扮演的角色本身，以所要扮演的角色身份自居，出現了角色意識。當角色意識出現以後，相應的角色關係就產生了，如有了病人就會有醫生，有了理髮師就會有顧客。學前初期的幼兒，在遊戲中往往只顧自己的角色，不顧他人的角色，毫無關係可言。進入學前中期，幼兒開始學會合作、協商等，能夠反映角色

之間的關係。到了學前晚期，幼兒的角色遊戲走向複雜化，在遊戲中，一個主要角色常常和幾個有關的社會性角色建立了密切的聯繫，如醫生不僅和生病的孩子有聯繫，還和孩子的家人有聯繫。幼兒遊戲開始表現出具有人類活動的社會價值。

本章小結

　　遊戲對於兒童來說，具有非常特殊的意義，遊戲的發生發展與兒童身心發展有密切的關係。兒童最初的心理活動總是在遊戲中進行的。

　　從兒童的遊戲中，我們可以發現這個階段的兒童在各個領域都有了很大的發展。在動作發展方面，大肌肉動作能力和精細動作能力都得到了很好的發展；在認知發展方面，兒童的語言、解決問題等方面的能力得到了很大的提高。此外，遊戲還有利於兒童發展社交能力、表達情緒情感、完善個性品質。

　　兒童在遊戲中表現出不同的心理特徵。在語言方面，表現出語用技能快速發展和語言功能協調發展特徵；創造性想像的特徵主要表現在表演遊戲和結構遊戲中；在智力方面表現出象徵性的以物代物、以物代人及以人代人等的特徵；社會化方面，在兒童性別角色、社會能力、觀點採擇等方面表現出不同的特徵；情緒方面，在兒童自我概念及應對挫折和壓力方面表現出不同的特徵。

　　兒童遊戲心理的發展，在遵循心理發展一般規律的同時，其發展趨勢也呈現出特殊性和多樣性。隨著嬰幼兒活動範圍的不斷擴大，認知水準、運動技能、語言能力等的不斷提高，其主要在嬰兒遊戲心理、幼兒遊戲心理等兩方面表現出不同的發展趨勢。

複習思考題

　　1. 名詞解釋

　　（1）兒童遊戲

　　（2）角色扮演

（3）復演說

（4）幼兒觀點採擇

（5）練習性遊戲

2. 簡答題

（1）簡述兒童遊戲的特點。

（2）簡述遊戲在兒童心理發展中的價值。

（3）簡述當代西方的遊戲熱點理論。

（4）簡述遊戲中兒童社會化發展的特徵。

（5）簡述幼兒遊戲心理的發展趨勢。

3. 論述題

（1）請舉例說明兒童遊戲和動作發展的相互關係。

（2）請結合自身教學實踐，談一談如何透過遊戲環境的創去設減少幼兒的攻擊性行為。

（3）請結合幼稚園教學實踐，談一談如何對幼兒的象徵性遊戲進行指導。

4. 案例分析題

一天，教師組織小班幼兒開展「娃娃家」的遊戲，在指導過程中，教師問一個正在哄娃娃睡覺的幼兒：「你在幹什麼啊？」幼兒回答：「哄娃娃睡覺。」教師再問：「你是誰啊？」幼兒回答：「我是朵朵。」教師又問：「娃娃的媽媽呢？」幼兒答道：「不知道。」

結合上述案例中師幼之間的對話，談一談該幼兒是否進入了遊戲角色？如果你是老師將怎樣對該幼兒進行介入指導？

學前心理學
第九章 學前兒童的遊戲心理

拓展練習

　　現在不少獨生子女的家長「望子成龍」「望女成鳳」心切，特別重視早期教育，一到雙休日就把孩子的日程安排得滿滿的，上各種各樣的早教班、培訓班，孩子很少有自由活動和遊戲活動的時間。你讚許這種教育方式嗎？為什麼？請結合相關理論，談一談你的看法。

第十章 學前兒童的學習心理

學前兒童正處於不斷成長階段，在生活中不知不覺學會了許多東西，有時候家長對孩子的變化都覺得有些吃驚,這是因為他們每天都在不斷地學習。那什麼是學習呢？關於學習的定義，一直以來都有很多爭論。目前，國內學者廣為引用的定義是：學習是個體在特定情境下，由於聯繫或反覆經驗而產生的行為或者行為潛能的比較持久的變化。在理解學習時，我們應該把握三點：學習是人和動物共有的普遍現象；學習是有機體後天習得經驗的過程；學習表現為個體行為由於經驗而發生的穩定變化。

由於身心發展水準的限制，嬰幼兒不能像兒童一樣在課堂裡接受正規的、系統的教育，他們的主要任務是玩耍、健康成長，那麼他們是怎麼學習的呢？我們這裡所說的學習是廣義的，即個體獲得經驗的過程。在此種意義上來說，嬰幼兒睜開眼睛的每一秒鐘都在學習。由於嬰幼兒心理發展的階段性和連續性，決定了學習方式的獨特性，但又相應地呈現出了一些共性。當幼兒進入小學以後，其生理和心理的發展又有了極大的變化，兒童該如何適應小學的生活？在幼稚園的時候，對於他們的教育我們該注意些什麼？這些都是我們需要認真探討的問題。因此，對於嬰幼兒的學習及幼小銜接工作，我們都需要對其進行專門的研究，以便為幼兒未來的發展奠定良好基礎。

案例

「學習」是生活中的常用語，我們經常會聽到這樣的話語：

1歲的媛媛媽媽說：「我們家媛媛都會走路了，你們家的孩子怎麼還不會呢？」

3歲的靜靜媽媽說：「我們家靜靜現在很乖，非常樂意把自己的玩具讓別的小朋友玩！」

6歲的剛剛媽媽說：「我們家孩子上課總是東張西望，惹是生非，但是學會了很多東西，知道給我倒水喝、把小凳子讓給我坐。」「我們家孩子該

上小學了，但是注意力還是不太集中，總是愛上廁所，怎麼樣才能適應小學的生活呢？」

問題聚焦

不同年齡的幼兒，媽媽對他們的成長既有欣慰的地方，也有不滿的地方，那麼幼兒的學習有什麼特點？為什麼學習速度不一樣？他們又是透過哪些方式學會這些知識與技能？又怎麼樣才能夠順利的適應小學的生活呢？透過本章的學習，我們可以瞭解幼兒的學習方式與學習特點，知道怎麼讓幼兒更好地適應小學生活。

學習上標

1. 瞭解幼兒學習相關的腦科學基礎。

2. 理解嬰幼兒學習的主要方式及特點。

3. 理解幼稚園與小學的差異，培養幼兒入小學所需要的素質。

第一節 兒童學習的腦科學基礎

對於嬰幼兒來說，大腦是一個發展中的器官，是一個動態的器官。大腦皮層的總體結構由於接觸學習機會和在社會情境中學習而發生著改變，而大腦發生的改變又會影響以後的學習。學習也可以改變大腦的生理結構，增加突觸、組織的數量及其重組大腦，而腦結構的變化是大腦功能變化的基礎。現代的認知神經科學對大腦進行了研究，發現大腦發育對幼兒的學習起著重要作用，學習又潛在的對大腦產生了影響。那麼大腦與學習究竟是什麼關係呢？下面讓我們來看一看這節的內容。

一、腦科學研究與幼兒的學習

（一）大腦發育的關鍵期與幼兒的學習

勞倫茲認為，關鍵期就是指在一定時期內發展某種能力的重要時期，人們也將這一特殊時期稱為關鍵期或者敏感期。比如，研究者對小貓的視覺神

經系統和患有先天性白內障的嬰兒進行視覺研究，結果發現：小貓視覺神經系統發展的關鍵期是在出生後的三個月，而人類視覺神經系統發展的關鍵期是在 0～3 歲之間。患有先天性白內障的嬰兒，如果在其視覺神經系統發展的關鍵期內不將其白內障去除的話，那麼他們將永遠失去視力。但是，現在有研究卻發現，人類視覺系統的關鍵期是可以改變的。

兒童的關鍵期是指兒童對某一方面最為敏感的時期。腦科學研究也證明了幼兒的學習確實存在關鍵期，個體學習的關鍵期與腦發展的關鍵期有關。心理學家還研究了個體關鍵期的發展對日後發展的影響。有研究表明，兒童自出生到 3、4 歲時期內，如果被剝奪感性經驗，缺乏社會交往，疏忽智力教育或者沒有雙親的撫愛、照料等，都會嚴重影響日後心理的正常發展。而且，不同年齡對各種事物有不同的敏感期，8～9 個月是分辨大小、多少的關鍵期；7～10 個月是爬行的關鍵期；10～12 個月是站走的關鍵期；2～3 歲是口頭語言學習的關鍵期；2.5～3 歲是立規矩的關鍵期；3 歲是性格培養的關鍵期；4～5 歲是書面語言學習的關鍵期；5 歲是掌握數學概念的關鍵期，也是口頭語言發展的第二關鍵期；5～6 歲是掌握語言詞彙能力的關鍵期。在相應的時期內，我們必須對兒童進行大量的訓練，這樣孩子就會更加聰明，否則就會耽擱孩子的發展。

目前，人們僅僅對視覺發展的關鍵期達成了一致，只能夠證實感覺運動系統以及語言的某些方面存在關鍵期，但是卻對視覺以外的感覺和運動系統的關鍵期知之甚少，特別是還不知道文化知識的傳授是否存在關鍵期。同時，人們對關鍵期機制的瞭解也是微乎其微的，對其出現時間的界定也多出是於假設或者推測。因此，我們要以謹慎的態度把關鍵期直接運用到教育實踐中去，不能誇大或者神話大腦發展的「關鍵期」。

我們如何來看待關鍵期呢？第一，大腦的不同區域可能在不同的時間進行學習。大腦的發展經常發生在特定的時間裡，利用特定的經驗。第二，不同的大腦系統按不同的時間架構發展，表明兒童更容易在不同的時期學習不同的知識。第三，關鍵期不是一個簡單的時間概念，而是學習程度的概念。

學前心理學
第十章 學前兒童的學習心理

拓展閱讀

印刻現象

勞倫茲發現自己在剛孵化出的小鴨面前，像鴨子那樣擺動自己的雙臂，搖搖擺擺地走路，小鴨子像愛母鴨那樣地愛，在幼小時跟在他身後走，到了性成熟期，則向人類而不是自己的同類求愛。印刻現象和一般的反應不同，它只在一定的時期內發生，小雞「母親印刻」的發生是在出生後的 10～16 小時，小狗則是在出生後的 3～7 周。印刻發生的時期稱作關鍵期。

（二）腦功能的可塑性與幼兒的學習

腦功能的可塑性，指腦可以被環境或者經驗所修飾，具有在外界環境和經驗的作用下不斷塑造其結構和功能的能力。生命早期突觸的發展呈倒 U 型曲線發展，而腦功能的可塑性正是突觸發展研究結論的產物。最近神經科學研究發現，從嬰兒出生開始一直持續到兒童期，這段時期是大腦神經突觸顯著增長的時期。有研究發現，嬰兒出生後不久，其神經細胞突觸數量開始快速增長：在突觸發生開始時，大約 2 個月時，嬰兒開始喪失他們最初的反射；3 個月時，嬰兒視覺皮層的突觸正處於增長狀態，這時他們開始伸手去拿他們注意到的物體；4～5 個月時，嬰兒的視覺能力增加了；8 個月時，嬰兒開始表現出執行工作記憶任務的能力；18～24 個月時，達到了突觸生長的高峰期，他們開始使用符號，開始說句子，並且詞彙方面呈現出爆發式的增長；4 歲時，大腦皮層的突觸密度達到成人的 150%。這些都是兒童發展過程中的里程碑，這些時期也是能力發展的重要時期。人們認為，突觸數量越多，人越聰明，學習能力也越強。突觸越多，突觸被修剪或消除得越少，神經活動的潛力就越大，兒童的學習就越多，未來的成就也就越大。因此，我們要給嬰兒豐富的刺激，以促進其更多突觸的生成和發展，避免突觸的消除，使兒童更加聰明。

許多研究表明，突觸的發展與人智力的發展並非呈線性關係。在突觸迅速形成的 0～4 歲，人類的一些技能（感覺運動技能、視覺記憶、語言能力）的確處於快速形成階段。但是還沒有數據表明大腦的突觸密度與大腦的學習

能力之間存在著關係。關於兒童早期經驗與突觸修剪的時間和進程，先前的訓練和學習對它的影響還有待於進一步的研究。但是，這也並不意味著一般層面上大腦的可塑性和具體層面上的突觸的生長與學習沒有關係，需要我們進一步的研究。

（三）腦內化學物質與幼兒的學習

大腦是依靠神經遞質來傳遞的，神經遞質其實是一些化學物質，負責兩個神經細胞間神經衝動的傳遞。因此，腦內某些化學物質的含量會影響訊息的傳遞，影響大腦功能的正常發揮，進而影響兒童的身心發展水準。研究發現，含高蛋白質的食物能夠阻止引發睡眠的神經遞質的釋放，雞蛋、牛奶等含有大量的蛋白質；血清素能夠引發睡眠，食物中含有很高的糖能夠增加這種神經遞質的釋放；脂肪的消化速度很慢，會阻止血液向大腦的回流，使大腦血流量不足。因此，合理的膳食有利於兒童身體的健康發展與大腦功能的有效發揮。

血清素使大腦和身體內部訊息的傳遞更加順暢，被人們稱為「感覺良好」的神經元。如果個體對新環境不適應時，體內的血清素的水準也會降低，皮質醇的水準會上升，個體會產生頭腦不清醒的症狀；皮質醇會不斷干擾神經細胞之間的訊息傳遞，個體會感覺受到了威脅，此時血清素水準的降低會影響去甲腎上腺素的水準，從而使個體變得更加具有攻擊性。因此，我們要為兒童提供一個豐富寬鬆的學習環境，讓兒童感到自由輕鬆，沒有壓力感，從而使兒童表現出良好的行為。對於兒童的學習場所—教室，我們要為他們營造團結友好的氛圍，使他們之間建立互幫互助的友好關係，有利於兒童身心健康的發展。

大腦內部的另外一種很重要的化學物質是腦內啡，大量的腦內啡會使人產生愉悅感。有研究發現，如果腦內啡的釋放受到阻斷，人們從活動中獲得的快樂將會比較少；當阻斷劑失效後，人們將會重新獲得以前的快樂。腦內啡具有鎮痛的作用，可以用來改善情緒。如果人們經歷巨大的心理創傷，給他們注射微量的腦內啡能夠使其減輕痛苦，並且變得開朗起來，這一成果對於兒童心理治療，尤其是嚴重憂鬱症的治療非常有用。

綜上所述，血清素、腦內啡等腦內的化學物質影響人們的心理和行為，兒童的飲食、藥物都可以影響腦內化學物質的水準，從而影響兒童的學習和身心的發展，因此我們要為兒童提供合理的膳食、營造輕鬆愉快的學習環境。

二、腦機能的發展與幼兒的學習

（一）大腦皮層興奮與抑制過程逐漸加強

嬰兒大腦皮層的興奮和抑制過程是極不平衡的，抑制過程要遠弱於興奮過程，興奮過程占據極大的優勢，從而使嬰兒的活動呈現出了高度的不穩定性和衝動性。而到了幼兒時期，興奮過程也逐漸加強，主要表現為幼兒睡眠時間的減少，但是其抑制過程也在加強。6歲的時候，幼兒的睡眠時間為每天11～12個小時，絕大部分時間都處於清醒的狀態。這樣，幼兒有了更多的時間去探索外界的事物，增長知識和聰明才智。在嬰兒期的時候，其抑制過程就開始發展；3歲以前，其抑制過程發展的很慢；4歲開始，隨著神經系統的完善、語言的掌握和與周圍環境的相互作用，其抑制過程發展的速度加快，也變得更強了。抑制過程的加強會使其大腦皮質的分析綜合活動日益精細，使他們可以較長時間從事某項活動，也可以使他們學會有意識控制自己的行為，養成良好的習慣和個性品質，也為他們精確認識事物能力的發展提供了生理基礎。但是，總的來說，其興奮過程仍然強於抑制過程，興奮過程和抑制過程還是不平衡的。

（二）條件反射容易建立

在幼兒期時，由於其大腦結構和神經系統的不斷完善，其腦機能得到了很好的發展，這樣就為條件反射的建立提供了良好的生理基礎，使他們在生活和學習中能夠形成比較穩固的條件反射。因此，幼兒對於新知識的學習比較容易，並且對新知識的掌握也比較牢固。比如：教師在教給孩子一首兒歌時，2～3歲的孩子往往需要教十幾遍，他們雖然一時學會了，但是很快就會遺忘。相對於4、5歲的孩子來說，教師只要教幾遍他們就可以學會了，而且很長時間都不會將其遺忘。這種條件反射的建立為他們進入正規的小學教育奠定了良好的生理基礎。

（三）第二信號系統作用逐漸加強

巴甫洛夫提出兩種信號系統，即第一信號系統和第二信號系統。第一信號系統，指以現實事物作為條件刺激物而形成的暫時神經聯繫系統；第二信號系統，是指以詞作為條件刺激物而建立的暫時神經聯繫系統。第二信號系統是在第一信號系統的基礎之上形成的，沒有第一信號系統就沒有第二信號系統。1歲以前，兒童所建立的條件反射基本上都是以具體刺激物作為信號的，因而以感知覺、表象等直覺形式來直接反應外面的客觀世界。在嬰兒期時，真正的第二信號系統開始形成和發展起來，但是由於所反應的詞很有限，因此不能歸為第二信號系統。詞總是標誌著一定的事物，如兒童看見穿白大褂的就哭，聽到「醫生來了」這句話也會哭，因為他們都是「打針疼痛」的信號。第二信號系統建立的意義要比第一信號系統大得多，有兩個方面的原因：第一，詞可以反映不在眼前的事物；第二，詞具有概括性，可深入反映事物的本質特徵及事物之間的規律性聯繫。

幼兒逐步開始掌握語言，他們掌握語言的過程，實際上就是在第一信號系統的支持下，形成和發展第二信號系統的過程。隨著年齡的增長，第二信號系統的優勢不斷加強，幼兒不僅可以透過直接接觸獲得知識，而且可以透過從詞的描述與講解中獲得間接經驗。因而，幼兒的心理開始呈現出抽象概括性和有意性。但是，相對於第一信號系統來說，幼兒第二信號系統的發展還不是很完善。

三、大腦單側化的形成與幼兒的學習

大腦由兩個半球組成，它們之間被一束稱為胼胝體的纖維連接在一起。雖然兩個半球表面上沒有什麼區別，但是它們分別控制著身體的不同區域。現代生理學研究表明，大腦的單側化從嬰兒期開始出現，到幼兒期時明顯形成。大腦左半球控制著身體的右側，主要負責言語、閱讀、書寫、數學運算、邏輯推理和積極情感等；大腦右半球控制著身體的左側，主要負責知覺物體的空間關係、欣賞音樂與藝術和消極情感等。大腦兩半球功能一側化並不是絕對的，近來研究發現右半球在言語理解中同樣起著重要作用。大腦功能的

偏側化還包括偏愛使用某一側的手或者身體部位,而對於左撇子的個體來說,同樣的活動也處於大腦右半球的支配之下。

較強的手偏利反映出大腦的一側具有更強的能力,其他定位於大腦優勢側面的能力也顯得較強。慣用右手的人占九成,對他們而言,語言和手控制一起定位於左半球,對於剩餘一成左撇子的人來說,大腦偏側化的優勢還不算強。許多「左撇子」的兩手都可以用,儘管他們更喜歡左手,但是他們某些時候也可以非常熟練地使用他們的右手。手偏利的情況在5、6個月時就能夠顯示出來,但是直到2歲才能穩定下來。「左撇子」兒童不平常的偏側很可能會具有一定的優勢,慣用左手的兒童和雙手都用的兒童比那些慣用右手的兒童更容易發展出出色的表達才能和數學才能。右腦具有直覺性和發散性加工的特點,所以慣用左手的兒童其創造性思維特點比較明顯。

第二節 兒童學習的主要方式

在日常生活中,我們總是很驚奇地發現兒童的行為變化,有的讓我們高興、有的讓我們頗為擔憂,不管好的與壞的,都是兒童學習的結果。他們是怎麼學會這些呢?對嬰幼兒的學習方式,我們關注的還不夠。由於學前兒童身心發展的連續性和階段性特點,還有個體的獨特性與差異性,尤其是當兒童3歲以後進入幼稚園時,有專門的學習環境和專職的教師來教給他們知識。那麼3歲以前與3歲以後兒童各自有著怎樣的學習方式呢?

一、0～3歲兒童學習的主要方式

嬰兒是怎麼學習呢?這一點在近年來備受關注,嬰兒的學習雖然表現出某些主動性,但主要是在環境刺激的作用下進行的,他們的學習方式主要有:習慣化與去習慣化、條件反射的建立與模仿。透過這些方式,嬰兒學到多種持久的行為和能力。

(一)習慣化與去習慣化

嬰兒能夠對各種各樣的外界刺激都表現出習慣化與去習慣化。習慣化指嬰兒不斷或者重複地受到某種刺激,就會對該刺激的反應逐漸減弱。它可以

減輕大腦的負擔，排除那些已經熟悉但卻重複出現的刺激。當新異刺激出現時，嬰兒的身體又會對新的刺激產生反應，這就是去習慣化。我們把嬰兒的習慣化和對新異事物的反應看作是嬰兒特有的學習方式，稱為獲得敏感。如果嬰兒產生了去習慣化，說明他們能夠區分前後兩種刺激；如果嬰兒對後來的刺激沒有什麼反應，說明前後兩個刺激的差異非常小，嬰兒沒有產生去習慣化，因此去習慣化成為評定嬰兒感知覺比較有效的方法。因此，家長可以經常性的為嬰兒更換玩具、給嬰兒提供豐富的環境刺激、適當地增加寶寶學習事物的新刺激，這樣不斷地進行刺激就會使孩子形成牢固的條件反射，從而更大化的擴展嬰兒的認知並且保持嬰兒對於學習的熱情和興趣，使嬰兒經常保持一種積極的狀態。

（二）條件反射的建立

條件反射主要有經典條件反射與操作條件反射兩種。所謂經典性條件反射，指將條件刺激反覆與另一個帶有獎賞或懲罰的無條件刺激多次結合，從而使個體學會對無條件刺激做出條件反應。它是在非條件反射的基礎上建立的，是暫時性的神經聯繫，建立聯繫的基本條件是強化過程。比如，母親將音樂（條件刺激）與餵奶（無條件刺激）多次前後結合，這樣嬰兒在聽到音樂時吮吸（條件反應）速度就加快，音樂就成為條件刺激；在幼稚園的時候，每次當開始吃飯的時候，老師就會打開電視給幼兒放動畫片看，因此每當老師開始準備打開電視的時候，幼兒就知道該吃飯了。

所謂操作性條件反射，是透過愉快或者不愉快的後果來改變行為，主要用以獎勵某種行為作為重點。隨著嬰兒年齡的增長，對他們採用更多的是操作性條件反射。對嬰兒來說，誇獎、稱讚等作為強化物更加有力量。比如：當孩子把一個蘋果遞給你的時候，你要及時地表揚他，說「哎呀，你真棒，真是太好了」；當他見到別人喊「叔叔、阿姨」的時候，要稱讚他「真乖」。這樣，他就獲得了精神上的滿足，以後會出現更多這樣的行為。但是，對於稍微大點的嬰兒來說，操作性的物質條件和操作性精神條件一起會造成很重要的作用。比如：在小班的時候，每天該放學的時候，老師就會引導小朋友對自己一天的生活進行反省，叫小朋友自己說出哪裡做得好、哪裡做得不好，

學前心理學
第十章 學前兒童的學習心理

主要包括這一天的行為、安全、禮儀等方面的教育，之後老師會表揚一些做得好的幼兒，並且發給他們小紅花、小貼紙或者小禮物等物品，他們雖然對行為的控制能力比較弱，但是他們對這些物質獎勵是很在乎的，如果看到別人都有了而自己沒有，則會鞭策自己在以後的學習中積極的遵守規則，做出好的行為。

這兩種條件反射都十分強調強化的作用，但是不同的強化方式其效果不同，因此它們在本質上是相同的，都依賴於強化。但是，它們也有不同的地方：1. 經典性條件反射的無條件刺激物十分明確，而操作性條件反射的無條件刺激物不明確；2. 經典性條件反射中個體往往是被動地接受刺激，但是操作性條件反射中個體是主動尋找刺激來達到目的；3. 在經典性條件反射中，強化刺激引起非條件反應，而在操作性條件反射中，非條件反應不是由強化刺激引起的，相反非條件刺激引發了強化刺激。但是，條件反射也有一定的缺點：1. 條件反射的形成速度較慢；2. 條件反射容易泛化；3. 條件反射容易消退。因此，如果外界不給予及時和反覆的強化，幼兒對學習的內容很就快會發生遺忘。

（三）模仿

模仿是嬰兒的一種很重要的學習方式，在兒童的語言、行動以及個性品質的發展中起著重要作用。父母和孩子一開始就透過模仿相互交流，當孩子模仿你的時候，你的面前似乎有面鏡子，你做什麼孩子也會做什麼。比如：當你把塑膠紙揉成一團發出響聲，孩子也會去好奇的嘗試，看自己用手和紙是否能夠發出同樣的響聲。嬰兒的模仿是雙面的，是對環境的一種學習和適應。當你把湯匙遞到孩子面前時，他的嘴自然地就張開了，這時你的嘴巴是否也是張開的呢？你們兩個到底是誰先張開的？到底是誰在模仿誰啊？阿姆斯特丹大學的社會心理學教授艾普‧迪葉特斯特解釋說：「在 4/5 的時間裡，孩子看到伸過來的湯匙張開了嘴巴，然後父母才模仿孩子的動作；在剩下的 1/5 的時間裡，父母先演示，孩子再模仿。」這說明，模仿不是單向的，是父母和孩子之間交流的一種方式，孩子一出生這種交流方式就有了。

爸爸和媽媽所說的話語是新生兒最愛模仿的，這種模仿是新生兒學習語言的基礎。但是，他只會模仿大人說話的節奏、韻律或整體感覺，用自己能夠發出的聲音不斷地重複。研究表明，在新生兒出生的最初四個小時裡，就已經具有模仿能力了，那時的模仿是張開嘴、撅噘嘴或者在嘴裡面動動小舌頭；新生兒從一出生就有了視覺能力，透過觀察媽媽的表情和一些動作，然後自己會學著去模仿，有的寶寶剛出生三五天就已經學會微笑了，這是因為他們具有很強的模仿能力；透過對周圍人表情的模仿，嬰兒也逐漸學會了理解他人的能力。對新生兒來說，掌握模仿這種學習方式並不容易，首先要探究榜樣的行為，其次要根據這種形象來調節自己的行為動作。

二、3～6歲兒童學習的主要方式

隨著生理的發展，幼兒已經學會主動去探索外面的世界了。另外，隨著語言的發生並且語言在心理活動中占據分量的變化，他們的學習方式也發生了很大的變化，主要有：操作活動、觀察學習、同伴合作和遊戲四種。他們對不同的內容，也會選擇不同的學習方式。

（一）操作活動

認知心理學最著名的代表人物是皮亞傑，他認為兒童的學習來自於主體對客體的動作，是主體與客體相互作用的結果。兒童出生時只有本能的無條件反射，然後發展到 2 歲時透過感覺與運動來進行思維，最後到 7 歲時透過表象和符號進行思維。這種認知結構的不斷發展是兒童學習的基礎，在認知結構發展的過程中其自身的操作活動起著重要作用。這些操作活動使幼兒獲得了數學邏輯經驗，瞭解了事物的本質規律，即兒童自身的操作活動體現了早期學習的本質特點。

操作活動是幼兒主要的學習活動之一，是幼兒重要的學習方式。它的實質在於透過幼兒自身的外部動作，如觸摸、擺弄、拆裝等，使幼兒達到自身動作與所學知識的協調，從而獲得相應的知識。它比較注重具體材料對兒童的影響，讓幼兒自主地與材料發生作用，從而使幼兒自覺地、主動地去獲得感性知識。比如：讓幼兒認識紙和布的不同，教師可以發給每個幼兒一張紙

和一塊布，讓他們用剪刀剪、用手去撕、用手去揉搓、去折疊，在這個過程中幼兒發現了紙和布的不同之處，並且在日常生活中能夠加以區分，當幼兒瞭解到紙易折疊、易撕破的特徵之後，在以後看圖書時就會更加愛惜了。操作活動不僅可以透過幼兒的感知覺，而且可以透過讓幼兒去改變物體的部分屬性，從不同的角度來觀察物體，從而獲得對物體本質屬性的認知。比如：有次，我觀察小班的橡皮泥活動課。小朋友可以去選自己喜歡的顏色的橡皮泥，然後做成自己喜歡的形狀，之後老師看見會問：「這是什麼顏色啊？你在做什麼啊？」大多數幼兒都能夠說出來，並且做的都是他們在現實生活中經常接觸過的事物，尤其是食物（漢堡包、麵條等），這對於他們對事物的理解更加有幫助。但是，操作學習中提供的操作材料也不能一味去迎合幼兒，這樣不能得到預期的教育目標。我們為幼兒提供何種性質的操作材料，應該根據教育目標及幼兒學習的特點來進行考慮。

　　操作活動也會使幼兒獲得成就感與自我價值感。在幼兒進行操作活動的過程中，會引起物體發生一系列的變化，不僅能夠促進幼兒對事物因果關係、相關關係的認識，提高其認知能力與智力水準，而且可以使他們獲得主體經驗，增強他們的主動控制感與自我價值感。比如，在小班幼兒的橡皮泥活動課上，老師要求小朋友構建一個大型小區，他們能夠自己控制所構建的小區的外形，而且能夠創造性的加以改造，鍛鍊了他們的創造性思維能力，並且當幼兒看到自己所構建出來的大型小區時，體驗到了很大的成就感和價值感。透過這個活動，他們也增強了自信心，在以後的生活與學習中會更加樂於動手操作，老師要先給幼兒的成果給予肯定，然後再提出自己的意見，這樣對幼兒的成長才會更加有利。

思考討論

「會飛的風箏」活動

　　在中班「會飛的風箏」活動中，各種各樣的風箏布滿了教室的四周，教師先引導幼兒去仔細欣賞、觀察風箏。幼兒從整體上一下子就能夠看出風箏的不同之處（金魚風箏、娃娃風箏、小鳥風箏等），但是對風箏的細節部分（顏

色、花紋、形狀等）不太敏感，教師花費了很大的精力才讓幼兒完成了對風箏的仔細觀察。

在製作風箏的過程中，大多數幼兒先對自己要製作風箏的材料和樣式進行了思考，之後才順利的、高質量的完成了風箏的製作。但是，少數幼兒不假思索地拿起材料去做，雖然剛開始速度很快，但是出現返工現象，有的還不能按時完成，即使完成，作品也比較粗糙。請大家思考不同幼兒的操作方式各有什麼特點？

（二）觀察學習

觀察學習是班杜拉社會學習理論的核心內容，它是幼兒學習的主要方式。觀察學習是指人們僅僅透過觀察別人（榜樣）的行為就能學會某種行為，又稱替代學習、模仿學習。也就是說，在觀察學習中，學習者不必直接做出反應，也不需要親身體驗強化，只要透過觀察他人在一定環境中的行為，並觀察他人接受一定的強化便可完成學習。觀察學習是一種間接的學習，它的效率高、錯誤率低。比如，看過母親化妝的小女孩，經過多次觀察以後，就能很快地學會給自己的玩具娃娃化妝；如果別的幼兒上課講話被老師批評了，其他的幼兒不必以身試法，直接從榜樣人物身上吸取教訓就可以了，這種間接的學習避免了許多不必要的錯誤。還有，有的時候老師會稱讚某個小朋友表現好，如走路的姿勢好，背挺得比較直，吃飯快等等，這些也都在無形之中成為幼兒學習的榜樣，從而激勵他們向榜樣學習。

幼兒的觀察學習要遠遠多於嬰兒，3歲以前，別人做什麼，他也要做什麼；3歲以後，幼兒的觀察學習開始逐步內化，主要是行為和態度方面。觀察學習可以分為四個階段：

1. 注意過程。能夠引起個體注意的行為有兩個：具有一定特色的行為模式和經常接觸到的榜樣行為。父母、老師、自己所崇拜的鄰居家的小哥哥與小姐姐都能成為幼兒有意或無意模仿的對象，卡通娃娃的惡作劇也很容易被小孩子模仿。

2. 保持過程。將注意到的示範行為保持在自己的記憶之中，對於語言能力不強的幼兒，只能夠借助動作表象來保持對示範行為的記憶。比如：教師教給幼兒幾個舞蹈動作，幼兒會不時地回想教師做的示範動作。

3. 動作再現過程。要想使舞蹈動作最終呈現出來，要經常把腦子中所想的在實際中比劃幾遍，這樣動作才可能被完整地表演出來。

4. 強化和動機過程。幼兒為了得到老師和家長的稱讚與表揚，會更加努力的練習，以求把動作表現得更加熟練。

（三）同伴合作

同伴合作是指將幼兒分成小組或團隊，透過合作來完成任務。同伴合作對於幼兒來說特別重要，因為他們需要的有益經驗不需要教師強行灌輸，而是在他們自己的接觸之中變為合作關係，將知識的傳授與接收轉換為溝通關係，知識的獲得是在自然的、社會的過程中建構的。幼兒的學習具有差異性，在合作的過程之中他們之間能形成良好的同伴關係，幼兒也能夠取長補短，促進幼兒的和諧發展。在合作過程中，幼兒之間也能產生良好的同伴關係、師生關係，對幼兒人際交往能力的培養也造成重要作用。

同伴合作是當今教育的發展趨勢，兒童在與他人的交往過程中會產生不一致的意見，這樣就會引起爭論，爭論會使兒童對問題的認識越來越清晰、準確，充分利用這種方式可以使孩子的學習達到更好的效果。同伴合作可以幫助幼兒擴大認識的範圍、加深認識的程度，還可以揭示事物和現象之間的因果關係或者其他關係，促進幼兒語言的發展，鍛鍊幼兒的口頭表達能力。由於幼兒之間的相互交流，讓幼兒意識到自己是個獨特的個體，促進了自我意識的形成與發展。另外，學習者之間可以互相配合、互相信任和互相幫助，可以增強幼兒的團隊意識和責任意識。

（四）遊戲活動

遊戲是幼兒進行學習和發展社會性、情緒及認知能力的重要方式，它讓幼兒有機會瞭解世界，在群體中與他人互動，表達與控制自己的情緒，發展自己的想像力。遊戲也是一種符合幼兒身心發展要求的、快樂而自主的實踐

活動,是幼兒特有的一種學習形式。處在幼兒期的孩子,其身心發展達到了一定的水準,對周圍的事物好奇、好動、好模仿。我們可以為孩子創造輕鬆的、自由的環境,引導幼兒主動參與遊戲,這樣既可以促進其身體的正常發育,又可以培養幼兒的科學探究能力。遊戲活動還可以調動幼兒多種感官的參與,使幼兒體驗到人與人之間的交往、合作的重要和快樂,讓孩子受益無窮。

拓展閱讀

靈活的小鴨子

一位教師教幼兒畫小鴨子的時候是這樣做的:她提供給幼兒一個可以活動的小鴨紙板玩具,以此來吸引幼兒的注意力,激發了幼兒對繪畫活動的興趣。幼兒把小鴨子拿過來以後,轉轉小鴨的頭、動動小鴨的翅膀、擺擺小鴨的腿,非常開心的邊玩邊黏貼小鴨。老師看了情不自禁地問:「小鴨子在幹什麼啊?」幼兒爭先恐後地回答:「小鴨在看天上的雲」「小鴨在低著頭找魚吃」「牠和好朋友拉著手一起往前走呢」……老師這時趁熱打鐵地說:「小鴨怎樣才能做出各種動作」,幼兒爭搶著說出了自己的答案。經過這樣一個過程之後,幼兒在紙上輕鬆的畫出了各種形態的鴨子。

透過各種遊戲,我們要讓幼兒在遊戲中增強體質,培養孩子的自控能力與規則意識,與同伴的交往能力和語言表達能力,促進兒童智力的發展。

第三節 學前兒童學習的主要特點

嬰幼兒有著自己獨特的學習方式,但是那只是他們主要的學習方式,有些也具有共性,可能是兩者都會用到的。因此,他們的學習方式會有一些獨特的特點,又會有些共同的特點。現在,讓我們來看一下學前兒童的學習主要有哪些特點。

學前心理學
第十章 學前兒童的學習心理

一、學習的主動性

　　從兒童出生開始，他們就積極地與客體交往，不斷建構自己對事物的認識。他們積極觀察周圍的人或者事物，有意或者無意地向他們學習，構建自己的人生經驗。但是，成人往往希望兒童按照自己的理想和願望去培養孩子，從小就為孩子設計好了他們的人生目標，規劃好了他們將來的人生道路。當幼兒的表現不符合成人的希望時，他們就會給予及時的糾正，這在無形之中扼殺了兒童學習的主動性；當孩子問成人一些問題時，大人由於忙自己的事情或者情緒不好，總是不願意回答或者敷衍了事，這樣也打擊了兒童學習的主動性。比如：某天，有位小朋友做了一個自己認為非常好看的盒子，興沖沖地拿去給媽媽看。媽媽卻說：「難看死了，你應該這樣做。」然後自己親自動手給修改了一下，自認為很完美。但是，他卻生氣地把這個盒子丟進了垃圾桶裡。幼兒往往不敢違背權威，認為媽媽做的是最好的，以後再也不單獨做東西給大人看了，也不敢在大人面前隨意表達自己的願望和要求，不敢去主動地去操作某些東西，在以後的學習之中變得很被動，因為他們不想再被嘲笑、被無視了，他們做教師與家長希望他們做的事情，只是為了獲得更多的讚美。

　　在幼兒的生活與學習之中，好奇心和興趣促使孩子去主動學習。幼兒階段是好奇心萌生和形成的時期，好奇心是幼兒的一種本能的「探究反射」，對於孩子開闊眼界、豐富思想、開掘智力潛能有很大的好處。那麼，我們該如何引發幼兒的好奇心？利用好奇心對幼兒進行教學呢？下面讓我們來看一個例子：某天我去小班的時候，那時候天很黑，正在下大雨，老師對幼兒說：「哇，小朋友，快過來看看啊！今天天空的顏色怎麼樣？是不是很黑啊？我們要不要把燈關掉試試啊？」（這個環境的變化很能引起幼兒的好奇，他們會去思考關燈了會出現什麼情況？）。這時候，幼兒都很興奮，然後老師又問：「外面下雨了，我們該怎麼辦啊？」有的幼兒說要關上窗戶，有的說要打傘，有的說……這時，剛好閃電了，老師又問打閃電了該怎麼辦？引導幼兒說出自己的想法，然後老師透過糾正他們的話語來向他們傳授知識。其實，在以後的學習與生活中，老師應該學會利用適宜的時機來提問題，引起幼兒

的好奇心，當幼兒的好奇心被激發之後，就會認真地、安靜地聽老師講解其中的奧祕，主動思考一些問題，這樣能夠大大提高教學效率。同時，在幼稚園的活動中，我們經常可以清楚看到幼兒強烈的興趣傾向。幼兒在對自己感興趣的方面往往是非常認真的，對他們來說做自己感興趣的事情是一種享受。我們應該從小注意幼兒的興趣，然後培養幼兒多方面的興趣，讓他們帶著興趣去學習，從中體會學習的樂趣。

思考討論

做錯了

一天，在外面玩耍時，女兒做了一件她自己十分滿意的作品，她給我看過以後，要求我給她一個塑膠袋，把作品裝在裡面，帶回去給爸爸看。我對她說，不用橡皮筋，直接在口袋處剪一下，就可以像手提袋似的提起來，很方便的。

她說不要，就要橡皮筋。我卻一剪刀下去，並且得意地遞給了孩子。沒想到，她一下把袋子連同作品都丟到了垃圾桶裡去，隨即跑去和小朋友玩去了。家長究竟哪裡做錯了？

二、學習的無意性與內隱性

幼兒心理活動及行為的無意性與目的性比較差，總是容易被環境左右，在學習中也主要是以無意學習為主，即往往因為環境中的某一刺激物具有鮮明的形象特點而引起了孩子的無意注意與無意識記，但是在行動的過程中，又容易被其他刺激吸引而改變自己的活動方向。也就是說，幼兒的心理活動及行為極其容易因外界環境和自身喜好而改變，從而脫離了自己原來的活動方向。

學前兒童學習具有的無意性特點，是因為其注意力不集中的緣故造成的。兒童心理及行為無意性的最直接生理基礎是大腦額葉的發育，人的高級心理活動的中樞也在大腦額葉部分，額葉部分神經的髓鞘化到 7 歲才基本完成，因而，幼兒額葉發展水準低的特點決定了其心理活動和行為的無意性特點。

比如：教師要求幼兒上課的時候要認真聽講，可是他卻被窗外的小鳥、汽車的喇叭聲、外面的哨子聲等吸引，因為學前兒童的注意是以無意注意為主的。也就是說，他會被新異的、鮮明的刺激所吸引，這是在無意中發生的，沒有計劃性的，也是沒辦法控制的。有研究表明，幼兒的無意學習效果要明顯優於有意學習的效果。因此，我們可以利用幼兒的這個特點，創設一定的情境，對幼兒加以引導，讓他學習一些實用的東西。

至於內隱學習，它是指在偶然的、意外的條件下，透過無目的、自動化的加工活動，隨意自發地進行的學習，是在無意識狀態下發生的，不需要耗費精力與心神。幼兒會經常出現內隱學習，比如：家裡的電視節目裡唱過一首兒歌，孩子在一邊玩耍，但是第二天老師教這首兒歌的時候，他卻說自己聽過了，問他什麼時候聽的，連他自己也不知道；課間活動的時候，教師們在一邊閒聊，議論某個幼兒或者幼兒的家長，但是幼兒卻無意之中聽到了，回去向家長說了自己聽到的。

因此，作為教師與家長，我們應該在平時注意自己的言行，這樣可以為幼兒樹立良好的榜樣，讓幼兒從小養成良好的行為習慣，這是至關重要的。

三、學習的具體形象性

由於學前兒童的思維是以具體形象性為主的，所以他們對具體的、形象的和熟悉的事物更容易理解和掌握，而對抽象概括的和不熟悉的事物則不容易理解。因此，他們主要是透過感知覺、依靠事物的表象來認識事物的，事物的具體形象左右著兒童學習的整個過程。也就是說，具體直覺的及生動的事物形象更能夠引起幼兒的注意，吸引他們的眼球，也更容易給他們留下深刻的印象。比如：當我們給幼兒講故事，用語言向他們描述一個古堡是多麼的雄偉、壯觀與漂亮，幼兒聽得津津有味，可是他們還是想像不出來，但是我們如果用多媒體向他們呈現出古堡的圖片時，他們就會立刻感覺到它的美輪美奐。還有，當幼兒在進行數學運算時，他也必須借助於具體形象的事物才能夠完成，這也是由思維發展的特點所決定的。比如：讓幼兒計算「3+4=？」他們不能立即計算出來，他們會以掰手指或者數蘋果的方式來計算，三個手指加上四個手指等於幾或者三個蘋果加上四個蘋果等於幾，從而

最終得到正確答案。學前兒童腦功能的發育與活動機制的特點決定了他們的思維是以具體形象思維為主，因此具體形象性貫穿著整個幼兒期，是幼兒學習的一個主要特點。

另外，學前兒童的學習內容要位於最近發展區，即「兒童獨立解決問題的實際發展水準與在成人指導下解決問題的潛在發展水準之間的差距」。這樣才方便學前兒童對知識的掌握。抽象性與符號性較強的內容對於學前兒童來說是揠苗助長，還會影響兒童小腦的發育，而小腦的發育遲滯與缺陷又直接影響兒童的健康發展，因此，我們要採用具體形象的教學內容，加強對兒童動作和運動的重視。

四、學習的無序性

學前兒童的生理發育還不完善，大腦和神經系統的發育也不成熟，導致其思維水準和認知水準有限，所以不可能也不必要進行正規的、系統的學習。在當今的社會裡，教師和家長對兒童的要求和期望也不高，希望他們能夠擁有一個快樂的、無憂無慮的童年，健康成長，學些淺顯易懂的知識，這已經成為全社會的一個共識。因此，家長和教師對幼兒的教育大量的融入到了日常生活之中，他們的學習和日常生活緊密聯繫起來，常常因為生活環境中出現的能夠引發幼兒注意和興趣的事物而激發起他們探究學習的活動，他們從這些活動中獲得的零碎知識不像教材知識那樣有嚴格的邏輯性，而是隨著他們所獲得的生活經驗的順序來編寫。幼兒學習的知識不同於小學生學習知識的邏輯性，呈現出某種表面的無序性。

另外，由於幼兒的自我控制能力發展得還不是十分完善，他們的情緒起伏比較大、無法掌控自己的情緒，情緒在他們的心理活動中占據著非常重要的地位，有人甚至把幼兒稱為「情緒的俘虜」。情緒是比較低級的情感形式，持續的時間比較短暫，外部表現也比較顯著。在幼兒的學習活動之中，情緒是不可或缺的角色。在幼兒的學習活動中，幼兒經常表現出由自己的情緒和來支配自己。他們有時會因為感興趣而高興地隨著老師的安排與引導去積極地探索學習，有時是迫於無奈而跟著老師機械地學習，有時會游離於老師精心策劃的活動外而獨自去探究自己感興趣的東西，有時會乾脆放棄學習。因

此，他們無法進行系統的、正規的學習，只是零碎地獲得生活需要的知識，獲得的知識也呈現出無序性，即沒有系統性。

五、學習的遊戲性

遊戲是學前兒童的基本活動，是幼兒最主要的活動之一。透過遊戲進行學習是幼兒學習的一個重要特徵。兒童心理學指出「遊戲是幼兒的天性」，維果茨基也指出，幼兒有遊戲才有發展。遊戲是兒童獲得快樂的源泉，是童年生活中不可或缺的活動。3歲的圓圓把一個空杯子遞到爸爸前面，說：「爸爸，我給你倒了一杯糖水，你喝！」爸爸說：「太好喝了，圓圓真乖！」圓圓笑了。5歲的盼盼坐在自己小房間的地板上，地板上有一個玩具杯子、盤子和茶壺，她叫著：「我做好午飯了，你趕快來吃飯啊！」和她同齡的豆豆回答道：「等等」。然後抱著一個布娃娃，拿著一個杯子說：「寶寶餓了，我要先給寶寶餵飯，你自己先吃飯吧！」兒童在家中、學校裡、公園裡、餐桌旁花費大量的時間來進行遊戲，他們醒著的大部分時間都是在遊戲中度過的。透過遊戲，兒童可以更好的認識周圍的世界，提高對事物關係的理解能力；兒童可以發展自己的語言表達能力，獲得對規則的認識，增強自己的規則意識和責任感；兒童可以在與其他同伴的互動中，學會理解別人的想法，學會如何與他人交往，並與同伴建立最初的人際關係。教師也可以把想要教給幼兒的知識轉化成遊戲，遊戲的設計一定要注重過程、表現和兒童的主動參與性，讓兒童主動參與進遊戲中，愉快地獲得各種知識和經驗，教學與遊戲緊密結合。對待兒童，我們不能揠苗助長，應該順應兒童的自然發展來設計遊戲，使遊戲成為幼兒鍛鍊新能力的舞臺。

六、學習的個別差異性

（一）學習的類型差異

兒童學習採用不同的通道，具有一定的差異性，因此選擇適合他們的學習類型，他們才會學得更好。兒童的學習通道類型主要有五種：

視覺型，他們喜歡學習的內容以圖像的形式出現；

聽覺型，他們喜歡透過音樂和談話進行學習；

身體型，他們喜歡全身運動的學習，能夠在親自體驗和實驗中學習；

書面型，他們喜歡閱讀，喜歡從書本上學習知識，偏好自己閱讀，不喜歡聽別人來解釋；

群體互動型，偏好和別人討論，也喜歡需要大家一起參與的活動，喜歡與別人相互交換意見。

當然，每個人所擁有的學習方式都是多種的，但是有一種在自己的學習方式中占據主導地位，當選擇了適合他們的學習方式時，會收到事半功倍的效果。

（二）學習的能力差異

學習能力主要包括智力、先前的知識和創造能力等。加德納提出了七元智力理論，指出每個人至少有七種智力：語言智力、邏輯或數學智力、音樂智力、空間和視覺智力、運動或身體智力、人際智力、內在智力或內省智力。教師必須發現兒童擅長的，並且尊重這種差異性，以確保教學的高質量和高效率。教師在注重智力培養的同時，也要加強實踐的安排，還要考慮學生的家庭文化背景對他的影響。

（三）學習的性別差異

性別差異更多是由於社會的期許和家長的期望而構建起來的，主要來源於社會實踐的不同。男孩和女孩所承擔的社會角色不一樣，家長從小對他們的要求也不一樣，因此他們養成了不同的性格特點。性別差異會影響幼兒對某些技能的學習速度，也會影響到他們的學習方式。在社會性領域裡，女孩的獨立性普遍高於男孩；在社會交往學習方面，女孩的自控能力也普遍高於男孩。

第四節 幼稚園與小學的銜接

　　幼兒離開幼稚園進入小學以後，許多父母發現孩子會有一些不適應的表現：不願意去上學，在課堂上故意擾亂課堂紀律，上課經常會被老師批評、逃學、故意上課遲到等。個體在人生的一些重要階段，都會有各種各樣的不適應狀況，對於幼兒來說也是一樣的。幼稚園與小學有哪些差異？幼兒進入小學會有哪些不適應的表現？幼兒需要具備哪些基本素質才能適應小學生活？透過這一節，我們來仔細瞭解一下。

一、幼小銜接及其意義

　　幼小銜接工作是指幼稚園和小學根據兒童身心發展的連續性和階段性規律及兒童可持續發展的需要，做好幼稚園和小學教育兩個階段的銜接工作。幼小銜接工作的高質量完成，能夠使兒童更快地適應新生活，減少因兩個學習階段間存在的差異而給兒童身心發展帶來的負面影響，為其以後的發展打下良好的基礎。

　　幼稚園和小學教育都屬於基礎教育，是兩個相鄰近的教育階段。但是由於兒童身心發展的階段性，因此兩個教育也呈現出了階段性。幼稚園是學校教育的預備階段，它對3週歲以上的幼兒實施教育和保育工作，使幼兒在德智體美四個方面全面發展，從而促進其身心的和諧發展。幼稚園的主導活動是遊戲，它貫穿於學校的各項活動之中。小學是學校教育的開始階段，它對6週歲以上的兒童實施教育，學習成為學生的主導活動。教師把主要精力放在學生的學習上，對學生生活方面的照顧相對減少，要求小學生具有很高的獨立性和主動性以及認真完成老師安排的作業，經常會對學生進行知識和能力方面的考核。這兩個教育階段在教育任務、內容、形式、方法、作息制度及生活管理等方面都有很大的差異，但是真正的差異在於學前兒童的主導活動是遊戲，對社會沒有任何責任，而小學生的主導活動是學習，學習成為兒童所承擔的義務。從幼稚園進入小學，成為他們人生的重大轉折。如果幼稚園為小學的入學準備工作做得不夠充分，兒童面對陌生的環境、要求的懸殊等會顯得不知所措，甚至會造成兒童對學習的積極性減退、對學習產生厭煩、

畏難情緒,最終會摧毀兒童對學習的信心。因此,做好幼小銜接工作,減少不適當的教育因素對入學兒童帶來的負面影響,能夠使幼兒順利地完成由幼稚園進入小學的過渡,對兒童的健康成長和可持續發展有著極為重要的意義。

二、幼稚園教育與小學教育的差異

(一)學習環境和學習方式的不同

幼稚園是集保育和教育為一身的場所,在幼稚園的教室裡,整個教室的布置生動、活潑、五彩繽紛、充滿童趣,並且教室、餐廳、廁所等基本設施相距也都很近,兒童很容易找到。兒童在幼稚園的主導活動是遊戲,他們透過動手操作等活動來獲得各種社會生活的知識和經驗,使兒童在主動參與各種各樣的活動中獲得身心的全面發展。

當兒童進入小學以後,教室的布置比較單調,課桌椅固定擺放,也沒有玩具等物品,廁所離教室相對較遠,有的兒童找不到廁所,甚至找不到自己所在的班級。兒童的主導活動是學習,透過課堂教學,使學生掌握系統的科學文化知識,在學習中獲得身心各方面的發展。小學兒童還有大量的家庭作業和正規的考試,以檢驗其知識的獲得情況,因此幼稚園和小學的學習環境和學習方式都有很大的不同。

(二)作息制度與生活管理方式的差異

幼稚園的生活節奏是非常寬鬆的,遊戲在每日的生活中占據的時間很多,而真正的教學活動則很少。對幼兒的生活管理也沒有強制性,幼兒如果生病請假比較長的時間,回來之後依然可以直接投入到日常活動之中,對他們的出勤率也沒有要求,作息時間很靈活。教師對幼兒生活上的照顧無微不至,當幼兒對某些事物表現出一定的興趣時,在不影響先前活動的前提下,他們追求事物的興趣可以得到進一步的滿足。

小學階段的生活節奏是非常緊湊的,學習占據了主要的時間,兒童玩耍的時間很少。一般上午四節課,下午兩節課,每節課 40 分鐘,對兒童有一定的強制性,要求兒童必須專心聽講,嚴格遵守學校紀律,中途不能出去。課間休息的時間只有 10 分鐘,教師對學生生活上的照顧很少,要求兒童要

有足夠的自理能力。如果兒童請假時間較長的話,回來就跟不上正常進度了,學校對他們也有出勤要求,一般情況下不准其請假。

(三) 師生關係的不同

幼稚園裡每個班級都有專職的保育教師和教育教師,共同負責幼兒的生活與學習。教師與幼兒朝夕相處,悉心照顧他們的飲食、睡眠與清潔等事項,成為兒童重要的依戀對象,使兒童對教師產生心理上的依賴感與安全感,與教師之間的關係更加親密。

小學裡的每個班級,教師把主要精力放在教學任務、維持課堂紀律上,對兒童生活上的關心很少,沒有精力去與兒童進行過多的交流。兒童感覺教師是嚴厲的、不好接近的,許多剛入學的兒童甚至害怕老師。由於兒童對環境的適應能力較差,因此進入一個陌生的集體之後,在學習上會遇到很大的困難。

(四) 成人對兒童的要求與期望不同

現在的社會壓力很大,因此成人希望兒童能夠擁有一個快樂的童年,並且這也成為社會的共識。幼兒對社會也沒有什麼責任和義務,他們唯一要做的就是健康、快樂地成長。他們主要是隨著自己的興趣去探究事物,在對身體沒有傷害的情況下,這些願望一般都能夠獲得滿足,他們是自由和輕鬆的。

成人對小學生的要求是比較嚴格的,他們具有了一定的社會責任,有較多的家庭作業和固定的考試,成績成為考核他們學習能力的標準,分數不高的學生往往會受到家長與老師的批評與指責,還要被迫去參加一些輔導班,學習壓力較大,自由時間相對較少。

從以上四個方面的比較可以看出,幼稚園和小學的差異比較大,兒童進入小學之後,不論在生活上,還是在學習上,都面臨著巨大的挑戰。因此,做好幼小銜接工作具有極其重要的意義。

三、初入學兒童不適應的主要表現

(一) 身體適應方面

兒童進入小學後，由於連續上課，學習任務加重，課間休息的時間也比較短，因此感覺到很疲勞，再加上每天喝水少，沒有加餐，容易出現飢餓、精力不足、體重下降等問題，甚至有的小朋友還會經常生病。

（二）學習適應方面

在學習適應方面，主要表現在以下幾個方面：注意力不集中，保持時間很短，只能保持15分鐘左右，其餘時間在課桌下面做各種小動作，有的男生還故意擾亂其他同學的認真聽講；缺乏毅力與堅持性，一節課不能堅持到最後，家庭作業邊做邊玩，並且對待作業非常馬虎、草草應付；不懂得合理安排時間，有的下課了還待在座位上，上課了才想起自己還沒有上廁所，有的上課了還在外面玩遊戲；寫字姿勢不正確，不會看田字格等。

（三）社會適應方面

有研究表明，許多兒童在進入小學之後，表現出非常明顯的適應困難，主要表現在以下四個方面：

1. 對完成學習任務的要求不適應

在幼稚園裡，老師會把作業以簡訊的形式發給家長，由家長督促幼兒完成當天的作業。當進入小學以後，教師會在課堂上給學生安排作業，有的學生聽不懂或理解不了老師安排的作業，或者因為注意力分散而記不住或記不全老師安排的作業，家長幫忙打電話問其他小朋友，每個人說的都不一樣。有的小學生急著放學回家看動畫片，故意當作沒有作業，或者隨便寫一點就算了。有研究表明，許多新入學兒童成就動機不高，責任感很弱，缺乏完成任務的信心和能力，也沒有堅持性。

之所以會出現上述情形，主要是因為家長平時對幼兒過於關心，幼兒沒有獨立完成某些任務的機會，很少有成就感和自豪感。另外，家長喜歡拿自己孩子的缺點和其他孩子的優點做比較，這樣孩子會產生自卑心理，時間久了也會故意逃避某些任務。

2. 缺乏完成任務的獨立性意識

在學習和生活中，許多細微的事情都可以明確的反映出孩子缺乏獨立意識。例如，自己明明會穿衣服、吃飯等，卻非要向父母撒嬌，讓父母來幫助自己完成；自己明明應該寫完家庭作業以後把東西直接收好，卻偏偏丟在一邊，等著父母替自己去收拾學習用品；沒有安全常識，不能保護自己，遇到些許危險便不知所措等。這些都是孩子缺乏獨立意識的表現，家長在以後的學習和生活中要注意培養孩子的獨立意識，爭取讓孩子早日自立。

3. 缺乏規則意識且不遵守規則

小學的課堂一節課40分鐘，要求孩子坐端正、認真聽講，遵守課堂規則，但是一些小朋友注意力集中不了很長時間，在下面隨便說話、做小動作等，不遵守課堂規則；有的不遵守與他人交往的規則與方法，不知道該如何與他人交往，不知道怎向別人請求幫助；有的不遵守公共秩序，上廁所不知道排隊，隨便亂拿別人的東西，亂扔果皮與紙屑等。

有的根本不知道遵守規則的重要性，有的知道遵守規則的重要性，但是因為對自己的控制力不夠，自制能力較差，因此不願意去遵守。在以後的學習與生活中，家長與老師可以透過遊戲等獲得，讓幼兒明白規則的重要性，也可以透過規範課堂紀律、逐漸改變作息時間，讓幼兒逐步養成遵守規則的良好習慣。

4. 缺乏與他人交往的能力

學會如何與他人交往是一個人生存的必修課，而這門課程在幼稚園的時候就需要我們給予足夠的重視。有的幼兒不能夠與其他小朋友和諧相處，遇到一點不順心的事情就亂發脾氣，不能控制自己的情緒，對如何與別人交往的規則和方法知之甚少。教師在日常的課堂教學中，要逐步教會幼兒如何主動與他人交往，掌握一些與他人交往的技能，如：當別人說話時，要耐心傾聽對方的話語，仔細觀察對方的表情，及時做出反應；跟別人玩遊戲時，要學會遵守規則，好好配合別人；當與別人發生矛盾與衝突時，要冷靜下來，先從自身找原因，避免矛盾與衝突的激化；待人接物要有禮貌、要熱情，對待別人要有同情心，要養成樂於助人的良好品質。

思考討論

孩子不安心學習、寫作業有哪些表現？

安靜型：一些孩子雖然看似安安靜靜地坐在那裡學習、做功課，但實際上卻在神遊四方，心不在焉。

拖拉型：有些孩子做功課就像是在無休止的長跑，別人都去玩遊戲了，他還在跟鉛筆、作業本較勁，從放學回家一直做到深更半夜，可作業仍然質量低下、漏洞多多、錯誤百出。

好動型：有的孩子很不「安分」，剛坐下來沒一會兒，就要跑東跑西，拿東西吃、上廁所，一句話——沒有停下來的時候。

四、兒童入小學所需要素質的培養

（一）獨立性的培養

進入小學後，教師對小學生生活上的照顧很少，課餘時間需要他們自己去安排，這就需要培養他們的獨立性。因此，在幼稚園的時候，教師要讓幼兒明白什麼時間應該做什麼事情，如上課的時候要認真聽講，不能隨便離開教室，下課的時候才可以去上廁所、做其他事情等。老師也要要求家長在日常生活中積極的配合，讓幼兒逐漸學會自己買東西、穿衣服、整理自己的物品等，從而培養其獨立意識，能夠自發地、自覺地去做某些事情。儘量學會安排學習與玩耍的時間，認真完成老師交給的任務，逐漸擺脫幼兒對成人的過度依賴。

（二）主動性的培養

主動性就是幼兒對周圍的人或事物要保持積極態度，激發幼兒參與活動的興趣與慾望，給他們提供自己選擇、計劃、決定的機會和條件，鼓勵他們主動去探索與嘗試某些事情，儘量獲得成功的體驗。研究證明，思維活躍的兒童，有高度的自信心，會主動與他人交往，遇到不明白的問題會主動向老師與家長尋求幫助，比較容易適應新的環境。

（三）人際交往能力的培養

學前心理學
第十章 學前兒童的學習心理

兒童的人際交往能力主要是指兒童入學後對新的人際關係的適應。人際交往能力差的兒童，不知道如何與其他人交流，比較被動；即使有同伴，也不知道該怎麼與他人相處，當被其他人欺負、與他人發生衝突時，不敢向老師、家長求助，長此以往會感到孤單、心情低落，進而厭惡學校、害怕去上學。因此，在幼稚園的時候，教師要注意對幼兒人際交往能力的培養，讓幼兒學會良好的人際交往技能，以便適應好小學生活。

（四）規則意識與任務意識的培養

當進入小學後，教師會宣布許多新的規則，如上課發言要舉手、上課期間不能上廁所、坐姿要端正、不能交頭接耳與隨便說話等等。這麼多的不允許，新入學兒童根本記不住，因此經常容易受到教師的批評。同時，課後有了大量的家庭作業，兒童總是記不清、理解不了、忘記家庭作業，沒有明確的任務意識和責任意識。在幼稚園的大班階段，教師要注意對幼兒規則意識和任務意識的培養。

（五）學習習慣與非智力品質的培養

播種習慣，收穫命運。由此可見，良好的習慣對個人成長的重要性。兒童從小養成良好的學習習慣，將會使他終身受益。比如：認真做事的習慣，注意聽講的習慣，合理安排時間的習慣，保持清潔的習慣等。教師和家長應該從日常生活的每件小事之中培養幼兒的良好習慣，這樣對以後的發展是非常有利的。

非智力品質主要指影響兒童智力活動的個性品質，包括學習的興趣與積極性、意志力、自信心等。學習不僅需要正常的智力，還需要良好的非智力品質，否則智力的正常發揮會受到一定程度的影響。在幼稚園，我們應當注重培養幼兒的好奇心，探索外部世界的興趣和積極性，還要培養他們做事情的毅力和決心，讓幼兒從「要我學」變成「我要學」。這樣，幼兒才會逐漸養成自信、主動學習的態度，才會樂於去學習。

本章小結

　　「活到老，學到老」學習是一件終身的事情，人們無時無刻不在學習。對於學前兒童來說，他們的生理和心理每天都在發生著新變化，他們每天都在學習著新知識。他們的腦的快速發育與大腦結構的逐步完善為幼兒的學習奠定了生理基礎。腦發育的關鍵期的研究為幼兒的學習提供了指導，腦的可塑性研究為幼兒某些功能的補償提供了機會，腦內化學物質的研究讓我們注意幼兒飲食的合理搭配。然而，大腦皮層興奮與抑制過程、條件反射的建立與第二信號系統的研究及幼兒單側化的形成也為幼兒的學習提供了重要的生理基礎。

　　由於兒童思維發展特點的侷限性，因此他們的學習有著自己獨特的方式。0～3歲兒童的學習方式主要有習慣化與去習慣化、經典條件反射與操作性條件反射及模仿，這些都是嬰兒主要的學習方式，他們透過這些方式來探索周圍的世界。而3～6歲兒童的主要學習方式有操作活動、觀察學習、同伴合作與遊戲活動，透過這些方式，他們獲得生活所需要的基本知識。兒童的學習也呈現出一些特點，主要是被動性、無意性與內隱性、具體形象性、無序性、遊戲性與個體差異性，在以後的教學過程中，我們要注意孩子的這些特點，選擇合適的方法進行教學，以便提高教學效率。

　　幼稚園與小學在學習環境與學習方式、作息制度與生活管理方式、師生關係、成人的要求和期望上都有很大的不同，因此幼兒剛進入小學就表現出身體上、學習上和社會適應上的一系列不適應，而小學需要兒童具備獨立性、主動性、一定的人際交往能力、規則意識與任務意識、良好的學習習慣與非智力品質等基本素質，我們需要從幼稚園就開始著手培養幼兒的這些基本素質，以便幼兒能夠順利完成幼稚園到小學的過渡，為以後的發展奠定良好的基礎。

複習思考題

　　1. 名詞解釋

　　（1）關鍵期

(2) 去習慣化

(3) 操作性條件作用

(4) 觀察學習

(5) 幼小銜接

2. 簡答題

(1) 簡述關鍵期的重要性。

(2) 簡述大腦功能單側化。

(3) 簡述幼兒的主要學習方式。

(4) 簡述嬰幼兒學習的主要特點。

(5) 簡述幼稚園與小學的差異。

(6) 簡述幼兒入小學所需的素質。

3. 論述題

(1) 結合幼兒的主要學習方式，談一談在幼稚園中我們如何對幼兒進行有效的教育。

(2) 結合幼稚園的實際教學，論述一下我們該如何針對幼兒的學習特點來進行教學。

(3) 針對小學兒童所需的素質，探討一下我們如何在幼稚園的日常教學中培養這些素質。

4. 案例分析

題明明是中班的幼兒，在上課的時候總是聽一會兒，然後就東張西望，時不時和別的小朋友說說話，還會突然站起來去尋找自己喜歡的東西，等到老師說完他之後規矩了一會兒，之後又恢復了以前的樣子。家長知道了以後很是著急，老師也不知道該怎麼辦？結合幼兒學習的主要方式和特點，分析明明出現這些行為的原因，教師應該怎麼做。

拓展練習

　　有些幼兒已經上大班了，可是上課總是容易分心、還總是找各種理由離開教室，坐得東倒西歪的，還不會和別的小朋友好好相處。家長也很憂心，孩子馬上就要上小學了，這可該怎麼辦？結合幼小銜接工作，談談你對這件事情的看法。

國家圖書館出版品預行編目（CIP）資料

學前心理學 / 胥興春，朱德全 編 . -- 第一版 .
-- 臺北市：崧燁文化，2019.07
　　面；　公分
POD 版

ISBN 978-957-681-884-4(平裝)

1. 學前兒童 2. 兒童心理學

173.1　　　　　　　　　　　　　　108010157

書　　名：學前心理學
作　　者：胥興春，朱德全 編
發 行 人：黃振庭
出 版 者：崧燁文化事業有限公司
發 行 者：崧燁文化事業有限公司
E - m a i l：sonbookservice@gmail.com
粉 絲 頁：　　　　　網　址：
地　　址：台北市中正區重慶南路一段六十一號八樓 815 室
8F.-815, No.61, Sec. 1, Chongqing S. Rd., Zhongzheng
Dist., Taipei City 100, Taiwan (R.O.C.)
電　　話：(02)2370-3310　傳　真：(02) 2370-3210
總 經 銷：紅螞蟻圖書有限公司
地　　址：台北市內湖區舊宗路二段 121 巷 19 號
電　　話：02-2795-3656　傳真：02-2795-4100　　網址：
印　　刷：京峯彩色印刷有限公司（京峰數位）
　本書版權為西南師範大學出版社所有授權崧博出版事業股份有限公司獨家發行
電子書及繁體書繁體字版。若有其他相關權利及授權需求請與本公司聯繫。
定　　價：620 元
發行日期：2019 年 07 月第一版
◎ 本書以 POD 印製發行